TESI GREGORIANA
Serie Teologia

_____ **217** _____

MARIANGELA PETRICOLA

# LA RILEVANZA DEL CRISTIANESIMO COME *PARADOSSO* E *CON-PASSIONE*

Itinerari teologico-fondamentali in I. Mancini e J.B. Metz

EDITRICE PONTIFICIA UNIVERSITÀ GREGORIANA
ROMA 2015

*Vidimus et approbamus ad normam Statutorum Universitatis*

Romae, ex Pontificia Universitate Gregoriana
Die 13 mensis Julius anni 2015

PROF. CARMELO DOTOLO
REV. GIUSEPPE BONFRATE

© 2015 Gregorian & Biblical Press
Piazza della Pilotta, 35 00187 - Roma
*books@biblicum.com - www.gbpress.net*

ISBN 978-88-7839-**321**-9

*In memoria di mia madre Maria,
con amore riconoscente*

# PRESENTAZIONE

La ricerca delle ragioni della propria fede è costitutiva dell'esperienza credente, per una istanza razionale di giustificazione e di legittimazione oltre che per una esigenza della fede stessa di dirsi in maniera coerente e convincente. L'ambito disciplinare entro cui si colloca oggi tale ricerca è la teologia fondamentale, la quale ha conosciuto forme diverse di elaborazione nel corso della storia della teologia ed è stata preceduta dall'apologetica scolare neoscolastica. Il richiamo di quest'ultima permette di svolgere un confronto reso necessario dal fatto che è ancora in corso il superamento dell'una forma rispetto all'altra.

Il lavoro che presentiamo testimonia in maniera esemplare il travaglio in atto, cogliendolo in una fase ancora iniziale, se si vuole far data, pur con tutti i limiti delle periodizzazioni, dalla stagione del concilio Vaticano II come momento cruciale di transizione dall'una all'altra. A ciò bisogna aggiungere che la scelta di due figure, come quelle di Italo Mancini e di Johann Baptist Metz, accentua la percezione di un travaglio che supera i confini dei dibattiti di scuola per toccare ambiti come filosofia e cultura, politica e società, a dimostrazione del carattere di disciplina di frontiera che la teologia fondamentale ha ben presto assunto. In realtà tali sviluppi confermano una acquisizione decisiva del pensiero credente propria anch'essa di questa fase della sua evoluzione, ovvero l'insuperabile storicità della sua elaborazione. Nel dialogo con il sapere del tempo, la teologia misura la sua peculiarità utilizzando l'orizzonte concettuale e gli strumenti conoscitivi che non solo recepisce dalla sua propria tradizione o istituisce creativamente, ma che condivide anche nella circolazione del sapere e del pensiero dell'epoca.

La ricerca della Petricola fa emergere tutto questo in maniera peculiare attraverso i due autori che ha sottoposto ad attenta analisi e studio. L'uno da filosofo della religione e l'altro da teologo testimoniano la fatica e la fecondità di un'esplorazione di territori abitualmente non frequentati. Il carattere esplorativo della loro ricerca non interessa, però, soltanto gli ambiti visitati ma anche il metodo adottato e le categorie forgiate. Ciò è reso tanto più evidente da un presupposto che, insieme ad altri aspetti, accomuna i due autori esaminati, per tanti versi appartenenti a contesti differenti di pensiero e di cultura. La consapevolezza critica di non poter più contare su una infrastruttura metafisica espone ad un senso di smarrimento e all'esigenza di trovare nuovi punti di riferimento. A tale consapevolezza si affianca la considerazione circa il fallimento della lettura laicista della secolarizzazione e il ritorno, in varie forme, del religioso. Così emerge in entrambi, protagonisti tra l'altro di un dialogo mai interrotto con la filosofia e la sociologia, una attenzione a dimensioni nuove come la storia, la società e la politica, per un verso, la preghiera e la mistica per l'altro. Il risultato si condensa per entrambi in una risposta alla domanda sulla credibilità del cristianesimo in termini di significatività e si raccoglie, attraverso un complesso percorso di riflessione, rispettivamente nelle categorie di paradosso e di con-passione. Nell'adozione di una impostazione ermeneutica, infine, acquista nuovo rilievo la dimensione pratica della fede all'interno della sua stessa capacità di comprendersi e di farsi comprendere nella sua adeguata significatività per l'uomo di oggi.

Il lavoro della Petricola fornisce una visione approfondita e unitaria degli autori studiati giungendo a una valutazione personale del loro apporto, da cui emerge il contributo rilevante del loro pensiero e le possibilità di approfondimento che si schiudono in prospettiva per una teologia fondamentale di impronta ermeneutica e pratica. Contribuisce a dare ulteriore consistenza a questo prezioso lavoro il quadro di riferimento teologico e culturale entro cui vengono collocati i due autori mediante il puntuale rimando ad una letteratura specifica notevolmente vasta.

Tutto questo dice il pregio di questa pubblicazione, il cui apporto originale merita apprezzamento e l'auspicio che essa possa essere seguita da ulteriori contributi al dibattito teologico.

✠ Mariano Crociata

# RINGRAZIAMENTI

Nel presentare questo lavoro, frutto della mia tesi dottorale, vorrei esprimere profonda gratitudine a Sua Eccellenza Mons. Mariano Crociata, per avermi onorato con una *Presentazione* al volume, segno di una speciale attenzione e sollecitudine per la formazione spirituale ed intellettuale dei laici nella chiesa, ma anche espressione della premura di un Pastore per la comunità a Lui affidata. Un grazie particolare al prof. Carmelo Dotolo per aver accompagnato la mia ricerca con grande competenza e disponibilità, non solo professionale ma anche umana, non mancando mai di incoraggiarmi nei momenti più difficoltosi e di aprirmi a nuovi sguardi interpretativi.

La conclusione di un ciclo di studi è anche occasione di un bilancio e desidero esprimere riconoscenza a quei docenti della Pontificia Università Gregoriana che sono stati per me dei maestri, a cui debbo la mia formazione teologica e spirituale. Vorrei ricordarne alcuni: p. Zoltán Alszeghy sj, p. Giovanni Magnani sj, p. Jaques Dupuis sj, p. Jhon O'Donnell sj, p. Xavier Tilliette sj, p. Francesco Rossi de Gasperis sj, p. Gerald O'Collins sj, p. Ugo Vanni sj, p. Sandro Barlone sj, Rev. Michael Fuss, p. Ghislain Lafont osb, S.E. Mons. Rino Fisichella, prof.ssa Elena Bosetti, prof.ssa Bruna Costacurta. Sentimenti di gratitudine rivolgo al prof. Elmar Salmann osb, con il quale ho concluso la Licenza in Teologia Fondamentale, le cui lezioni sono state per me un viatico importante per la prosecuzione dei miei studi, spazio vitale di riflessione e di approfondimento.

Un pensiero grato va al prof. Giuseppe Bonfrate, che in qualità di censore ha espresso un bel giudizio sulla mia tesi dottorale, alla prof.ssa Maria Carmen Aparicio Valls e alla prof.ssa Michelina Tenace per i loro affettuosi incoraggiamenti, e alla prof.ssa Alberta Maria Putti per le sue indicazioni. Non può mancare un sentito grazie al sig. Carlo Valentino, Segretario Generale del Pontificio Istituto Biblico, per la cortese disponibilità e il fattivo sostegno nella revisione redazionale del volume per la pubblicazione nella prestigiosa collana «Tesi Gregoriana».

Profonda riconoscenza rivolgo a S.E. Mons. Francesco Lambiasi, Vescovo di Rimini, a S.E. Mons. Giuseppe Petrocchi, Arcivescovo de L'Aquila, e a don Dario Vitali, docente di Dogmatica presso la Pontificia Università Gregoriana, per avermi sempre attestato stima e fiducia, dandomi la possibilità di svolgere il mio servizio nella Chiesa.

Ringrazio sentitamente tutte le altre persone che mi hanno sostenuto in questo percorso con affetto fraterno e sincera amicizia, in particolare vorrei ricordare: il prof. Piergiorgio Grassi, allora Direttore dell'Istituto Superiore di Scienze Religiose «I. Mancini» di Urbino, il quale mi ha gentilmente consentito di consultare e citare l'epistolario di I. Mancini tuttora inedito; il prof. Graziano Ripanti, docente nella medesima Università, per i suoi consigli; il prof. Emilio Baccarini dell'Università di Roma *Tor Vergata,* con cui mi sono laureata in Filosofia occupandomi di questo autore; la Comunità *S. Cecilia,* dove ho risieduto per il periodo dei miei studi di teologia a Roma e dove ho fatto un'autentica esperienza di «cattolicità» nell'incontrare donne laiche e religiose provenienti da diversi contesti culturali ed ecclesiali, a cui rimango affettuosamente legata; i responsabili della biblioteca della Scuola Diocesana di Teologia *Paolo VI* di Latina, Rossella e Daniele, per avermi dato la possibilità di consultare liberamente i libri per la ricerca.

Infine, ma non nell'ordine degli affetti, esprimo profonda gratitudine e riconoscenza alla mia famiglia che mi ha sempre incoraggiato e sostenuto anche economicamente nei miei studi e nelle mie scelte, a cui debbo veramente tutto. Un ricordo particolare a mia madre Maria per la sua completa dedizione ai figli, esempio luminoso di un'esistenza donata nell'amore senza ritenere nulla per sé, fiduciosa che riposa nella beatitudine di Dio. A mio padre Alessandro, che mi ha trasmesso il valore della cultura e dell'impegno nella formazione personale, a mio fratello Antonio e a mia sorella Anna, insieme ai rispettivi coniugi Nicoletta e Mauro, ai miei nipotini Samuele, Alessandro e Caterina, che mi hanno sempre circondata di gioia e di affetto.

Un pensiero speciale rivolgo a mio marito Antonio, per aver saputo condividere un sogno, sostenendomi in questo cammino non sempre facile con paziente amorevolezza.

# INTRODUZIONE

## 1. Per una contestualizzazione

Il presente studio si pone nella prospettiva di una Teologia fondamentale chiamata a rendere ragione del *lógos* del cristianesimo nella complessità della storia, con la consapevolezza che tale responsabilità apologetica si coniuga con la continua ricerca di forme di mediazione tra fede e cultura in ordine alla *questione della rilevanza* del messaggio cristiano per l'esistenza. Questione che si fa urgente oggi per una disciplina che, nella acquisizione del proprio statuto epistemologico, si è collocata come teologia di frontiera[1], chiamata ad abitare il confine, quella zona liminare dove la fede si fa più sensibile alla domanda sul senso. Qui la richiesta di credibilità si modula come ricerca della *significatività* della Rivelazione cristiana per il tempo presente, tenendo conto che il confronto non è più tra Rivelazione e l'*unica* ragione umana, ma con una *molteplicità di ragioni*[2].

Proprio all'interno di un tempo complesso come il nostro, dove, accanto al pluralismo religioso, convivono ateismo, politeismo e nichilismo, emerge la consapevolezza di essere di fronte ad un *mutamento d'epoca*[3], in cui accanto ai temi della crisi e del tramonto di forme culturali e religiose tradizionali, si intravede una disponibilità esistenziale nei confronti del religioso, che non è necessariamente preambolare alla nominazione di Dio, ma segnala una «esigenza multiforme di spiritualità»[4], che smentisce le riduzioni operate da una certa razionalità moderna. Una modulazione della ricerca spirituale che si accompagna ad un

---

[1] Cf. G. PASQUALE – C. DOTOLO, «Introduzione», 11.
[2] Cf. R. FISICHELLA, *La rivelazione*, 166-168. Cf. G. RUGGIERI, «La traducibilità del linguaggio», 438-440.
[3] Cf. C. DOTOLO, *Un cristianesimo possibile*, 6.
[4] SINODO DEI VESCOVI, *La Nuova evangelizzazione*, n. 63.

pensiero postmetafisico consolidatosi, sulla scia di Nietzsche e Heidegger, con la crisi dei grandi racconti della Modernità[5].

Lo *slogan* della «morte di Dio»[6], nella contestazione del monoteismo del Dio cristiano, ritenuto responsabile di un monolitismo culturale e di un monoteismo della ragione denigratore della pluralità[7], ha favorito paradossalmente la seduzione di un neo-paganesimo che postula il sacro alla portata dell'uomo[8]. Ma in un'epoca dove il pensiero arretra di fronte all'idea di Dio, proclamandosi nel *post* non solo oltre la metafisica ma anche oltre il cristianesimo[9], ritenuto complice di una tradizione antiumanistica, si fa strada un pensiero della finitezza che amministra l'immanenza sotto il segno del nuovo paganesimo, che trova nel mondo antico i suoi dèi tutelari, nel destino la logica dell'esistenza. La postmodernità si presenta, allora, come condizione, atmosfera, sensibilità, uno «spirito dei tempi»[10], che attua una *metamorfosi* della visione di *Dio*, con il sopravanzare di un divino impersonale, dell'*uomo*, stordito da un'ubriacatura di libertà, e del *sacro*, esperito nel suo volto anonimo e anomico nel pullulare di religiosità alternative.

È evidente che al di là delle analisi e dei giudizi di valore, il postmoderno costituisce l'ambito contestuale odierno con il quale la Teologia fondamentale è chiamata a confrontarsi con la disponibilità a cogliere nella storia quei *segni dei tempi* che, come eredità preziosa del Vaticano II, rappresentano «il tessuto evolutivo della cultura, ma anche i fili che intrecciano gli interrogativi, le attese i possibili itinerari per un'evangelizzazione in dialogo»[11], dove l'*alterità* costituisce l'attuale sfida in ordine alla credibilità[12]. È in gioco la capacità del cristianesimo di saper decifrare i nuovi scenari che compongono la storia contemporanea «per abitarli e trasformarli in luoghi di testimonianza e di annuncio del Vangelo»[13], accompagnando e promuovendo i processi di liberazione e di

---

[5] Cf. J.-F. LYOTARD, *La condizione postmoderna*, 6.
[6] Cf. A. MOLINARO, «Post-metafisica e morte di Dio», 380-386.
[7] Per l'attualità di questo tema cf. CTI, *Dio Trinità*, nn. 3-14.
[8] Cf. A. DUMAS, «La nuova seduzione», 122-123.
[9] Cf. S. NATOLI, *Dio e il divino*, 7.
[10] A. STAGLIANÒ, «Narrare Dio all'uomo», 392.
[11] C. DOTOLO, «Teologia ed evangelizzazione», 49. Cf. G. RUGGIERI, «La teologia dei "segni dei tempi"», 77.
[12] Cf. G. RUGGIERI, «La traducibilità del linguaggio», 440 dove afferma: «La problematica dell'alterità è così radicalmente mutata e il problema della responsabilità teoretica della fede ne risulta inevitabilmente condizionato».
[13] SINODO DEI VESCOVI, *La Nuova evangelizzazione*, n. 6.

*alleggerimento della terra*, per usare un'espressione cara a I. Mancini, perché il *post* del postcristiano non indichi il declino del cristianesimo, ma il cambiamento di situazione in cui vive il destinatario di oggi, per il quale la fede diventa una scelta e non più una condizione socialmente condivisa[14].

Ciò implica la disponibilità ad un *ripensamento* di modelli e all'assunzione di nuovi paradigmi e categorie che consentano alla fede cristiana di dirsi e proporsi in modo efficace, superando quello scollamento con l'esperienza di vita che è diventata motivo e monito della sua irrilevanza. È quello che evidenziava P. Tillich in un ciclo di lezioni del 1963: «ciò che mi preoccupa più profondamente in questi ultimi anni è la questione: "Il messaggio cristiano (specialmente la predicazione cristiana) è ancora rilevante per le persone del nostro tempo? E se non lo è, qual è la causa? E ciò si riflette sul messaggio del cristianesimo stesso?"»[15].

L'interrogativo nasceva dalla concreta percezione di una impermeabilità del cristianesimo nella quotidianità della vita e poneva il problema della credibilità non più nei termini di una sua legittimazione di fronte a posizioni controverse o ostili come avveniva in passato, ma come questione della sua rilevanza per l'esistenza segnata profondamente dal mutamento simbolico indotto dalla Modernità. Indicava, così, nella teologia recente la presenza di due vie per rispondere a tale emergenza: quella dei «teologi dello scandalo», e quella dei «teologi della mediazione» ed affermava: «La mia impressione è che in questo mondo la chiesa cristiana abbia bisogno di entrambi questi modi di pensare»[16].

Le due vie intraviste da Tillich possono essere individuate nei due itinerari teologico-fondamentali proposti in questo lavoro: il *cristianesimo del paradosso* del filosofo e teologo italiano Italo Mancini, e il *cristianesimo della con-passione* del teologo tedesco Johann Baptist Metz. La loro riflessione, che si è sviluppata per tutta la seconda metà del Novecento, muove da una comune ricerca di elaborare una teologia che rimetta a tema il discorso su Dio a partire da una rinnovata ermeneutica capace di un'interpretazione *profetica* del mondo, della storia, dell'uomo e di Dio.

Appartengono entrambi a quella generazione di teologi ed intellettuali di razza che ha saputo e voluto cogliere il momento *kairologico* del Vaticano II, ed hanno cavalcato l'onda del rinnovamento post-

---

[14] Cf. C. DOTOLO, «Teologia ed evangelizzazione», 55.
[15] P. TILLICH, *L'irrilevanza e la rilevanza*, 31.
[16] P. TILLICH, *L'irrilevanza e la rilevanza*, 36.

conciliare come pensiero d'avanguardia, che sapeva sporgersi oltre il recinto della cittadella ecclesiale nel tentativo di trovare forme adeguate di comprensione ed inculturazione del Vangelo. Entrambi sacerdoti, hanno vissuto anche il loro ministero come diaconia alla verità, nella costante ricerca di quell'intelligenza della fede che consente alla Parola di Dio di essere comunicata alle *genti*. Significative, per avere la percezione della caratura spirituale sia di I. Mancini che di J.B. Metz, sono due affermazioni che misurano anche la loro collocazione in ordine alla teologia fondamentale:

> Ci sono due modi di stare nella Chiesa. Uno è quello di rimanere molto vicini al centro senza rischiare nulla, anzi spesso premiato da consensi. Un altro modo – e vorrei fosse il mio – è quello di vivere, sempre dentro la Chiesa, ma molto vicino alla circonferenza per ascoltare le invocazioni di quelli che non si sentono Chiesa e per dare una mano a chi fatica nel cercare un senso alla vita[17].

Uno sguardo dalla *periferia*[18] che contraddistingue anche il teologo di Münster, discepolo di K. Rahner, il quale, consapevole della «strana e pericolosa schizofrenia tra teoria teologica e prassi religiosa»[19], si fa promotore di una nuova teologia politica compresa come ermeneutica pratica della tradizione di fede e protesa a trovare ponti tra vita e fede, tra nord e sud del mondo, tra ricchi e poveri, tra appagati e sofferenti, tra credenti e non credenti:

> credo che oggi ci sono molte persone che fanno proprio questa esperienza della mancanza di Dio e che la esprimono in questo o in un altro linguaggio o non la esprimono affatto. Anche e soprattutto per costoro vorrei praticare la teologia, per coloro che non hanno un concetto di speranza integro e incorrotto, per coloro i cui sogni d'infanzia si sono infranti[20].

Il titolo parla di *itinerari teologico-fondamentali*, ad intendere che si leggeranno le loro riflessioni come spunti, suggerimenti, indicazioni, orientamenti di metodo, sensibilità per certi temi, saggiando le loro

---

[17] P. VANZAN, «I. Mancini», 364.
[18] Cf. A. SPADARO, «"Svegliate il mondo!"», 5-6 dove l'autore riporta questo passaggio del Papa: «Io sono convinto di una cosa: i grandi cambiamenti della storia si sono realizzati quando la realtà è stata vista non dal centro, ma dalla periferia. È una questione ermeneutica: si comprende la realtà solamente se la si guarda dalla periferia, e non se il nostro sguardo è posto in un centro equidistante da tutto».
[19] J.B. METZ, *La risposta dei teologi*, 72.
[20] J.B. METZ, *Dove si arrende la notte*, 51.

scelte di campo e verificandone la tenuta anche per il nostro contesto più prossimo.

La categoria del *paradosso* preferita da Mancini, dopo un lungo lavorìo sui temi di filosofia della religione, ci indirizza verso un'ermeneutica del cristianesimo dove l'incognito di Dio e la sua incoordinabilità sopravanza la possibilità umana di conoscerlo, prediligendo una linea interpretativa che confluisce nella teologia negativa e mistica.

Quella di *con-passione* utilizzata da Metz orienta verso il recupero del *proprium* del cristianesimo per rileggere le categorie fondamentali del pensiero credente proprio a partire dal suo nucleo generatore, la *memoria Jesu*, ripristinando un'adeguata ermeneutica biblico-teologica come *correttivo critico* di letture ideologiche e pregiudiziali di certa cultura contemporanea. Queste categorie non sono, tuttavia, distanti nel perseguire un medesimo intento: rinvigorire una fede capace di *convergenze etiche*, per un cristianesimo che sappia assumersi la responsabilità pubblica di operare per il Regno di Dio.

L'attualità della loro proposta teologica, pur nella diversità dei percorsi, delle sollecitazioni e del *background* personale, converge nell'esigenza di una diversa coniugazione tra cristianesimo e cultura proprio in vista di una più efficace rilevanza della dimensione pubblica della fede in quello spazio plurale che è la società post-secolare. Entrambi si collocano, infatti, in quella corrente di pensiero del Novecento che nella comprensione positiva della *secolarizzazione* ha riconosciuto nella Modernità non il luogo della liquidazione della religione cristiana, ma il laboratorio per una sua trasformazione storica in coerenza con il suo spirito biblico originario. Fautori di una teologia capace di abitare l'areopago contemporaneo senza quel senso di minorità che un certo Illuminismo ha tributato alla fede, si confrontano con le istanze del pensiero anche distante dalla tradizione cristiana nell'intenzione di promuovere quel processo di umanizzazione dell'uomo che è il cuore del Vangelo. La *fedeltà al mondo* e *a Dio* costituisce la singolarità della loro riflessione ma anche della loro biografia di vita.

## 2. Approccio metodologico

La metodologia adottata in questo lavoro è prevalentemente fenomenologico-ermeneutica, attenta allo sviluppo tematico e categoriale del pensiero degli autori nel loro interagire con la cultura a loro contemporanea. Lo snodarsi cronologico delle opere ed il contributo critico di altri autori è tenuto presente, ma non costituisce un momento prioritario di analisi e di discussione. L'intenzione, invece, è stata quella di soggiornare e far funzionare le loro categorie fondative con gli snodi teoretici ed argomentativi che mettono in campo attraverso le loro opere, soprattutto tenendo conto di quelle che esprimono maggiormente la maturità della loro riflessione. Ciò che mi premeva, infatti, era di mostrare la vitalità e, a volte, l'audacia speculativa ed interpretativa di entrambi di fronte alle questioni di volta in volta emergenti. Non c'è ambito del vivere sociale ed ecclesiale che in modo formale o informale, attraverso interviste o brevi interventi non sia stato da loro toccato, con la percezione di essere sempre di fronte a qualcosa di fondamentale ed urgente per il futuro sia dell'umanità, sia della Chiesa che del cristianesimo stesso. Approccio che mi ha consentito di mantenere il loro stile, ovvero la modalità di interloquire e di fare riferimento alla cultura e in particolare al pensiero filosofico considerandoli come *contesto* per la teologia. In tal senso, il loro contributo è sempre visto come risposta o provocazione alle istanze e questioni che provengono dall'areopago contemporaneo. Un dialogo serrato, spregiudicato, nel senso più autentico della parola, ovvero privo di pregiudizi ideologici nei confronti degli interlocutori, libero da appartenenze ghettizzanti e desideroso, pur nella consapevolezza della distanza, di trovare ponti o luoghi limitrofi da frequentare. Questo stile dialogico è ciò che contribuisce a dare pregio alle loro riflessioni.

Il limite, pertanto, risiede nel fatto che non vuole essere una ricostruzione sistematica ed esauriente del loro percorso speculativo, di cui già altri si sono interessati, ma una *lettura guidata* per entrare nel vivo di alcune questioni da loro affrontate, ma che ad oggi interessano ancora la teologia nel suo rapporto con il mondo e la storia. Di fatto, è nello stile degli autori qui studiati scrivere opere in contesto, cioè orientate a rispondere ad interrogativi che di volta in volta assumevano il carattere dell'urgenza interpretativa. In relazione a questa scelta di campo, è stata operata una selezione degli argomenti tra quelli che hanno sviluppato. Non si dovrà cercare, quindi, lo sguardo onnicomprensivo dello studioso che indaga, ma quell'*attenzione* cara a S. Weil a cui si appellava quando si trovava di fronte ad intuizioni o riflessioni spiritualmente ed umanamente significative.

## 3. Articolazione tematica

Il lavoro si compone di tre parti. La prima, intitolata *La rilevanza del cristianesimo nel contesto contemporaneo*, si struttura in due capitoli che intendono rintracciare i motivi della *crisi* del cristianesimo attraverso la messa in luce di alcune tendenze presenti nell'attuale contesto postmoderno: il processo di *individualizzazione religiosa*, con il conseguente spostamento dell'asse simbolico-valoriale dalle forme tradizionali di fede alla contaminazione cognitiva dovuta al pluralismo religioso; lo slittamento semantico da *religione a spiritualità*, con la fluidità delle forme con cui si traduce l'esperienza del sacro, ma anche con una metamorfosi dell'idea di Dio e dell'io che si serve di moduli mistici e gnostici; il passaggio dal *disincanto* del mondo della Modernità illuministica al senso di *spaesamento* indotto dall'attuale società.

*Biografia della scelta* e *società del rischio* sembrano essere i due connotati della contemporaneità, ma anche sintomo di interpretazioni unidimensionali della stessa Modernità. L'attuale morfologia del religioso invita ad una rivisitazione della *formula illuministica* che ha caratterizzato una lettura pregiudiziale della secolarizzazione facendone un paradigma della Modernità occidentale, come pure a riconsiderare in modo significativo e produttivo l'attuale rapporto di religione e società. Una riflessione sulla *post-secolarità*, come ambito ed orizzonte nuovo dove ritessere relazioni diverse e promotrici di senso per il futuro, costituisce il contesto in cui oggi non si può più parlare di marginalità del cristianesimo, ma addirittura di *rilevanza pubblica*, in virtù del ruolo societario riconosciuto alle religioni. La secolarità, vista come comune spazio interculturale e non più come spazio neutro, rappresenta per il cristianesimo il luogo da abitare, non nella forma di *civil religion*, ma come presenza profetica e critica di trasformazione della storia.

La seconda parte, intitolata *Il cristianesimo paradossale di I. Mancini*, è composta da tre capitoli che sviluppano il pensiero dell'autore maturato nel confronto con le filosofie e teologie del Novecento sia italiane che europee. Il terzo capitolo, infatti, con il titolo *I. Mancini nel panorama filosofico-teologico del Novecento*, segue gli snodi tematici e teoretici della sua riflessione che, al seguito di figure come K. Barth, R. Bultmann e D. Bonhoeffer, assume le migliori istanze della teologia dialettica rimettendo al centro il principio di rivelazione e la sua logica paradossale, l'approccio ermeneutico della ragione storicamente connotata, l'istanza della laicità del mondo e dell'efficacia *politica* del discorso su Dio, la ripresa mistica come stile del cristianesimo in dialogo con l'areopago culturale contemporaneo.

Il quarto capitolo ha per titolo *Religione come rivelazione? Il novum ermeneutico* e mette a tema il luogo critico che ha accompagnato l'intera parabola speculativa di Mancini, ovvero la necessità di ritessere il dialogo tra filosofia e teologia e misurare la religione con le istanze della ragione moderna in ordine al problema della verità. Un esame che lo porta a modificare il concetto di religione come rivelazione storica ovvero *kerygma*, ad assumere la figura della *ragione indigente* contro quella autonoma ed onnicomprensiva erede dell'Illuminismo, a ricondurre il concetto di *verità* alla sua matrice biblica prendendo le distanze dalla filosofia greca e ad accordare, così, all'*ermeneutica* uno statuto di verità acquisito nella circolarità del processo interpretante, il quale nell'apertura utopico-escatologica può dischiudere spazi di significato per l'esistenza.

Nella *teo-logica dei doppi pensieri* si fa luce la sua proposta originale di teologia simbolica che, nel riflettere sui propri fondamenti, tiene insieme il *paradosso* con cui si dà la verità religiosa. La riflessione manciniana porta a tema l'urgenza di ripensare l'*incognito* di Dio in un contesto di disgregazione del senso, che chiama *pensiero negativo* (debole), pensiero dell'a-significanza, che snatura ogni possibilità di dare consistenza alla differenza, la quale si affaccia in tutta la sua fragilità epistemologica. La fede acquista nell'epoca del pensiero che oggi chiamiamo postmoderno la valenza di organo della conoscenza di una rivelazione che si dà come Parola liberante nella storia, e dunque *eccedente* rispetto a qualsiasi sistema di pensiero; una trascendenza non lontana ma prossima alla città dell'uomo, che, nel paradigma cristologico, assume le stigmate del dolore e del male per immettere segni e tracce di riconciliazione. Nella critica all'apologetica neoscolastica scorge la possibilità della credibilità del *kerygma* non nell'evidenza di un ragionamento sistematico e deduttivo, ma nell'offerta di senso che la fede, nel suo procedere ermeneutico, può dare nella logica del significato per la vita. La sua è un'*epistemologia del paradosso* che, nel confronto con le filosofie della differenza e nella riformulazione della metafisica come istanza e non come sistema, si apre alle possibilità conoscitive della *dossologia*: un discorso *su* e *a* Dio nello spazio aperto dall'invocazione. È su questo crinale che Mancini riscopre la *teologia negativa* come possibile discorso per dire Dio nell'attuale contesto culturale. Egli esplora un paesaggio di senso dove motiva la necessità di abitare linguaggi divenuti marginali nel pensare teologico, ma che contengono per l'oggi una sponda di significato a cui la teologia, nella sua dimensione fondamentale, può appellarsi per la plausibilità del suo discorso.

Il quinto capitolo, con il titolo *Per un cristianesimo differente*, mostra il risvolto nella prassi dei suoi presupposti teologici, nella proposta originale di un cristianesimo *qualitativamente differente* perché biblicamente fondato, e, dunque, capace di sanare le ferite della storia appellando alla responsabilità dell'uomo, il quale di fronte al *volto* dell'altro scorge la vulnerabilità dell'esistenza. È per questo che la ricerca di un *ethos* condiviso sul quale scommettere un rinnovato umanesimo è connaturale all'essenza del cristianesimo.

La terza parte, *La teologia fondamentale come politica della memoria passionis in J.B. Metz*, si articola in tre capitoli. Il sesto capitolo, con il titolo *Il cristianesimo «con il volto rivolto al mondo»*, apre una disamina del tempo postmoderno attraverso lo *slogan* «religione sì - Dio no», con il quale l'autore individua motivi, provocazioni e tendenze di un'atmosfera culturale segnata drammaticamente dall'*amnesia*, che ha generato nel cuore dell'Europa la *Shoah*, modificando così il modo di percepire l'uomo, il mondo e Dio. Alla crisi di Dio e alla tentazione della privatizzazione della fede cristiana di fronte alla realtà del pluralismo e del secolarismo ideologico risponde con un *cristianesimo rivolto al mondo*, ovvero mette in campo un'interpretazione *illuminata* dell'Illuminismo ed un'*ermeneutica mistico-politica* del cristianesimo. Una rilettura del progetto della Modernità con l'individuazione della *ragione anamnestica*, rimasta finora inascoltata, spiega come l'estromissione della religione dalla società sia stata esito di una lettura unidimensionale dell'esigenze dell'Illuminismo e di una errata valutazione della secolarizzazione.

Nel delineare i tratti di una *teologia per il mondo (post)secolare* Metz mostra come il cristianesimo radicato nella *memoria passionis mortis et resurrectionis Jesu Christi* abbia una rilevanza pubblica in quanto promotore di speranza e di liberazione. Il recupero di un cristianesimo messianico, critico verso la riduzione *borghese* della religione a semplice *scenario*, consente di leggere il *disincanto* del mondo moderno non come ritiro di Dio dal mondo ma come restituzione liberante della sua autonomia. Il cristianesimo collabora ed è artefice dei processi umanizzanti in uno spazio-mondo lasciato libero dalle potenze sacrali e totalitarie ed ha, quindi, una forte connotazione di critica delle ideologie. Ciò implica un cristianesimo in dialogo con le diverse visioni del reale ed aperto ad un policentrismo culturale e religioso, ed una chiesa plasmata dalla simbolica eucaristica che fa dei consigli evangelici e delle beatitudini l'odierna mappatura della spiritualità secolare. La chiesa si inserisce in questa configurazione postmoderna del vivere come testimone pubblica della *memoria pericolosa* di Gesù, che diviene categoria ermeneutica fondamentale di mediazione tra fede e culture.

Il settimo capitolo, intitolato *Memoria Jesu Christi come memoria con-passionis*, mostra come Metz, in dialogo con la Scuola di Francoforte, assuma la memoria come categoria filosofico-teologica capace di traghettare nel tempo un *deposito di senso* oggi più che mai prezioso anche in ordine alla salvaguardia della dignità dell'uomo e del suo mondo di vita. Una memoria che fa da resistenza contro una mentalità pervasa dal mito del progresso e della tecnica che riproduce la logica del mercato anche nelle relazioni umane e sociali, nella dimenticanza del dolore, della fragilità e della sofferenza dell'esistenza. La teologia che si radica in questa memoria ha necessariamente una dimensione politica, è teologia fondamentale pratica. Un modello che, proponendosi come teologia post-idealistica e post-metafisica, intende ridare il primato cognitivo al narrare come stile di pensiero il quale, ponendosi in ascolto della narrazione originaria dell'evento di Gesù, lo possa ritrasmettere permettendo di dare valore alle tradizioni di fede e alle storie di fede come *storie di passione* per Dio e per il mondo con tutto il loro potenziale critico-profetico.

Solo una memoria ancorata alla *memoria Jesu* può infatti tradursi in memoria *con-passionis*, ovvero passione *con* Dio *per* il mondo e consentire una *mistica degli occhi aperti*, una spiritualità secolare ancorata alla terra ma conforme allo stile messianico di Gesù. Ciò implica un cambiamento di prospettiva e di sguardo, una rilettura delle categorie teologiche alla luce della nuova teologia politica. Essa assume come centrali *categorie deboli,* come la memoria, la narrazione e la compassione, e vuole essere *correttivo critico* nei confronti della società, nel recupero di una *ragione pratica*, in cui il problema ermeneutico si pone come articolazione tra teoria e prassi, tra religione e società, chiesa e mondo, riformulando un linguaggio che rifugga l'universalismo a-soggettuale, ma anche il relativismo.

Nell'ottavo capitolo, *Conversio ad passionem: un cristianesimo sensibile al dolore*, si vuole mostrare come una teologia che mette al centro la categoria della *con-passione* deve essere capace di pensare a partire dal dolore del mondo. *Auschwitz* viene letto come paradigma irrinunciabile, un segno dei tempi che obbliga il pensiero a sostare davanti al volto dell'altro. Un discorso di Dio credibile oggi deve essere attraversato dalla questione della teodicea, un ritorno al monoteismo biblico sensibile alla sofferenza. Con queste sollecitazioni Metz riformula la cristologia e la teologia attraverso l'istanza della *teologia negativa*, riletta in chiave teologico-politica. Mediante la categoria della *cognizione della perdita*, egli interpreta originalmente questa tradizione coniugandola con la questione della teodicea, intesa non come giustificazione ma come domanda rivolta a Dio di fronte alla storia di sofferenza del suo mondo. Per Metz, infatti, la fondazione di un discorso trascendentale-filosofico disconosce la gravità della domanda su Dio posta entro quella *conoscenza della mancanza* che è propria della teodicea e della teologia negativa. Le sue riflessioni sul linguaggio orante come *linguaggio indigente* sono di estremo interesse. Il linguaggio dell'esperienza orante come espressione più propria della teologia negativa e la coniugazione con la *mistica della con-passione* della teologia politica è ambito teoretico ancora tutto da esplorare, soprattutto per la Teologia fondamentale.

Questa è, a mio parere, l'aspetto di novità della proposta di Metz, la quale può aprire spazi di riflessione promettenti in ordine al discorso su Dio in epoca postmoderna per una rinnovata epistemologia teologica che voglia superare lo «scisma moderno»[21] della teologia.

## 4. Prospettive aperte

La finalità del presente lavoro è quella di proporre linee orientative per un'*ermeneutica della rilevanza*. Come afferma Ch. Theobald: «La principale conseguenza della fine della metafisica è il ritrarsi di "Dio" nel campo dell'*inevidenza* radicale»[22].

La teologia, nella sua dimensione fondamentale, ha il compito irrinunciabile di tenere aperta la via al Mistero, facendosi attenta alla trama dell'esistenza con l'originalità che le proviene dalla memoria salvifica del Dio di Gesù Cristo. È questo l'intento di un'ermeneutica della rilevanza: operare una riflessione teologica capace di rendere contemporaneo il *novum* di Dio per l'uomo di oggi, ridisegnando itinerari di senso significativi per l'attuale contesto culturale[23].

A tal fine, possiamo individuare due nodi tematici decisivi:

1) *La ripresa della questione di Dio*

La postmodernità ha provocato un'inversione di tendenza rispetto alla questione di Dio. Di questo ritorno inconsueto e delle modalità differenti del mostrarsi di Dio persino nei luoghi dell'assenza, la teologia deve farsi interprete. La rilettura della *teologia negativa*, motivo comune agli autori qui studiati e presente nell'attuale dibattito teologico (H. Häring, D. Tracy) con la sua istanza antidolatrica e mistica, insieme al modello epistemologico della *teologia politica* con la sua istanza profetica ed antideologica, sembra l'orientamento più interessante per il discorso odierno su

---

[21] J.B. METZ, «Teologia come biografia», 76-77.
[22] CH. THEOBALD, «I racconti di Dio», 52.
[23] Cf. C. DOTOLO, «Il discorso della fede», 68-69.

Dio. Ciò consente di esplorare un paesaggio di senso che orienta verso linguaggi divenuti marginali nel pensare teologico, ma che contengono per l'oggi una provocazione significativa in ordine al problema della credibilità. Indicativa a riguardo una riflessione di D. Tracy:

> I postmoderni possono aiutare tutti noi a ricuperare quelle voci marginalizzate. Persino la tradizione mistico-apofatica, con la sua radicalità, può mostrare ora una strada postmoderna, oltre la morte del soggetto moderno, verso un nuovo soggetto in processo e in giudizio davanti alla vivente divinità oltre Dio. Sarebbe questa una autentica speranza postmoderna aldilà dello scenario più consueto della morte del soggetto che segue alla morte di Dio[24].

La prospettiva originale di questo lavoro è quella di aver dato rilievo alle due istanze apparentemente distanti fra loro, ma straordinariamente adeguate ad interpretare lo spirito del tempo presente, rimettendo in dialogo la dimensione mistica e politica, non in un aldilà fuori dal mondo ma dentro le contraddizioni della storia. In un'epoca post-atea sono ancora significative esperienze di protesta e liberazione per un futuro più umano, tracce di Dio in contrasto con situazioni «antidivine» che ripropongono la questione della salvezza, ma anche esigenze di purificazione di immagini di Dio che hanno subìto nella lettura della storia visioni distorte e che fanno parlare di «deriva idolatrica»[25].

Il postmoderno nella società post-secolare ci invita ad essere attenti non solo alla variazione dei mondi simbolici, ma anche alle nuove forme di idolatria e, dunque, di ispessimento di quell'*idea Dio* che invece ama concedersi, secondo I. Mancini, nella forma del *frammento*, stile e pensiero che ne preservano l'incoordinabilità. Nella ricerca di una nuova semantica del mistero si assume sia il peso del dramma del male con tutte le varianti che esso comporta; sia l'apertura al simbolico come ponte della differenza ontologica, evocativo dell'oltre di cui l'istanza metafisica porta il segno, ma che forse solo un approccio narrativo ed ermeneutico rende sperimentabile[26]. Si mostra la sporgenza di senso che apre ad una diversa ricerca della verità, dove le categorie consuete della teologia si incontrano con il vissuto dell'uomo di oggi, in una ri-

---

[24] D. TRACY, «Quale nome dare al presente», 96; cf. ID., «La ri-nominazione postmoderna», 7-17.
[25] L. ALICI, «Differenza senza differenza», 11. Cf. C. DOTOLO, «Tra ateismo e monoteismo», 229-252.
[26] Cf. A. STAGLIANÒ, «Narrare Dio all'uomo», 406.

presa dell'argomentare *mistico* come modulo linguistico consono alla spiritualità postmoderna.

2) *Il compito critico-ermeneutico della teologia politica.*

Si basa sulla consapevolezza che il cristianesimo ha una rilevanza storica nel porsi al servizio della responsabilità della speranza, per rendere possibile l'*utopia* della liberazione. Come afferma F.P. Fiorenza:

> Una risposta adeguata al problema della possibilità e della natura dell'incontro dell'uomo con Dio deve prendere in considerazione la situazione esistenziale e mondana dell'uomo contemporaneo. Dato che la natura non è più sperimentata come un oggetto statico di contemplazione, ma come una pietra per costruire un futuro migliore, l'uomo contemporaneo non incontra più Dio anzitutto negli oggetti della natura, ma nella speranza per il futuro [...]. Ci vuole un pensiero che sia in rapporto funzionale con il mondo, una filosofia che abbia un orientamento critico e sociale[27].

La prospettiva della teologia politica come una teologia *con il volto rivolto al mondo* (Metz) implica l'attenzione al grido della storia e alla sua incidenza sulle categorie del pensare, per impedire che siano semplici contenitori privi di senso per l'uomo e, quindi, non funzionali all'*alleggerimento della terra* (Mancini). Una teologia, che prenda su di sé il peso della storia (e non solo del concetto) e che abbia anche il criterio dell'efficacia pratica della verità, può orientare ad un *éthos* globale universalmente condiviso, ponendo il cristianesimo come *paradigma di significatività*[28] esplicitante le potenzialità del mistero di salvezza.

Seguendo questa linea interpretativa, si può riconfigurare una teologia che articoli il suo discorso intorno ad alcune categorie fondamentali. Prima fra tutte la categoria della *differenza*, in cui l'altro/Altro si dà a pensare; la seconda categoria che deve tornare ad essere centrale è la *storicità* compresa nella sua tensione escatologica, con cui rileggere anche il darsi della verità[29]. La terza categoria è la *ragione anamnestica* o *indigente*, come luogo rammemorante la dimensione creaturale dell'umano, dove la cifra del *paradosso* e della *con-passione* consentono di rimettere al centro la *memoria* del Dio biblico[30] e di poter restituire all'uomo il suo essere *ad immagine*.

---

[27] F.P. FIORENZA, «Il pensiero di J.B. Metz», 64.
[28] Cf. C. DOTOLO, «Cristianesimo e filosofia», 504.
[29] Cf. G. LAFONT, «Orientamenti per la teologia», 49-70.
[30] Cf. FRANCESCO, *Omelia*, S. Messa per la Giornata dei Catechisti.

# PARTE I

# LA RILEVANZA DEL CRISTIANESIMO NEL CONTESTO CONTEMPORANEO

CAPITOLO I

## La questione del futuro del cristianesimo

*«Al termine del secondo millennio, il cristianesimo si trova, proprio nel luogo della sua originaria diffusione, in Europa, in una crisi profonda, basata sulla crisi della sua pretesa alla verità»*[1].

L'interrogativo su dove va il cristianesimo[2] costituisce ormai da qualche tempo lo sfondo del riflettere teologico, che cerca di rispondere alla domanda sulla credibilità del messaggio cristiano sia sul versante dello specifico religioso, per una ridefinizione dell'identità cristiana in un contesto pluralistico[3], sia sul versante teoretico, per una ripresa dell'istanza metafisica che si sappia coniugare con l'attuale connotazione ermeneutica della ragione[4]. Si ha la percezione di assistere ad un invecchiamento del cristianesimo, il cui sintomo più evidente si esprime nella perdita di rilevanza nell'ambito della società, tale da far parlare di un suo tramonto, declino o crisi[5].

---

[1] J. RATZINGER, «La verità cattolica», 41.
[2] Sono indicative al riguardo alcune opere: B. FORTE, *Dove va il cristianesimo?*; F.X. KAUFMANN, *Quale futuro per il cristianesimo?*; CH. DUQUOC, *Cristianesimo, memoria per il futuro*; C. DOTOLO, *Un cristianesimo possibile*; U. SARTORIO, ed., *Annunciare il Vangelo oggi*; J. DELUMEAU, *Il cristianesimo sta per morire?*; A. MATTEO, *Come forestieri*; G. VATTIMO – P. SEQUERI – G. RUGGERI, *Interrogazioni sul cristianesimo*; G. ANGELINI – al., *Cristianesimo e Occidente*.
[3] Cf. ATI, *Cristianesimo, religione, religioni*. Cf. C. GEFFRÉ, «La crisi dell'identità cristiana», 23-38. Cf. W. KASPER, «Il futuro della fede», 97-116.
[4] Cf. R. FISICHELLA, «Metafisica e rivelazione», 281-283. Cf. G. LORIZIO, «Quale metafisica», 208.
[5] Cf. G. FERRETTI, «Tramonto o trasfigurazione», 407-413; cf. ID., «A proposito di "Tramonto o trasfigurazione"», 351-373.

L'analisi, sia dal punto di vista sociologico che teologico, risulta complessa: sta di fatto che ci troviamo di fronte ad un depotenziamento simbolico della religione cristiana, soprattutto rispetto ad un *revival* del sacro[6], che pone l'interrogativo sulla reale portata teoretica della crisi, che fa parlare di «crisi di Dio», o più profondamente di «crisi salvifica»[7], dovuta soprattutto al nuovo paradigma del pluralismo religioso. Tale fenomenologia del religioso provoca il pensiero perché investe l'ordine del senso e non più solamente la questione della pertinenza del religioso all'antropologico, come una certa lettura della Modernità lasciava presagire[8].

Le recenti indagini sociologiche, relativamente all'ambito europeo[9], dove gli effetti della crisi evidenziano particolari convergenze, interpretano l'attuale marginalizzazione del cristianesimo come una perdita di riconoscimento delle istituzioni religiose tradizionali, nell'attenuazione della loro capacità di proporre un codice di senso adeguato alle odierne condizioni culturali ed esistenziali. Ci avvertono di una scomposizione del campo religioso tra forme tradizionali di credenza e ricerca di nuove esperienze religiose, dove le persone si «sostituiscono all'autorità religiosa nello stabilire la plausibilità delle proprie scelte e dei propri orientamenti»[10].

Viene meno per il cristianesimo la capacità di fornire un riferimento simbolico aggregante[11], che si stempera man mano che cresce il processo di globalizzazione, con l'offerta di una pluralità di beni simbolici, che generano una contaminazione cognitiva tra le diverse proposte culturali e religiose. Questa destrutturazione e ricomposizione in nuove forme simboliche del tutto personalizzate consente di inserirsi in un orizzonte di fede senza che questa opzione abbia un risvolto determinante nella vita quotidiana. Il senso di appartenenza ad una tradizione religiosa non implica, di fatto, un percorso spirituale ed un'adesione ai contenuti dottrinali, tanto che si registra una eterogeneità di consapevolezza rispetto agli articoli fondamentali della fede cristiana, dove la questione della verità

---

[6] Cf. S. MARTELLI, «Tra Roma e Gerusalemme», 222.

[7] J. SOBRINO – F. WILFRED, «Editoriale», 19. Cf. F. WILFRED, «Il cristianesimo tra declino e rinascita», 41-46. Cf. U. SARTORIO, «Eclissi del luogo», 128 .

[8] Cf. C. GEFFRÉ – J.-P. JOSSUA, «Editoriale», 14.

[9] Cf. D. HERVIEU-LÉGER, «Tendenze e contraddizioni», 1-9.

[10] F. GARELLI, «L'Occidente e il cristianesimo», 9.

[11] Cf. M. GAUCHET, *Un mondo disincantato?*, dove a p. 187 parla di «fine del cristianesimo sociologico» per intendere quella che più comunemente viene definita come la fine della cristianità. Cf. G. BOTTONI, ed., *Fine della cristianità?*.

diventa del tutto irrilevante ed opinabile, come evidenzia F. Garelli: «Nel pluralismo religioso si stemperano i credi specifici, e parte della popolazione si orienta a comporre convinzioni religiose di matrice diversa, dando vita ad un *bricolage* che riflette l'ampio flottante di proposte culturali e religiose presenti nella società»[12].

Diventa preponderante la versione della contestualità delle verità religiose, del loro carattere relativo alle culture e alla storia di provenienza, che orienta a considerare non prioritaria la questione dell'esclusività o universalità di una religione rispetto alle altre, ma ad equipararle per importanza ed efficacia sul piano esistenziale. La fede, dunque, resiste, ma essa appare depotenziata rispetto al modello della tradizione, avendo perso il suo carattere vincolante e normativo. Il bisogno di una universalità condivisa ricorre perlopiù nella richiesta di una *humanitas* comune, di un *ethos* collettivo che fornisca il sostrato valoriale necessario ad una memoria identitaria, la quale possa fronteggiare l'attuale percezione di disgregazione, con tendenze localistiche e fondamentaliste che sono il controcanto al sincretismo. In base a questa indagine sociologica risulta maggioritaria la tipologia dei *credenti/non appartenenti* o *debolmente appartenenti*. Si tratta di persone «tendenzialmente aperte alla religione e per vari aspetti alla trascendenza, ma caratterizzate da una religiosità personalizzata e sincretistica»[13].

Questo slittamento della religione in «credenze fluide»[14], con punte molto forti di indifferenza, e la perdita di riferimento alle chiese istituzionali è un caso tutto europeo, frutto di un particolare processo di secolarizzazione, che ha ereditato il culto illuministico della ragione laica e anti-clericale, e la conseguente separazione ancora perdurante tra credere ed appartenere. Interessante a tal riguardo il confronto con la situazione religiosa negli Stati Uniti, che, pur appartenendo al mondo occidentale, presenta una configurazione più integrata tra religioni ed identità sociale, forse dovuta ad una diversa elaborazione dell'Illuminismo, che qui si è affermato più come «politica della libertà» che non come «ideologia della ragione»[15].

---

[12] F. Garelli, «L'Occidente e il cristianesimo», 18. Questi dati risultano convergenti anche nel contesto italiano, dove la maggioranza degli intervistati si professa cattolica. Un'analisi ancora attuale si trova in F. Garelli, «Credenze ed esperienza religiosa», 19-67.
[13] F. Garelli, «L'Occidente e il cristianesimo», 20.
[14] C. Geffré, «La crisi dell'identità cristiana», 26.
[15] Cf. A.N. Terrin, «L'Europa», 36-44.

## 1. Il congedo dalle chiese

Nell'interpretare questo processo di *individualizzazione religiosa*, la sociologa D. Hervieu-Léger ha elaborato due tipologie di credenti, il «pellegrino» e il «convertito», che sostituiscono la figura del «praticante», figura che riceve la sua identità religiosa dalla comunità alla quale appartiene. Il *pellegrino* rimanda alla fluidità dei percorsi religiosi spirituali e si definisce nel segno della mobilità e dell'adesione temporanea; il *convertito* è colui che, cambiando religione o aderendo ad una fede dopo un cammino personale, manifesta il postulato fondamentale della Modernità religiosa, secondo il quale un'identità religiosa autentica può essere solamente scelta[16].

L'esito è una sorta di religiosità fluttuante o molecolare, determinata da una disseminazione individualistica del credere, di fronte alla quale si devono attivare categorie interpretative appropriate, tenendo conto che l'individuo contemporaneo è ora capace di costruirsi significati datori di senso senza il bisogno di attingere dalla tradizione religiosa[17]. Questo incide inevitabilmente sullo stile di vita, sulla frequenza delle pratiche religiose[18], nonché sulle scelte etiche, che sono disancorate dalla visione cristiana dell'esistenza, pur risultando positiva la considerazione dell'orizzonte di senso[19] proposto dalla tradizione cristiana, soprattutto nell'attuale contesto segnato da una forte frammentazione socio-culturale:

> Non viviamo più in società nelle quali è possibile conservare la sensazione diffusa che la fede in Dio sia essenziale per la vita ordinata di cui (parzialmente) godiamo. È un mondo pluralista, in cui molte forme di credenza e di non credenza sgomitano l'una contro l'altra, fragilizzandosi così reciprocamente. È un mondo in cui la credenza ha perso molte delle matrici sociali che la facevano apparire «ovvia» e «inattaccabile»[20].

Il singolo si trova paradossalmente costretto ad «inventarsi da solo»[21], senza l'aiuto di presupposti consolidati da parte dell'ambiente di vita, proiettato nella pluralità degli orizzonti di senso e nella mol-

---

[16] Cf. D. Hervieu-Léger, *Il pellegrino e il convertito*, 71-79. 95-103.

[17] Cf. C. Dotolo, *Un cristianesimo possibile*, 131. Cf. R. Marchisio, *La religione nella società*.

[18] Cf. J. Delumeau, *Scrutando l'aurora*, 7-15.

[19] Cf. F. Garelli, «Credenze ed esperienza religiosa», 24; cf. Id., «Religione e ricerca di senso», 141-150.

[20] Ch. Taylor, *L'età secolare*, 668.

[21] F.-X. Kaufmann, *Quale futuro per il cristianesimo?*, 126. Cf. G. Mucci, «La diffusione dell'individualismo», 468-469.

teplicità delle possibilità non più mediate univocamente dalle istituzioni ecclesiali. Che questo abbia portato ad una sorta di sovranità dell'individuo che obbedisce alla logica del desiderio e, perciò, interpreta narcisisticamente la sua libertà, è il prezzo pagato da quello che F.-X. Kaufmann chiama processo di mondanizzazione (*Verweltlichung*), nato in contesto di critica illuministica alla religione, distinguendolo da quello di secolarizzazione (*Säkularisierung*), sorto in ambito giuridico nell'Europa del XVI e XVII secolo. Fu, però, il secondo a significare culturalmente il complesso rapporto tra religione e Modernità e ad assumere anche il significato del primo: secolarizzazione come perdita di rilevanza della religione; come rimozione dell'autorità ecclesiastica dai campi del dominio mondano; come contemporanea espropriazione e conservazione di conquiste cristiane nella cornice della comunità secolare; come demitizzazione della fede e spiritualizzazione del mondo; come deecclesializzazione della popolazione.

È da rintracciare qui, allora, la perdita di rilevanza del cristianesimo, ovvero nell'effetto di quel duplice processo di *ecclesializzazione* e *deecclesializzazione*[22] prodotto dalla modernizzazione, che, nell'impeto della ricerca dell'autorealizzazione tipica dell'uomo moderno, ha rinchiuso la fede nell'ambito specialistico delle chiese, provocando uno scollamento tra istituzione ed esistenza e la conseguente individualizzazione della condotta di vita. Nell'erosione della credibilità delle tradizioni come depositarie del senso anche la religione ha subito una modificazione: non essendo più vincolata alle chiese si amplia in nuove forme di religiosità che egli definisce «religioni di desiderio»[23], frutto della riduzione della religione a ricerca di sé come esperienza di salvezza. Si spezza, così, il legame che teneva unito nel passato religione-ecclesialità-cristianità, già estenuato peraltro dalla *querelle* teologica del primo Novecento sull'essenza del cristianesimo e sulla distinzione tra religione e fede[24].

Appare evidente da questa lettura come:

l'esperienza religiosa conserva la sua forza orientativa nella sfera individuale, ma fatica a proporsi come luogo di riferimento per le scelte e i valori che gui-

---

[22] Cf. F.-X. KAUFMANN, *Quale futuro per il cristianesimo?*, 81-109. Cf. G. PASQUALE, «Il rientro della postmodernità», 253-256.
[23] F.-X. KAUFMANN, *Quale futuro per il cristianesimo?*, 132.
[24] Cf. R. GIBELLINI, *La teologia del XX secolo*, 9-160. Cf. M. ANTONELLI, «L'autocoscienza del cristianesimo», 93-124.

dano la ricerca della propria identità; tant'è vero che la parabola della sua traiettoria socio-culturale mostra una paradossale flessione, la quale si affianca alla dichiarata allergia alla forma istituzionale dell'esperienza religiosa[25].

Questo processo di individualizzazione va distinto, però, dall'individualismo: quest'ultimo sembra connotare prevalentemente quella che viene definita la Prima Modernità, per il particolare legame con la razionalità strumentale, dove emerge maggiormente la proiezione progettuale sul mondo con la venatura utilitaristica, funzionale e prometeica tipica dell'Illuminismo; il primo porta con sé i tratti della cosiddetta Seconda Modernità con la tendenza all'interiorizzazione e alla ricerca dell'autenticità nella sua relazione con il mondo, con venature espressive e narcisistiche e un legame debole ed ambivalente con la comunità sociale: «In un mondo che si allontana dalla tradizione, l'individualizzazione consiste nella trasformazione dell'identità da qualcosa di dato a un "compito" che ogni singolo deve realizzare»[26].

Tale processo è anche definito dal sociologo U. Beck *biografia della scelta*[27], che si accompagna con la *società del rischio*[28] la quale, pur garantendo un'inedita libertà di sperimentare, porta con sé l'ombra della solitudine e dello sfaldamento del senso di appartenenza:

> Il rischio rappresenta il modello di percezione e di pensiero della dinamica mobilitante di una società che si deve confrontare con l'apertura, le insicurezze e i blocchi di un futuro autoprodotto e non è più ancorata alla religione, alla tradizione o allo strapotere della natura, ma ha anche perduto la fede nella forza salvifica delle utopie[29.]

Quella del rischio non è la sola immagine usata per connotare il senso di vulnerabilità e sradicamento, Z. Bauman ne utilizza un'altra al-

---

[25] C. DOTOLO, «Il futuro del cristianesimo», 253. Cf. TH. LUCKMANN, «Religiosità individuale», 31-39.
[26] R. MARCHISIO, *La religione nella società*, 55. Cf. Z. BAUMAN, *La società individualizzata*, 182.
[27] Cf. U. BECK, *La società del rischio*, 185-217. Anche le considerazioni di P.L. BERGER, *L'imperativo eretico*, dove a p. 55 scrive: «L'individuo moderno, allora, vive in un mondo di scelta, in netto contrasto con il mondo di fato abitato dall'uomo tradizionale. Egli deve scegliere nelle innumerevoli situazioni della vita di ogni giorno, ma questa necessità si estende alle aree delle credenze, dei valori e delle visioni del mondo. Decidere, comunque significa riflettere: l'uomo moderno deve fermarsi laddove il premoderno poteva agire in una spontaneità non riflessiva».
[28] Cf. U. BECK, *La società del rischio*, 13-21.
[29] U. BECK, *Conditio humana*, 10.

trettanto significativa: *modernità liquida,* alludendo alla fragilità, provvisorietà e flessibilità a cui è destinata la società attuale, dove l'unica costante è il cambiamento e l'unica certezza è l'incertezza[30]. Sta qui, probabilmente, uno dei sintomi del disagio della Modernità, i cui effetti sull'uomo contemporaneo possono essere riassunti dalle figure del *turista*, che cerca di succhiare il midollo della vita con il minor costo possibile, del *flaneur,* costantemente in movimento verso un non luogo come condizione di vita, del *vagabondo,* che vive alla giornata, del *giocatore d'azzardo,* sospinto dall'ebbrezza del rischio e dell'avventura, figure che Z. Bauman segnala come emblema della modernità liquida[31], ovvero come espressione secolare del processo di modernizzazione, controcanto al tipo del pellegrino e del convertito riscontrato in ambito più specificamente religioso. Commenta in modo ironico:

> Nel caso foste alla ricerca di una descrizione breve e succinta, ma anche appropriata e acuta, della nuova situazione in cui gli uomini tendono a trovarsi in questi giorni, non sarebbe male tenere a mente una piccola inserzione apparsa di recente nella rubrica «offerte di lavoro» di un quotidiano inglese: «Automunito, disposto a viaggiare, esamina offerte»[32].

Questa fluidità di ogni forma di stabilità produce inesorabilmente la liquefazione di ogni identità che anche nella sfera religiosa sembra presentarsi con le stigmate della *gratificazione istantanea*[33]: la centralità della dimensione personale e il bisogno di autenticità si coniuga con il primato dell'esperienza, dell'emozionale e del terapeutico, con il conseguente rifiuto delle mediazioni.
Le modificazioni rintracciabili sul piano del vissuto religioso vengono meglio definite come il *sacro postmoderno*[34], con quelle caratteristiche che nella pluralizzazione dei mondi di vita vengono dettate, per usare

---

[30] Cf. Z. BAUMAN, «La modernità liquida rivisitata», V-XX.
[31] Cf. Z. BAUMAN, *Dentro la globalizzazione,* 87-112.
[32] Z. BAUMAN, *La società individualizzata,* 185. Interessante la rivisitazione della lettura baumaniana di B. FORTE, «"Modernità liquida"», il quale a p. 125 usa cinque metafore per segnalare la complessità dell'epoca attuale: il *naufragio,* la *liquidità,* l'*assemblaggio,* la *rotta* e l'*orizzonte,* delineando in quest'ultima una possibile risposta della teologia a tali sfide: una teologia più *fedele alla terra,* una teologia *più teologica,* una teologia più *eticamente responsabile.*
[33] Cf. Z. BAUMAN, «Le società della gratificazione», 19-35. Cf. M. TOMKA, «Individualismo, cambiamento di valori», 45-59.
[34] Cf. M. INTROVIGNE, *Il sacro postmoderno.* Cf. M. ALETTI – al., *La religione postmoderna.*

un'espressione di P.L. Berger, dall'«imperativo eretico»[35], dove l'io esplora le sue possibilità di salvataggio nel tentativo di rimuovere la percezione di crisi di senso e di smarrimento[36].

## 2. Modernità multiple

L'attuale morfologia del religioso invita ad una rivisitazione della figura della Modernità, così come si è andata formulando nell'immaginario collettivo, dove, per una complessa storia degli effetti, ha evocato l'evacuazione della trascendenza dai sistemi di significato pertinenti ad un soggetto allergico ad un'eteronomia che invade gli spazi di una libertà autorealizzantesi[37].

Per significare la contestualità culturale che ha per lungo tempo caratterizzato la figura canonica della Modernità, dandone un'immagine stilizzata, la quale ha reso latente tutto un filone di riserva critica e di contestazione, si può richiamare la lucida sintesi di C. Dotolo attraverso una mappatura di alcune parole-chiave:

> *Emancipazione* come affermazione del soggetto allergico a qualsiasi soteriologia estrinseca all'intenzionalità della ragione ad orientare e svincolare la storia da qualsiasi pretesa di validità; *erramento dell'io* alla ricerca di un'adeguata identità empirica e metaempirica; *orientamento intramondano* quale espressione della diversificazione dei settori della vita esigente una pluralizzazione di soluzioni conoscitive; *autonomia della ragione* come punto archimedico di costruzione della storia nell'allontanamento dell'esteriorità della verità e nella prospettiva della *libertas philosophandi*, indicando sì la necessità del processo di ristrutturazione in atto nella comprensione del moderno, ma evidenziando anche il risvolto ideologico di una simile operazione[38].

Il destino della società veniva, così, definito dai nuovi miti secolari derivati dall'Illuminismo. La religione è stata considerata come un aspetto non originario, destinato a scomparire o a perdere di significato nella misura in cui venivano eliminati i fattori causali che l'alimentavano, come la miseria, la mancanza di istruzione, l'oppressione politi-

---

[35] P.L. BERGER, *L'imperativo eretico*, 63; cf. ID., *Questioni di fede*, 15-16.
[36] Cf. P.L. BERGER – T. LUCKMANN, *Lo smarrimento dell'uomo*, 69.
[37] Cf. P.L. BERGER, *Il brusio degli angeli*, 103. Cf. A. TOURAINE, *Critica della modernità*.
[38] C. DOTOLO, *La teologia fondamentale*, 109-110 (il corsivo è nel testo); per un ulteriore approfondimento si vedano le p. 110-158.

ca. Rimossi gli ostacoli all'emancipazione, la religiosità, qualora presente, sarebbe diventata una faccenda privata, semplice opzione, perdendo la sua importanza nella costruzione dell'identità individuale e collettiva[39]. Questo processo ha generato quello che M. Weber definiva *disincanto*[40], per designare la perdita dell'aura sacrale che abitava il mondo, attraverso la razionalità scientifica e poi tecnologica che inevitabilmente ha determinato ciò che M. Gauchet connota come «l'uscita dalla religione»[41] come fenomeno costitutivo della Modernità e del processo di democratizzazione.

Ch. Taylor, riflettendo sull'attuale aspirazione al *re-incanto*, insinua un dubbio sulla legittimità dell'inesorabilità del disincanto sentenziato per la Modernità, alludendo alla possibile convivenza tra incantamento, secolarizzazione e comprensione scientifica del mondo, a patto che quest'ultima non costituisca l'unica interpretazione possibile:

> In quale modo una considerazione scientifica del mondo lo «disincanta» al di là della rievocazione e della possibilità di ciò che abbiamo definito come re-incanto? Chiaramente il semplice fatto che noi così comprendiamo meglio come si sono evolute le diverse specie, per quanto il processo chiamato in causa sia di tipo «meccanico», non può togliere di mezzo la nostra meraviglia nei confronti della portata e della complessità del sistema che ne risulta[42].

La critica è verso una interpretazione riduttiva della realtà, barattata per certezza, a scapito di una visione più complessa che richiederebbe di tenere insieme diversità e pluralità piuttosto che privilegiare letture unidimensionali. Quello che Ch. Taylor chiama *umanesimo esclusivo*[43] è l'esito di una Modernità ripiegata sulla ragione strumentale come uni-

---

[39] Cf. M. SECKLER – M. KESSLER, «La critica della rivelazione», 28-65. Cf. C. GEFFRÉ – J.-P. JOSSUA, «Editoriale», 11-16. Cf. TH. LUCKMANN, «Trasformazioni superficiali», 52-65.

[40] Cf. G. MARRAMAO, *Cielo e terra*, 59-68.

[41] M. GAUCHET, *La religione nella democrazia*, 146; cf. ID., *Un mondo disincantato?*, 183.

[42] CH. TAYLOR, «Disincanto e re-incanto», 46; cf. ID., *Incanto e disincanto*.

[43] Cf. CH. TAYLOR, *L'età secolare*, dove a p. 33 spiega: «la comparsa della mentalità secolare moderna, così come l'ho descritta, è proceduta di pari passo con la nascita di una società in cui per la prima volta nella storia un umanesimo puramente autosufficiente è diventato un'opzione ampiamente disponibile. Per "umanesimo autosufficiente" intendo un umanesimo che non ammette fini ultimi che trascendano la prosperità umana, e non sente alcun obbligo verso qualcosa che oltrepassi tale prosperità».

co accesso possibile alla realtà, modificando inesorabilmente lo sguardo sul mondo, che perde così il suo spessore spirituale, simbolico ed immaginativo, assottigliandosi sull'immanenza. Nell'età secolare uno degli esiti della Modernità è che la fede diventa una *possibilità*[44] e pone fine al riconoscimento *ingenuo* del trascendente. Questa epurazione del religioso ha portato l'Occidente ad una sorta di «devitalizzazione della società civile»[45], tale da trovarsi oggi sguarnita rispetto ad una richiesta suppletiva di orientamento valoriale. Probabilmente la ragione risiede in una *formula illuministica* che deve di nuovo confrontarsi con le *altre modernità*, interne ed esterne all'Occidente[46].

È ciò che rileva il sociologo S.N. Eisenstadt, per cui il progetto della Modernità ha in sé, oltre le sue reali traduzioni storiche, potenzialità inespresse o marginalizzate, le quali rivelano una multidimensionalità che andrebbe rivalutata contro le versioni unilaterali. Si sono avvicendati nella riflessione recente alcuni modelli di teorie della crisi che hanno sottolineato la continuità o la discontinuità della modernizzazione con il progetto classico di Modernità. Per Eisenstadt si deve parlare di pluralizzazione del moderno come complessità evolutiva, che produce *modernità multiple*, differenti rispetto al paradigma occidentale di cui si è teorizzata una diffusione lineare e progressiva. Egli propone una visione di modernizzazione più *poli-centrica*, perché ha la prospettiva della globalizzazione, e *morfogenetica*, perché concepisce i futuri sviluppi non come ritorni a, ma come evoluzioni a partire da formule della modernità molteplici, senza vedere in ciò nessuna patologia rispetto al modello europeo e senza considerare barbare o antimoderne altre possibili civiltà in cui la Modernità è approdata ad esiti diversi grazie a programmi culturali differenti al suo interno. Egli mostra, infatti, come la prima e originale Modernità si sia sviluppata in Occidente a partire dal progetto culturale, sociale ed istituzionale dell'Illuminismo, che si

---

[44] Cf. Ch. Taylor, *L'età secolare*, 14.

[45] P. Donati, «Universalità, particolarità, neutralità», 73. Cf. Ch. Taylor, «Ambivalenza della religione», 97-115.

[46] Cf. P. Donati, «Universalità, particolarità, neutralità», 75. Cf. C. Dotolo, «Modernità e religione. Oltre il disincanto», 54. Recenti pubblicazioni, rivisitando criticamente l'Illuminismo, parlano di «illuminismo multiplo». Cf. E. Franzini, «Metafisica dell'Illuminismo», 990. Si vedano in proposito i contributi di P. Grassi, «Sull'Illuminismo», 3-8; U. Perone, «L'Illuminismo come categoria», 29-46. Ch. Schwöbel, «L'incontro interreligioso», 143 dove parla della necessità di una «de-canonizzazione dell'Illuminismo» a motivo della crisi di plausibilità del «progetto dell'Illuminismo».

prefigurava essere una posizione egemonica ed omogeneizzante. In realtà la diffusione della Modernità non ha prodotto un unico modello di civiltà, ma una reinterpretazione e diversa combinazione del programma originario[47].

A questo riguardo, U. Beck parla di «shock di dover riconoscere la non-universalità del modello europeo-occidentale di modernità, quella basata sugli stati nazionali»[48], determinato dalla morte della speranza laica e dalla crisi dei fondamenti della razionalità, con la conseguente ricomparsa, questa volta a livello globale, dei conflitti religiosi, fenomeni che si ritenevano superati nell'avanzata modernità secolare.

Gli stati nazionali «con la messa in quarantena di Dio»[49] non dispongono di una risposta adeguata a risolvere il problema di una civile coesistenza delle religioni universali, né tanto meno a fornire istanze di senso ad un mondo disorientato. Egli individua nella società del rischio, nell'individualizzazione della fede e nella globalizzazione tre fattori determinanti che segnalano il passaggio dalla *modernità semplice*, o Prima Modernità, a quella che con Habermas definisce *modernità riflessiva*, o Seconda Modernità; la prima contraddistinta dalla logica dell'univocità e linearità, la seconda da quella della plurivocità o indeterminazione delle sfere sociali. I fondamenti del mondo moderno sono diventati liquidi[50].

Formula così dieci tesi per interpretare l'attuale scenario dopo il tramonto della Modernità: 1. La fede religiosa non è un relitto tradizionale reso obsoleto dall'incipiente modernizzazione, ma un prodotto della *modernizzazione riflessiva*, ovvero di una modernità che mette in discussione se stessa; 2. Questo non determina la fine della religione, ma una nuova ricomposizione tra religione e religioso, che comporta una sorta di anarchia religiosa, una individualizzazione della fede connotata dall'uscita dalla tradizione («religione fai da te»); 3. Si giunge ad un nuovo tipo di multi-configurazione delle costellazioni di senso, pervenendo a combinazioni di varie risorse simboliche; 4. Questo comporta un'incrinatura delle immagini guida istituzionalizzate, e una frantumazione dei riferimenti valoriali; 5. Si assiste al paradosso della Seconda

---

[47] Cf. S.N. EISENSTADT, *Modernità modernizzazione*, 49-268. Cf. A. TOURAINE, *Critica della modernità*.
[48] U. BECK, *Il Dio personale*, 52.
[49] U. BECK, *Il Dio personale*, 55.
[50] Cf. U. BECK, *Il Dio personale*, 82-84. Cf. A. GIDDENS, *Le conseguenze della modernità*, 15-62.

modernità religiosa nel contesto europeo: lo svuotamento delle chiese e il reincanto religioso attraverso una religiosità fluida; 6. L'individualizzazione della religione non necessariamente si riduce ad una privatizzazione della religione, ma può comportare un nuovo ruolo pubblico della fede, che assume un'importanza fondamentale nella società globale; 7. Sorge così il dibattito sulla legittimazione della fede, fondata sulla credibilità del singolo credente, instaurando un rapporto diverso tra verità ed autorità, non più mediato dalle chiese; 8. Ciò non implica semplicemente l'azzeramento di un'ortodossia condivisa, ma la formazione di un credo minimale, sorto dall'evaporazione dottrinale, e la sua coniugazione con forme emotive di religiosità basate sull'esperienza personale della trascendenza; 9. Questo processo di individualizzazione conduce alla fede nel *Dio personale*[51], in cui si esprime completamente il costitutivo bisogno di autonomia dell'uomo, fattore distintivo della modernità e del cristianesimo; 10. L'orizzonte futuro di questo processo sarà nel riconoscere la religione come protagonista della modernizzazione cosmopolitica, ovvero nel farsi carico dei problemi del mondo: le religioni e i nuovi movimenti religiosi del XXI secolo non sono considerati vittime ma *agenti* di critica della stessa Modernità. Essi possono essere definiti, nella loro ricerca nomade della trascendenza che implica il riconoscimento della dignità di ogni ricerca, religioni globali[52].

Di fronte a tale *revival* della religione alcuni interpreti parlano di un processo di *de-secolarizzazione*[53] o *deprivatizzazione*[54] come reazione ai fenomeni di modernizzazione, proponendo una società civile diversa da quella moderna, che nel suo essere dopo-moderna è chiamata a cercare una semantica nuova. La de-secolarizzazione è un segnale di contro-tendenza alla secolarizzazione auspicata e sbandierata fino agli anni '70, interpretata come esito della modernità compiuta e segno distintivo della modernizzazione di una società laica, liberale e democratica.

Il sociologo S. Martelli definisce così il concetto di de-secolarizzazione:

> con esso intendo designare l'attuale situazione complessa, in cui si assiste alla *ripresa* della religione pur *mantenendosi* – almeno nelle società occi-

---

[51] L'originale tedesco è «*Der eigene Gott*» e potrebbe essere meglio tradotto con «privato» o «proprio», perché renderebbe meglio il senso che gli attribuisce l'autore nel corso della sua trattazione.
[52] Cf. U. BECK, *Il Dio personale*, 105-113.
[53] Cf. P. DONATI, «Universalità, particolarità, neutralità», 88.
[54] Cf. J. CASANOVA, *Oltre la secolarizzazione*, 11.

dentali – un quadro macro-sociale all'insegna della secolarizzazione, all'interno del quale però emergono connessioni impreviste tra religione ed altri settori della società, tali da provocare effetti sorprendenti che portano al *rilancio* e, al tempo stesso, alla *distorsione* della proposta religiosa tradizionale[55].

Individua tre direttrici di questa tendenza de-secolarizzante: la risorgenza delle forme di espressività religiosa tradizionali, la rielaborazione sincretistica di più tradizioni religiose, la rinnovata rilevanza sociale e politica delle religioni universali[56].

Declinazione tipica del sacro nell'attuale epoca postmoderna che per la sua particolare connotazione viene meglio esplicitata con il termine di *post-secolarità*: è la postmodernità che per le sue suggestioni e provocazioni alimenta il dubbio sulla pertinenza di una lettura parziale e riduttiva della Modernità, rinviando alla possibilità di una legittima persistenza del sacro come esperienza di un'ulteriorità rammemorativa della trascendenza che l'attuale bisogno di spiritualità lascia presagire. È con il termine postsecolarità che forse si rende meglio l'opportunità e necessità di un ripensamento del religioso nell'ambito della *polis* postmoderna[57].

È quello che con il concetto di *deprivatizzazione* della religione vuole significare J. Casanova:

> mi riferisco al fatto che le tradizioni religiose di tutto il mondo rifiutano di accettare il ruolo marginale e privatizzato che le teorie della secolarizzazione e della modernità avevano riservato loro. Negli ultimi anni sono emersi movimenti sociali che hanno una natura intrinsecamente religiosa oppure che, in nome della religione, sfidano la legittimità e l'autonomia delle sfere secolari primarie: lo stato e l'economia di mercato. Analogamente, le istituzioni e le organizzazioni religiose non vogliono più limitarsi alla cura pastorale delle anime individuali e continuano a sollevare questioni sui legami tra moralità pubblica e privata, nonché a sfidare la pretesa dei sottosistemi sociali, in particolare lo stato e il mercato, di essere esenti da considerazioni normative «esterne». Uno dei risultati di questa contestazione è un duplice processo di ripoliticizzazione della sfera morale e religiosa privata e di rinormativizzazione della sfera politica ed economica pubblica[58].

---

[55] S. MARTELLI, «Tra Roma e Gerusalemme», 222.
[56] Cf. S. MARTELLI, «De-secolarizzazione», 555; più estesamente cf. ID., *La religione nella società post-moderna*.
[57] Cf. G. GIORDAN, «Dentro e oltre la secolarizzazione», 11-14.
[58] J. CASANOVA, *Oltre la secolarizzazione*, 11.

In una visione del mondo che si va modificando, la fede si trova a dover mutare il proprio *modello di plausibilità*⁵⁹, a dover operare una verifica seria sulla propria identità, come rileva Benedetto XVI: «mentre nel passato era possibile riconoscere un tessuto culturale unitario, largamente accolto nel suo richiamo ai contenuti della fede e ai valori da essa ispirati, oggi non sembra più essere così in grandi settori della società, a motivo di una profonda crisi di fede che ha toccato molte persone»⁶⁰.

L'interrogativo che provoca le chiese e la teologia è come rendere oggi sperimentabile il messaggio cristiano ed inserirlo nel dibattito pubblico nel contesto dell'individualizzazione e del *bricolage* sincretistico, della detradizionalizzazione e dedottrinalizzazione⁶¹.

È il *caso serio* della contemporaneità chiedere ragione dell'identità del cristianesimo, che oggi si propone non più nella prospettiva dell'essenza o dell'assolutezza di fronte al tribunale della ragione, come è stato per la Prima Modernità, ma in quello della ricerca di una *differenza qualitativa* di fronte alla pluralità delle opzioni religiose che avanzano parimenti la pretesa della verità o della legittimità nell'ordine del senso. La crisi che il cristianesimo sta attraversando può essere allora interpretata o come via verso una riscoperta del Vangelo, ed è la lettura che sosteniamo, o come un cammino di declino in un processo inesorabile di auto-isolamento dal mondo⁶², ed è l'ipotesi che scongiuriamo.

---

⁵⁹ Cf. J. RATZINGER, «La verità cattolica», 60.
⁶⁰ BENEDETTO XVI, *Porta fidei*, n.2.
⁶¹ Cf. M. JUNKER-KENNY, «Chiesa, modernità e postmoderno», 153.
⁶² Cf. J. SOBRINO – F. WILFRED, «Editoriale», 17.

CAPITOLO II

## Il ritorno del religioso

> «*Di fatto, non può sorprendere la sottile e insidiosa estraniazione del cristianesimo dai contesti culturali nei quali si producono i nuovi vissuti religiosi, come se la sua morfologia non rientri nel credibile disponibile della contemporaneità postmoderna*»[1].

Di fronte all'attuale *revival* religioso diverse sono le linee di lettura proposte per interpretare una inedita fenomenologia del sacro[2], che rivela, nella proliferazione di nuovi movimenti spirituali, un anelito alla trascendenza[3], anche se connotata di una particolare visione del divino. Siamo di fronte ad una sorta di *overdose* di incantamento, il quale, nella pluralità delle proposte, esprime un'aspirazione all'assoluto che si colora di politeismo, di ritorno ai miti pagani, di religioni tradizionali ed etniche. L'inevitabile mescolanza dà vita ad un meticciato spirituale[4] che i sociologi non hanno tardato a definire *bricolage*, religione *à la carte*, del *fai-da-te*, del *self-service*, del *supermarket*, religiosità *modulare*[5].

Al di là di qualsiasi giudizio di valore, si evidenzia un bisogno religioso che risponde alla logica della flessibilità e della gratificazione

---

[1] C. DOTOLO, «L'alterità del Vangelo», 62.
[2] Cf. C. DOTOLO, «Sul Sacro», 187-254; cf. ID., «Religiosità», 1192-1198. Cf. M. ALETTI – al., *La religione postmoderna*. Cf. D. LYON, *Gesù a Disneyland*. Cf. G. FILORAMO, *Figure del sacro*, 231-330.
[3] Cf. CEI, *Comunicare il Vangelo*, n. 38.
[4] Cf. J. AUDINET, *Il tempo del meticciato*.
[5] Cf. F. LENOIR, *La metamorfosi di Dio*, 79-83. Cf. G. FILORAMO, «Religioni e mutamento contemporaneo», 439-456.

istantanea, tendenza che sembra connaturale all'attuale clima postmoderno, come commenta A.N. Terrin:

> La cultura dei nostri giorni infatti, che si definisce globalmente come postmoderna, ha una forma indefinibile e abbastanza arbitraria; nasce dal nulla, vive di *performance* provvisorie, conosce l'evanescenza di tutte le forme, non è mai in pari con se stessa. Appare ormai che tutti i prodotti culturali sono soggetti a una sorta di spoliazione intrinseca: si presentano con le stesse caratteristiche di fuga e spaesamento, di disimpegno e di ammorbidimento, di estetizzazione e di narcisismo proprie di chi ha credenze sempre più fragili e cangianti. E tutto questo si riflette incontestabilmente nella religiosità dove la fragilità e l'eclettismo sono di casa[6].

È un dato evidente che la fruizione estetica e psicologica è preponderante rispetto alla ricerca della verità, la quale comunque diventa subordinata alla compensazione della varietà delle forme con cui si dà la religiosità contemporanea. Ci troviamo di fronte ad un'esperienza del sacro che si configura come continua reinterpretazione della tradizione codificata nella memoria religiosa, ma inadeguata a rispondere alle situazioni della vita odierna, soprattutto se teniamo conto della modificazione degli stili di vita dovuta al fenomeno della globalizzazione e del pluralismo religioso.

## 1. Morfologia e metamorfosi del sacro

La globalizzazione ha favorito, con i flussi migratori e con la modificazione delle modalità di comunicazione dei nuovi media, la possibilità di incontri e convivenze prima insospettate. Addirittura si suggerisce di parlare di *bricorelnet* al posto di *bricolage*:

> dove il bricolage religioso via internet sembra caratterizzato da una più elevata possibilità offerta agli individui, che hanno accesso a internet, di interagire liberamente, di produrre con le proprie mani (meglio, con le proprie dita...) una pluralità di significati da attribuire a un complesso di simboli, rituali e credenze di contenuto religioso[7].

Da qui il depotenziamento della memoria religiosa depositata nella parola e nella ritualità degli spazi sociali a favore della visione virtuale, ma anche il passaggio dalla religione alla spiritualità, dall'esteriorità

---

[6] A.N. TERRIN, *Mistiche dell'Occidente*, 15.
[7] E. PACE – G. GIORDAN, «La religione come comunicazione», 767. Cf. F. VECOLI, «Internet e religione», 749-760.

all'interiorità con attenzione particolare alle emozioni, dall'autorità alla riflessività, dalla verità all'autenticità personale. Siamo di fronte alla necessità di ripensare la morfologia del religioso nell'era digitale.

La deterritorializzazione delle grandi tradizioni di fede, dai monoteismi alle religioni orientali come l'induismo e soprattutto il buddismo, ha generato, nella perdita del luogo e dei confini normativi istituzionali, una disponibilità alla permeabilità e alla contaminazione di vissuti religiosi[8]. Le traiettorie spirituali disegnate dalla nuova condizione di vita non sono facilmente descrivibili perché il mutamento e l'adattamento è ciò che le contraddistingue, una sorta di metamorfosi difficilmente censibile. Assistiamo ad uno sbriciolarsi dei mondi religiosi conosciuti, ad una frantumazione di sensi, ad un moltiplicarsi delle prospettive, non più interpretabile con le sole categorie della cultura cristiana ed occidentale.

A voler trovare una tendenza comune, attestandosi sull'esperienza religiosa piuttosto che sui singoli movimenti religiosi, nell'ottica di una trama possibile tra religiosità e cultura, il tratto che contraddistingue questa nuova sensibilità è la *tendenza mistica*[9]. Essa modifica quella finestra aperta sul rapporto tra Dio e mondo, sbilanciando sul vissuto soggettivo e sulla riscoperta dell'interiorità, attraverso una concezione olistica della realtà, l'interpretazione della trascendenza e dell'immanenza. Ciò che richiama è un bisogno di salvezza, che, rivelando la presenza di un disagio esistenziale, cerca nei nuovi linguaggi spirituali una forma di appagamento: «La fenomenologia del disagio e dell'inquietudine del Sé, costretto a provvedere alla propria dotazione di senso in una fase di decostruzione sociale di tutte le verità condivise, è sensibilmente in evidenza nei racconti della cultura postmoderna»[10].

---

[8] Cf. U. BECK, *Il Dio personale*, a p. 84 al termine globalizzazione preferisce *cosmopoliticizzazione* per designare il processo di erosione dei confini e la permeabilità tra le culture tipico della seconda modernità, ma soprattutto alla cancellazione della dualità globale-locale. Cf. F. WILFRED, «Le religioni di fronte alla globalizzazione», 45-54. Cf. G. FILORAMO, «Religione/i tra secolarizzazione e globalizzazione», 185-200. Cf. L.R. KURTZ, *Le religioni nell'era della globalizzazione*.

[9] Cf. A.N. TERRIN, *Mistiche dell'Occidente*, 10. Cf. R. MARCHISIO, «Forme di spiritualità mistiche», 77-89.

[10] P. SEQUERI, «Il sentimento del sacro», 65. Cf. U. GALIMBERTI, *Orme del sacro*, 31. Cf. A.N. TERRIN, *Mistiche dell'Occidente*, 73. Cf. G. FILORAMO, *Figure del sacro*, 235-236, il quale attribuisce la nascita dei nuovi movimenti religiosi proprio alla richiesta di beni di salvezza, che non può essere soddisfatta dalla religione tradizionale. Tali movimenti sviluppano, in corrispondenza di bisogni e aspettative mutate, una concezione di salvezza del singolo nel presente.

Secondo A.N. Terrin la *mistica postmoderna* ha coniato, nella sua particolare connivenza con l'attuale cultura, una fenomenologia sua propria, dando voce al sentimento di smarrimento, di frantumazione e di individualismo dell'uomo contemporaneo, che nella dilatazione dello spazio della finitezza può vivere il possibile e l'altrove[11]. Da qui la ricerca dell'esperienza estrema ed unica, dell'emozione intensa, del brivido del momento, dell'evento suggestivo ed estatico, del virtuale come modificazione del sentire sensibile, creatore di spazi illimitati ed immaginari, che consentono di sconfinare e di uscire dalla quotidianità, in una sorta di realtà trasfigurata.

Tipica espressione di questa esperienza del sacro postmoderno è la *New Age*[12], che ha ormai colonizzato il sentire comune, anche se non tutti sanno nominare l'origine teorica dei propri stili di vita e modi di pensare, assorbendo come l'aria che si respira una nuova grammatica interiore. Nella sua *nostalgia del sacro*, si fa interprete di questa tensione mistica offrendo uno spazio di esperienza spirituale senza la necessità della mediazione di una religione:

> esso si afferma come una nuova religione mondiale, la cui caratteristica è appunto quella di non essere organizzata in maniera tradizionale [...]. Allora il New Age esprime una religione elementare che coglie i bisogni vitali e cerca di trasformarli ad un nuovo livello di coscienza. In questa prospettiva la domanda di verità, indispensabile per le religioni teiste, viene sostituita dalla domanda di utilità, nel senso che si pensa ad un'esperienza olistica nella quale salvezza e salute coincidono[13].

Questo ritorno a forme elementari di religione viene interpretato come *nuovo paganesimo*, un nuovo paradigma religioso della contemporaneità la quale, nella stagione di crisi, assiste alla insorgenza o risorgenza di forme alternative eretiche rispetto alla tradizione cristiana, che appartengono al *sottosuolo* del cristianesimo. Ci troviamo di fronte ad un particolare percorso di ricerca di senso, del tutto personalizzato, che riesce a modulare, nel tentativo di creare suture ai frammenti dell'esistenza percepita come disumanizzante, le istanze di più forme di religiosità, soprattutto attingendo al grande serbatoio della spiritualità

---

[11] Cf. A.N. TERRIN, *Mistiche dell'Occidente*, 68-85.

[12] Cf. A.N. TERRIN, «Forme gnostiche contemporanee», 81; cf. ID., *New Age*. Cf. P.L. ZOCCATELLI, «Il *New Age*», 17-40. Cf. J. VERNETTE, *Nuove spiritualità*. Cf. P. HEELAS, *La New Age*. Cf. PCC e PCDI, *Gesù Cristo portatore dell'acqua viva*.

[13] M. FUSS, «New Age», 42.

orientale, che custodisce, al riparo dai linguaggi disincantati della Modernità, una simbologia arcaica che fa parlare di mistica del frammento:

> La mistica, come bisogno di «es-orbitare» e di insediarsi nell'emozione estetica a sfondo religioso, è così il punto più alto di una cultura che pensa se stessa e smentisce *ex profundis* il secolarismo introducendo a una religiosità corrispondente che confessa anzitutto la sua provvisorietà totale, creando in questo modo lo spazio più aperto e più autentico per l'invocazione[14].

A questa nebulosa mistico-esoterica, che contraddistingue il variegato ed eclettico mondo New Age, si affiancano spiritualità alternative che nella forma di comunità emozionali e virtuali si richiamano al neo-paganesimo, al neo-sciamanismo, al ritorno alla religione celtica, a forme di religione della terra, a forme di eco-buddhismo, con grande attenzione al problema ecologico e alle terapie salutiste[15]. A ciò vanno aggiunte forme di New Age che ora stanno migrando verso i movimenti pentecostali e verso esperienze cristiane di preghiera di guarigione, non solo di matrice evangelica ma anche cattolica, dimostrando che la logica dell'appartenenza è relativa a quella della migrazione e della mutazione. Sembra che siamo di fronte ad una galassia carismatica, non facilmente identificabile, che propone una nuova figura di cristianesimo sotto la categoria del *risveglio*, recuperando dottrine antiche come il battesimo dello Spirito, l'insistenza sulle guarigioni, le profezie, la glossolalia, i miracoli, l'attenzione al canto ed alla danza, e subendo l'influsso della religiosità afro-americana[16].

Questi movimenti si coagulano intorno a *leader* religiosi, che danno la loro impronta alle comunità, trasformando la loro predicazione in delle vere e proprie *performance*. L'uso dei nuovi media favorisce la loro diffusione, si pensi ai telepredicatori evangelici e alla *online religion* di chiese elettroniche nate nel cyberspazio, che funzionano come *altari virtuali* intorno a cui liberamente si adunano fedeli anonimi per pregare e confessarsi[17]. Ciò che contraddistingue queste nuove forme di risveglio nello Spirito è ancora una volta la connotazione mistica, che si carica di

---

[14] A.N. TERRIN, *Mistiche dell'Occidente*, 13; cf. ID., *L'Oriente e noi*, 259.
[15] Cf. J. SUDBRACK, *La nuova religiosità*. Cf. A.N. TERRIN, *Nuove religioni*. Cf. M. GALLIZIOLI, *Un'utopia mistica*, 26-27. Cf. E. FIZZOTTI, ed., *Religione o terapia?*. Cf. G. FILORAMO, «Concezioni della salvezza», 27-41. Cf. G. MUCCI, «L'attuale ambiguo interesse», 433.
[16] Cf. E. PACE, «*Accende lumen sensibus*», 8. Cf. H.G. COX, *Fire from heaven*.
[17] Cf. A. SPADARO, *Cyberteologia*.

una forte componente soggettiva ed affettiva, che valorizza la corporeità, la preghiera estatica, gestualità e linguaggi nel segno della libertà e liberazione da codici espressivi codificati dalla tradizione delle chiese.

Lo slittamento terminologico da religione a *spiritualità*[18], dal credere, in cui è definito il referente dell'atto fiduciale, alla credulità, dove riemergono confusamente credenze negli spiriti, negli angeli, nei messaggi dall'aldilà, nella reincarnazione, nella superstizione più ingenua, è ciò che si registra.

Questa dislocazione del sacro nella convalida del proprio mondo interiore, che diventa misura per la verità ed affidabilità della spiritualità vissuta, viene interpretato come una riedizione moderna della *gnosi*[19], dove è prioritario il personale cammino di perfezione, dove la verità coincide con la propria esperienza di verità, dove l'interiorità e il contatto immediato con il divino costituisce quella forma di conoscenza illuminata che dà salvezza: «la tentazione gnostica, di un sapere assoluto e totale, liberante dalle angosce legate ai saperi parziali e conflittuali, è dunque iscritta in certo senso nella logica stessa del nostro sistema culturale»[20].

L'uomo contemporaneo, come l'uomo gnostico dell'antichità, ricerca al di là del proprio frammento di vita la riconciliazione con il divino primordiale, quell'Uno a cui sa di appartenere, e attraverso un pellegri-

---

[18] Cf. D. DEVOTI, «*"Spiritus Dei ferebatur"*», 110-139. Cf. G. GIORDAN, «La spiritualità come nuova legittimazione», 19. Questo sganciamento della spiritualità dalla religione è attestato da una recente inchiesta sociologica nel contesto italiano cf. S. PALMISANO, «Il Dio delle piccole cose?», 135-159. Emerge una nuova tipologia affatto irrilevante di «spirituali non religiosi» attratta dal *milieu* olistico «mente-corpo-spirito» della spiritualità alternativa. Cf. Ch. TAYLOR, *L'età secolare*, 672 dove ritiene che il «sentirsi spirituali e non religiosi» è ciò che connota l'attuale scenario della cultura occidentale che interpreta come «l'inizio di una nuova era della ricerca religiosa». Cf. P. HEELAS, *The spiritual revolution*. Di opinione diversa B. SECONDIN, «Nuovi desideri di spiritualità», 5.

[19] Cf. A.N. TERRIN, «Forme gnostiche contemporanee», 92. Cf. G. FILORAMO, *Figure del sacro*, il quale puntualizza a p. 234 come questa nuova gnosi non sia legata direttamente alle tradizioni antiche dello gnosticismo, anche se ne subisce l'influsso, quanto alla «ripresa indiretta di tradizioni esoteriche che, dal punto di vista della comparazione fenomenologia, presentano sorprendenti corrispondenze strutturali, ruotanti intorno al tema autoredentivo della religione del Sé» (cf. anche p. 337-351); cf. ID., «La gnosi ieri e oggi», 22; più ampiamente ID., *Il risveglio della gnosi*, 35-42. Cf. A. PORCARELLI, «Il New Age», 51-77. Cf. M. INTROVIGNE, *Il ritorno dello gnosticismo*.

[20] G. FILORAMO, *Il risveglio della gnosi*, 15. Cf. J. VERNETTE, *Il XXI secolo*, 123. Cf. G. LORIZIO, *Rivelazione cristiana*, 61-65.

naggio dell'anima cerca oasi dello spirito alternative a questo mondo considerato inospitale:

> torniamo alle certezze soavi, vellutate delle immagini mitiche; lasciamo i partiti, le chiese e aderiamo ai movimenti, alle sette, ai guru – in cerca dell'unione tra mistica e ragione, uomo e natura, maschio e femmina. Tira un'aria gnostica, orfica; torniamo al regno delle madri, ci culliamo nella cuccagna di un'atmosfera androgina, ove non ci sono più signori, o sudditi, greci o ebrei, uomini o donne, ma siamo un tutt'uno – in chi? In che cosa?[21].

Risiede qui, probabilmente, la costruzione di mondi virtuali, la proliferazione dei centri benessere con tecniche di rilassamento orientali e diete salutiste. Del resto il connubio salute-salvezza presente in queste spiritualità alternative risponde al bisogno di ritrovare quel Sé che solo sembra concedere un senso di riconciliazione e di armonia. La cura esasperata del corpo a cui oggi si assiste, non solo nel prevenire le malattie, ma anche nel prolungare l'esistenza, in un sussulto di immortalità che sollecita la ricerca ossessiva della bellezza e della guarigione, dilatando il confine dell'eticamente lecito, obbedisce all'unico imperativo del ben-essere[22]. Che questo non nasconda semplicemente ed umanamente una fuga dal dolore e dalla morte, ma testimonia un'esigenza profonda dell'uomo contemporaneo di ripristinare nel finito il senso orientante della salvezza che per troppo tempo è stata confinata in un altro mondo, lo dimostra il fatto che alla ricerca del rimedio si accompagna anche l'appropriazione della visione del mondo, come a ritrovare un alfabeto dell'anima ormai dimenticato dall'Occidente. Non è irrilevante sottolineare che, accanto all'adozione della spiritualità orientale, si affianchi inesorabile anche la credenza nella reincarnazione con tutta l'ambiguità semantica che un termine, sradicato dal suo contesto originario, porta con sé:

> Ma oggi una «acclimatazione» europea fa dell'impulso comune di questa ricca religiosità, dell'esperienza del *karma* quale peso e della rinascita quale sofferenza, una sicurezza invitante o addirittura tranquillizzante: la reincarnazione diventa un sollievo. La si inquadra nell'ottimismo del progresso (non più tecnico ma cosiddetto «spirituale»): Tu non finirai; quel che a

---

[21] E. SALMANN, *Contro Severino*, 315.
[22] Cf. P. SEQUERI, «Il sentimento del sacro» dove a p. 67 afferma: «L'elemento comune, che esige una precisa spiegazione proprio perché si presenta come un fatto largamente imprevisto, è visto nell'adozione del benessere psichico come indicatore *religiosamente* discriminante».

te e agli altri non riesce nell'attuale esistenza non è colpa consapevole tua; ciò è frutto di esistenze precedenti e diventerà possibile in seguito[23].

Muta completamente la geografia dell'aldilà, si modifica il senso del peccato, il concetto di male, le categorie afferenti il grande tema della redenzione, il concetto di corpo e di anima, perfino la morte subisce la seduzione di un'altra ritualità[24]: tutto diventa un flusso di energia che trasmigra, assoggettato ad una logica sfuggente di destino, che salva l'uomo dalla sua responsabilità. In questo percorso spirituale di realizzazione personale si modifica il senso dei termini religiosi che appartengono alla tradizione cristiana: al Dio creatore corrisponde l'Energia cosmica, alla creazione l'emanazione, alla rivelazione l'illuminazione interiore, alla comunione la fusione, a Gesù Salvatore e Figlio di Dio si sostituisce la figura di un saggio tra altri, alla risurrezione si sostituisce la reincarnazione, alla preghiera corrisponde la meditazione trascendentale.

In questa metamorfosi delle categorie religiose muta soprattutto la figura del divino:

> Infatti la realtà ultima viene sempre meno associata alla figura di un Dio personalizzato e assume maggiormente quella di un divino impersonale, inoggettivabile, indicibile. Il primo mutamento ne introduce un secondo: l'uomo non cerca tanto di venerare un Dio esterno quanto di sentire il divino nel profondo del suo essere. Infine, l'uomo contemporaneo vuole reincantare il mondo, vale a dire ritrovare il divino attraverso le sue manifestazioni cosmiche[25].

Assistiamo, dunque, ad un processo di infinitizzazione del finito: il divino immanente prende il posto del Dio trascendente[26]. La contemporaneità sembra preferire la sacralità anonima alla totale assenza del sa-

---

[23] J. SUDBRACK, *La nuova religiosità*, 131. Cf. D. TOOLAN, «Reincarnazione e gnosi», 54-72.

[24] Cf. M. ARAMINI, *1500 grammi di cenere*.

[25] F. LENOIR, *La metamorfosi di Dio*, 271.

[26] Mi pare interessante l'interpretazione di C. FORMENTI, *Piccole apocalissi*, IX dove attribuisce all'influsso neognostico l'attuale destino della trascendenza: «Nello gnosticismo è dunque contenuto un principio di divinizzazione dell'uomo che, potenzialmente, non riconosce alcun limite. Paradossalmente, è l'assoluta trascendenza del Dio gnostico che dischiude la via all'indebolimento radicale di qualsiasi fede nella trascendenza. La divinità si ritrae in una dimensione di indifferenza nei confronti del mondo sino alla sua eclissi totale. Il mondo diviene così un nulla, un insieme di oggetti totalmente disponibili alla volontà di potenza di un'essenza divina che appare ormai del tutto immanente all'uomo. La teologia della gnosi anticipa il nichilismo della scienza e della tecnica moderne e prepara la strada al loro trionfo».

cro, nonostante la persistenza di una certa equivocità interpretativa, che va dalla dichiarata estraneità al mondo alla sua pervasività.

In ambito sociologico sono state coniate alcune metafore per segnalare questa condizione: la metamorfosi dell'*eclissi*, quella della *persistenza*, e infine quella del *risveglio*[27]. A ciò si aggiungono le diverse figure assunte nella postmodernità, che vanno dalla *civil religion*, alla *religione invisibile*, nascosta nelle pieghe di una biografia individuale, alla attuale fruizione estetico-individualistica della *spiritualità alternativa*.

Ma pur nella sua forma residuale e cangiante il sacro si presenta come il *trascendentale* dell'epoca postmoderna:

> L'ipotesi che si evince dalla *querelle* postmoderna del sacro, proietta la riflessione dinanzi ad un bivio teoretico di non facile soluzione: se il sacro sia effettivamente una possibilità per ritrovare il sentiero di una nuova esperienza religiosa, o sia il segno di un'ontologia declinante verso territori in cui districarsi dall'apparenza, dalla pluralità e dalla caducità è pretesa forte e impresa ideologica. Un dato appare, comunque, degno di nota. Dietro il richiamo del sacro si nasconde l'appello ad una riconsiderazione non dualistica della realtà dell'uomo nella problematicità del suo interrogare, un invito a cogliere l'evento di uno scarto tra esperienza di senso e proposizione equivalente che mostra la non ovvietà del presupposto del darsi del religioso[28].

Il ritorno del religioso, pur se salutare nel rammemorare scenari simbolici, mitici ed estetici marginalizzati per lungo tempo da una ragione disincantata, esige una seria attenzione, non solo per i suoi risvolti culturali e sociali, ma soprattutto per la sfida posta alle religioni tradizionali e, in particolare, al cristianesimo, che rischia di subire una rimitologizzazione ed una destoricizzazione degli eventi fondatori tale da smarrire i contorni della sua identità. La domanda religiosa postmoderna provoca il cristianesimo ad una lettura attenta sui significati che l'esperienza religiosa riveste soprattutto in rapporto all'immediatezza dell'esistenza[29].

U. Beck parla di scissione dell'unità tra *religione* e *religioso*, reputandolo un tratto irreversibile dell'attuale modernizzazione che si caratterizza nella fede del *Dio personale*:

---

[27] Cf. E. PACE, «Secolarizzazione e ritorno del sacro», 467.
[28] C. DOTOLO, *La teologia fondamentale*, 231.
[29] Cf. C. DOTOLO, «La questione del senso religioso», 267-268. Cf. P. SEQUERI, «Devozione e secolarizzazione», 31-44.

L'essere religioso non presuppone l'appartenenza a un determinato gruppo o organizzazione, ma designa piuttosto un determinato *atteggiamento* rispetto alle domande esistenziali dell'uomo nel mondo. Il sostantivo «religione», dunque, prende le mosse dall'immagine di una delle sfere dell'agire umano, separate tra loro da netti confini [...]. L'aggettivo «religioso» invece rende conto della indeterminatezza e sconfinatezza della sfera religiosa, con tutti i suoi paradossi e le sue contraddizioni, consentendo così di mettere al centro dell'attenzione, in generale, l'*alternativa sincretistica* al sostantivo monoteistico «religione»[30].

Il meticciato religioso e il conseguente politeismo soggettivo sono visti, pertanto, come l'antidoto alla violenza tra i monoteismi tradizionali, che nasce da una visione gerarchizzata e assolutistica del concetto di verità tipica della Prima Modernità: il superamento del confine, ovvero il processo di *cosmopoliticizzazione*, rappresenterebbe la nuova modalità di esserci della fede religiosa come promotrice di una convivenza pacifica, perché porta in sé la pluralità delle visioni del mondo, una sorta di *poligamia religiosa* strutturale che si coniuga senza riserve esclusive con la diversità come valore e ricchezza aggiunta.

Prospettiva che andrebbe diversamente tematizzata, ma che esprime, almeno ad una prima lettura, il riconoscimento in ambito sociologico del nuovo protagonismo delle fedi nell'attuale Modernità globalizzata. Essa, pertanto, viene definita *post-secolare*, una secolarità che, nella revisione e reinterpretazione della categoria di *secolarizzazione*, non esclude il discorso religioso dalla sfera pubblica, ma lo considera fondamentale nell'attuale contesto di una società vulnerabile alla ricerca di un orientamento di senso[31].

## 2. Rapporto religione-modernità: la *querelle* sulla secolarizzazione

È opinione condivisa che la categoria di *secolarizzazione*, così come si è culturalmente connotata nella Modernità attraverso la comprensione del rapporto religione-società-cultura, porta con sé una «complessa polisemia»[32], rivelando oggi una ambivalenza nella fitta trama delle in-

---

[30] U. Beck, *Il Dio personale*, 62 (il corsivo è nel testo).
[31] Cf. U. Beck, *Il Dio personale*, 191. Sull'attualità del tema interessante segnalare l'attività di ricerca del CSPS (*Centre for the Study and Documentation of Religions and Political Institutions in Post-Secular Society*) dell'Università di Roma "Tor Vergata".
[32] C. Dotolo, *La teologia fondamentale*, 242; per lo *status quaestionis* in ambito teologico cf. Id., «Teologia e secolarizzazione», 141-163.

terpretazioni, la quale testimonia una certa inadeguatezza speculativa, soprattutto nell'ostinazione a voler definire dei processi che in quanto tali mal sopportano letture univoche e totalizzanti, quando addirittura ideologiche:

> L'andamento generale fu che si cominciò ad usare la parola secolarizzazione con molta disinvoltura ed evidentemente senza tante preoccupazioni, per indicare processi e fenomeni sempre più vasti e complessi, abbracciando infine l'intera rivoluzione spirituale nella quale da tempo siamo stati e senza dubbio siamo tuttora coinvolti[33].

È evidente come la secolarizzazione sia una sorta di *passe-partout* che consente di aprire diverse *stanze della modernità*. Al di là di una sua *genealogia*, pur necessaria e di cui teniamo conto, ci preme in questa sede sottolineare il nodo teologico problematico che si origina da questa categoria, la cui storia degli effetti ha inciso profondamente nella cultura contemporanea, soprattutto nell'ottica di un bilancio interpretativo del rapporto religione-modernità.

Lo sguardo retrospettivo sulla Modernità ha rilevato una certa forzatura ermeneutica della categoria di secolarizzazione, che ha consentito per lungo tempo una indisturbata versione sulla imminente scomparsa della religione dall'orizzonte di senso dell'uomo, tollerando nella sua politica emancipativa solo un innocuo residuo del religioso come permanenza nel privato della coscienza. Accanto ad una decurtazione del religioso dall'antropologico, si profetizzava la fine del «soprannaturalismo»[34], un segno archeologico del passato destinato a delimitare la minore età dell'uomo. L'attuale scenario del religioso induce a decostruire questa trama narrativa e a ritornare ad interpretare la Modernità, favorendo una visione meno pregiudiziale del religioso, e del cristianesimo in particolare, che ha condizionato la relazione tra ragione e fede, filosofia e teologia, autorità e verità, trascendenza ed immanenza, causando non poche distorsioni interpretative. Molte sono le ipoteche culturali che vanno rimosse:

> Anzi, per quanto paradossale possa sembrare una simile ipotesi, il movimento della secolarizzazione può costituire la coscienza infelice della modernità e postmodernità: invitando la modernità ad una autocritica in grado

---

[33] A. J. NIJK, *Secolarizzazione*, 91. Cf. J. CASANOVA, *Oltre la secolarizzazione*, 21-75. Cf. P.L. BERGER, *Una gloria remota*, 31-49. Cf. A.M. GREELEY, *L'uomo non secolare*, 29-75.

[34] D. ANTHONY – Th. ROBBINS – P. SCHWART, «I movimenti religiosi» 23.

di ricomporre la sua istanza originaria; e suggerendo alla postmodernità di smascherare le pretese larvatamente ideologiche di una pluralità di visioni del mondo che, nell'enfasi della frammentazione e della decanonizzazione, hanno irrigidito il presente nell'oblio della memoria e nella disperazione di qualsiasi possibilità di futuro[35].

Di fronte ad un'epoca così complessa, si può affermare come visione condivisa che la Modernità si autocomprende come inaugurazione di un tempo nuovo, la cui identità si configura per opposizione al passato, segnato fortemente da una cristianizzazione che permea tutti gli ambiti della vita[36]. Il processo di decristianizzazione, inteso come emancipazione e differenziazione, si traduce impropriamente nella figura della secolarizzazione, che, in un primo momento, come abbiamo già precedentemente accennato, denota il procedimento di espropriazione da parte dello Stato delle proprietà della Chiesa, avvenuta dopo la riforma protestante e le successive guerre di religione. Tale espropriazione ed appropriazione di funzioni e beni della Chiesa ha finito per denotare il passaggio o trasferimento di persone, cose e significati dalla loro collocazione tradizionale nella sfera religiosa alle sfere secolari. Queste variazioni semantiche sono state possibili perché persisteva nell'Europa medievale una strutturazione del mondo in una sfera profana o secolare e in una sacra o religiosa, oltre alla distinzione tra questo mondo e l'altro mondo ultraterreno:

> La secolarizzazione, come concetto, si riferisce al processo storico mediante il quale il sistema dualistico di «questo mondo» e le strutture sacramentali della mediazione fra «questo mondo» e «l'altro mondo» si sono progressivamente disgregati fino a scomparire e a essere rimpiazzati da nuovi sistemi di strutturazione spaziale delle diverse sfere[37].

Da questo momento in poi ci sarà un unico mondo, quello secolare, all'interno del quale la religione dovrà trovare la propria collocazione, che non sarà più dominante, ma dovrà adattarsi di volta in volta ai contesti storico-sociali della città secolare, pur mantenendosi la società fondamentalmente cristiana. L'esistenza di una doppia sovranità, quella

---

[35] C. Dotolo, *La teologia fondamentale*, 41.

[36] Cf. C. Dotolo, *La teologia fondamentale*, 36 nota 3 dove l'autore mette in evidenza la polisemia teoretica del termine «modernità», a cui rimandiamo anche per l'apparato bibliografico. Cf. N. Provencher, «La fede cristiana», 241. Cf. C. Scilironi, *Possibilità e fondamento della fede*, 44-45.

[37] J. Casanova, *Oltre la secolarizzazione*, 29.

temporale e quella spirituale, la ricerca di autonomia e di supremazia, configurava giochi di potere che non sempre rispettavano i confini delle sfere di competenza, ma questo non indeboliva il senso di appartenenza dei fedeli alla Chiesa e non impediva alla vita quotidiana di essere scandita dal cristianesimo. Nel mondo moderno il processo di secolarizzazione non implica primariamente e necessariamente il declino della religione, né la sua privatizzazione o progressiva emarginazione. Questa lettura distorta, secondo J. Casanova, è determinata dal mito «che vede la storia come evoluzione dell'umanità dalla superstizione alla ragione, dalla credenza allo scetticismo, dalla religione alla scienza»[38].

È facile vedere qui l'ipoteca razionalista e positivista che ha dominato la lettura anche sociologica del fatto religioso, ipotizzando al termine del processo di differenziazione delle sfere pubbliche anche l'estinzione del religioso. Non c'è alcun dubbio che la Modernità veda progressivamente decentrarsi il potere religioso, la cui differenziazione ha comportato anche una specializzazione della sfera religiosa nelle competenze che le sono proprie. E questo è il nucleo strutturale della teoria della secolarizzazione. Poi storicamente e culturalmente ci sono stati fattori concomitanti che hanno accelerato questo processo: la riforma protestante, la formazione degli stati moderni, lo sviluppo del capitalismo moderno e la prima rivoluzione scientifica[39]. Ma un fattore importante che ha determinato il declino della Chiesa in Europa fu costituito principalmente dall'unione cesaropapista fra trono e altare che si verificò nell'epoca assolutistica: «fu il tentativo stesso di preservare e prolungare la cristianità in ogni stato-nazione – e, quindi di resistere alla differenziazione funzionale moderna – a spingere le chiese europee verso il baratro»[40].

Secondo Casanova, né il declino della religione né la sua privatizzazione sono esiti strutturali della Modernità, perché si riscontrano in alcuni contesti occidentali e non in altri, come per esempio è il caso degli Stati Uniti che pur rappresentano il regno della Modernità avanzata[41]. Il

---

[38] J. CASANOVA, *Oltre la secolarizzazione*, 32. Cf. S. MARTELLI, «Desecolarizzazione», 562. Cf. U. BECK, *Il Dio personale*, parla a p. 83 a proposito della Prima modernità di «teoria *newtoniana* della società».

[39] Cf. P. GRASSI, «Secolarizzazione controversa», 415 dove rimanda anche alla stagione del dibattito sulla demitizzazione in area protestante, che ha ridotto «l'estensione del sacro nella realtà quotidiana spogliandolo dei suoi accessori più antichi e potenti».

[40] J. CASANOVA, *Oltre la secolarizzazione*, 57-58.

[41] Cf. R.J. NEUHAUS, «Secolarizzazione», 69-79.

primo, infatti, è strettamente connesso con la critica illuministica e al suo programma politico, il secondo è legato al pensiero liberale e ritiene le religioni pubbliche una minaccia alla libertà individuale e alle strutture dello stato laico. Il fatto che oggi si assiste ad una nuova vitalità pubblica delle religioni tradizionali, le quali intendono partecipare al processo di costruzione del mondo moderno, dando il proprio contributo a ridefinire le regole della convivenza societaria, rivela che la religione può convivere con la Modernità: «Di fatto, si è instaurata una dinamica di mutuo riconoscimento e riavvicinamento fra la religione e la modernità che ha causato la chiusura di quei cicli conflittuali inaugurati dalla critica illuminista della religione»[42].

La secolarizzazione non coincide, dunque, con l'eclissi di Dio, ma con l'emergere di una società che impara ad organizzarsi senza dipendere dalla sfera religiosa, ma anche senza cancellarla dall'esperienza individuale[43]. Ciò implica una lettura meno oppositiva tra religione e Modernità, assumendo la necessità di evidenziare una dimensione più articolata, disponendosi ad accogliere il contributo specifico del cristianesimo alla crescita dell'umano[44].

Attraverso la complessità del teorema della secolarizzazione si può ammettere, dunque, una Modernità non univoca, ma rinviante ad un processo di modernizzazione che contempla al suo interno una pluralità di Modernità[45]. Forse, si deve ad uno slittamento semantico sul concetto di *secolarismo*, inteso come radicalizzazione del movimento emancipatorio della Modernità, l'ideologizzazione del processo secolarizzante:

> Il secolarismo cerca di rompere il dualismo che soggiace a una parte delle tradizionali visioni del mondo, negando che il mondo trans-empirico, sopra-naturale o meta-razionale abbia alcun grado di realtà. Il secolarismo sostiene che tutto è di questo mondo. Il *saeculum* è tutto ciò che esiste realmente[46].

---

[42] J. CASANOVA, *Oltre la secolarizzazione*, 115. Cf. C. DOTOLO, «Modernità e religione: un approccio», 25-28.

[43] Cf. G. LINGUA, ed, *Religioni e ragione pubblica*, 12-15.

[44] Cf. C. DOTOLO, «Modernità e religione. Oltre il disincanto», 74. Cf. G. VATTIMO, *Credere di credere*, 49. Cf. P. VALADIER, «Possibilità del messaggio cristiano», 158.

[45] Pluralità non solo di modelli ma anche nella periodizzazione o cesure come si evince in S. CARLETTO, «Il post-secolare», 32-33. Cf. G. COCCOLINI, *Modernità problematica*.

[46] R. PANIKKAR, *La realtà cosmoteandrica*, 131. Cf. W. KASPER, *Il futuro dalla forza del Concilio,* 21 dove in modo indicativo afferma: «Oggi infatti ci sono segni di

Può risiedere qui il fraintendimento che nella giustapposizione approssimativa dei due termini ha causato nel tempo un equivoco interpretativo, che ha caricato la categoria di secolarizzazione di una connotazione negativa, non consentendogli di operare una diversa esplorazione della fenomenologia religiosa[47].

La differenziazione dei campi del sapere ha prodotto anche una gerarchizzazione del vero che ha relegato il discorso religioso nella sfera dell'opinione o di un sapere minimale, ancora mitico, non coevo all'ordine della ragione, proprio della scienza. Pesa ancora fortemente sulla teologia il sospetto di una fragilità epistemologica connaturale e sicuramente tale da non consentirle di sedere nel consesso dei saperi con uguale diritto di parola, fermo restando, paradossalmente, l'originaria familiarità del cristianesimo con il *lógos*. L'attuale configurazione della contemporaneità mostra che proprio la pluralità delle visioni del mondo, pur con il rischio dell'indifferenza in ordine alla questione della verità, ha ridato dignità al discorso religioso, anche solo nell'ottica di un'opzione possibile, ma che può ridiventare rilevante.

## 3. La religione nello spazio pubblico: la città post-secolare

In questo contesto si pone in modo lucido l'indicazione e la provocazione interpretativa di J. Habermas: «Quando la componente secolare esclude i concittadini religiosi dal novero dei contemporanei e li tratta come esemplari da proteggere come specie in via di estinzione, ciò corrode la sostanza stessa di una eguale appartenenza all'universo delle persone razionali»[48].

Si richiede oggi un ripensamento del ruolo pubblico della religione all'interno della razionalità moderna, la quale, pur segnata dal pensiero post-metafisico, coesiste ancora con la prassi religiosa, il cui apporto

---

una nuova fame e sete per la trascendenza e il divino. Per favorire questo ritorno del sacro e per superare il secolarismo, dobbiamo aprire la via alla dimensione del "divino" o del mistero e offrire agli uomini del nostro tempo i preamboli della fede». Cf. S. LEFEBVRE, «Secolarizzazione e secolarismo», 1102-1107. Cf. J. FIGL, «Secolarizzazione», 91. Cf. U. PERONE, *Modernità e memoria*, 38-44. Cf. B. FORTE, «Secolarizzazione e secolarismo», 342-345.

[47] Scrive A. J. NIJK, *Secolarizzazione*, 321: «Usando il termine nel suo significato corrente, rischieremmo di ricadere nel vecchio schema concettuale. Inoltre il termine è tuttora usato prevalentemente a caratterizzare un fenomeno storico specifico, anziché quale categoria generale della fenomenologia religiosa».

[48] J. HABERMAS, «La rinascita della religione», 36.

rimane insostituibile per la sua natura appellativa e consolatoria in ordine alla problematica esistenziale[49]. Certamente questo approdo è il risultato di una parabola intellettuale che ha subìto nel tempo delle revisioni, dove il filosofo francofortese passa dall'affermazione dell'insensatezza del discorso religioso di fronte alla ragione moderna post-metafisica, ad un riconoscimento del potenziale semantico delle grandi religioni universali in ordine alla questione della salvezza e del senso, fino a dare le coordinate per un rinnovato dialogo tra filosofia laica e religione nella società post-secolare[50].

Quello che per la religione è richiesta di salvezza, in termini moderni è domanda di senso, che non è più squalificata come irrazionale, ma di pertinenza dell'ambito affettivo-esistentivo, non semplicemente riconducibile alla dimensione etica e cognitiva e per questo afferente la sfera della motivazione soggettiva. Questo implica un riconoscimento della competenza della religione nella dimensione esperienziale all'interno dell'orizzonte di una razionalità pratica, che può diventare terreno comune di discussione tra le ragioni dei credenti e quelle dei non credenti.

Questa reciproca frequentazione, non limitata ad un semplice gesto di cortesia, deve andare oltre gli steccati ideologici e ripristinare la qualità epistemologica che la fede possiede nella prospettiva di un dialogo su questioni decisive al senso dell'esistenza. La religione sopravvissuta alla critica illuministica ha fatto i conti, trasformandosi, con i tre fattori moderni del pluralismo, della scienza autonoma e dello Stato secolare laico, trovando nel suo interno le risorse per riconoscerli. Lo stesso è chiamato a fare il versante laico della società odierna post-secolare, riconoscendo gli apporti significativi delle religioni e misconoscendo gli esiti ideologici del laicismo e del fondamentalismo, aprendo così uno spazio di dialogo pubblico e polifonicamente plurale.

La cooperazione tra pensiero post-metafisico e religioni nell'ottica di un contributo reciproco e compensativo all'interpretazione del reale non è solo auspicabile, ma Habermas stesso ne dà un esempio in dibattiti con esponenti istituzionali del mondo cattolico come l'allora cardi-

---

[49] Cf. E. ARENS, ed., *Habermas e la teologia*. Cf. J.M. MARDONES, «Religione e Teoria Critica», 415-427. Cf. L. CEPPA, «Disincantamento e trascendenza», 516-519. Cf. G.L. BRENA, «Metafisica o post-metafisica», 259-275.

[50] Cf. G. CUNICO, *Lettura di Habermas*, 71-167. Cf. M. FIORIO, «Il recupero del discorso religioso», 45-69.

nale J. Ratzinger[51], e con i teologi J.B. Metz e M. Theunissen[52]. L'aiuto che può venire alla ragione dalla religione è un contributo fondamentale all'autocomprensione etica dell'uomo, che la ragione procedurale ha smarrito, quella memoria della speranza che sola può mobilitare alla solidarietà[53].

Habermas indica la strada di un processo ermeneutico che traduca senza tradirli i significati religiosi in uno spazio pubblico condiviso, in cui la mentalità laica si dispone ad imparare ed a rapportarsi dialogicamente nei confronti di tutte le tradizioni religiose che vengono intese come «comunità d'interpretazione»[54]. Questo riconoscimento reciproco della serietà cognitiva dei rispettivi contributi è ciò che dovrebbe caratterizzare la società post-secolare:

> Con ciò non si intende solo il dato di fatto, che la religione si afferma in un ambiente sempre più secolare e che la società deve tener conto della sopravvivenza delle comunità religiose. L'espressione «post-secolare» non tributa semplicemente alle comunità religiose un pubblico riconoscimento per il contributo funzionale che esse prestano per la riproduzione delle motivazioni e degli atteggiamenti desiderati. Nella consapevolezza pubblica di una società post-secolare si riflette piuttosto una visione normativa che ha conseguenze per i rapporti politici tra i cittadini non credenti e credenti[55].

---

[51] Gli interventi dell'incontro promosso a Monaco dalla Katholische Akademie in Bayern il 19 gennaio del 2004 sono stati pubblicati in J. RATZINGER – J. HABERMAS, *Etica, Religione e Stato liberale*. Cf. anche J. HABERMAS – J. RATZINGER, *Ragione e fede in dialogo*. Cf. K. WENZEL, ed., *Le religioni e la ragione*.
[52] Cf. J. HABERMAS, *Tempo di passaggi*, 149-159; cf. ID., *Dall'impressione sensibile*, 80-114.
[53] Cf. S. PETRUCCIANI, «L'illuminismo "autocritico"», 52-53 dove evidenzia la posizione critica di Habermas nei confronti di un illuminismo scientista eccessivamente fiducioso nel progresso tecnico-scientifico come generatore di un più ampio progresso sociale. Ad un illuminismo autocritico si affianca una revisione della ragione, che amplifica il suo raggio di azione alla dimensione etico-politica, ammettendo una fragilità e fallibilità connaturale ed un'apertura all'apprendimento continuo nella forma dialogico-comunicativa del discorso ragionevole. Cf. M. JUNKER - KENNY, «Testimonianza o mutua traduzione?», 138.
[54] J. HABERMAS, «La rinascita della religione», 28.
[55] J. HABERMAS, «Quel che il filosofo laico», 59. Cf. J. HABERMAS – E. MENDIEDA, «Un nuovo interesse della filosofia», 181-182, dove sottolinea che post-secolare intende una cesura storica di mentalità, in cui si riconosce la religione come una forma contemporanea dello spirito. Cf. J. HABERMAS, *Il futuro della natura umana*, 99-112. Cf. S. CARLETTO, «Il post-secolare», 42-44.

Le comunità religiose, a prescindere dal loro peso numerico, possono rivendicare una posizione rilevante nelle società moderne, possono promuovere la formazione della volontà pubblica offrendo contributi appropriati o anche discutibili e controversi, ma interagendo comunque con il dibattito pubblico. Le loro opzioni etiche e valoriali costituiscono elementi fondamentali nella società civile, ma devono intervenire nello spazio pubblico con la stessa legittimità di qualsiasi altra convinzione politica e morale. Le società pluralistiche dimostrano, infatti, di essere sensibili a queste posizioni, perché presentano al loro interno divergenze sulle questioni pertinenti ai valori.

Al di là delle possibili obiezioni su come ciò avvenga, è comunque apprezzabile che Habermas non squalifichi la religione come irrazionale o come un «residuato arcaico»[56], ma appelli ad una possibile e ricercata razionalità condivisa, ad un reciproco domandare che tenga aperti i propri confini epistemologici, ad un «comune "spazio delle ragioni" interculturale»[57]. A questa teoria della società egli giunge rivedendo la categoria di secolarizzazione e la relazione tra religione e Modernità. A tal proposito parla di *dialettica incompiuta*[58] nella secolarizzazione occidentale, espressione che serve anche come monito ed esempio nell'attuale configurazione mondiale del religioso, al fine di arginare i rischi di un deragliamento del processo di secolarizzazione che sta avvenendo nei paesi a tradizione islamica. La differenziazione funzionale, a cui il processo di modernizzazione ha portato, ha implicato una tendenza alla privatizzazione del religioso rispetto al sociale, ma non ad una perdita di rilevanza delle religioni rispetto al mondo politico e culturale. Questa revisione che si sta verificando negli studi sociologici non è marginale circa il rapporto tra secolarizzazione e modernizzazione: «La consapevolezza di vivere in una società secolare non si accompagna più alla *certezza* che l'ulteriore modernizzazione della società e della cultura possa verificarsi *solo* a costo di una diminuita influenza pubblica e rilevanza personale della religione»[59].

---

[56] J. HABERMAS, «La religione nella sfera pubblica», 42.

[57] J. HABERMAS – E. MENDIEDA, «Un nuovo interesse della filosofia», 187. Cf. J. HABERMAS, *Il futuro della natura umana*, 106-107. Sulla stessa linea interpretativa in relazione ad un ripensamento dell'umanesimo cf. M. GAUCHET, *Un mondo disincantato?*, 197-201.

[58] Cf. J. HABERMAS, «Fede e sapere», 100-102. Cf. P. GRASSI, «Secolarizzazione controversa», 420-423.

[59] J. HABERMAS, «La rinascita della religione», 28. Cf. V. POSSENTI, «Riformare il paradigma "liberale"», 239-260.

Habermas, nel contesto di una Modernità rivelatasi più complessa rispetto ad un sistema di tipo evoluzionistico con un modello specifico di civiltà, propone una nuova formulazione della categoria di secolarizzazione per rispondere all'attuale relazione tra religioni e Modernità: «proporrò di intendere la secolarizzazione sociale e culturale come un processo di apprendimento biunivoco, che costringe tanto le tradizioni illuministe quanto le dottrine religiose a riflettere sui rispettivi confini»[60].

Questa reinterpretazione di categorie culturali, che sembrano essere consolidate, richiede di ridisegnare i confini di appartenenza delle diverse visioni del mondo, soprattutto quando questi eccedono in letture ideologiche, come è il caso della categoria di laicità e del suo scivolamento semantico nel secolarismo:

> La neutralità del potere statale per ciò che concerne la visione del mondo, garanzia di eguali libertà etiche per ogni cittadino, è inconciliabile con la generalizzazione politica di una visione del mondo secolaristica. I cittadini secolarizzati non possono, finché compaiono nel loro ruolo di cittadini dello Stato, disconoscere un potenziale di verità in linea di principio alle concezioni del mondo religiose, né contestare ai propri concittadini credenti il diritto di contribuire alle discussioni pubbliche in lingua religiosa[61].

Il potenziale di verità, a cui più volte egli fa riferimento, è ciò che di diritto deve entrare in relazione dialogica in una società moderna multiculturale, in modo tale che il pluralismo delle visioni del mondo abbia una dimensione laica nel senso di reciproca comprensione e non nel senso di reciproca esclusione, come accade nel laicismo: «nelle società post-secolari si pone l'ulteriore questione di un *complementare* processo di apprendimento da parte delle mentalità secolari, il quale ponga in discussione ogni autocomprensione restrittiva di ciò che intendiamo per ragione laica»[62].

Con Habermas siamo di fronte, dunque, anche ad una revisione della categoria di ragione autonoma, così come è stata ereditata dalla Modernità illuministica, che si rivela inadeguata rispetto alle ragioni che ormai costellano la problematica del senso, ma anche ingiusta nei confronti della eredità religiosa da cui ha attinto e continua ad attingere contenuti e orientamenti. Che cosa, allora, la ragione secolare può ap-

---

[60] J. HABERMAS, «Quel che il filosofo laico», 42.
[61] J. HABERMAS, «Quel che il filosofo laico», 62.
[62] J. HABERMAS, «La rinascita della religione», 36.

prendere dall'acquisizione della consapevolezza di un rapporto genealogico con la religione, in particolare con l'eredità giudaico-cristiana, e dalla consapevolezza che i contenuti religiosi possono essere fonte di ispirazione per la società civile? Paradossalmente, il suo discorso, pur fermandosi al confine filosofico dove la fede mantiene una «qualità opaca»[63] rispetto al discorso razionale, sembra affidare alla religione, in una società fortemente modernizzata e globalizzata, il compito di salvare la ragione dalle possibili forme aberranti in cui potrebbe cadere una Modernità che vede sfaldarsi il principio di solidarietà, fondamentale per la costruzione di una comunità internazionale fondata sui diritti umani.

È proprio in questo senso che J. Casanova parla di *deprivatizzazione* della religione come processo proprio della contemporaneità, sottolineando il nuovo volto della religione pubblica moderna compatibile con le libertà liberali e con i processi moderni di differenziazione strutturale e culturale che le religioni assumono, e capace di una riserva critica di contestazione della società civile:

> solo una religione che abbia fatto propri gli aspetti centrali della critica illuministica della religione sia oggi nella posizione di svolgere un ruolo positivo nel promuovere i processi di razionalizzazione pratica [...]. Tuttavia, la stessa riaffermazione delle tradizioni religiose può essere vista come un segno dell'incapacità dell'illuminismo di mantenere le proprie promesse in ciascuna di queste sfere[64].

Torna, dunque, sulla scia di Habermas, la funzione di critica immanente di forme particolari di istituzionalizzazione della Modernità, in virtù del *potenziale semantico* del religioso come *surplus* di senso o, come direbbe J.B. Metz in relazione al cristianesimo, della *memoria pericolosa* del Vangelo. È una situazione inedita in cui si ridisegnano i confini tra religioni e società, avviando un processo di *de-differenziazione*, come sostiene S. Martelli, che riguarda la tendenza a riconnettere ciò che la differenziazione aveva distanziato in maniera impropria[65]. La ricerca di questa nuova configurazione come nuova legittimità della religione è la sfida dell'odierna società post-secolare, come ben chiarisce V. Possenti: «Per società postsecolare intendo la *chiusura dell'epoca*

---

[63] J. HABERMAS, «La rinascita della religione», 41.
[64] J. CASANOVA, *Oltre la secolarizzazione*, 414.
[65] Cf. S. MARTELLI, «De-secolarizzazione», 556-557. Cf. V. POSSENTI, «Religione e laicità», 209-227. Cf. M. GAUCHET, *La religione nella democrazia*, 143-150.

*della neutralizzazione pubblica della religione*. Non intendo dunque per postsecolare la fine della laicità o della secolarizzazione delle istituzioni politiche, e neppure la mera constatazione che la religione torna nel pubblico, ma la costruzione di una nuova legittimità per quest'ultimo esito»[66].

Ciò esige che venga neutralizzato, proprio in virtù del riconoscimento di uno spazio pubblico plurale, sia il laicismo, che vorrebbe l'eclissi del religioso, sia il fondamentalismo, che di contro persegue anche con la violenza un fondamento religioso dello stato e della società, come è il caso dell'Islam, ma non solo[67].

Nella verifica della relazione tra religione e secolarità il cristianesimo non giunge impreparato, anzi si può affermare con C. Dotolo che esso sia la *religione della secolarità*[68], proprio in virtù dello specifico della rivelazione di Dio che in Cristo è un Dio rivolto al mondo e che chiama la città dell'uomo alla liberazione nel qui ed ora della storia. Ciò non significa, ovviamente, una sorta di *civil religion*[69], adattabile alle sorti del mondo, ma, al contrario, una religione che contribuisca ai processi umanizzanti della società, che sa al contempo mantenere desto il senso biblico della metafora del lievito nell'orizzonte trascendente del Regno di Dio. La secolarità è l'esito culturale della riflessione biblico-cristiana, frutto maturo del processo di secolarizzazione che modifica l'esperienza religiosa, liberandola dalle potenze arcane di un sacro anonimo, e la apre all'edificazione della città dell'uomo nel segno della responsabilità e dell'autonomia creaturale.

È questa la lezione di un fecondo pensiero teologico che lungo il Novecento ha riconosciuto come esito della Modernità non una liquidazione del cristianesimo, ma una sua trasformazione storica fondamentale per la coerenza alla sua identità originaria. Si pensi a D. Bonhoeffer, F. Gogarten, R. Guardini, K. Rahner, E. Schillebeeckx, J.B. Metz, I. Mancini ed altri, che hanno fatto della secolarizzazione un principio

---

[66] V. POSSENTI, «Fede e società postsecolare», 394.

[67] Cf. J. MOLTMANN, «Fondamentalismo e modernità», 149-159. Cf. E. PACE, «La tentazione del fondamentalismo», 81-91. Cf. G. FILORAMO, «Fondamentalismo e modernità», 512-528.

[68] Cf. C. DOTOLO, *Dio: la possibilità buona*, 16. Cf. C. DOTOLO, «Kenosi e secolarizzazione», 323-349.

[69] Cf. C. CIANCIO, «Ateismo del credente», 61. Cf. G. RUGGIERI, «Una religione civile europea?», 123-127. Cf. U. PERONE, «Secolarizzazione e religione civile», 443-456.

ermeneutico per comprendere la religione cristiana all'interno del processo di modernizzazione, nella direzione di un cristianesimo non della fuga ma della fedeltà al mondo, capace di rilanciare la pretesa di una salvezza universale[70]:

> va rilevato che nella configurazione della ricerca religiosa e teologica del postmoderno è presente la riscoperta di un modo differente di nominare e riflettere su Dio e sulla sua paternità. La questione è, semmai, nell'individuazione delle radici di tale istanza che, riteniamo, sia possibile rinvenire nel teorema della teologia *dalla* secolarizzazione, la quale immette nei circuiti della riflessione alcune istanze ermeneutiche che rimodulano e legittimano una differente concezione di Dio, dell'uomo del mondo e della loro reciprocità relazionale[71].

È su questa eredità che si colloca l'attualità della proposta teologica di I. Mancini e di J.B. Metz, che, pur nella diversità dei percorsi e delle sollecitazioni, converge nell'esigenza di una diversa coniugazione tra cristianesimo e cultura proprio in vista di una più efficace rilevanza della dimensione pubblica della fede nello spazio plurale della società post-secolare.

---

[70] Cf. R. GIBELLINI, «Dalla modernità alla solidarietà», 121-144; cf. ID., «Secolarizzazione e rinascita religiosa», 533-543. Cf. A. RIZZI, «Cristianesimo e filosofia della storia», 40-65.

[71] C. DOTOLO, «Dio Padre?», 143.

# PARTE II

# IL CRISTIANESIMO *PARADOSSALE* DI I. MANCINI

Capitolo III

## I. Mancini nel panorama filosofico-teologico del Novecento

*«È molto importante per un cristiano che vuol essere uomo fra gli uomini e nello stesso tempo portatore di una differenza non vincolante ma liberante, mantenere con sacrificio personale, uno spazio dove si possa ancora invocare Dio. Il che significa liberare la terra dalle sue potenze troppo terrene e lasciare che la forza di Dio si manifesti senza che noi la violentiamo ideologicamente per le nostre necessità troppo quotidiane»*[1].

### 1. L'itinerario speculativo: il confronto con la teologia protestante

La figura di I. Mancini[2] è, probabilmente, poco nota e raramente frequentata in teologia. A volte, infatti, per disattenzione rispetto al contesto culturale italiano ritenuto a torto *provinciale*, si rischia di pas-

---

[1] I. MANCINI, «La sfida della storia», 31.
[2] I. Mancini nasce a Schieti (Urbino) il 4 marzo del 1925. Diventa sacerdote nel 1949 e nel 1953 si laurea in Filosofia presso la Cattolica di Milano, sotto la guida di Gustavo Bontadini. Qui nel 1959 inizia il suo magistero di docente prima in Filosofia Teoretica e poi nel 1963 in Filosofia della Religione. Sempre nel 1959 fu chiamato all'Università di Urbino ad insegnare Storia del cristianesimo e nel 1967 Filosofia della religione nella facoltà di Magistero. Ottenuto nel 1970 l'ordinariato in Filosofia della religione, continuerà qui la sua docenza, insegnando anche Filosofia teoretica (1974), e Filosofia del diritto (1973), di cui divenne titolare nel 1990. Nel 1979, su iniziativa di Carlo Bo, fonda l'Istituto Superiore di Scienze Religiose, che Mancini, mosso dall'assillo di riammettere la teologia negli Atenei statali, riesce a far inserire a pari titolo accademico con le altre facoltà nell'Università urbinate. A lui si deve l'ideazione della rivista *Hermeneutica* (fondata nel 1981), espressione scientifica dell'Istituto e la collana di studi *Biblioteca di Hermeneutica*. Muore a Roma il 7 gennaio del 1993. Cf. P. GRASSI, «Italo Mancini», 168-178.

sare sotto silenzio veri e propri giganti del pensiero, come è il filosofo e teologo urbinate, il quale rientra a pieno titolo tra le figure di rilievo nel panorama filosofico e teologico del Novecento europeo.

Il suo itinerario speculativo, infatti, si snoda attraverso un dialogo fecondo con i teologi protestanti d'oltralpe, come K. Barth, D. Bonhoeffer, R. Bultmann, W. Pannenberg, e filosofi come I. Kant, E. Bloch e E. Lévinas, M. Heidegger, approfonditi anche attraverso gli stimolanti *Colloqui* di filosofia della religione organizzati in Italia in quegli anni da E. Castelli[3], che ebbe il merito di portare sulla nostra scena culturale alcuni dei più prestigiosi studiosi europei. L'importanza di tali incontri internazionali si evince da una lettera inviata da Castelli a Mancini il 16 agosto del 1969 dove così si esprimeva: «È uno sforzo il mio per gettare un ponte reale e non immaginario con il gruppo protestante per un ecumenismo positivo»[4].

Il tenore di questa affermazione dà uno spaccato indubbiamente interessante sulle prime aperture in ambito filosofico e teologico in ordine alle sollecitazioni provenienti dalla cultura europea. In questo laboratorio di pensiero, che rappresentava una punta d'avanguardia, parteciparono sia teologi cattolici che hanno esercitato maggiore influenza nella vicenda del rinnovamento conciliare, come J. Daniélou, H. de Lubac, Y. Congar e K. Rahner, sia teologi protestanti come J. Jeremias, R. Mehl, H. Ott, P. van Buren; che filosofi come K. Löwith, H. G. Gadamer, P. Ricoeur, E. Lévinas; e storici della religione come K. Kerényi, R. Panikkar e altri. Mancini stesso confessa in un'intervista autobiografica come il Novecento «ha prodotto un'ansia e una discussione teologica straordinarie»[5].

---

[3] E. Castelli (1900-1977), professore ordinario di Filosofia della Religione presso l'Università di Roma *La Sapienza*, ha fondato nel 1931 la rivista *Archivio di Filosofia*, in cui confluiranno dal 1961 gli atti dei *Colloqui* che si tenevano presso la sede universitaria romana. Citiamo a titolo informativo alcuni temi della rivista: *Il problema della demitizzazione* (1961), *Ermeneutica e tradizione* (1963), *Mito e fede* (1966), *L'analisi del linguaggio teologico. Il nome di Dio* (1969), *Rivelazione e storia* (1971), *La testimonianza* (1972), *Il sacro* (1974), *Ermeneutica della secolarizzazione* (1976), *L'ermeneutica della filosofia della religione* (1977).

[4] Le lettere sono inedite e conservate presso la Biblioteca dell'Istituto di Scienze Religiose «I. Mancini» di Urbino. Ringrazio il Direttore, prof. P. Grassi, per la possibilità concessami di consultarle.

[5] P. GRASSI, «Intervista a Italo Mancini», 5. Non bisogna dimenticare anche il periodo di formazione a Lovanio, dove Mancini ha avuto modo di entrare in contatto con la teologia protestante, oltre che con il rinnovamento della tradizione tomista.

A lui dobbiamo la traduzione e la diffusione nel nostro contesto culturale del pensiero di figure prestigiose nel panorama filosofico e teologico europeo del tempo: tra il 1969 e il 1977, negli anni del Concilio, il pubblico italiano aveva a disposizione soltanto il *Commento* di K. Barth alla *Epistola ai Romani*[6] e *Storia ed escatologia* di R. Bultmann[7]. Una certa resistenza confessionale e l'ipoteca del modernismo, che faceva ancora sentire la sua ombra, impediva di aprirsi ai nuovi impulsi che provenivano dalla teologia soprattutto di area protestante, verso cui si era aperto solo l'ambiente filosofico laico.

Nel 1969 venne pubblicata con un'ampia introduzione di Mancini la *Dogmatica ecclesiale* di Barth[8], *Resistenza e resa*[9] e l'*Etica*[10] di D. Bonhoeffer e nello stesso anno una pregevole monografia su questo grande testimone della fede che molti critici considerano il suo capolavoro[11]. Nel 1970 scrive il saggio introduttivo a *Nuovo Testamento e mitologia* di R. Bultmann[12]; dello stesso autore nel 1972 cura l'edizione italiana del *Gesù*[13] e di *Communio Sanctorum* di Bonhoeffer[14]; e, infine, nel 1977 scriverà una densa introduzione a *La teologia protestante nel secolo XIX* di Barth[15].

La gran parte di questi contributi confluirà nella sua opera *Novecento teologico*[16], la cui originalità argomentativa, che si muove tra percorso sistematico e storico-fenomenologico, e la puntualità storiografica ne fanno un testo prezioso per monitorare la ricezione e l'apertura ecumenica della teologia cattolica di quel tempo. Egli stesso fornisce il punto

---

[6] K. BARTH, *Epistola ai Romani* (orig. ted. 1922), tradotto da G. Miegge per la Feltrinelli nel 1962. Da notare che l'editore italiano non è cattolico, ma laico. Cf. M. MIEGGE, «L'apertura alle nuove teologie», 231-252; cf. ID., «Don Italo e la teologia», 5-7.

[7] R. BULTMANN, *Storia ed escatologia* (orig. ing. 1957).

[8] I. MANCINI, «Il pensiero teologico di Barth», VII-CXXIV.

[9] I. MANCINI, «Appunti per una lettura critica», 5-48.

[10] I. MANCINI, «Ciò che è vivo e ciò che è morto», V-XXXIV.

[11] I. MANCINI, *Bonhoeffer*. Cf. A. AGUTI, «"Un resistente che ha continuato a credere"», 555-569. Cf. M. SAVERIANO, «Aspetti della ricezione di Bonhoeffer», 570-572 il quale, distinguendo la ricezione in filosofica, teologica e storico-culturale, colloca Mancini nella prima, pur riconoscendo nella sua opera contenuti di spessore teologico.

[12] I. MANCINI, «Oltre Bultmann», 9-100.

[13] I. MANCINI, «Sulla cristologia di Rudolf Bultmann», 7-93.

[14] I. MANCINI, «Chiesa di popolo», VII-LVIII.

[15] I. MANCINI, «La grande età del cristianesimo», 9-60.

[16] I. MANCINI, *Novecento teologico*.

prospettico entro cui collocarsi nella lettura degli autori studiati, che di per sé costituisce la modalità con cui in genere incontra autori, testi e culture:

> questo non è uno scritto asessuatamente narrativo di una, pur grande, vicenda culturale, esso intende presentarsi e rimanere uno scritto politico e di parte: prende e riprende in mano la questione se e come il credente possa costituire o contribuire a costituire una prassi di liberazione, che investa radicalmente, e pertanto teologicamente, l'emancipazione della terra[17].

Questo confronto ha consentito a Mancini di svecchiare la sua formazione scolastica[18] e di accogliere le istanze di un pensiero che cercava nuove categorie e nuovi linguaggi per dire la fede e per ridare al cristianesimo quella forza primigenia di trasformazione della storia e di *alleggerimento della terra*. L'originalità della sua proposta teroretica risiede, infatti, nella ricerca di un equilibrio tra laicità del mondo e trascendenza di Dio, tra fedeltà alla terra, ai suoi valori e alla sua cultura, e fedeltà all'*inaudito di Dio*. Egli ha sintetizzato questo suo atteggiamento con un'espressione che si ispira a K. Barth ma anche a D. Bonhoeffer e che suona come uno *slogan*: «Tra la Bibbia e il giornale»[19], a significare la tensione sempre presente e mai risolta tra la signoria di Dio e la profanità della terra.

Allo stesso modo sono presenti in lui quelle che B. Forte ha definito «due grandi anime»[20]: l'anima greca, ispiratrice delle ricerche ontologiche, e l'anima ebraico-cristiana, prevalente nel secondo ventennio del suo lavoro intellettuale, consacrato alla città dell'uomo e alla teoria della terra. Un autore complesso, dunque, ma anche stimolante perché attraverso i suoi scritti, molti anche d'occasione, ma non per questo meno indicativi, si può seguire la traiettoria del pensiero teologico e filosofico italiano di quegli anni, che faceva il suo ingresso nel contesto europeo e modificava le sue categorie per dialogare con il mondo[21].

---

[17] I. MANCINI, «Prefazione», 23.

[18] Cf. M. SINA, «La facoltà filosofica», 105-137 dove descrive il contesto umano e culturale della formazione universitaria di Mancini in riferimento anche al magistero di G. Bontadini.

[19] I. MANCINI, «Tra la Bibbia e il giornale», 21.

[20] B. FORTE, «La "doppia teologia" di don Italo», 22.

[21] Così lo descrive P. X. TILLIETTE, *Omaggi*, 74: «La sua erudizione era invidiabile quanto la sua produttività. Chi può vantarsi, anche tra i divoratori di carta, di conoscere a fondo Barth e Bloch, Bonhoeffer e Tillich, Rosmini e Kant, e tanti altri? Don Italo era questo lettore fenomenale: lavorava con la penna nella mano e i suoi

Lo snodarsi della sua riflessione si può articolare attraverso quelle che sono state definite dai suoi critici le *stagioni*[22] del suo pensiero, ad evidenziare i passaggi o svolte da un problema ad un altro, segno delle nuove esigenze e sfide a cui sentiva il dovere intellettuale di rispondere. Decisiva è sicuramente la prima, la svolta *kerygmatica*, se si considera la sua solida formazione neoscolastica[23], la quale costituiva peraltro l'*humus* culturale della cultura cattolica italiana preconciliare.

## 1.1 L' «impossibilità» del kerygma

È la teologia evangelica e in modo particolare il pensiero di K. Barth, che egli definisce il più grande genio religioso della Germania moderna, a dargli l'occasione della prima grande operazione di sgravio dalla neoscolastica, fornendogli i presupposti per la distinzione tra religione e metafisica, permettendo così alla religione di uscire dall'alveo del trascendentalismo. Gli riconosce il merito di aver reso convergenti due realtà: la restituzione alla teologia della sua categoria centrale, il suo *Oggetto immenso*, liberando la trascendenza di Dio dalla «fanghiglia religiosa» con cui l'uomo pretende di esercitare un diritto di pelatura sulla Signoria di Dio[24]; al contempo, ha restituito alla terra la sua laicità, la sua autonomia, proprio in virtù dell'infinita differenza qualitativa tra Dio e l'uomo, salvaguardando l'eccedenza della rivelazione rispetto alle rappresentazioni umane. È per questo che riusciva ad essere un teologo, un pastore ed un attivista politico, impegnato sul fronte del socialismo[25].

Il problema che si apre nella svolta barthiana è quello della distanza tra fede e mondo, tra teologia e cultura. Qualsiasi riconduzione del *kerygma* alle strutture conoscitive umane cade nel rischio prometeico di manipolare il senso teologico e di farne un prolungamento del proprio

---

libri erano il frutto delle sue letture meditative [...]. Di fatto era metodico, laborioso, serio; la sua penna non correva: la facilità di scrittura, questo dono celeste, era al servizio di una riflessione severa».

[22] Cf. G. RIPANTI, «La doppia fedeltà», 65-66. Il primo decennio (1954-1964) è caratterizzato dal problema ontologico, il secondo (1968-1980) ha come interesse centrale la filosofia della religione, il terzo (1980-1990) si interessa della prassi e dell'etica, il quarto (1990-2000) ritorna sul problema di Dio e tiene conto della pubblicazione postuma del suo ultimo libro.

[23] Cf. C. VIGNA, «Ontologia e metafisica», 9-37. Cf. G. RIPANTI, «Ontologia e linguaggio», 51-65.

[24] Cf. P. GRASSI, «Intervista a Italo Mancini», 11.

[25] Cf. I. MANCINI, «Il teologo come testimone», 43.

mondo. È questo aspetto che consente a Mancini di distanziarsi da quella filosofia neoscolastica che nei *preambula fidei* tentava di presentare la filosofia come *ancilla theologiae*, una subordinazione che ha prodotto come storia degli effetti una sudditanza della teologia alla ragione moderna, togliendo al *kerygma* la sua logica paradossale. Ma è sempre questo aspetto a determinare in lui una distanza dal grande teologo protestante, perché un filosofo non può ritenersi appagato se:

> il *kerygma* di Dio entrasse nella vita dell'uomo attraverso la lacerazione di tutte le forme umane, attraverso il filo rosso della demolizione totale della ragione, delle opere e degli impegni umani, che, cioè, la parola di Dio – nel senso più completo e ampio del termine, che comprende le parole vere e proprie, ma anche gli eventi, anche le comunità, anche i comandamenti – entrasse nel mondo in un uomo steso nella posizione di morte di fronte al suo essere, avere e fare[26].

Torna di nuovo sul banco di prova il rapporto tra ragione e rivelazione, filosofia e teologia, religione positiva e religione naturale, che costituisce il nervo scoperto della Modernità, il terreno lungamente battuto che ha originato lo scisma tra ragione e fede. Il nodo teoretico implicito nello statuto della Modernità si caratterizza, di fatto, nell'intreccio tra autonomia del finito e relazione con l'infinito, ovvero nel nesso problematico tra cristianesimo e Modernità. Tema questo di fronte al quale anche Mancini, da filosofo credente, intende prendere posizione per saggiare il «*quantum* di filosofia da produrre intorno al *kerygma* in cui crede la gente»[27], per indagare l'atteggiarsi del cristianesimo di fronte al *rischiararsi* dell'intelligenza umana.

Il confronto con l'Illuminismo prima e con la teologia liberale poi costituisce il luogo critico dove prende forma la teologia dialettica[28] come risposta all'*assolutismo*[29] del secolo dei lumi, con la quale il filosofo urbinate intesse un lungo e fecondo dialogo. Barth aveva interpretato questa assimilazione del cristianesimo alla *forma umana* come *imborghesimento*, dove il cristianesimo è ridotto nello spazio del mondo borghese, alla ricerca di un *éthos* che poggia su un lavorìo di una ragio-

---

[26] I. MANCINI, *Cristianesimo e culture*, 25.
[27] I. MANCINI, *Filosofia della religione* (1986), 3 (d'ora in poi citeremo da questa edizione dell'opera). Questione che ha ricevuto recentemente un'attenzione particolare come si evince in cf. A. FABRIS, «"Quale e quanta filosofia"», 11-21.
[28] Cf. J. MOLTMANN, ed., *Le origini della teologia dialettica*. Cf. R. GIBELLINI, *La teologia del XX secolo*, 9-29. Cf. P. GRASSI, «Mutamenti nella teologia», 471-488.
[29] Cf. K. BARTH, *La teologia protestante*, 84-85.

ne media, che intende trovare una via di salvezza disponibile per tutti e «a buon mercato». A questa borghese «insolente teologia dell'identità»[30], che aveva sottoposto all'imperialistica volontà di potenza dell'uomo i contenuti della rivelazione, egli risponde con una *teologia del grido*, come chiama la sua teologia dialettica, ovvero il ritorno al cristianesimo radicale e alla sua logica, che si oppone alla teologia liberale, ultima spiaggia neokantiana e del cristianesimo borghese.

Questo periodo viene definito da F. Gogarten «fra i tempi»[31], formula che esprime la condizione della coscienza europea negli anni Venti, sospesa fra il tempo dell'ideologia liberale borghese, il quale aveva dominato l'Ottocento teologico e filosofico, e il tempo che si prefigurava nella sua novità e che avrà il suo sviluppo nel corso dell'intero XX secolo. Questo *frattempo* non è semplicemente una connotazione cronologica, ma soprattutto è una delimitazione teorica: definisce lo spazio di trapasso tra il mondo dell'identità rassicurante, che è l'orizzonte delle ideologie nate dalla rivoluzione francese e dalla sua sistematizzazione teorica nell'impresa hegeliana, e il mondo che si annuncia nell'ora della crisi seguita allo scoppio della prima guerra mondiale, in cui il problema diventa come porsi di fronte all'irruzione sorprendente della *differenza*.

È Barth a tematizzare questo avvento dell'*Altro*, questa ripresa dell'*Oggetto immenso,* dell'*apriori* divino:

> Alla «teologia della parola di Dio» è vincolata un'opposizione programmatica ad ogni teologia che parta dall'esser dato e dall'esserci dell'uomo e del suo mondo; dalla «religione» o dall'«esperienza religiosa», dalla «storia» o dai «fatti sacri». Ciò permise soprattutto a Barth ed a Gogarten di raggiungere una comprensione, per allora nuova, della predicazione, della giustificazione e del giudizio su ogni religione umana, che era stato proprio dei riformatori[32].

Ed è lui a condannare aspramente l'estensione del modulo liberale nella teologia cattolica, per l'affermazione della teologia naturale e della dottrina dell'analogia nell'essere tra Dio e il mondo. Egli rifiuta decisamente tutti i prodotti della logica dell'*anche*: la rivelazione e anche la ragione, la coscienza, il sentimento, la storia, la natura, riaffermando la lo-

---

[30] I. MANCINI, «La grande età del cristianesimo», 55.
[31] F. GOGARTEN, «Fra i tempi», 502.
[32] I. MANCINI, *Teologia ideologia utopia*, 72 (verrà citata quest'opera nell'edizione del 1974); cf. ID., «La critica della religione», 234.

gica del *soltanto*. Introduce, così, un nuovo atteggiamento che Mancini apostrofa come *rivoluzione copernicana*, nel senso che la terra gira intorno al sole esigente e sequestratore di Dio, centratura eteronoma che costituisce per lui l'eredità più preziosa di Barth: «L'ultima sponda, oggi, sta nella ripresa radicale e nella sua richiesta di svincolo totale dal progetto borghese, che ha finito per essere il gran padre dell'integralismo, e sta nella richiesta di restituzione a quelle categorie, e soltanto a quelle, che la sua insuperabile logica permette di professare»[33].

Cio che egli sostanzialmente contesta è il *regime di cristianità* che spegne la qualificazione più propria del cristianesimo, riducendo l'attribuzione di cristiano a modulazioni sociali piuttosto che all'ambito specifico della fede: parliamo di cultura cristiana, di cinema cristiano, di partiti politici cristiani, senza con ciò sottolineare l'incommensurabilità che passa tra i due elementi tenuti insieme, senza la consapevolezza che Dio è *Dio*. Attraverso il nuovo paradigma si aprono tre ambiti intorno ai quali i teologi dialettici svilupperanno il confronto con la teologia contemporanea, e da cui Mancini partirà per introdurre la sua risposta critica a quello che definisce il *surrealismo kerygmatico* di Barth. Essi sono: il tema del paradosso, che li condurrà in una discussione con Tillich, il tema del rifiuto della connessione tra *kerygma* e storia, che implicherà un confronto con Harnack, il tema del rapporto tra teologia dell'annuncio e teologia ermeneutica, che verrà sviluppato in un dialogo con Bultmann.

La questione è proprio la problematicità di una vera *teo-logia*, la possibilità dell'annuncio della parola di Dio da parte dell'uomo:

> Non si trattava soltanto di un modo diverso di interrogarsi su Dio, ma si trattava di un altro Dio [...]. Il Dio su cui ci si interrogava nel nuovo tentativo teologico era una realtà inquietante, che manteneva aperto fino all'insopportabilità il problema, la spaccatura, la contraddizione, che penetrano in ogni vita umana e in tutto ciò che costituisce la vita umana[34].

La discussione verte allora sullo statuto epistemologico della teologia, un nodo tematico essenziale per ripristinare un ponte tra ragione e fede, ma di fronte al quale la teologia dialettica con i suoi motivi fondamentali, la negazione delle possibilità autonome dell'uomo e la sua riduzione ad enigma, il sì di Dio come impossibilità di fronte al possibile umano, l'accadimento semplicemente nuovo della grazia, non era in

---

[33] I. MANCINI, «La grande età del cristianesimo», 58.
[34] I. MANCINI, *Teologia ideologia utopia*, 82.

grado di istituire una valida risposta. Alla rivelazione di Dio è riconosciuta l'autodimostratività incondizionata, che rifiuta qualsiasi itinerario preambolare che parta da un'istanza antropologica. Essa non ha una parola di Dio come verità di Dio, ma ha solo la funzione di creare la situazione esistenziale e logica perché Dio *possa* parlare. Bisogna tener presente nel lavoro teologico *e* la necessità *e* l'impossibilità: necessità di parlare di Dio e impossibilità che questo parlare si identifichi con Dio che parla. Questi aspetti possono sussistere insieme solo nella prospettiva aperta dalla speranza: parlare di Dio e *sperare* che, attraverso questo, Dio parli: teoricamente non si può avere di più.

La *teologia pura* è, dunque, un concetto limite, non esprime la verità di Dio, ma solo il suo incognito. Questo confronto serrato ed imprescindibile con la teologia protestante ha condotto Mancini ad elaborare la sua personale alternativa alla teologia dialettica e alle sue aporie, che egli tenta di risolvere nella comprensione ermeneutica, la quale può consentire un'irruzione decisiva della filosofia nell'ambito formale della teologia intesa nel senso forte e *kerygmatico*:

> l'unico modo per non condurre allo scacco totale il progetto teologico è quello di risolverlo nella prospettiva ermeneutica, dove non si ricade nella teologia del solo parlare di Dio [...], ma dove la parola di Dio è fatta coincidere non con un incontro solitario che miri alla presenziale e sempre (e solo) contemporanea realtà del Dio che parla, ma con quella storica e pubblica di Dio che ha parlato. Qui il momento dell'interpretazione diventa emergente, con le implicazioni antropologiche varie che esso comporta[35].

### 1.2 La Kehre *ermeneutica*

È da R. Bultmann che assume la necessità di pensare un cristianesimo che non richieda un *sacrificium intellectus*, mortificante per l'uomo moderno che ha raggiunto lo stato adulto. Anche Bultmann è annoverato tra i grandi della teologia novecentesca e del suo pensiero mette in luce due aspetti: Gesù deve essere accolto nel suo annuncio, che è essenzialmente invito alla scelta di un esistere per la vita, per cui tutto si gioca nell'ambito dell'*auditus*; l'ascolto deve portare alla decisione esistenziale, non ad una fede dogmatica ed ecclesiastica[36].

---

[35] I. MANCINI, *Teologia ideologia utopia*, 102. Cf. A. AGUTI, «La teologia evangelica in Mancini», 108.

[36] Cf. I. MANCINI, «Sulla cristologia di R. Bultmann», 16 dove spiega: «la dottrina di Gesù si presenta non come un *Was*, da giudicare magari sulla base di un confronto

Attraverso la filosofia heideggeriana, Bultmann rilegge il cristianesimo come l'adesione ad un progetto teso tra l'oggi del messaggio e il futuro in cui si traduce la scelta per Cristo, garantita non dalla analisi del messaggio stesso, ma dall'atto di fede che riconosce in quell'evento la rivelazione della potenza di Dio. L'*essenza* del cristianesimo risiede, dunque, nella questione esistenziale di darsi o no alla Parola, per cui essa deve essere compresa in modo adeguato dall'uomo contemporaneo e dalla sua mentalità laica e scientifica: nasce in questo bisogno fondamentale la questione della *demitizzazione*, cioè l'epurazione del rivestimento mitico con cui l'annuncio è stato dato in quel contesto storico-culturale qual è quello neotestamentario. Il mito è l'espressione inadeguata di un nucleo di verità e di autenticità etica che va riscoperta ed attualizzata, esso contiene un significato per l'esistenza che non va né banalizzato, considerandolo alla stregua della leggenda, né occultato, attraverso la dogmatizzazione della verità: demitizzare non significa toglimento del mito, ma sua *interpretazione autentica*, in quanto esso è un modo di esprimersi non scientifico, ma tipico delle manifestazioni religiose.

Il mito, dunque, *fa pensare* alla verità per l'esistenza, che si muove tra il polo della morte e quello per la vita, custodendo attraverso il racconto un nocciolo autentico di quella verità che proviene dalla rivelazione di Dio. Solo l'operazione ermeneutica può *disaggregare* l'autentico dal non autentico, ma questa procedura, come nota Mancini, ha un certo rischio: la filosofia heideggeriana costituisce un orizzonte storico-culturale concreto di comprensione, costringendo il messaggio a coniugarsi con un solo modulo linguistico-categoriale; inoltre, un cristianesimo senza dogmi né sacramenti, né chiesa risulta impoverito e ripiegato sul solo annuncio senza la sua traduzione culturale, che costituisce l'ambito tradizionale di comprensione di non poco conto. Anche Bultmann, dunque, cade nella riduzione illuministica del cristianesimo a fenomeno di vita morale, dove ciò che è religioso viene contratto in ciò che dovrebbe essere la verità: «l'ossatura della costruzione del Bultmann è l'esigenza illuministico-scientifica di diffalcare un linguaggio e una rappresentazione che sono in contrasto con il livello scientifico oggi raggiunto dall'umanità»[37].

---

filosofico per fissarne una sua "validità universale" e oggettiva, ma come un *Wie* dell'esistenza, ossia come un evento che offre a noi una comprensione nuova e diversa di noi stessi».

[37] I. MANCINI, «Oltre Bultmann», 23.

Al di là di questa critica, Mancini si chiede che cosa di Bultmann va conservato e su che cosa bisogna procedere *oltre*. Egli nota che all'interno della precomprensione che il messaggio di Gesù è dato dentro rappresentazioni mitologiche, Bultmann stabilisce anche una gradualità di mitologicità di queste rappresentazioni, implicando in ciò un criterio con cui si può distinguere tra mito e mito:

> Se il mito è il dato non scientifico, è la violenza fatta alla scienza, è la condizione minoritaria della cultura, come è possibile stabilire un valore, operare una demitizzazione che non sia un semplice togliere il mito, ma un redimerlo nel suo aspetto recettivo provocando la liberazione di quella intenzionalità esistenziale e kerygmatica, cui Bultmann aspira[38].

È chiaro che in lui si contrappongono due visioni del mondo, quella scientifica, che non ammette che il corso della vita possa essere attraversato da potenze soprannaturali e che perciò si pone come critica della visione neotestamentaria del mondo[39], e quella mitologica, che crede negli spiriti e nei demoni, nei miracoli e in una struttura cosmologica che prevede un cielo ed un inferno al di sotto della terra. Ma in questo doppio registro egli salva l'intenzionalità religiosa ed esistenziale del mito collocandolo all'interno della storia delle religioni e non nella cultura moderna, dove pesa una lettura ideologica su ciò che pertiene al religioso; per cui Bultmann non può essere considerato come epigono della teologia liberale, ma come fautore di una ripresa di significati nell'ambito della teoria ermeneutica. Demitizzazione, quindi, come ermeneutica e non come riduzione strutturalistica: questo gli è permesso nel considerare la realtà umana come *esistenza* inserita dentro il tempo, aperta ad una progettualità che si appella alla responsabilità delle scelte. Ma allo stesso tempo, questa ipoteca esistenziale non consente al *kerygma* di essere compreso come evento storicamente dato, ma è accolto come operante nella sua dimensione salvifica *solo* nel *miracolo* della fede, possibilità che si apre con la distinzione bultmanniana tra storia come *Geschichte*, evento portatore di un significato, e storia come *Histoire*, come accadimento nella fattualità del dato. L'eteronomia è data soltanto dal volume di una proposta ipotetica, che solo nella decisione per la fede diventa evento.

---

[38] I. MANCINI, «Oltre Bultmann», 26.

[39] Cf. R. BULTMANN, *Nuovo Testamento*, 110 dove scrive l'espressione diventata paradigmatica: «Non ci si può servire della luce elettrica e della radio, o far ricorso in caso di malattia ai moderni ritrovati medici e clinici, e nello stesso tempo credere nel mondo degli spiriti e dei miracoli propostoci dal Nuovo Testamento».

Andare *oltre* Bultmann significa conferire alla storia e non solo al linguaggio un ruolo nell' interpretazione: il primato nell'atto ermeneutico va dato all'*Oggetto immenso*. Per Mancini bisogna distinguere due soglie di comprensione: la soglia del senso e quella del significato, che è il momento della ripresa del senso fatta dal lettore, la sua effettuazione nell'esistenza. Il percorso della comprensione va allora dal senso, momento oggettivo, al significato, momento esistenziale, in modo che la decisione personale non sia priva del senso della storicità[40]. È su questa gravità di senso che pesa sulla storia che egli opera una rettifica alla prospettiva bultmanniana.

### 1.3 *Il* politico *nel teologico*

Nel procedere *oltre* Bultmann, Mancini segue D. Bonhoeffer nella nuova istanza di interpretare tutto il messaggio in termini *non religiosi*, anziché stabilire ciò che è religioso e ciò che non lo è:

> La mia opinione è che l'intero contenuto, compresi i concetti «mitologici», deve restare – il Nuovo Testamento non è una vestizione mitologica di una verità generale, ma questa mitologia (risurrezione, ecc.) è la cosa stessa! –, ma che questi concetti vanno interpretati in una maniera che non presupponga la religione come condizione della fede[41].

Sta qui, probabilmente, il cambiamento di paradigma teologico con una incisiva *Wirkungsgeschichte*, il quale esprime la consapevolezza che il mondo odierno è un mondo senza religione, non più costruito sull'apriori religioso dell'uomo, che ha costituito nel passato la forma espressiva, storicamente determinata e perciò transitoria dell'essere credente, riducendo il cristianesimo ad una funzione di legittimazione sociale. Ora il mondo si avvia ad una fase storico-culturale dove la religione, che sopravvive solo nella sua versione privata e consolatoria, non costituisce più l'orizzonte condiviso di senso. L'interpretazione non religiosa (*nichtreligiöse Interpretation*) del *kerygma* è quel metodo ermeneutico che riconosce come valore

---

[40] Cf. I. MANCINI, «Oltre Bultmann», 99-100 dove per la diffusione di Bultmann in Italia fa riferimento ed elogia i convegni organizzati da Castelli del quale dice: «attraverso i suoi dieci convegni e i poderosi volumi che ne raccolgono gli atti ha permesso di discutere, ampliare, applicare e per certi aspetti superare il motivo bultmanniano della demitizzazione in una prospettiva ermeneutica più ampia».

[41] D. BONHOEFFER, *Resistenza e resa*, 249. Precisamente ne parla nelle lettere dell'8 e 16 aprile 1944. Cf. G. GUTIÉRREZ, «I limiti della teologia moderna», 74-90.

la secolarità⁴² del cristianesimo, contestando sia l'integralismo religioso che il secolarismo laico, poiché prende sul serio la secolarizzazione nel suo impatto teoretico, e non nella sua semplice declinazione sociologica. Così il *kerygma* «prende forma in un contesto del tutto liberato dalle false alture spiritualistiche delle imprese religiose e dalle teurgie presuntivamente sequestratrici della sovrana potenza di Dio»⁴³.

Interpretazione non religiosa significa che gli asserti cristiani non prendono senso in ordine al metafisico, o in ordine ad una verità astratta, ma per il potere e la capacità contestativa che hanno all'interno della storia e attraverso la storia mondana. Nella distinzione tra cristianesimo e religione, va ribaltato, dunque, il modulo religioso «potenza di Dio-impotenza dell'uomo» (Dio metafisico) in quello «impotenza di Dio-potenza dell'uomo»⁴⁴ (Dio crocifisso), dove per potenza dell'uomo Bonhoeffer allude al suo vivere in un mondo diventato adulto (*die mündige Welt*), intuizione che matura nell'ultimo periodo della sua vita e che assume, dunque, una sorta di epilogo-bilancio della sua intera riflessione. Si potrebbe parlare di *nostalgia della terra (Sehnsucht)*, in cui Dio gira intorno alla terra, che sta al centro «aggredita dalla sua luce»⁴⁵, perché è questo mondo che Dio ha assunto nell'essere di Cristo, dove è la *debolezza* di Dio a stabilire le coordinate della sua rivelazione.

Si comprende allora senza fraintendimenti né semplificazioni banalizzanti lo spessore teologico della famosa espressione di Bonhoeffer: «con e al cospetto di Dio noi dobbiamo vivere senza Dio»⁴⁶, assumendo l'*etsi deus non daretur* come interpretazione dell'esistenza nella sua complessità. Non allude semplicemente a quella che è stata definita la teologia della morte di Dio, ma più audacemente ad una teologia radicale⁴⁷ e ad una teologia negativa. In lui, infatti, non si trova l'espressione «morte di Dio», poiché parla di Dio crocifisso nell'essenza della sua presenza, non nella sua esistenza. Questa distinzione indica la differenza tra ateismo propriamente detto e ateismo teologico, ovvero la

---

⁴² Cf. I. MANCINI, «Deduzione filosofica della secolarità», 32; cf. ID., *Bonhoeffer*, 329-439.

⁴³ I. MANCINI, «Secolarità e secolarismo», 59; cf. ID., «La secolarizzazione: Dietrich Bonhoeffer», 61-80.

⁴⁴ I. MANCINI, «Proposte per un cristianesimo», 126.

⁴⁵ I. MANCINI, «Appunti per una lettura critica», 22.

⁴⁶ D. BONHOEFFER, *Resistenza e resa*, 265 la lettera a cui fa riferimento è del 16-7-1944.

⁴⁷ Cf. I. MANCINI, «Il pensiero di Dietrich Bonhoeffer», 238; cf. ID., «Proposte per un cristianesimo», 130-134.

morte di Dio assume un senso a livello religioso, non a livello cristiano, dove la morte indica la modalità della sua presenza in una relazione dialettica con il mondo nel segno della croce. Un ateismo *kerygmatico* e postulatorio che, paradossalmente, è proprio questo tempo che ci spinge a riconoscere come verità più profonda del Dio cristiano, che vuole essere presente nel mondo nella sua assenza, ovvero come negazione di quella fede generica nel Dio metafisico che si è risolta nella versione del «Dio tappabuchi»[48], e nella ripresa dell'autentico modo di esperire la trascendenza che è quello che Dio rivela nell'esistenza crocifissa di Gesù, nel suo *essere-per-gli-altri*.

Mondanità, dunque, nella valorizzazione dell'essere uomo di Gesù, nel senso del profondo *essere-di-questo-mondo*, dove l'attenzione non cade prima sulle proprie miserie, i propri problemi, peccati, angosce, ma nel lasciarsi coinvolgere sul cammino di Gesù Cristo, nell'evento messianico. Il tratto che costituisce l'essere cristiano in questo mondo è partecipare al dolore di Dio in Cristo, e non l'appartenenza al «cristianesimo anagrafico»[49]. Lo svuotamento *kerygmatico* della potenza di Dio realizzatosi nell'incarnazione di Cristo agisce come decostruzione critica dell'immagine di Dio che la teologia ha storicamente veicolato sulla scorta della metafisica greca[50]. Per Mancini chi legge Bonhoeffer «trova un forte contrasto tra la spinta secolarizzante e l'attrazione teologica verso una consumazione mistica»[51], permettendo all'uomo di cogliere la discontinuità che istituisce l'evento della rivelazione di Dio, per cui l'interpretazione non religiosa di Dio, *a-tea*, è la prospettiva che meglio corrisponde alla sensibilità dell'uomo adulto che rifiuta qualsiasi surrogato consolatorio, ma anche qualsiasi verità edulcorata. È in questa fede nuda nel Cristo che è possibile oltrepassare la concezione religiosa di Dio, la sua figura *zeusica*, per abbracciare la novità evangelica dove il mondo diviene lo spazio della responsabilità dialogica tra Dio e uomo.

Nella sua lettura bonhoefferiana ritiene di poter racchiudere la sua eredità in due frasi: una lasciata su una strisciolina di carta che la polizia nazista trova sul suo tavolo di lavoro al momento dell'arresto *«für die Welt da-sein»*, essere per il mondo, e l'altra pronunciata nel carcere

---

[48] I. MANCINI, «Appunti per una lettura critica», 31 dove fa riferimento per questa espressione alla lettera del 29-5-1944.
[49] I. MANCINI, *Bonhoeffer*, 31.
[50] Cf. A. AGUTI, «La teologia evangelica in Mancini», 110.
[51] I. MANCINI, «La fede ardita di Bonhoeffer», 34.

quando parlerà di Dio che in Cristo è «*für andere da-sein*», essere per l'altro[52]. In questa coesistenza di due atteggiamenti opposti sta il fascino di Bonhoeffer: da una parte faceva consistere l'essenza del cristianesimo nella partecipazione al dolore messianico, dall'altra esaltava la vitalità, le passioni umane, i valori della terra. Per questo parlava della redenzione non come uscita dal mondo, o speranza nell'altro mondo, ma come liberazione della storia per dare spessore veritativo ai giorni dell'uomo. Il cristianesimo, infatti, non annulla il penultimo nell'attesa dell'ultimo, come fa la religione, ma presenta l'ultimo come ciò che illumina la centralità del penultimo. Come ricorda Mancini, egli lasciò nella sua cella come una firma di identificazione due libri, la Bibbia e Goethe, la storia di Dio nel mondo e il breviario della laicità.

Tra gli effetti della riflessione bonhoefferiana sulla teologia, egli ne evidenzia uno in particolare:

> Bonhoeffer ha portato alle estreme conseguenze il più grande movimento della teologia protestante di questo secolo, la teologia dialettica di Barth e di Bultmann. In questa radicalizzazione ha finito però per capovolgere la prospettiva. Ha cioè invertito la rotta teologica: all'abitudine di contestare il mondo in nome di Dio e della sua signoria ha sostituito la contestazione di Dio in nome del mondo adulto, che rimane la sua intuizione più decisiva, accanto a quella correlativa dell'impotenza che Dio ha scelto per sé nel mondo. Nasce così una prospettiva teologica in cui risulta decisivo il criterio politico della liberazione della storia. Non più la religione come consolazione, ma il cristianesimo come contestazione storica[53].

La ripresa ermeneutica del *kerygma* cristiano non sarà allora sulla linea bultmanniana, che rischia di ridurlo ad utilizzo individuale di tipo consolatorio, ma sulla linea bonhoefferiana, prassiologica e politica, nel senso di immissione nella costruzione della *polis* della forza di trasformazione e liberazione propria del *kerygma*. In questa scelta di campo nell' alveo della teologia politica, maturata nel contesto europeo e confluita anche nel Concilio Vaticano II[54], Mancini tiene ben desta l'attenzione sull'importanza teoretica della prassi nel passaggio dal dato teologico al suo significato per il credente, non più mediato dalla teoresi, come in passato, ma dalla libera iniziativa del cristiano. È qui che prende corpo il suo contributo personale all'ermeneutica che tiene con-

---

[52] Cf. P. GRASSI, «Intervista a Italo Mancini», 27.
[53] I. MANCINI, *Scritti cristiani*, 83. Per una valutazione aggiornata cf. U. PERONE – M. SAVERIANO, ed., *D. Bonhoeffer*.
[54] Cf. I. MANCINI, «Il contributo teologico e filosofico», 113.

to della *volizione di significato* che di fronte al dato religioso ne anticipa il senso, come orizzonte di comprensione atematica, ma anche determina l'atto conclusivo del circolo interpretativo, costituendone l'appropriazione del significato. Egli parlerà di «violenza ermeneutica»[55] nel senso di divina violenza che alleggerisce il mondo e si pone come logica di contestazione.

La domanda, allora, che bisogna porsi oggi è la seguente: quale significato ha il *kerygma* per un mondo secolarizzato, che ha spostato il suo interesse dalla questione della salvezza dell'anima a quella della liberazione della storia, e che pone nell'essere con gli altri e per gli altri il nuovo modo di fare esperienza di Dio?[56]

Ciò che emerge è il compito *pubblico* e *storico* della teologia, insieme ad un ripensamento della forma che il cristianesimo deve assumere in un contesto culturale secolarizzato, perché si possa ancora parlare del suo avvenire e non della sua fine. Questa esigenza della mediazione e del dialogo segna la produzione di scritti di questi anni[57], determinati soprattutto dalla stagione di studi sul confronto del cristianesimo con le forme attuali del pensiero, come il marxismo, che Mancini lesse attraverso lo sguardo di E. Bloch[58], da cui ereditò la critica alla religione di Marx, individuando il polo ideologico ed utopico.

Ne scaturisce un'ermeneutica del cristianesimo sorretta da un'interpretazione nuova della trascendenza, caratterizzata nella sua rilevanza politica e non più ontologica, un cristianesimo *aperto*, pensato nella sua radicalità evangelica, paradossale, sorpreso nella sua novità originaria. Nella ricerca costante del dialogo tra fede e cultura, egli mostra la rivelazione di Dio dentro la storia nella sua alterità originaria, come Parola che si dona all'uomo nel suo fare quotidiano.

1.4 *L'approdo* mistico

La questione su Dio rimane il motivo centrale ed ispiratore delle diverse questioni trattate e, probabilmente, l'*idea* che lo ha accompagnato

---

[55] I. MANCINI, «Il mio itinerario ermeneutico», 211.

[56] Cf. I. MANCINI, «Oltre Bultmann», 74.

[57] Sono di questo periodo le opere *Teologia ideologia utopia*, 1974; *Futuro dell'uomo e spazio per l'invocazione*, 1975; *Con quale comunismo*, 1975; *Con quale cristianesimo*, 1978; *Fede e cultura*, 1979 in collaborazione con G. RUGGIERI; *Come continuare a credere*, 1980; *Il pensiero negativo e la nuova destra*, 1983; *Filosofia della prassi*, 1986; *Tornino i volti*, 1989; *L'ethos dell'Occidente*, 1990.

[58] Cf. I. MANCINI, *Teologia ideologia utopia*, 541-655.

in tutte le sue fatiche teoretiche. Ne è segno l'ultima opera, il *Frammento su Dio*[59], pubblicata postuma, anch'essa ispirata alle prospettive nuove provenienti dalla teologia evangelica. L'idea di un libro su Dio era presente già da tempo nei suoi desideri: in alcune schede manoscritte risalenti alla metà degli anni ottanta aveva intenzione di intitolarlo *Dio nei doppi pensieri*. In una pagina di diario, datata 8 giugno 1990, Mancini così scrive: «Mi sto accorgendo che il libro su Dio, che non volevo fare perché né onnisciente né incosciente, l'ho per le mani [...]. Forse ho trovato il titolo del libro: Frammento su Dio; avevo pensato a Frammenti su Dio, ma dava il senso degli aforismi. Frammento è un discorso organico ma incompleto»[60].

Egli lo colloca nel moderno areopago culturale, segnato dall'eredità della ragione illuministica, che ha ridotto il cristianesimo a religione morale, dall'eredità della ragione dialettica, la quale ha assorbito l'Assoluto nell'idea, e da ultimo, ma con un epilogo tragico, dall'eredità delle ideologie totalitarie, che hanno smascherato la follia di una ragione prometeica che aveva dichiarato con Nietzsche la «morte di Dio». Lo sviluppo della questione di Dio nelle sue intenzioni avrebbe dovuto rappresentare una sorta di «contraltare dialettico»[61] al rilievo che il tema della prassi aveva assunto fino a quel momento e ai suoi eventuali rischi.

La dimensione prassiologica, pur fondamentale per l'acquisizione della verità, rischiava di appiattire il messaggio evangelico sulla sola prassi, dimenticando la dimensione dossologica (*doxa Dei*) e prolettica. Soltanto pensate insieme queste tre visioni, prassiologica, dossologica e prolettica, danno senso compiuto al *kerygma*, nella circolarità di Parola, evento, comunità e comandamento in cui si dà la rivelazione. Proprio in virtù dei guadagni teoretici acquisiti nel confronto con la teologia protestante, la ricerca sulla *persona Dei*, come egli era solito definirla, non è portata avanti attraverso una semplice ripresa metafisica, in quanto in lui operava ormai la distinzione tra il Dio della filosofia e il Dio del cristianesimo[62], e, alla luce degli studi kantiani, era intervenuta una interpretazione critica della stessa metafisica[63]. Egli riconosce a Kant il merito di aver liberato la conoscenza di Dio dalla tutela del pensiero metafisico, stabilendo i limiti della ragione e fornendo i presupposti per

---

[59] I. MANCINI, *Frammento su Dio*, a cura di A. Aguti e con prefazione di G. Ripanti.
[60] A. AGUTI, «Nota editoriale», 11.
[61] A. AGUTI, «La teologia evangelica in Mancini», 114.
[62] Cf. E. CECCHI, «Il Dio dei filosofi», 170-181.
[63] Cf. I. MANCINI, *Kant e la teologia*.

l'affermazione teologica di Dio. Con lui procede ad una più netta distinzione tra ontologia e teologia ed a ripensare la *quaestio de analogia* alla luce del problema dell'*antinomia* della ragione teologica.

Il passaggio dall'analogia alla dossologia gli viene offerto dall'influsso della riflessione di W. Pannenberg[64], consentendo a Mancini di operare una revisione della dottrina scolastica dell'analogia in relazione anche al principio protestantico dell'*analogia fidei*. Si apre una prospettiva sul linguaggio che porta i segni di una lunga tradizione, ma soprattutto è attraverso questo nuovo orizzonte dischiuso dalla dossologia che si può arditamente ripresentare la questione della dicibilità di Dio di fronte alle contestazioni della ragione illuminata. Anche essa, infatti, subisce un'incrinatura rispetto alle attese della Modernità: si presenta con vesti più umili, questuante quanto alla verità che non può possedere. Oltre al momento dossologico, a Pannenberg riconosce anche di aver riscattato il momento della storicità della verità del *kerygma*:

> liberandola dallo *Jetzt* esistenziale, che per non avere una vera radice passata non ha neppure futuro, come reale trascendere il presente in virtù del *plus* di forza che il *kerygma* promette ed ha storicamente attuato in forma prolettica; ed ha il merito di aver dichiarato impossibile la novità del futuro e della prassi senza la trascendenza radicale, come impossibile questa senza il motivo del Dio personale[65].

Il *Totum*, di cui parla il teologo protestante, compendia il *Novum*, introdotto da J. Moltmann nella sua *Teologia della speranza*[66], e la tensione prolettica tra evento nella sua radicazione storica e promessa del compimento assicura l'intenzionalità veritativa della *notizia Dei*, operando in ciò una seconda liberazione, ovvero conferendo a Dio quell'orizzonte teoretico che era venuto meno con Bonhoeffer, ma risolvendo la verità del *kerygma* non sul versante gnoseologico, come fa Pannenberg, ma in quello soteriologico. Un intreccio di motivi che costituiscono la trama originale del suo discorso su Dio arricchito dall'elaborazione di una logica nuova che chiamerà, ispirato a Dostoevskij, *logica dei doppi pensieri*, in virtù della dimensione antinomica della ragione e della paradossalità con cui si dà la rivelazione. In un'intervista pubblicata postuma, Mancini affermava: «tutto il senso della mia

---

[64] Cf. W. PANNENBERG, «Analogia e dossologia», 205-227.
[65] I. MANCINI, *Teologia ideologia utopia*, 663, dove rimanda alle opere di W. PANNENBERG, *La rivelazione come storia* e *Il Dio della speranza*.
[66] Cf. J. MOLTMANN, *Teologia della speranza*.

ricerca su Dio era quello di presentarne un'immagine che, sulla scorta anche di tradizioni più che millenarie, avesse una caratterizzazione paradossale, impossibile quasi per l'intelletto dell'uomo»[67].

Questa logica nuova non può provenire né da un pensiero orientato ad una trascendenza assoluta, né da un pensiero fondato su una trascendenza debole. Parlare di nuovo di Dio è possibile nella *logica della fede*, nel recupero della tradizione mistica della teologia cristiana, dove forza e debolezza di Dio si riconoscono come linguaggio della rivelazione. Mancini si muove ancora nella consapevolezza tutta barthiana che Dio per essere Dio deve avere una logica infinitamente diversa da quella dell'uomo. Per comprendere Dio, per dare all'uomo secolarizzato un senso di Dio che non sia un affronto per la sua autonomia e per il suo essere adulto, bisogna intenderlo nel suo coinvolgimento con il dolore del mondo, non un Dio *zeusico*, ma il Dio che in Gesù Cristo si è rivelato nella debolezza dell'amore. La complessità semantica del termine *doxa*, così come è stato interpretato nella Scrittura, gli consente di introdurre in teologia la categoria del *paradosso*, ripristinando una tradizione di grande rilievo nella storia della teologia cristiana, e coniugandola con le sfide del pensiero contemporaneo.

Sulla base di questo impianto, egli ha cercato di dare risposta al problema della forma che deve assumere il cristianesimo nell'attuale congiuntura storica. È sotto questo aspetto che si comprende la sua prospettiva di un *cristianesimo paradossale*, che si incastona nell'orizzonte della teologia simbolica e mistica, dove la preghiera è privilegiata rispetto al discorso apodittico, il tempo viene assunto nella sua dimensione prolettica, in cui la speranza si apre al compimento futuro. In questa tensione utopica le sue categorie assumono una nuova modulazione: l'ermeneutica diventerà ermeneutica del paradosso, la ragione porterà i segni della sua indigenza, il discorso incontrovertibile lascerà il posto al linguaggio simbolico, la dimostrazione cederà la primogenitura all'invocazione, l'unico linguaggio possibile che custodisce l'incognito di Dio, il suo mistero.

## 2. Il contesto culturale italiano

Il profondo lavorìo con la teologia protestante ha consentito a Mancini di essere una punta d'avanguardia nell'ambito della cultura cattoli-

---

[67] I. MANCINI, «Ma ad Auschwitz c'era Dio?». Cf. P. GRASSI, «I. Mancini. Gesù Cristo nella storia», 1103.

ca di quegli anni, la quale faceva i suoi timidi passi verso un aggiornamento filosofico e teologico, assumendo faticosamente i nuovi modelli interpretativi. Basti pensare che la ricezione delle nuove teologie in Italia è iniziata alla fine degli anni '60 quando l'aggiornamento editoriale di case editrici cattoliche, soprattutto della Queriniana, ha messo a disposizione del pubblico le traduzioni dei più importanti lavori stranieri, fino ad allora patrimonio esclusivo di una piccola cerchia ristretta di intellettuali.

Come ha giustamente affermato G. Ferretti:

> Parlare oggi, in Italia, di «filosofia della religione» come di «ermeneutica della rivelazione» sembra qualcosa di quasi universalmente acquisito, salvo poi, ovviamente, l'immediato aprirsi del problema dell'intendersi sul concetto di ermeneutica cui si fa riferimento e sul senso che si attribuisce all'approccio filosofico-ermeneutico della religione positiva e/o del cristianesimo. Ma quando, agli inizi degli anni sessanta, Mancini iniziò a parlarne in questi termini, proponendo un suo ben preciso modo di intendere il collegamento ermeneutico tra filosofia e religione, la cosa non era per nulla scontata[68].

Il dibattito a livello accademico ha compiuto un notevole passo in avanti soprattutto grazie ai *Colloqui* internazionali promossi da E. Castelli nella sede laica dell'Università *La Sapienza* di Roma[69].

## 2.1 *I «Colloqui Castelli»*

Della stima reciproca e della assidua frequentazione, che risale al 1958, ne sono testimonianza le numerose lettere intercorse tra Castelli e Mancini in occasione dei *Colloqui*, alcune delle quali anche manoscritte e tutte vergate personalmente dagli interessati. In alcune, come quella del 21 gennaio 1974 inviata per comunicargli la pubblicazione del suo saggio sul sacro[70], Castelli scrive anche un suo commento a proposito del rapporto analogia-sacro che Mancini gli aveva evidenziato, e gli suggerisce di leggere un testo da lui scritto precedentemente in ordine a quegli stessi problemi. Altre sono di natura strettamente pratica,

---

[68] G. FERRETTI, «Italo Mancini: filosofo della religione», 631.

[69] Cf. P. ROSSI – C.A. VIANO, ed., *Le città filosofiche*, 265-233. Cf. C. SCILIRONI, «L'esperienza dell'incontro», 35-39. Per una cronistoria degli sviluppi successivi del dialogo con particolare attenzione ai luoghi culturali della sua promozione cf. C. SCILIRONI, «La filosofia laica italiana», 31-60.

[70] Cf. E. CASTELLI, *Prospettive sul sacro*.

come la comunicazione del soggiorno a Roma e i relativi appuntamenti o il programma stesso dei *Colloqui*. In una risposta di Mancini del 29 agosto 1974 così si legge: «Il prossimo anno verrò al convegno romano, non dubiti [...]. Di lì ci viene infatti uno dei filoni più validi per la nostra riflessione. Speriamo che la cosa duri tanto, e con essa la sua energia e la sua bella vitalità, esempio perenne a noi più giovani di come si lavora e si sta con gli occhi aperti sul mondo e sulla fede».

Il filosofo urbinate lo aggiornava puntualmente sulle sue ricerche e in una lettera dell'8 maggio del 1968 lo apostrofa come il «più dotto e inquietante filosofo della religione». In questo prestigioso contesto hanno avuto modo di esprimersi studiosi italiani che, negli anni successivi, seguirono strade divergenti, ma tutte ricche di interesse in ordine ai problemi religiosi e teologici, quali il già menzionato E. Castelli, A. Caracciolo e L. Pareyson. Le loro riflessioni hanno dato origine a dei modelli di filosofia della religione[71], che hanno determinato un acceso dibattito su alcune questioni fondamentali, soprattutto nel rapporto tra filosofia e teologia.

Tra le figure menzionate, si distingue senza dubbio la personalità dello stesso E. Castelli[72], che, pur collocandosi cronologicamente nel periodo di riflessione delle filosofie della religione «metafisiche» di stampo neoscolastico, per il contenuto la sua figura si colloca nella zona di transito verso forme nuove. Già nella prima fase del suo pensiero, infatti, si pone in modo critico verso il discorso apologetico scolastico, accusandolo di autoritario estrinsecismo religioso e proponendosi proprio di salvare la teologia, evidenziando il profondo legame nella vita quotidiana tra esperienza etica ed esperienza religiosa. Il paradigma scolastico, che vedeva nei *preambula fidei* la base naturale per le verità soprannaturali, separava la filosofia dalla religione, creando due ordini di grandezze nel tentativo di dare legittimazione razionale alla rivelazione. Questo tentativo egli lo bollava come «positivismo teologizzante»[73], dove il divino funziona come sistema di assorbimento dell'u-

---

[71] Cf. C. SCILIRONI, «Modelli di filosofia della religione», 245-283. Cf. A. BABOLIN, «Prospettive e orientamenti», 592-605. Cf. G. GRAMPA, «Due orientamenti per la filosofia», 15-29.

[72] Per un bilancio della sua attività si veda S. SEMPLICI, «L'histoire des Colloques», 23-32.

[73] G. GIUSTOZZI, «Enrico Castelli Gattinara», 367. Per le sue posizioni ebbe anche un richiamo del Sant'Uffizio e la sua opera *Filosofia e apologetica* venne ritirata dalle librerie.

mano. L'intenzione che muoveva la fondazione di *Archivio di Filosofia* era quella di proporre un modello di apologetica difforme dalla neoscolastica sulle orme teoriche della *Kierkegaard-reinassance*, tanto che P. Prini definisce il pensiero di Castelli come «filosofia del paradosso»[74].

Il suo itinerario si può, allora, contrassegnare come passaggio dall'apologetica all' ermeneutica, nella ricerca di una fede viva, che liberi la religione dalla chiusura dogmatica e dagli esiti stagnanti dell'idealismo, in un periodo di crisi come è quello a lui contemporaneo. Abbraccia le istanze dell'esistenzialismo, che danno voce al travaglio dell'uomo, alla problematica del male e della sofferenza, la quale vanifica qualsiasi forma universale, che addirittura considera seduzione demoniaca. La rivendicazione dell'irriducibilità di ogni dato ad una norma universalizzante viene operata grazie ad una lettura teologica della storia, che conferisce alla ricerca dell'uomo l'apertura al mistero e alla speranza.

È il *senso comune*, inteso come criterio di valutazione, organo autonomo di giudizio, che restituisce all'uomo la misura delle cose reali, contro il pensiero razionale risolvente. Anche la forma espressiva passa da quella sistematica a quella narrativa e diaristica, con il compito di *mostrare* quanto la ragione è strutturalmente incapace di *dimostrare* attraverso le sue procedure cognitive, segnalando così lo stacco da un pensiero onnicomprensivo attraverso una strategia di tipo fenomenologico-narrativo.

Egli nella fase matura del suo pensiero propone un'*apologia del cristianesimo* strutturata come ermeneutica teologica della ragione filosofica, cercando di controbattere una ragione moderna che si assolutizza come organo di lettura e di costruzione del mondo. In un clima culturale come quello italiano dove i filosofi cattolici erano animati dalla ricerca di una giustificazione della fede, contro i tentativi di affondare la teologia[75], Castelli si muove in uno spazio di confine tra filosofia e teologia, percorrendo una via solitaria mosso dalla medesima intenzione di salvare la teologia.

---

[74] Cf. P. PRINI, *Storia dell'esistenzialismo*, 251-261.

[75] Cf. I. MANCINI, *Filosofia della religione*, 107-112 fa notare come l'*alter ego* dei «Colloqui Castelli» fossero i convegni che si tenevano a Gallarate. Ne riporta riferimenti interessanti per il dibattito filosofico-religioso in contesto italiano, citandone gli atti: *Il problema dell'esperienza religiosa* (1961) e *Filosofia e religione*, (1971). Fa, inoltre, menzione di quelli promossi a Parma e a Perugia da A. Babolin di cui ricorda la pubblicazione *Il metodo della filosofia della religione* (1975). Cf. F. ROSSI, «I convegni internazionali», 284-290.

## 2.2 *La filosofia religiosa di A. Caracciolo*

Un'altra personalità emergente in questi anni nel panorama filosofico italiano è A. Caracciolo[76], la cui riflessione si muove soprattutto nell'ambito della *filosofia religiosa*. Il suo merito maggiore, come nota C. Angelini[77], consiste nell'aver sottolineato il limite pregiudiziale di ogni ipoteca confessionale sul religioso, riconducendo l'autonomia della sua esperienza alla struttura originaria dell'*humanitas* dell'uomo.

In una relazione tenuta al XXIV Congresso Nazionale di Filosofia nel 1973[78] egli parla del tramonto della figura di Dio dall'orizzonte dell'uomo contemporaneo. Ma il fatto non indica, a suo dire, il venir meno dello spazio che Dio rappresenta, perché l'uomo, in realtà, è ancora aperto alle istanze e all'esperienza del religioso. Annota come la riflessione teologica sembra aver semplificato e ridotto la ricchezza dei miti religiosi nella evidenza logica e nel linguaggio della razionalità. Ciò ha portato a togliere all'esperienza religiosa ogni tratto di esistentività, di misticità e poeticità. È necessario allora tornare a nuove letture mitiche del mito; non, dunque, demitizzare ma *rimitizzare*, non demisterizzare ma *rimisterizzare*, vale a dire proporre nuove ermeneutiche del mitico e del misterico.

Nella distinzione *metodologica* tra religione come determinazione costitutiva dell'uomo e religione come forma istituzionalizzata di credenze, egli fa una scelta di campo per la prima. Oggetto delle sue indagini è la religiosità in quanto tale, quindi, la sua ricerca riguarda la struttura trascendentale e non un dato o evento storico. Il suo intento è quello di rilevare la dimensione trascendentale del religioso, dalla quale soltanto traggono valore le religioni storiche, ovvero il religioso come struttura costitutiva dell'uomo, come *a priori*. Il particolare trova, dunque, senso nell'universale. La filosofia della religione è per Caracciolo: «una ricerca trascendentale, cioè, una ricerca concernente una "catego-

---

[76] A. Caracciolo (1918-1990) nel 1951 fu chiamato all'Università di Genova come docente inizialmente di Estetica, poi, primo nel contesto italiano, divenne ordinario di Filosofia della Religione, per passare infine alla cattedra di Teoretica. Per un approfondimento della sua figura cf. G. MORETTO, *Filosofia umana*. L'eredità del magistero di Caracciolo è stata raccolta nella collana *Ethos e Poiesis*, a cura del Dipartimento di Filosofia della stessa Università. A lui è stato inoltre dedicato il volume G. MORETTO, ed., *Preghiera e filosofia*.
[77] Cf. C. ANGELINI, ed., *Filosofi della religione*, 7.
[78] Cf. G. CRINELLA, «Religione come esperienza», 185-186.

ria" ultima della coscienza, un "apriori" necessario a postularsi per rendere intelligibile tutto un ordine di atteggiamenti e manifestazioni dell'uomo»[79].

La religiosità è un esistenziale fondamentale nell'uomo, che si declina secondo diverse modalità, e il trascendentale è tale solo nel suo concreto esistere. L'esperienza esistentiva, dunque, può modificare la struttura ontologica, essendo essa stessa il luogo del disvelarsi della trascendenza, assumendo così un'importanza centrale per la filosofia della religione. Egli preferisce usare in tal senso il termine «Trascendenza» e non «Dio», proprio per segnalare una distanza dalla traduzione storica di questa parola, che ne connota l'identità attraverso una tradizione di fede, in quanto *Trascendenza* designa «l'Infinito, puro spazio a cui sale in cui si perde in cui trova, senza risposta, acquietamento l'interrogazione che è invocazione»[80].

Due sono i punti fermi della sua riflessione: costitutivo della religione autentica è sempre il *Deus absconditus et ineffabilis*, che parla in noi, e ogni uomo in quanto tale è necessariamente religioso, anche chi è fuori da ogni religione positiva. Il momento religioso, infatti, si distingue dalla fede: il primo corrisponde alla radicalità del nostro domandare, che è la dimensione di fondo dell'esistere, è quell'inquietudine data dal non-senso della contingenza, la seconda si pone come una risposta possibile, data dalla grazia, che in quanto possibile, si può esprimere solo nell'assenso personale. Per la prossimità della fede alla poesia, per Caracciolo il santo e il poeta ma anche il pensatore sono gli annunciatori di quel *dire sì* in cui il nulla si converte nello spazio trascendentale del religioso[81].

## 2.3 *L. Pareyson e l'ermeneutica dell'esperienza religiosa*

Un altro interprete insigne del pensiero filosofico e religioso di questo periodo è sicuramente L. Pareyson[82], che dà vita ad una filosofia

---

[79] A. CARACCIOLO, *Religione ed eticità*, 120.
[80] A. CARACCIOLO, «L'esperienza religiosa nell'esistenza», 15.
[81] Cf. P. PRINI, *Storia dell'esistenzialismo*, 299.
[82] L. Pareyson (1918-1991) insegnò in varie Università tra cui quella di Torino, che nel 1952 creò appositamente per lui un insegnamento di Estetica. Fu fondatore e direttore della *Rivista di estetica*. Tra gli studi su Pareyson ricordiamo F. TOMATIS, *Ontologia del male*. A Torino l'eredità di Pareyson è stata continuata da un gruppo di allievi, che collabora con la rivista *Annuario filosofico* iniziata dal maestro. Inoltre, nel 1995 è sorto il «Centro Studi Filosofico-religiosi "Luigi Pareyson"».

che interpreta il religioso senza assimilarlo a sé, ma salvaguardandolo nella sua irriducibilità:

> Il problema dell'esperienza religiosa non è il problema metafisico di Dio, come invece suppone chi ancora si chiede se Dio debba o non debba concepirsi come sostanza o causa o come altro che sia. Questo è, se mai, il «Dio dei filosofi» [...]. Il Dio della religione è altra cosa: è il Dio di Abramo, Isacco e Giacobbe, il Dio vivente e vivificante, è un Dio a cui si dà del tu e che si prega[83].

Nelle sue opere è presente il motivo esistenzialistico, dovuto alla frequentazione di autori come Barth, Heidegger, Jaspers, Kierkegaard, Pascal e Dostoevskij, dove i grandi problemi di Dio, del male, della libertà e della sofferenza si fanno pressanti, ma è altrettanto emergente l'esigenza di un approccio ermeneutico all'esperienza religiosa. Nella distinzione tra il Dio della filosofia oggettivante e il Dio della religione egli instaura il confine, ma anche la distanza, tra metafisica ed ermeneutica. L'unico Dio di cui si può parlare è il Dio della fede, perché è l'unico esistente, per cui la filosofia può concepirsi come interpretazione del linguaggio religioso che è prevalentemente simbolico-mitologico, aperto alla rivelazione della trascendenza.

L'originalità della sua posizione, come ermeneutica filosofica del cristianesimo o meglio come «ripensamento *filosofico* del cristianesimo»[84], risiede nella contrapposizione al razionalismo e all'impostazione neoscolastica dei *praeambula fidei*, nonché a qualsiasi forma di spiritualismo, in quanto pur collocandosi nella tradizione cristiana, si connota per lo sguardo filosofico-critico all'esperienza religiosa nella ricerca di significati universalmente validi anche per i non credenti. Dopo aver dedicato una lunga stagione della sua attività al personalismo ontologico, all'estetica della formatività e alla teoria ermeneutica, Pareyson approda all'ontologia della libertà, ovvero a quella interpretazione tragica del cristianesimo, che vuole ripensare Dio in rapporto alla domanda ineludibile del male. Qui vengono a porsi i due fuochi in cui si estende il cristianesimo tragico: il male in Dio e il destino di espiazione dell'uomo, che si originano da un concetto di Dio purgato dalla necessità ontologica e mosso dalla libertà divina, che da sempre sceglie il bene ma che conserva in latenza, nella profondità del suo mistero, la possibilità del male, del non-essere. Esso, pur residuo inoperante, per-

---

[83] L. PAREYSON, «Filosofia ed esperienza religiosa», 7.
[84] G. FERRETTI, «Filosofia come ermeneutica», 122.

ché superato e vinto in Dio, è presenza inquietante, che può essere ridestato dall'uomo. L'uomo può vincere il male solo con la sofferenza, che non è punizione, ma espiazione. Questi orizzonti teoretici aperti da Pareyson sono diventati, come contagio riflessivo, uno dei luoghi più fecondi della riflessione filosofica italiana degli ultimi anni.

Quella di Mancini resta, comunque, la proposta più articolata e sistematica di filosofia della religione elaborata nell'ambito filosofico italiano della seconda metà del Novecento[85]. Confrontata con quella di Caracciolo, la sua filosofia della religione non è filosofia *religiosa* ma, appunto, filosofia *della* religione. La distinzione è dello stesso Mancini, che nel formularla elabora il percorso della propria prospettiva:

> Per *filosofia religiosa* si potrebbe intendere la ricerca giustificata della religione con la sola logica filosofica [...]. Per *filosofia della religione* si potrebbe invece intendere l'impresa trascendentale che la religione compie per individuare e strutturare *la sua logica*. Logica, e quindi discorso epistemologico, ma dall'interno, per individuare lo *status* epistemologico (nel senso classico del termine) precipuo di questa forma storica e dello spirito, teorizzando [...] il suo oggetto (la religione in senso forte), il suo metodo (quello ermeneutico e non quello strutturalistico), il suo fondamento (nella misura, come vedremo, del *Boden* e non del *Grund* vero e proprio)[86].

Nella filosofia religiosa la filosofia va verso la religione, mentre nella filosofia *della* religione, dove il *primum* è storicamente ed antropologicamente dato «nelle enormi masse di vita religiosa», per dirla con Dilthey, è la religione che va verso la filosofia, elaborando originalmente le sue categorie interpretative. È lo stesso Mancini a riportare le sue riserve verso questa riduzione della religione a predicato dell'esistenza, nate dal confronto continuo avuto proprio nei Convegni romani, dove la domanda cruciale risulta essere: «Nella filosofia della religione, cos'è decisivo, il trascendentale o la storicità? Il pensare o il riconoscere?»[87].

Il tentativo esplicito di coniugare filosofia e religione, non più semplicemente nel segno della dipendenza ancillare, ma in un rapporto dialogico, reciprocamente fecondo e insieme capace di salvaguardare la rispettiva autonomia, rimane un *unicum* nel panorama filosofico-teologico del Novecento italiano. Innovazione, dunque, sia rispetto

---

[85] Cf. G. SALATIELLO, «Introduzione all'edizione italiana», 30-32.
[86] I. MANCINI, *Teologia ideologia utopia*, 36-37; cf. ID., «Filosofia religiosa», 106-115.
[87] I. MANCINI, *Filosofia della religione*, 110.

alla più diffusa mentalità del cattolicesimo tradizionale, sia rispetto a larga parte dei tentativi storici di elaborazione di una specifica filosofia della religione.

La valorizzazione dell'ermeneutica e la comprensione della religione non tanto come una costruzione logico-deduttiva della ragione, quanto come un dato storico positivo o come rivelazione di Dio all'uomo nella storia, non solo suscitano una teologia (come interpretazione del significato di questa rivelazione), ma anche un'ermeneutica (come riflessione sulle condizioni strutturali di possibilità di tale interpretazione). Tale ermeneutica è «*l'unica possibilità filosofica nel campo della teologia*»[88], indispensabile perché la scienza teologica si costituisca criticamente. La riflessione sulla religione nello spazio teologico diventa allora coscienza critica o epistemologica della teologia, ovvero ricerca di quelle ragioni che consentono ad una religione data (*fides ex auditu*) di diventare fede personale[89].

Il suo interesse costante è quello di costruire dei percorsi di dialogo tra teologia e scienze moderne, di determinare il nesso, oggi ancora problematico, tra fede e ragione, di dare un contributo aggiornato alla comprensione dello statuto epistemologico della teologia e della sua capacità di confronto con le attuali metodologie e provocazioni che provengono dagli altri ambiti del sapere.

Quando uscì la prima edizione dell'opera *Filosofia della religione*, L. Sartori nella recensione così si espresse:

> Chi è familiare alla impostazione della apologetica e della teologia fondamentale dei manuali classici cattolici, deve riconoscere che l'Autore ha aggiornato e approfondito alcuni principali temi (Rivelazione naturale e positiva, Parola di Dio, Fede, Miracolo, ecc...) togliendoli dal vecchio contesto, e ponendoli in dialogo con la filosofia e cultura moderna[90].

È a questa convinzione che si debbono le sue scorribande nel pensiero teologico contemporaneo, ma anche, con altrettanta passione, come stile metodologico personale, le sue incursioni nel pensiero filosofico moderno e contemporaneo, anche quello apparentemente più radicale e polemico, alla ricerca di uno spazio, seppur minimo, lasciato al pensiero per poter pronunciare il Nome di Dio.

---

[88] I. MANCINI, «Filosofia religiosa», 109 (il corsivo è nel testo).
[89] Cf. I. MANCINI, *Filosofia della religione*, 32.
[90] L. SARTORI, recensione di I. MANCINI, *Filosofia della religione*, 225.

Interessante per evidenziare la sua originalità è il commento in quegli anni di F. Molinaro:

> Dobbiamo essere dunque ben grati al prof. Mancini per il fatto che, con la sua solerte attività, sta elaborando una nuova scienza teologica, una critica della ragione teologica, come sostitutiva della vecchia apologetica, oggi del tutto refrattaria, dal momento che era formulata su basi culturali non rispondenti più alle mutate strutture mentali dell'uomo di oggi. Essa pure tuttavia, come quell'apologetica, ha come scopo la giustificazione razionale dell'atto di fede e come punto di partenza l'esperienza umana, ovvero la coscienza che l'uomo ha del rapporto tra le sue diverse attività ed il senso globale della vita [91].

Ma la proposta manciniana non è stata priva di problematicità, almeno nel suo sorgere, ed è quanto si evince dalla critica avanzata da P. Sequeri:

> questo autore è uno dei pensatori religiosi del nostro Paese che appaiono più impegnati ad indicare l'urgenza di un'epistemologia teologica adeguata attraverso una ricerca seria e un riferimento qualificato alle istanze dell'odierno contesto culturale [...]. Proporre che sia comunque la «filosofia» ad assumere formalmente il compito di costituire tale consapevolezza critica appare [...] operazione di dubbia produttività, sia sul piano culturale che su quello ecclesiastico [92].

Dalle polemiche e provocazioni sorte intorno alle sue pubblicazioni certamente si evidenzia la sostanziale estraneità e la reciproca diffidenza tra teologia fondamentale e filosofia della religione, pur occupandosi di questioni affini [93], ma ancor di più l'incomunicabilità tra filosofi e teologi, come si evince dalla «Presentazione» del primo numero della rivista *Filosofia e Teologia* pubblicato nel 1987:

> Gli «storici steccati» politico-ecclesiastici hanno gravato in quest'ultimo secolo sulla cultura italiana e sui suoi sviluppi con un peso sconosciuto in altri paesi europei [...]. Tener conto di questi dati, peraltro ben noti, vuol dire non potersi affatto stupire del fatto che mai nelle «cronache di filoso-

---

[91] F. MOLINARO, «La filosofia della religione», 124.
[92] P. SEQUERI, «L'immagine della teologia», 9.
[93] È indicativo il Simposio «Teologia fondamentale *versus* filosofia della religione e filosofia della religione *versus* teologia fondamentale», i cui atti sono confluiti in *StPat* 1 (1991). Questo Simposio rivela come negli anni Novanta in Italia il dialogo tra le due discipline è ancora incerto e alla ricerca di modelli più consapevoli per interpretare il fatto religioso nel rapporto con le altre scienze. Cf. C. SCILIRONI, «*Versus* reciproco», 43-48.

fia italiana» di questo secolo si sia potuto registrare il tentativo di un dialogo sistematico non già tra filosofia e teologia, ma solo tra filosofi e teologi sulla base di un reciproco interesse della ricerca e del sapere, e di un confronto discorsivo giustificato dalle ampie regioni di cultura e di pensiero comuni, nonostante i lunghi e tradizionali conflitti [...]. In un clima propizio al generale disconoscimento di privilegi e di primati epistemici, in una situazione che non consente facili giustificazioni per reciproche preclusioni di principio, ci si può chiedere quasi programmaticamente: può configurarsi un diverso obbligo critico della filosofia che la indirizzi [...] in una nuova dirittura di problematico incontro con le questioni teologiche? E può configurarsi un obbligo critico della teologia che la esponga alla necessità di un nuovo incontro con la filosofia non più solo quale sede classica di fondazione razionale della verità («praeambulum fidei») o di mero ausilio ad un compito apologetico?[94].

Questo tono concitato e appassionato espresso dai curatori dimostra ulteriormente quanto fosse profonda l'opposizione tra le due discipline, ma anche quanto fosse inespugnabile il pregiudizio di una inconciliabilità tra ragione critica e fede teologale ed auspicabile la ricerca di nuovi paradigmi.

Si comprende meglio, allora, la portata teoretica e la libertà che ha contraddistinto l'opera manciniana, dove gli steccati ideologici erano per lui ulteriore stimolo per le sue letture, onde rinvenire spunti e sponde di un dialogo possibile e mai precluso.

In questo senso Mancini ha dato un importante contributo sia al superamento del paradigma della ricostruzione filosofica della fede cristiana, sia all'auspicato superamento delle barriere storico-culturali ed accademiche che separano in Italia le discipline filosofiche da quelle teologiche, avviando con una serie di ricerche lungimiranti un processo di reciproco avvicinamento che è a tutt'oggi in pieno svolgimento[95]: sta qui, probabilmente, il suo lascito più prezioso[96].

---

[94] AISFET, «Presentazione», 3-5.
[95] Ne è prova il Convegno svoltosi presso la Facoltà teologica dell'Italia Centrale nel 2011, con il titolo che richiama un'espressione di I. Mancini «Quale e quanta filosofia può sopportare il kerygma cristiano?», il cui bilancio teoretico è riportato da S. GROSSI, «Sintesi del convegno», 7-10.
[96] Cf. A. AGUTI, «Dire Dio», 551. Cf. M. ILLECITO, «I. Mancini», 95.

CAPITOLO IV

**Religione come rivelazione? Il *novum* ermeneutico**

> «*Ci sono croci di senso che possono dischiodare il senso della vita. Scendono dal senso della croce, solo per chi la intende senza leggerezza e con insonne ermeneutica: questa è la vera croce del senso*»[1].

## 1. Sulla *vera religio*

Lo snodo teoretico fondamentale che ha ispirato la riflessione manciniana intorno alla religione è, come già anticipato, l'equivalenza di *religione* con *rivelazione* intesa nella sua valenza *kerygmatica* e accolta nella sua sovrana eteronomia come Parola di Dio. Il non considerare alcun postulato umano come preambolare all'itinerario di fede può sembrare un azzardo teoretico, soprattutto dopo le critiche della Modernità illuministica. Ma a ben guardare, nella sua idea di religione gioca un ruolo fondamentale la sua *interpretazione non religiosa*[2] del cristianesimo, mutuata dalla contestazione barthiana e bonhoefferiana, dove *religioso* è da intendersi come quella forma di religiosità consolatoria in cui lo spazio naturale garantisce la presenzialità del sacro nell'ottica di un incremento dell'esistenza, della salvaguardia del proprio *status* di vita e della rassicurazione psicologica. La visione cristiana, invece, si presenta nella forma della rivoluzione delle attese ed aspettative umane e spinge l'esistenza a misurarsi non sull'avere o essere, ma sulla misura dell'amore.

Si tratta di intendere la religione non come spazio in cui si gioca il trascendimento umano, ma come storia in cui si prospetta l'avventura

---

[1] I. MANCINI, *Futuro dell'uomo*, 57.
[2] Cf. I. MANCINI, «Interpretazione non religiosa», 423-424.

di una relazione in cui Dio vuole *partecipare*: non un Dio come enfasi dell'essere, e, dunque, come esistenza oltre il tempo, ma Dio come avvento, come presenza in relazione al tempo. Nelle due forme interpretative del concetto di religione sta la scelta tra un'impostazione metafisico-apologetica fuori dalla storia, le cui aporie sono state evidenziate dalla critica della ragione moderna, ed un'impostazione ermeneutica che orienta verso un altro assetto epistemologico, dove Dio è un *Boden*, fondamento come evento ed avvento che apre al disvelamento della verità, e non un *Grund*, fondamento che pretende di esplicitare l'ultima realtà delle cose, risolvendola nella necessità del *lógos*.

Al motivo protestantico di Dio come totalmente altro si lega la contestazione ad un cristianesimo imborghesito, che aveva perso la carica profetica, divenendo dunque *religioso*, epiteto di un cristianesimo socialmente integrato con lo spirito del tempo incapace di apportare quella differenza qualitativa che solo una fede autenticamente evangelica riesce ad operare, ma anche monito a recuperare una adeguata mediazione fra Vangelo e cultura a motivo dello spessore storico della Parola di Dio.

È chiaro a Mancini il dilemma di fronte a cui dover pensare il futuro del cristianesimo: da una parte la teologia senza il mondo, dall'altra il mondo senza la teologia, un'aporia che richiedeva una soluzione teoretica di mediazione senza abdicare alle due esigenze del mondo adulto e del Dio rivelato in Cristo speranza di questo mondo. Egli inserisce strutturalmente nel suo disegno teoretico l'istanza speculativa proveniente dalla rivendicazione barthiana della divinità di Dio, ma accanto al debito segnala anche ciò che lo distanzia: il presupposto metafisico della totale alterità tra Dio e uomo, il presupposto calvinistico della predestinazione, dell'arbitraria unilateralità ed autonoma autodimostratività della Parola di Dio, alla cui verità l'uomo rimane estraneo sia per quel che riguarda la fondazione, sia per quel che riguarda la dimensione etica[3]:

> quella di Barth è un'*esplosione di surrealismo kerygmatico*, senza nessuna possibilità di precomprensione e di giustificazione umana; senza risonanza psicologica e senza nessuna indicazione storica. Privo di qualsiasi analogia essenziale con l'ordine degli esseri, refrattario a distendersi nella dimensione del tempo, totalmente altro da ogni tipo di essere avere e fare dell'uomo e del mondo[4].

---

[3] Cf. A. MILANO, *Rivelazione ed ermeneutica*, 119-128.
[4] I. MANCINI, *Filosofia della religione*, 141. Cf. P. GRASSI, «L'idea di religione», 28-29.

Mancini, muovendosi nello spazio della cattolicità, intende difendere l'uomo *ascoltatore* della Parola[5], la sua esigenza di verità e di salvezza, con tutta la problematicità esistenziale che lo connota, a causa di quel male radicale che si presenta come mancanza di amore. La scommessa di «un possibile recupero del Dio vero»[6] orienta la sua ricerca verso quel totalmente altro insequestrabile che tuttavia scuote il pensiero come sporgenza sul confine, seppur fluttuante e precario, tra filosofia e teologia, assumendo con ciò tutto il peso dell'antica aporia della filosofia della religione, che aveva suscitato il dibattito nell'epoca illuministica su rivelazione e ragione, religione positiva e religione naturale. La filosofia della religione, infatti, è l'esito della separazione di filosofia e teologia proprio della Modernità[7], dove la ragione illuministica, scongiurando un principio di fondazione eteronomo, riduce la religione entro le maglie della soggettività, delimitando l'ambito di indagine al finito.

Il nodo filosofico di fronte al quale si pone è quello della constatazione, di lessinghiana memoria, della distanza esistente fra verità di ragione universali e verità storiche contingenti. Un punto di partenza problematico, che egli definirà appunto come *aporia*, perché non consente quel naturale passaggio dalla filosofia alla religione, come era stato fino ad allora tematizzato dalla teologia naturale di impronta cattolica o dalla teologia liberale. È in ordine a questa frattura che cerca una forma adeguata di filosofia che sappia sostare di fronte alla rivelazione di Dio: «a ciò che è storicamente dato nella contingenza la più imprevedibile e inaudita [...] un fare di Dio o *a priori* divino che rende possibile l'impossibile umano, e che pertanto risulta soterìa»[8].

In questa citazione è condensata tutta la novità dell'impostazione manciniana: la comprensione della religione come rivelazione storica, ovvero *kerygma*, annuncio di salvezza che nella mobilitazione della prassi opera una trasformazione concreta della società, nella convinzione che non si dà religione che non sia annuncio di liberazione dal male. Questa connotazione soteriologica del fatto religioso gli impedisce di relegarlo nella sfera dell'antropologico o del sociologico e gli consente

---

[5] È evidente nella sua riflessione l'influsso di K. RAHNER, *Uditori della parola*.

[6] I. MANCINI, *Kant e la teologia*, 23.

[7] Cf. G. RIPANTI, «Ermeneutica della fede», 9. Per un approfondimento critico cf. C. DOTOLO, *La teologia fondamentale*, 109-158. Cf. P. GRASSI, «La riduzione illuministico-liberale», 41-86. Cf. M. SECKLER – M. KESSLER, «La critica della rivelazione», 28-65. Cf. A. FABRIS, «Questioni epistemologiche», 185-197.

[8] I. MANCINI, *Filosofia della religione*, 6.

di operare quella particolare identificazione con la rivelazione, che preserva la religione cristiana dall'ingessarsi in strutture omologanti prive di vitalità storica ed esistenziale. Non è neanche arbitrario, a suo modo di vedere, l'equivalenza di religione con il cristianesimo, assumendo quest'ultimo come forma paradigmatica di religione di rivelazione ed ammettendo con Rahner «la situazione di universale esistenzialità dell'irraggiamento rivelativo»[9].

Il cristianesimo in quanto *kerygma* è relazionato alla Parola indisponibile di Dio, che pur concedendosi nella storia assumendone forme e linguaggi, chiede all'umana ragione di abitare la provvisorietà del vero, in quella figura esodale che si offre come stile di vita e di pensiero. In questa prospettiva, si comprende l'opzione per la filosofia della religione intesa come *ermeneutica della rivelazione*, in quanto implica la necessità di pensare una filosofia che salvaguardi la trascendenza del dato rivelato e la sua possibilità di essere conosciuto nella sua singolarità, e solo l'ermeneutica consente di saldare filosofia e religione, ovvero ascolto del *kerygma* e possibilità di verificarne il senso.

Proprio la familiarità con i teologi d'oltralpe lo conducono a rifiutare quel modello di *filosofia religiosa*, che è filosofia prima o metafisica[10], e ad optare per quello che egli definisce *filosofia della religione*, il quale ha dalla sua parte il volume di esperienza che permette alla religione di essere fede personale. Come filosofia seconda, la filosofia della religione non ha la saldezza epistemologica della metafisica, perché la sua fondatezza dipende dalla *significatività* del messaggio, che investe la mia libertà nella decisione di fede, ma in quanto «figlia della parola»[11] essa salvaguarda l'eventualità e la singolarità del *lógos* che raggiunge in Cristo la sua pienezza carnale.

---

[9] I. MANCINI, «L'essenza del fatto religioso», 17; cf. ID., *Filosofia della religione*, 133 nota 10; cf. ID., *Teologia ideologia utopia*, 25-29 dove Mancini assume la prospettiva di K. Rahner sul *cristianesimo anonimo*, ammettendo una medesima struttura nel fenomeno religioso seppur con la distinzione di gradi diversi di verità, motivando tale scelta come logica conseguenza di misurarsi filosoficamente non con una religione astratta ma con religioni storiche. Si veda la riflessione critica di A. MILANO, «Filosofia della religione», 81-84.

[10] Cf. I. MANCINI, *Filosofia della religione*, 11 dove dà la seguente definizione di metafisica: «nel senso che preme il pensiero fino al suo portento più alto, che è l'ascesa a Dio, in virtù del pareggiamento della realtà dell'esperienza con la struttura logica del pensiero che esige il trascendimento del divenire». Nella nota chiarisce l'origine bontadiniana di questa definizione.

[11] I. MANCINI, «La critica della religione», 228.

La distinzione tra *pensare* e *riconoscere* è alla base della differenza dei due modelli: il modello razionalistico-deduttivo, incapace di dar ragione alla singolarità storica del fenomeno religioso (filosofia religiosa), e quello ermeneutico (filosofia della religione), il quale costituisce per Mancini l'unica possibilità filosofica nel campo della teologia, poiché è attività conoscitiva capace di rispettare la logica particolare dell'oggetto religioso. Il primo è caratterizzato dalla logica filosofica che *pone* il suo oggetto, ovvero Dio, con un'impresa autonoma della ragione, il secondo, invece, *trova* il suo oggetto, ovvero il *kerygma*, il quale si rende gratuitamente disponibile nella storia nella sua libera eteronomia. È così circoscritto il suo modello di filosofia della religione, a cui dedicherà ampia attenzione[12], e che considera la *forma pura* rispetto a quelle *spurie*[13] che si sono avute nella storia del pensiero occidentale, perché «organizza un *quantum* filosofico intorno all' "oggetto immenso" presuntivamente rivelato»[14].

La filosofia della religione viene a rappresentare, così, una vera epistemologia teologica, una sorta di *meta-teologia*, cioè la tematizzazione della sponda critico-razionale della teologia, che svolge il suo procedimento dal punto di vista della ragione. L'individuazione di questo luogo epistemologico consente di far coesistere senza snaturamenti fede e ragione, senso e sua determinazione, portata veritativa ed efficacia pratica: in quanto fede, la questione della religione dice riferimento alla verità, in quanto progetto di salvezza essa fa riferimento alla sua efficacia.

Nonostante dietro la sua riflessione ci sia l'istanza kantiana del bisogno della ragione in ordine alle questioni di fede, è da evidenziare che la ragione a cui si appella Mancini è quella semplice e comune, che partecipa il dono della salvezza senza alture spiritualistiche, né eccessi consolatori o spinte integraliste, ma che rifugge anche l'ingerenza di una razionalità macchinosa. La mediazione culturale della fede non vuol dire sottoporla ad un processo di cernita razionale, perché ciò condurrebbe a forme gnostiche e si perderebbe di vista il senso biblico dell'esperienza religiosa, che al contrario accentua il *paradosso*. C'è un *senso cristiano* dell'esperienza religiosa che non si lascia assorbire da

---

[12] L'opera *Filosofia della religione* conoscerà, infatti, tre edizioni (1968; 1978; 1986). Quest'ultima è stata ristampata come primo volume delle *Opere scelte* nel 2007.
[13] Cf. I. MANCINI, *Filosofia della religione*, 12-31 dove individua quattro figure: ermeneutica dentro la tradizione, illuministico-liberale, decostruttiva ed esperienziale.
[14] I. MANCINI, *Filosofia della religione*, 31.

alcuna mediazione filosofica: è chiara la necessità di preservare lo specifico del cristianesimo che si fonda sulla rivelazione biblica di Dio:

> l'assoluto e irrinunciabile signoreggiare di Dio, come lo pensa il metafisico nel più alto portento della ragione, che è il poter parlare di Dio, non è capace di mediare e di assorbire lo scandaloso e stupefacente comportamento del Dio biblico [...]. Se il massimo di filosofia è dato dal parlare di Dio, il minimo della religione è dato dal parlare con Dio, e questo non può essere senza la sua iniziativa[15].

Il principio di rivelazione ricondotto alla sua matrice originaria fa saltare l'ordinaria procedura dell'uomo di approssimarsi alla conoscenza della trascendenza e, dunque, esige un approccio che segua altri registri metodologici e che rispetti la logica del suo linguaggio: essa non è una *possibilità dell'uomo*, ma una *possibilità data all'uomo*[16]:

> solo questa caratteristica della totale alterità permette alla religione di configurarsi nella guisa soteriologica di fronte all'umano, e non un'alternativa. Una soteriologia per essere veramente tale deve indicare qualcosa di inaudito e di umanamente impossibile, diversamente non si esce dalle volute dell'antropologia[17].

Mentre l'essenza della religione non sopporta alcuna dimostrazione esterna a se stessa ed è totalmente autodimostrativa pur nella dialettica di svelamento e velamento storici che la connota, il senso della religione deve essere stabilito esternamente ad essa, pena la caduta nel circolo dell'autoreferenzialità[18]. Per Mancini è importante, dunque, rispondere a questa domanda: qual è il compito della filosofia perché si attui una riflessione sulla religione in cui la sua radicalità eteronoma non scompaia e in cui il lavoro di verifica veritativa mantenga tutto il suo rigore e la sua capacità critica?[19].

Nell'indagare i mondi filosofici si trova di fronte al *bilico*[20] da cui era partito inizialmente: la filosofia di fronte all'*Oggetto* inteso come *apriori* divino indisponibile deve dichiarare la sua irrisolvenza: solo l'approccio ermeneutico lo salvaguarda da un atto di totale assorbimento e ne garantisce il riconoscimento, custodendo così il suo aspetto

---

[15] I. MANCINI, «Filosofia della Religione», 131-132.
[16] Cf. I. MANCINI, *Kerygma*, 14.
[17] I. MANCINI, *Filosofia della religione,* 131.
[18] Cf. A. AGUTI, «La teologia evangelica in Mancini», 106.
[19] Cf. I. MANCINI, *Kerygma*, 21.
[20] Cf. I. MANCINI, *Kant e la teologia*, 23.

*pubblico*, fondamentale per sganciare il *kerygma* dall'attuale rinascita del sacro «legata alla composizione di quel privato che si chiude nel corpo senza organi, ossia nella gestione dei sentimenti, consumati nella assoluta immediatezza»[21].

### 1.1 *La donazione del senso*

Se nell'esplorare la forma pura di filosofia della religione egli ha messo a tema il principio di rivelazione, nell'articolare il suo processo conoscitivo egli sviluppa il *novum* del sapere ermeneutico. Per Mancini l'ermeneutica risulta essere l'unica via per saldare fruttuosamente la religione con la filosofia, mantenendo l'esigenza veritativa della *ratio* e l'autonomia dell'*Oggetto immenso* (nel senso hegeliano di *Gegenstand*), superando in tal modo l'*aporia* propria delle forme spurie di filosofia della religione.

Ci troviamo di fronte, infatti, ad un *senso donato*[22], ovvero ad un complesso di eventi straordinari dentro la storia che si qualificano come «annunzio di liberazione e riconciliazione totale»[23], di fronte al quale l'uomo è un *sequestrato*, come attestano tante figure bibliche. Il problema filosofico è allora la *determinazione* del senso nella sua inesauribilità ed eccedenza che solo la scelta ermeneutica può assicurare con la sua struttura aperta a molteplici interpretazioni, ma è necessaria anche la precomprensione teoretica (*Vor-verständnis*)[24], che ne assicura lo schema di possibilità, la quale non può essere disgiunta dalla precomprensione vitale (il bultmanniano *Lebensbezug)*, che ne esprime la validità pratica e la dimensione politica, quella che Bonhoeffer indicava come fedeltà alla terra[25]. In questa circolarità va aggiunto un quarto momento, la rischiosa e personale decisione per il significato, in cui ne va della *mia vita*.

Egli parte dalla considerazione che un dato non si dà nella sua innocenza interpretativa che ne assicura la trasparenza, ma sempre in una

---

[21] I. MANCINI, «L'essenza del fatto religioso», 37-38.
[22] Cf. I. MANCINI, «L'essenza del fatto religioso», 17.
[23] I. MANCINI, *Futuro dell'uomo*, 106.
[24] Cf. I. MANCINI, *Teologia ideologia utopia*, 132 dove spiega così il senso della precomprensione dottrinale come anticipazione di significato: «Il significato sorge dunque da un'interpretazione del senso con la funzione conoscitiva dell'intero. Senza questa pre-comprensione dottrinale non si dà ermeneutica». Un passaggio che fa parlare di «ermeneutica integrale» (cf. G. FERRETTI, «I. Mancini: filosofo della religione», 641-642).
[25] Cf. I. MANCINI, *Filosofia della religione*, 34.

circolarità che lo costituisce come risultato[26]. È implicita in esso una *vocazione alla complessità* che richiede una seria metodologia di comprensione, soprattutto quando si tratta di mondi vitali per la salvezza, i quali investono la volontà di significato, poiché nell'ermeneutica si ha un vero incremento della vita spirituale che non segue la semplice logica dell'accertamento. Riconosce, pertanto, ad essa il merito di essere stata la direttrice culturale della Modernità, ponendosi sia come critica della ragione storica, sia come critica storica della ragione. È nella prima accezione che egli la fa propria:

> Per noi l'ermeneutica garantisce la critica della ragione storica, ivi compresa la dimensione, anche strutturale, del linguaggio; ma non può configurarsi come critica storica del sapere, senza risolverlo, esistenzialisticamente o prassisticamente, nella radicale storicità, che abbiamo visto in Heidegger, del pro-getto, senza nessuna zona di intenzionalità[27].

Nell'individuare i modelli di ermeneutica che hanno determinato il pensiero occidentale, disegnando non solo figure storiche ma anche strutture teoriche[28], quello che interessa Mancini, per gli sviluppi sul piano della relazione tra dato *kerygmatico* e struttura della ragione, è quello che si sviluppa da Schleiermacher a Bultmann fino a Gadamer, in cui l'ermeneutica viene configurata come struttura del sapere, attraverso la fondazione della ragione interpretante.

Egli elabora una propria *via* ermeneutica, che include a suo modo i guadagni teoretici della storia appena compiuta, e che, in ordine al sapere religioso che è storico, non presuppone la fine della metafisica, ma la sua particolare ricollocazione[29]. Ci deve essere un nesso tra metafisica e religione per superare l'aporia del sapere religioso: o si vuole il fenomeno religioso nella sua autonomia, inoggettivabile, libero, inverificabile, singolare, che non può avere una fondazione teoretica, o si vuole una fondazione che abbia il rigore dell'universale, ed allora il *proprium* religioso scompare nella sua accezione storico-eventuale. Non si può rinunciare al senso liberamente offerto nell'evento religioso, né si può rinunciare ad una conoscibilità certa. Né la metafisica deve ridurre

---

[26] Cf. I. MANCINI, «Il mio itinerario ermeneutico», 210.
[27] I. MANCINI, *Teologia ideologia utopia*, 175; cf. ID., «Tecniche ermeneutiche», 341-342.
[28] Cf. I. MANCINI, *Teologia ideologia utopia*, 118-171.
[29] Cf. I. MANCINI, *Teologia ideologia utopia*, 151. Cf. R. ROLANDO, «I. Mancini e il libero sguardo», 79-80.

a sé la religione, né la religione deve sconfinare in un individualismo esasperato. Bisogna tendere ad una *saldatura*[30]. Questo è il problema fondamentale di una epistemologia della religione in ambito teologico.

La via da seguire per Mancini non è dalla metafisica alla religione, ma dalla religione verso la metafisica. La metafisica non entra nella comprensione della religione, ma subentra come precomprensione nell'atto ermeneutico dell'interpretare e capire, ovvero mette in questione i principi primi della ragione e le strutture ultime del reale[31]. C'è, dunque, una priorità dell'ermeneutica sulla metafisica, un'inversione di direzione rispetto all'impostazione tradizionale, perché ricerca una *teoria della significatività* che ha per condizione la *posizione dell'ascolto*, nella consapevolezza di una sempre rischiosa e sempre riformabile *anticipazione del significato* del dato rivelato[32].

Interessante il chiarimento che annota a riguardo in una lettera dattiloscritta del 24 giugno del 1967, destinata a Castelli in seguito probabilmente alla richiesta di una relazione per i colloqui romani, dove scrive:

> Il problema del fondamento ermeneutico e del fondamento metafisico nella filosofia della religione non è fuori tema, perché 1° io non credo alla religione naturale; e quindi la filosofia della religione è la filosofia del kerygma; 2° la differenza tra ermeneutica e metafisica nella comprensione della religione è la differenza tra la libertà e la temporalità imprevedibile e la conclusività e non libertà (almeno epistemologica) metafisica. L'ermeneutica è la ripresa continua, il soggiorno dentro la parola; la metafisica è l'intero, la risoluzione logica.

È l'*eccedenza* di senso implicata nel principio di rivelazione ad orientare verso l'approccio ermeneutico in teologia e ad impegnare in una ridefinizione del rapporto tra finitezza, alterità e trascendenza. Quella che propone Mancini è un'ermeneutica capace di *ascolto*, capace di oltrepassare il limite metafisico della conoscenza come mero atto contemplativo, poiché tende ad una conoscenza dotata di rilevanza pratica, in grado di tradurre nella prassi il senso *per* e *dell'*esistenza. Quando parla di ermeneutica come *soggiorno dentro la parola*, invita a pensare la parola non solo come riproducibilità antropologica, ma come

---

[30] Cf. I. MANCINI, «Tecniche ermeneutiche», 348.
[31] Cf. I. MANCINI, *Teologia ideologia utopia*, 126-129. Cf. G. RIPANTI, «Ermeneutica come metodologia», 42.
[32] Cf. G. PENATI, «I. Mancini», 530-531.

evento di un'alterità non sequestrabile attraverso la presa del concetto, poiché la rivelazione sorprende l'uomo orientandolo ad una *dismisura* della verità.

La sua riflessione provoca, allora, a due considerazioni: la resistenza a qualsiasi violenza dialettica, tesa ad annullare la differenza ontologica in forme totalizzanti; la consapevolezza che senza il passaggio al significato l'ermeneutica è sterile[33]. La ripresa del principio di rivelazione consente alla teologia di stimolare il pensiero filosofico promettendo che la *re-velatio* esprime l'irriducibilità dell'alterità di Dio alla presa concettuale dell'*adaequatio*, ed invita ad aprirsi alla possibilità di incontro tra finito ed infinito in una storia escatologica dove la comprensione della verità come disvelamento è promessa stessa di rivelazione. La differenza, infatti, non dice solo la frattura tra la realtà e il suo possibile fondamento, ma *invoca* anche la riconciliazione e la liberazione da un infinito differire o, peggio, da un'assimilazione totalizzante.

Allora, in quella che definirà *rincorsa utopica* Mancini iscrive la disponibilità interpretativa nella logica della *speranza* di un possibile compimento, dove il rapporto tra metafisica ed ermeneutica non si gioca nella relazione proto-logica o arche-ologica, ma come apertura escatologica. La rivelazione, a cui dà il primato *kerygmatico*, conduce alla consapevolezza che l'autenticità del vero si decide nell'ascolto della Parola e che la storia è lo spazio dell'incontro possibile tra Dio e l'uomo, uditore della Parola, aperto e in cammino verso l'avvento del Mistero[34]. La prospettiva teologica, da cui parte ed entro cui riflette, porta in sé la convinzion dell'inespresso come *novum* da accogliere attraverso l'insonne interrogare della Rivelazione.

### 1.2 Dall'aporia all'utopia

Lo spostamento dell'asse categoriale da un impianto di tipo metafisico ad uno ermeneutico ha operato delle modifiche nell'approccio conoscitivo alla religione, ma non ha risolto l'aporia da cui era partito. Permane lo *smarrimento epistemologico*[35] in cui l'uomo si trova nel pronunciare il suo atto di fede in un mondo diventato adulto:

> l'uomo è sempre l'attore della prova e, dato il peculiare carattere del fondamento religioso che non è metafisico ma ermeneutico, non chiuso ma

---

[33] Cf. C. DOTOLO, *Abitare i confini*, 114.
[34] Cf. B. FORTE, *In ascolto dell'Altro*, 9-15.
[35] Cf. I. MANCINI, *Filosofia della religione*, 178.

aperto (anche per il fatto che la religione non è legata all'essere ma al tempo e che il tempo religioso non è ancora concluso, e rimane, in maniera inesausta, imprevedibile), l'uomo non attingerà mai la certezza apodittica, e pertanto non è esente da rischio e da scelta impegnativa[36].

La fede, andando oltre le figure prodotte nella storia del pensiero[37], in quanto forma della ragione storica è atta a *riconoscere* l'apriori divino presente come evento di salvezza, assumendolo nell'accezione di storia come *Geschichte* (indefinita virtualità) e non di *Historie* (fattualità), ovvero quella condizione simbolica e non presenziale dello *Heilsgeschehen*.

Le coordinate dell'assenso risiedono nella precedenza dell'ascolto (*fides ex auditu*) dovuta al riconoscimento della primogenitura dell'evento come gratuito ed inaudito, che segue la logica del miracolo, dunque dell'*impossibile*, e suscita quella meraviglia (*Verwunderung*) che opera nel sequestro esistenziale lo stupore teologico, il quale *dispone* all'audizione del messaggio. Il *sufficiens inductivum* potrà essere trovato allora nella capacità autodimostrativa dell'*Oggetto immenso*, nella sua singolare epifania, dovuta alla particolare *terrestrità* della Parola di Dio che non lascia trasparire in modo evidente la differenza qualitativa della sua provenienza trascendente, mantenendo la scissura tra parola presente e senso lontano, non consentendo al soggetto di pervenire ad un'evidenza di tipo scientifico, ma di restare sulla soglia di un libero ma non incontrovertibile assenso. Questa *evidenza*[38] generata dal *lumen fidei* che promana dall'*Oggetto* non assicura la certezza della conoscenza, ma la coscienza della *provvisorietà* delle sue forme teoretiche. Mancini parla di *conoscenza utopica* come vertice o approdo della filosofia della religione:

> la filosofia della religione non raggiunge mai la terra promessa dell'impatto tra generale e particolare, tra teoria e evento, tra filosofia e religione. Ritorna una vecchia aporia tra senso e determinazione del senso [...]; senza la fatica del concetto, anche la fede a lungo andare non resiste. Si tratta di un vero dilemma: o riduzione o estrapolazione[39].

---

[36] I. MANCINI, *Filosofia della religione*, 179.
[37] Cf. I. MANCINI, «*Sufficiens inductivum*», 505-512. Ne individua due più rilevanti: l'*agnitio experimentalis* di area protestane e la *teoria credibilistica o preambolistica* dell'apologetica scolastica.
[38] Cf. G. COLOMBO, «La ragione teologica», 14-16 dove con particolare affinità con la riflessione manciniana parla di evidenza sperimentale, evidenza storica ed evidenza simbolica, attribuendo quest'ultima al sapere della fede.
[39] I. MANCINI, «L'utopia della filosofia», 370.

La filosofia della religione come ermeneutica della rivelazione è una disciplina che abita il confine ed assicura alla fede di non scadere in forme irrazionali o integraliste, abituandola a dialogare con altre ragioni, e alla ragione di non sganciarsi dall'impatto conoscitivo che il *kerygma* istituisce come messaggio di liberazione, perché costituisce una fonte di senso non sostituibile con altre proposte di salvezza. La provvisorietà della conoscenza non indica ovviamente rinuncia al vero ma più cautamente consapevolezza che la verità si dà nella storia non in forma compiuta, ma in quella tensione utopica che ammette la non identificazione immediata tra la ragione e i suoi oggetti. Se questo è vero per la conoscenza in generale, ancor di più se l'oggetto in questione è presuntivamente rivelato. Nel concetto di utopia si contempla la possibilità dell'approssimazione alla verità: un' «utopia necessaria, perché questo razionale, anche se non impatta l'oggetto, ha pur sempre il potere di renderlo seriamente credibile»[40].

Una conoscenza che facendo i conti con la provvisorietà ha il carattere della *necessità impossibile*, perché la forma utopica non dipende dall'incapacità del soggetto ma è insita nella struttura dell'oggetto kerygmatico, per cui bisogna stare *umili* nel *conato utopico* che accerchia senza giungere mai alla presa concettuale[41]. È per questo che Mancini sottolinea che l'opzione per la fede rientra in ultima istanza nell'ambito delle scelte esistenziali, determinata dalla libertà per un significato ma non dall'arbitrio: «Il lavoro filosofico, che assedia e traversa il campo religioso, genera volumi di consenso e toglie di mano la violenza a coloro che fanno della religione un'arma per imporre i propri imperialismi»[42].

È essenziale, dunque, il lavoro ermeneutico di *riconoscimento* della *logica* propria dell'*Oggetto* inteso dal punto di vista teologico, che non si dà mai allo stato puro, ma sempre all'interno di un processo interpretativo storico-culturale che ne costituisce anche la strutturale opacità. È per questa eteronomicità o deuteronomicità del dato, come lui la definisce, che non è richiesto un approccio apologetico ma ermeneutico, il quale non è evidentemente riducibile a semplice vicenda interpretativa, ma a porsi la domanda fondamentale sul senso nella sua relazione con i mondi di vita che l'uomo di volta in volta dispone. La deuteronomicità, infatti, non comporta un disvalore, ma è proprio un punto di forza del

---

[40] I. MANCINI, «L'utopia della filosofia», 371.
[41] Cf. G. CRINELLA, «L'incidenza teoretica dell'utopia», 190.
[42] I. MANCINI, «L'utopia della filosofia», 373.

dato religioso, che può esorcizzare così ogni forma apologetica di costruzione del senso che non sia riconducibile all'apriori divino.

Il discernimento o smascheramento da forme alienanti e spurie di religione è compito imprescindibile di questa ermeneutica, nella prospettiva della *vera religio*, che non è l'essenzializzazione o universalizzazione di una religione storica, ma la ricerca di un'autentica e significativa mediazione storica del senso che il *kerygma* esige nella sua valenza pratica.

C'è da annotare un'ulteriore precisazione: nella tensione tra *kerygma* e prassi entrano in campo due concetti di verità[43], verità come adeguazione e verità come trasformazione. La prima, tipica dell'impianto metafisico, implica un Dio trascendente dove attributi e azioni sono già determinati all'interno di una coerenza logica che non contempla la novità come imprevedibilità, la seconda ammette un Dio che si compromette con il destino della storia fino alla carne, che si muove secondo la logica della gratuità e non della necessità, che assume il segno dell'impotenza e dello scandalo. Si tratta delle due versioni di verità, spesso concorrenti, presenti nella tradizione occidentale, una di stampo greco e l'altra di matrice ebraica. Nel mondo biblico il concetto di verità, che si accompagna a termini come stabilità, giustificazione, fedeltà, si specifica come indicazione dell'azione salvifica di Dio in quanto evento storico che libera l'uomo nella sua condizione di bisogno e indigenza. Diventa sinonimo di promessa, che in quanto *di Dio* ha il carattere della certezza, anche se protesa al futuro e dunque parziale nell'oggi[44]. Nella speculazione greca, invece, la verità è altra dal vissuto, e il suo possesso si gioca in una dimensione sovratemporale svincolata dal condizionamento storico, aspirando alla forma assoluta, dunque sciolta dalla parzialità del divenire. Se queste due figure di verità vengono estremizzate danno vita in ambito religioso o alla fuga dal mondo o alla forma ideologica, se pensate in relazione dialogica permettono di interpretare la rivelazione *kerygmatica* nella circolarità di parola, evento, comunità e comandamento, in cui il trascendente della parola-evento attende di realizzarsi nelle forme storiche della sua mediazione.

Una filosofia che vuole rendere ragione del fatto religioso deve tener conto del necessario congiungimento del senso greco di verità (ἀλήθεια), ossia la questione del *disvelamento*, con quello ebraico (*emet*), che con-

---

[43] Cf. I. MANCINI, *Teologia ideologia utopia*, 665.
[44] Cf. I. DE LA POTTERIE, «Verità», 1655-1659; cf. ID., «Storia e verità», 131-139.

templa la possibilità dell'*incremento* veritativo nella tensione del tempo escatologico disegnato sulla promessa di Dio[45]. Come fa notare Mancini, richiamandosi a Pannenberg, l'evento del disvelarsi implica di per sé un accadere storico dell' ἀλήθεια[46].

Se la verità, dunque, deve avere efficacia pratica, la parola di Dio deve avere carettere di evento e questo può accadere solo se la parola è *di Dio*, restituendo al futuro la forza di novità che solo la *persona Dei* può assicurare. Inoltre, perché la tensione utopica della conoscenza ermeneutica non sia eterno differire e perché ci sia realmente un incremento di significato nel procedere interpretativo occorre declinare l'utopia come escatologia, ovvero restituire al tempo il segno teologico. Solo se il *novum* è anche *totum* si può parlare di anticipazione reale e storica del senso e, dunque, di prolessi come rivelazione della *notitia Dei*. Non si esce dall'aporia della «doppia logica»[47] se non si restituisce alla trascendenza il volto personale di Dio. Solo l'ambito teologico assicura di parlare di Dio seguendo la logica stessa della sua rivelazione. In questa consapevolezza, che ha tutto il sapore di una svolta teoretica, comincia ad usare l'espressione di *logica dei doppi pensieri*.

## 2. La *teo-logica* dei doppi pensieri

In diverse occasioni Mancini aveva evocato questa espressione che poi assumerà una valenza teoretica nel testo *Scritti cristiani*[48], una raccolta di saggi che ha come sottotitolo, indicativo del suo orientamento, *Per una teologia del paradosso*. L'espressione «logica dei doppi pensieri» viene fatta risalire a F. Dostoevskij, nei cui romanzi più famosi la doppiezza è presente nei termini di ambiguità morale, implicata nella *condicio humana* «come stimmate di una mente ferita e condizionata»[49].

Un *tópos* che gli consente di assumerli anche come crocevia culturale, dove convergono i guadagni più importanti dell'*iter* del pensiero moderno e contemporaneo, oltre che come *via* di ricerca di Dio, come supporto logico per una *teo-logica* dei doppi pensieri. Ne *L'Idiota* di F. Dostoevskij è il principe Myškin ad usarla[50], ma non la ritiene una bas-

---

[45] Cf. I. MANCINI, *Futuro dell'uomo*, 143.
[46] Cf. W. PANNENBERG, «Che cos'è la verità?», 243.
[47] I. MANCINI, *Filosofia della religione*, 378.
[48] I. MANCINI, *Scritti cristiani*; cf. ID., «La via dei doppi pensieri», 95-102.
[49] F. TOTARO, «Logica della fede», 68. Cf. B. FORTE, *In ascolto dell'Altro*, 112.
[50] Cf. F. DOSTOEVSKIJ, *L'Idiota*, 363.

sezza morale, bensì una necessità del pensiero umano, il quale non è mai trasparente ed univoco, ma tale che ad un pensiero manifesto soggiace sempre il suo sottofondo o il suo contrario: «Quello che in sede morale potrebbe tentare al male, in sede teorica diventa una necessità allo scopo di tener presenti tutti i lati della questione, che posono essere mantenuti assieme da questa duplicità di riferimento»[51].

La necessità logica dei «doppi pensieri» si accompagna, dunque, alla consapevolezza della presenza del male, che nella riflessione di Mancini interagisce non solo con l'ambito pratico ed antropologico, come impotenza collettiva d'amore, ma con l'impianto epistemologico, tanto che una teoria della conoscenza non può prescindere dal tenerne conto[52]. Spezzamento e coesistenza dei doppi pensieri i quali, proprio per la loro connaturale tensione, non possono mai trovare una conciliazione artificiosa, ma implicano un'andatura agonica del pensiero che non consente di accontentarsi di mezze verità. Le stesse figure di Aleša e di Ivan ne *I fratelli Karamazov*[53] sono antitetiche ma ognuna porta in sé anche il suo contrario: «Karamazov è l'uno come l'altro, hanno ragione entrambi, l'onestà intellettuale e morale deve farli sussistere, sarà una coesistenza straziata senza possibilità di *reductio ad unum*, cui la naturale aspirazione della ricerca dovrebbe tendere»[54].

L'ambivalenza morale e l'antinomia logica ed epistemologica si acutizzano nel pensare Dio, fulcro e croce di ogni speculazione umana. È la questione della riconciliazione tra finito e infinito, identità e differenza, unità armonica e frattura, eternità e contingenza che si pone come pungolo nella carne di ogni sistema di pensiero. Prima di approdare alla soluzione teologica Mancini cerca nella filosofia contemporanea una possibile sponda per un pensiero che possa aprirsi alla tascendenza. Ma né la dialettica, così come si è andata configurando nella Modernià, né la filosofia della differenza, come nel pensiero postmoderno, riescono ad ospitare la categoria dell'*alterità* senza schiacciarla in un sistema totalizzante o in un infinito differire.

L'indagine delle figure del pensiero contemporaneo lo conducono ad arrendersi di fronte alla deriva della «logica della disgregazione»[55] del-

---

[51] I. MANCINI, *Frammento su Dio*, 118.
[52] Cf. I. MANCINI, «Il male radicale», 53-72.
[53] Cf. F. DOSTOEVSKIJ, *I fratelli Karamazov*.
[54] I. MANCINI, *Frammento su Dio*, 119-120.
[55] I. MANCINI, *Frammento su Dio*, 113 terminologia che riprende da Adorno nell'*Avvertenza* alla sua *Dialettica negativa*.

la ragione moderna con le sue istanze nichilistiche del *pensiero negativo*, e a cercare dentro la logica stessa della fede di:

> far coabitare mondi diversi e di tenere in tensione l'una di fronte all'altre le mezze verità, che, meglio, chiamerei tracce [...], mantenere insieme la logica della medesimezza e quella della differenza, senza pretese riduzionistiche e autoritarie. Questa io voglio chiamare la logica dei *doppi pensieri*[56].

Nel teorizzare questa logica in cui tessere un possibile discorso su Dio, dà anche una struttura d'insieme del suo sviluppo: sfida e crisi della dialettica, sofferenza e fragilità della filosofia della differenza, proposta risolutiva nella teo-logica dei doppi pensieri. La domanda che attraversa la sua riflessione è quale metafisica di fronte ad un pensiero che non riesce più a pensare la trascendenza, quindi quale teologia in un contesto postmetafisico.

### 2.1 *Istanza metafisica e ragione moderna*

L'approdo alla *teo-logica dei doppi pensieri* segue la presa d'atto a livello filosofico della frantumazione dei mondi culturali, dovuta alla caduta storica della dialettica totalizzante hegeliana e marxiana, e dell'emergere del pensiero negativo, che segna la *debolezza* della ragione. Egli, nel confrontarsi con l'attuale areopago culturale, tiene fermi due convinzioni: non può essere soppressa l'esigenza della verità, pena il trionfo delle ideologie, e la necessità di ricomporre l'infranto, ridestando il senso dell'intero, tenendo conto, però, che esso è possibile solo nel segno dell'«antinomia teologica»[57].

Si tratta, allora, di fronte a questo *srotolamento* della cultura che ci sta alle spalle e intorno di dare una nuova configurazione alla ragione[58], opposta a quella dialettica, ma opposta anche alla logica della differenza, che smarrisce il segno della trascendenza. I *doppi pensieri* non costituiscono più, come nella filosofia della religione, la realtà tensionale ed utopica tra visibile ed invisibile, il fatto e l'idea, il reale e il possibile, ma intendono costituirsi come logica, che possa riaprire il discorso metafisico in modo diverso rispetto agli esiti e alle figure prodottesi fino ad oggi. Una pretesa fondatrice che scaturisce dal vuoto lasciato dalla totalità dialettica che ha segnato la Modernità. Il chiudersi di questa

---

[56] I. MANCINI, *Frammento su Dio*, 117 leggiamo "mondi" e non "modi" come nel testo, seguendo l'interpretazione di A. MILANO, «Il teologo e filosofo», 53.
[57] I. MANCINI, «Teologia dei doppi pensieri», 86.
[58] Cf. I. MANCINI, *Frammento su Dio*, 35-61.

stagione del pensiero, con la sua pretesa di risolvere autonomamente il senso delle questioni che appartengono all'ambito della metafisica (riconciliazione, salvezza, senso del significato di Dio), esige un commiato che tenga conto delle prospettive nuove che insorgono e che permangono irrisolte di fronte alla ricerca del «vero assoluto»[59].

Per Mancini si deve ripartire dall'individuazione di una doppia linea culturale: da una parte, sul versante della dialettica, sta il concetto di totalità, di sacro, di identità, di salvezza a partire dal solo fare e concepire dell'uomo, di riconciliazione operata o attraverso il concetto o attraverso la rivoluzione; dall'altra, sul versante della metafisica, sta l'infinito, il santo, la differenza, il paradosso, la salvezza e la riconciliazione operata non autonomamente ma eteronomamente, congiungendo il fare dell'uomo al fare di Dio. La contrapposizione tra totalità e infinito, che Mancini identifica in dialettica e metafisica, sta ad indicare che la dialettica come totalità è un pensiero che non riesce ad innalzarsi oltre l'orizzonte degli enti mondani e che per questo è fatalmente destinato a ripiegare su se stesso; l'infinito come metafisica è, invece, un pensiero che avverte nel cuore della finitezza un'apertura all'alterità e alla trascendenza.

È chiaro per lui che bisogna liberarsi definitivamente dalla tentazione dialettica, così come è stata pensata dalla Modernità, per poter di nuovo fare spazio alla metafisica, quella metafisica, cioè, capace di risolvere la questione della *riconciliazione* e della *salvezza* attraverso l'idea di infinito, ispirata all'opera di E. Lévinas[60]. Qui egli restituisce all'idea di infinito quella separatezza *salutare* che lo tiene a distanza da qualsiasi presa del concetto, distanza che consente all'infinito di parlare di nuovo. Questo parlare da parte di Dio segna per Mancini la demarcazione tra dialettica e metafisica. L'unica metafisica possibile dopo le ceneri della dialettica è quella che contempla un Dio che parla, che restituisce a Dio un volto, un nome. La distinzione operata da Lévinas tra sacro e santo, è la chiave di volta per liberare l'infinito dal formato mitico che nel numinoso tiene l'io avviluppato nella sua aurea, annichilendolo o, al contrario, estraniandolo dal reale. La separatezza *atea* ancora una volta è indice di quella relazione adulta tra Dio e mondo di cui già parlava Bonhoeffer, che restituendo spessore alla terra consente il primato dell'altro, esigenza etica che apre la possibilità della relazione

---

[59] I. MANCINI, *Frammento su Dio*, 45. Cf. A. AGUTI, «Italo Mancini», 130. Cf. A. PIERETTI, «Epistemologia contemporanea», 153-154.
[60] Cf. E. LÉVINAS, *Totalità e Infinito*.

con l'Altro. È lo stesso limite che gli riconosce Mancini in sede di filosofia della religione, qualora essa pretendesse di risolvere in sé la dimensione storica facendo della religione un predicato dell'essere. Lo stesso limite viene ribadito con la distinzione tra il Dio della metafisica (nel senso della metafisica classica) e il Dio della religione[61], attribuendo al primo l'epiteto bonhoefferiano del Dio *tappabuchi*, un Dio muto, di fronte al quale l'uomo non si inginocchia, e al secondo le fattezze del Dio biblico, il Vivente, il totalmente Altro, ma anche prossimo nell'essere-per-gli-altri così come è rivelato nell'evento cristologico.

La metafisica, dunque, come possibilità dell' *idea di Dio*, emersa già nelle riflessioni legate alla filosofia della religione, dove essa ha la funzione di «tener desto» e «purificare insonnemente» quella che Kant chiama semplicemente «idea 'Dio'»[62], ora appare più definita come la necessità dell'apertura all'ulteriorità di senso che dà spessore veritativo alle cose, rivelandone nella tensione inesausta il processo di inveramento.

Mancini riconosce al pensiero neoebraico una *chance* singolare nel riaprire la questione della metafisica, se non altro per la rottura che opera nei confronti della ragione dialettica, rea della cultura dell'identità, la quale ha generato la mostruosità di quella cultura di morte che ha in Auschwitz il suo paradigma. L'infinito di cui si può tornare a parlare è un infinito che si sottrae alla violenza della sintesi, secondo quella linea culturale cristiana del *paradosso* che comincia a definirsi come il necessario approdo di un discorso su Dio che tiene in conto anche la santità della vita, dove Dio è più «presente nell'invocazione che nella dimostrazione»[63]:

> Nel rivendicare il diritto di un discorso *filosofico* su Dio, infatti, non si tratta di riproporre vecchie metafisiche: quel che conta non è che la filosofia possa *risolvere* il problema di Dio in quanto problema di conoscenza, cosa che non è più credibile. Si tratta piuttosto di sottolineare come la filosofia contemporanea, dopo aver tentato in tutti i modi di eluderlo e di superarlo, ritorni a *porre* il problema Dio come proprio e legittimo problema, precisamente come il punto cruciale del problema che la filosofia è per se stessa: il problema del suo *senso* e del suo *limite* […]. Certo, questo non dimostra nulla su Dio, ma conduce inesorabilmente all'alternativa tra l'assenza o la fragilità del senso e lo sforzo quanto meno di sperare in un senso dall'Alto[64].

---

[61] Cf. I. MANCINI, *Kerygma*, 12-13; cf. ID., «La ragione contro il sacro», 75-76.
[62] I. MANCINI, *Filosofia della religione*, 383.
[63] I. MANCINI, *Frammento su Dio*, 68.
[64] L. ALFIERI, «Italo Mancini e il "Dio dei filosofi"», 300 (il corsivo è nel testo).

Nel voler riformulare questi due motivi, l'idea di infinito e la possibilità dell'invocazione, si trova a fronteggiare anche il pensiero nato dalle macerie della dialettica, quello che, usando un'espressione di Adorno, è dominato dalla *logica della disgregazione*.

## 2.2 *Le figure della differenza: da G. Lukács a M. Heidegger*

La rivendicazione del tema della differenza di fronte alla ragione dialettica costituisce un passaggio epocale, ma non senza rischi, poiché il pericolo è per Mancini «il corno buio delle ragioni parziali e polverizzate»[65], che in nome della disgregazione arrivano fino al politeismo. Attraversando fino in fondo lo svolgimento di questo pensiero, ne mostra l'insufficienza e l'opacità in ordine al problema della verità.

La categoria della differenza, che rimane sciolta dopo la caduta delle grandi ideologie, viene inquadrata oggi in una *logica della disgregazione* che, rifiutando qualsiasi sintesi e riconciliazione, ha come esito lo smarrimento del senso, espressione dell'istanza nichilista. Con la figura del *tramonto* si vuole segnalare la fine di quell'Occidente che si riconosceva nel primato del *lógos*, nella categoria dell'unità teologica, logica, ontologica e morale, a cui vede succedersi il trionfo della diversità con il ritorno degli dèi, con l'affermarsi del «principio cartografico dell'esistenza»[66] e la conseguente assenza della responsabilità, perché nessuno risponde più di nulla, assumendo ormai lo stile del vagabondaggio senza punti di riferimento neanche spaziali. L'uomo è *deterritorializzato*. Di fronte a questa situazione, dove la ragione sembra ripiegarsi contro se stessa, si tratta di verificare «se la questione della differenza che anima l'ampio spettro di quelle filosofie contemporanee che rifiutano la dialettica hegeliana, intesa come sapere della totalità, sopporti di ricevere o meno una nominazione di tipo teologico»[67].

L'indagine, svolta su alcune figure rappresentative della filosofia contemporanea (in particolare Lukács[68], Bloch[69] e Heidegger), a cui

---

[65] I. MANCINI, *Frammento su Dio*, 69.
[66] I. MANCINI, «Evangelizzazione e cultura», 9.
[67] A. AGUTI, «Italo Mancini», 130.
[68] Cf. I. MANCINI, *Frammento su Dio*, 125-146; cf. ID., «Lukács e Bloch», 33-48. Per una riflessione critica si rimanda allo studio di E. MATASSI, «Lukács e Bloch in Mancini», 121-134
[69] Cf. I. MANCINI, *Frammento su Dio*, 147-189; cf. ID., *Teologia ideologia utopia*, 541-655; cf. ID., «Il limite dell'utopia», 89-90; ID., «La metareligione di Ernst

avrebbero dovuto fare seguito anche Lévinas e Rosenzweig[70], muove dall'intenzionalità di mostrare come la differenza cercata ed accerchiata non riesca a trapassare nell'*alterità*, la quale pur radicandosi nello sguardo filosofico dell'al di qua può rivelare la possibilità della trascendenza, una possibile nominazione dell'infinito. Mancini istituisce una sorta di tre medaglioni che con un gioco stilistico oltre che contenutistico svelano, tra le pieghe del bassorilievo di un pensiero che si affatica nell'abitare l'immanenza, degli scorci di un *pensare altrimenti* che egli percorre fino in fondo, evidenziandone l'alta dignità di una riflessione che assumendo il peso della finitudine riesce soltanto a disegnare il perimetro di una differenza muta.

Ma la figura a cui dedica maggiore attenzione per il suo considerevole apporto teoretico è senza dubbio M. Heidegger[71]. Con la categoria dell'*ultimo Dio*, anticipata ed interpretata da Bloch in senso antropologico, viene rivisitata la sua lettura heideggeriana[72], che inizialmente mostrava come la differenza non orientava il suo discorso verso una trascendenza né tra enti né tra i tempi, ma rimaneva impigliata nella finitezza[73]. La sua era una differenza statica, ferma alla logica della terra che ne segnava il senso come *essere-per-la-morte*, dove si poteva ascoltare solo il sentimento di angoscia, generato da un'esistenza che tocca il nulla come fondo delle cose. In questa interpretazione si comprende come la stagione nazista è stata una scelta coerente[74].

Nel saggio «L'ultimo Dio» (*der letze Gott*), che nel *Frammento* precede la terza ed ultima parte dedicata ai «Doppi pensieri», dà della filosofia heideggeriana un'interpretazione più sfumata nel segno di una ripresa, e lo fa attraverso la lente di altri interpreti autorevoli del filosofo

---

Bloch», 11-16; ID., «Ernst Bloch. I», 423-470; ID., «Ernst Bloch. II», 662-710; ID., «Su Bloch "teologo"», 107-124.

[70] Cf. A. AGUTI, «Il *Frammento su Dio*», 58.

[71] Cf. I. MANCINI, *Frammento su Dio*, 103-109. 191-276.

[72] Cf. A. AGUTI, «L'ultimo Dio», 217-223.

[73] Cf. I. MANCINI, *Frammento su Dio*, 105. Cf. A. AGUTI, «Il *Frammento su Dio*», 59.

[74] Cf. I. MANCINI, *Frammento su Dio*, 106 a conferma di ciò importanti le annotazioni biografiche riportate nella nota 134 e il rimando al testo di M. HEIDEGGER, *L'autoaffermazione dell'università tedesca*. Significativo il commento di K. LÖWITH, *La mia vita in Germania*, che a p. 71 così descrive il suo maestro «Gesuita per vocazione, divenne protestante per indignazione, dogmatico scolastico per formazione e pragmatista esistenziale per esperienza, teologo per tradizione e ateo come uomo di scienza, apostata della propria tradizione nelle vesti di suo storico».

tedesco, come G. Vattimo, L. Pareyson, E. Stein, K. Löwith, H.G. Gadamer, creando una sorta di salotto intellettuale da cui prende forma la sua personale chiave di lettura. Di fronte al segno dell'*ultimo Dio*, Mancini avanza una possibilità interpretativa: solo evento linguistico che si gioca nelle pieghe dell'immanenza o passaggio-apparizione di qualcosa che chiude la storia perché la trascende? L'attenzione si sposta sul senso da dare a questo ultimo passaggio. È L. Pareyson a dare una lettura escatologica a questo segno attraverso la sottolineatura dell'ultimità, che pur rimanendo all'interno di un'escatologia filosofica non intercambiabile con la novità di cui parla il cristianesimo, tuttavia ne evidenzia l'apertura promettente:

> Come sarà questo Dio? Ovviamente un Dio nuovo, non più il Dio cristiano: un dio di cui non si sa nulla, salvo che sarà diverso da tutto quello che è stato finora. Un Dio che viene nella più totale e imprevedibile diversità: un Dio avvenire, un Dio atteso e sperato dopo il tramonto del cristianesimo[75].

Il passaggio dalla *novità* all'*ultimità* è ciò che, secondo Mancini, custodisce la differenza e consente di parlare di «nuovo inizio teologico»[76], anche se con la riserva che la differenza ontologica non basta a fondare quella teologica; essa diventa differenza teologica «solo intendendo il termine altro nel senso di persona, e non, *simpliciter*, come orizzonte della luminosità e fertilità originaria»[77].

È seguendo la lettura del discepolo di Marburgo, H.G. Gadamer, che può dare credito alla vena religiosa che scorre lungo i sentieri heideggeriani, mettendo in luce la sua attenzione per il tempo cristiano segnato dall'istante escatologico. Questa visione del tempo scardina l'ontologia greca e il concetto di tempo che in essa è fondato, quale tempo misurato che scorre fino al ritorno del Cristo. Ma ciò che è attestato dalla prima comunità cristiana, soprattutto nei testi paolini, è l'escatologico sperimentato nella sua irruzione senza previsione, che perciò mette in crisi la traduzione che la teologia, e in particolare quella scolastica, ha operato nell'incontro con la filosofia greca. È come se in lui muovesse l'intenzione di essere un autentico cristiano, liberandosi dalla teologia dominante in cui si era formato, ripristinando la sua vocazione iniziale che lo aveva spinto agli studi teologici.

---

[75] I. MANCINI, *Frammento su Dio*, 198. Cf. L. PAREYSON, *Heidegger*, 18-19.
[76] I. MANCINI, «Nuovo inizio teologico», 7-17 è il titolo dato dal curatore G. Ripanti alla pubblicazione del saggio inedito.
[77] I. MANCINI, «La trascendenza come significato politico», 44.

Così interpreta Gadamer quel passaggio presente nella lettera inviata nel 1921 a Löwith:

> Quando, in quella lettera a Karl Löwith, Heidegger scrive: «Io sono un teologo cristiano», egli pensa certamente: io desidero, contro la pretesa cristianità della teologia odierna, affrontare il vero compito della teologia e cioè «trovare la parola che sia in grado di chiamare alla fede e di preservare nella fede» (si tratta di una frase che gli ho sentito pronunciare nel 1923 in una discussione teologica)[78].

Sembra che gli studi successivi a partire da quello dedicato ad Aristotele, che risale al 1922[79], sono da inserire in questo intento di decostruzione della teologia e filosofia moderna che, arrovellandosi nel gioco delle categorie soprattutto greche, hanno contribuito ad oggettivare Dio, e così facendo ad assimilarlo alla dimensione dell'essere. I termini *ousia* e *parousia* sono indicativi della disponibilità di Dio al pensiero e, quindi, del suo oblìo. Liberare l'essere dalla sua comprensione statica e sostanzialistica è il passo preambolare per poter di nuovo parlare di Dio. Per essere teo*logo* occorre in primo luogo mettere in discussione le possibilità espressive del *lógos*, che non si limitano alla modalità apofantica. Si tratta di poter ricostituire un pensiero che possa approdare alla fede rendendo possibile un'altra teologia. Sono i temi della *Kehre*[80], quella svolta che Mancini chiama «un altro inizio», nel senso di un ri-cominciamento dell'inizio che è stato occultato dal pensiero distorto della metafisica, dove prende corpo la possibilità di una diversa qualità del dire, quello poetante, che egli pone nel segno di Hölderlin[81]. Se la filosofia non può parlare di Dio, perché in quanto interrogazione radicale sull'essere è per principio a-tea, nel senso che non deve assumere da altre fonti orientamenti e contenuti del proprio domandare, allora forse lo può fare la poesia: «la differenza tra la metafisica e il filosofare (teologizzante) prodotto dal nuovo inizio sta nel pensare o meno la *differenza*. La metafisica non pensa la differenza, pensa i differenti, gli enti differenti. Il nuovo inizio pensa invece la differenza dove si apre lo spazio per Dio»[82].

---

[78] I. MANCINI, *Frammento su Dio*, 211. Cf. H.G. GADAMER, *I sentieri di Heidegger*, 157.

[79] Cf. M. HEIDEGGER, «Interpretazioni fenomenologiche», 496-532 con introduzione di Gadamer.

[80] Cf. F. CAMERA, «Mistero dell'essere», 334 .

[81] Cf. M. BOZZETTI, «Hölderlin nei doppi pensieri», 234-239.

[82] I. MANCINI, *Frammento su Dio*, 260.

Come pensare questa differenza al di fuori delle categorie della metafisica onto-teo-logica perché a Dio venga restituito il divino? Nel tornare all'inizio del pensiero occidentale Heidegger cerca il luogo della differenza, quel pensiero premetafisico che può custodire la traccia di quell'esperienza sorgiva, che egli vede nella prossimità del sacro, un'esperienza originaria della verità come s-velatezza il cui accadimento può essere espresso solo dall'arte. Dio non è né affermato né negato, ma atteso, proprio come *ultimo Dio* in un transito escatologico. Il Dio intravisto non è il Dio dei filosofi, né quello dei credenti, davanti al quale non ci si può inginocchiare né cantare né danzare, ma pura presenza e per questo cantato dai poeti. È rotto il nesso tra teologia ed ontologia, la verità dell'essere è altra cosa dal fondamento e dalla causa dell'essere:

> Lo schiarimento dell'essere (che non è più fondamento) appare come quello dove può avvenire l'apparizione di Dio (che non è più *causa sui*), e siccome il solo compito del pensiero è di «vegliare» su questo schiarimento, esso non si chiude alla venuta della divinità, resti pure che in questa tramatura la comparsa della verità è solo una possibilità[83].

Si spiega l'argomentazione del testo heideggeriano *Ormai solo un Dio ci può salvare*, da cui Mancini sottolinea questa riflessione: «Ormai solo un Dio ci può salvare. Ci resta come unica possibilità quella di preparare (*vorbereiten*) nel pensare e nel poetare, una disponibilità (*Bereitschaft*) all'apparizione di Dio o all'assenza di Dio nella catastrofe (il fatto che, al cospetto di Dio assente, noi tramontiamo)»[84].

La critica al carattere oggettivante della metafisica, così come l'Occidente l'aveva pensata, ovvero come teoria dell'essere, può allora aprire lo spazio alla figura di Dio che emerge dalle religioni storiche, e dal cristianesimo in particolare, cioè alla figura di un Dio che si rivela nella storia in forma prolettica e che attende un inveramento definitivo. La riflessione di Heidegger sull'«ultimo Dio» rappresenterebbe così la cifra di un teismo escatologico che, mettendo in guardia contro le concezioni che riducono Dio ad un oggetto tra gli oggetti, apre lo sguardo al futuro che il cristianesimo chiama redenzione. Ma nonostante questo guadagno, che pur gli riconosce, Heidegger è stato per il filosofo urbinate solo la «penultima parola»[85], perché l'ultima si dischiude con lo spazio della rivelazione, unico luogo dove Dio parla di lui:

---

[83] I. MANCINI, *Frammento su Dio*, 276. Cf. H.G. GADAMER, *L'ultimo dio*.
[84] I. MANCINI, *Frammento su Dio*, 276. Cf. M. HEIDEGGER, *Ormai solo un Dio*, 136.
[85] D. SCALZO, «La penultima parola», 224.

quando vai ad interrogare questa differenza su quello che è, che promette e fa sperare, allora non ci viene detto altro che l'essere come nulla (o forse si vuol dire, nulla di tutto quello che è? Allora la musica cambia!), e ogni storia nel suo senso genuino, ossia come *Geschichte*, non è che manifestazione di quel fondo delle cose detto anche *Geschick*, destino. Nella storia vera altro non si srotola che questo senso della differenza, il destino[86].

Vertice o epilogo dove sono confluiti i due cicli del pensiero moderno, quello dialettico e quello della differenza, è, infatti, il *pensiero negativo*, che viene anche chiamato «pensiero debole»[87], a cui riconosce il merito di tener desta, almeno allusivamente e nel segno del desiderio, la questione dell'intero. Egli lo interpreta come una sorta di *coiné* filosofica molecolarmente egemone, la quale ha travolto le province tradizionali del sapere ed ha di positivo solo la volontà di abbattere gli assoluti terreni. Quello di Mancini non è un atteggiamento di rifiuto aprioristico nei confronti di una prospettiva che, pur mostrando delle falle argomentative e degli esiti disfattistici, non va rigettata *in toto* ma esplorata con quell'interesse proprio di chi è accomunato dalla ricerca del vero pur in forme diverse.

Ne è testimonianza il dialogo che intraprende con G. Vattimo, come unico teologo fra filosofi, che lo stesso filosofo torinese apostrofa come «uno dei massimi studiosi italiani di filosofia della religione»[88], stima che attesta lo stile *spregiudicato*, nel senso di assenza di pregiudizi, con cui egli vive e interpreta l'essere credente nel nuovo Areopago contemporaneo, con quella libertà che non gli impedisce di intravedere i punti di dissonanza, i quali non diventano mai muri divisori, ma supporti per trovare nuovi significati. Vi riconosce, infatti, l'acclarata perdita dell'identità, dell'unità e della riconciliazione come prospettiva totalizzante, quella riconciliazione che sta al centro del messaggio cristiano, anche se nel segno della promessa, e che ha rappresentato l'essenza della filosofia moderna. Lo paragona ad un'idra che ha nel cuore il pensiero di Nietzsche, da cui si origina la critica antisistematica, ma anche antimonoteistica, una sorta di mistica senza Dio, che nell'ebbrezza dello svincolamento da tutti i valori, nella dimensione icariana del volo, rende fascinoso il male nella rincorsa alla *chance* come possibilità di riuscita. Questo è il senso della volontà di potenza del superuomo nie-

---

[86] I. MANCINI, «Aggiornamento sulla trascendenza», 30.
[87] I. MANCINI, «Evangelizzazione e cultura», 23.
[88] G. VATTIMO, *Filosofia al presente*, 68.

tzscheano che nel segno della morte del soggetto, oltre che di Dio, ha decretato la fine dell'Occidente con i suoi trascendentali, l'*unum*, il *verum* e il *bonum*.

Mancini sintetizza i motivi portanti di questo pensiero in tre caratteristiche fondamentali: la mancanza di epoca nuova, Dio nemico dell'uomo, la decostruzione antropologica, che hanno messo in crisi quattro ambiti del pensiero riconciliato: la cultura, come sedimentazione del sapere e con essa tutte le istituzione predisposte alla trasmissione della conoscenza, la teologia come luogo riflessivo del monoteismo, la scienza incrinata dalla tendenza manipolativa della tecnica e la politica priva ormai di tensione utopica.

2.3 *Per una epistemologia del* paradosso

Collocare la ricerca della *logica dei doppi pensieri* all'interno di questa visione significa cogliere il compito radicale che Mancini si è proposto nel voler procedere alla ricostruzione del senso, creando un contromovimento di significati. Egli di fronte alla questione della *persona Dei*, vero pungolo nella carne della sua ricerca, e considerando che i percorsi indagati precedentemente delle filosofie che compongono l'areopago culturale si sono solo approssimati ad una possibile trascendenza, propone le linee orientative di una vera e propria *epistemologia del paradosso*[89], con cui esprime l'urgenza di riorientare il pensiero all'istanza metafisica e teologica, dove dovrebbe essere possibile pensare Dio nei termini di una *teo-logica dei doppi pensieri*. L'assottigliamento della metafisica alla dialettica, così come si è registrato nella Modernità, ne ha provocato irreversibilmente la crisi, ma non la fine: «La tesi di Mancini è che questa crisi prelude a una rinnovata forma di metafisica nella quale la continuità fra l'essere e gli enti viene finalmente spezzata e con essa la continuità idolatrica fra Dio e il mondo che caratterizza il sacro»[90].

Si tratta di tener fermo il valore della metafisica e l'esigenza della ragione, ma allo stesso tempo acquisire il guadagno delle filosofie della differenza che minano qualsiasi forma di totalità o di sistema. Questo momento interlocutorio importante spinge la ricerca verso la necessità della purificazione da una tentazione naturalistica della conoscenza di Dio, scardinando quindi la prospettiva classica della teologia naturale, e

---

[89] Cf. F. TOTARO, «Logica della fede», 74-78.
[90] A. AGUTI, «Dire Dio», 554.

allineandosi con quella tradizione ermeneutica che salvaguarda l'immagine di Dio da qualsiasi presa del concetto, senza per questo abbracciare un pensiero disfattistico e nichilista in ordine alla verità.

È per questo che nella conversazione con G. Vattimo parla di «meta-ermeneutica»[91], ovvero l'esigenza di partire dall'ermeneutica ma di andare oltre l'ermeneutica, abbracciando quella forma antinomica del pensiero in cui il religioso si dà senza risolversi né nella metafisica né nel nichilismo, in quella condizione liminare dove il credente è in qualche modo stretto fra l'affermare e il negare Dio, fra luce e tenebre.

L'approdo alla conoscenza paradossale di Dio e, dunque, l'assunzione di quella linea del pensiero cristiano che conduce alla lezione della teologia negativa, consentono a Mancini di mettere a punto la sua personale prospettiva che tiene insieme esigenza della ragione ed insequestrabilità di Dio nelle maglie del pensiero concettuale. Si rende conto che la sua è una *logica anomala*[92], perché non procede seguendo le leggi canoniche dell'accertamento della verità secondo la logica dell'identità, ma procede secondo un dinamismo di inclusione che allarga l'area del significato, per cui la credibilità del discorso può essere verificata solo a posteriori, secondo un approccio ermeneutico. È una logica che chiede il dovere teorico di non limitarsi ad un solo lato della cosa, per cui la ricerca del vero assume un'andatura drammatica e agonica: «"Doppi pensieri" significa: *fedeltà* al contrasto senza consolatorie sintesi artificiali e *insieme* saper cogliere in esso la via della più indissolubile relazione»[93].

In questa logica, che dà conto di una lettura plurale e complessa delle prospettive attraverso cui la verità viene a darsi, il paradosso è il modo concreto attraverso il quale si può approssimare l'*intero della verità*, quasi per *spezzamenti* e per *rotture* secondo la lezione cara a Kierkegaard: «Questo, allora, è il supremo paradosso del pensiero: voler scoprire qualcosa che non può pensare»[94].

Il suo carattere dirompente e antinomico è messo in rilievo a partire dalla ricognizione della sua biografia intellettuale come approdo dopo un lungo percorso di vaglio:

---

[91] I. MANCINI, «La ragione contro il sacro», 78.
[92] Cf. G. RIPANTI, «Prefazione», 7-8.
[93] M. CACCIARI, «Briciole filosofiche», 139.
[94] S. KIERKEGAARD, *Briciole filosofiche*, 92. Cf. V. MELCHIORRE, «Il paradosso come passione», 69-90.

> Pur continuando a tener fermi questi risultati [...] dei tre decenni trascorsi – l'essere, la verità del *kerygma* come differenza, la prassi, soprattutto quella pubblica, espressa nei comuni fronti di lotta – sentivo che era necessaria una logica nuova per fare di tutto ciò non una sequenza disgregata di momenti in decomposizione, ma una munificenza da raccogliere e serbare nel *logos* [...], attraverso quella logica dei doppi pensieri che ha nella fondazione veritativa la sua sostanza, nel linguaggio sensato la sua ricchezza, nella contraddittorietà il suo limite e nella doppiezza il suo scandalo[95].

Non c'è dubbio che dietro l'epistemologia del paradosso c'è il passaggio da un modello ontologico di verità al modello ermeneutico, nel quale urge la comprensione dei significati nella circolarità interpretativa che non si arresta di fronte al dato, ma concresce con esso insieme a quella storia degli effetti che Mancini, nell'affrontare un tema, prendeva sempre in seria considerazione, attraversando e confrontandosi con le letture degli autori che incontrava. In questo secondo percorso l'ermeneutica, figura centrale della sua filosofia della religione, diventa *ermeneutica del paradosso* o *ermeneutica del tragico*[96]. Questa componente tragica o agonica, che egli definisce anche come tormento, il quale non è mai solitario ma sempre accompagnato dalla gioia della passione per la verità, esprime la complessità del suo ragionare su temi intorno ai quali si è arrovellata la sua fatica teologica, segno anche questo del rigore nel trovare una collocazione alla sua prospettiva, che egli definisce, non senza provocazione, «teologia di sinistra»[97]. Con essa intende non la simpatia per una parte politica, ma l'orizzonte categoriale della radicalità e paradossalità del Vangelo, il riferimento a quella linea ermeneutica del cristianesimo agonico che, seppur minoritario, costituirà l'ambito teologico da cui trarrà le sue riflessioni.

Questa scelta è il frutto maturo della sua meditazione insonne sui testi intorno a Dio di autori illustri come Dostoevskij, Pascal, Kierkegaard, recuperando anche una tradizione più antica, presente nella teologia cristiana, da Dionigi l'Areopagita ad Agostino, da Anselmo d'Aosta a Tommaso d'Aquino. Tradizione da cui attinge per confermare la sua chiave di lettura: si può sostare di fronte a Dio solo con la *logica dei doppi pensieri*, la quale forse è l'unico modo per pensare Colui che è impensabile e tuttavia vuole essere pensato. La consapevolezza

---

[95] I. MANCINI, «Teologia dei doppi pensieri», 95.
[96] Cf. G. FERRETTI, «Filosofia della religione (1995)», 113.
[97] Cf. I. MANCINI, «Teologia di sinistra?», 5-8.

acquisita sul campo, secondo la quale l'uomo è sempre di fronte ad una cultura delle tracce e che il sistema totalmente dato è un paradiso perduto, lo spingono ad affermare che anche in ambito teologico «dobbiamo realizzare una ricerca del senso attraverso frammenti, attraverso tracce e oscurità, attraverso balenamenti»[98].

Non è una resa del pensiero, ma un prendere atto della lezione del Novecento teologico, il quale lo aveva introdotto a quella che egli ha chiamato la *doppia fedeltà* in relazione al saper stare sul confine tra la trascendenza di Dio che si rivela nella sua munificenza, nel suo essere apriori ed insequestrabile da parte delle culture o delle ideologie umane, e il riconoscimento dell'autonomia del mondo e della sua laicità in nome della quale va rifiutato un Dio «tappabuchi». Questa condizione paradossale della vita credente, chiamata ad abitare una cultura non più ordinata alla cristianità, oltre ad essere vissuta nel segno della coscienza tragica, testimonia che la contraddizione in cui il cristiano si trova a vivere, non è solo logica, ma è da intendersi anche come contraddizione «tra i tempi»[99], il tempo ultimo, dove il progetto del cristianesimo evangelico si realizzerà, e il tempo penultimo, caratterizzato dal mistero di Dio e dal rischio delle scelte storico-politiche concrete. Questo stare *tra i tempi* conferisce al credente la doppia autonomia, oltre che la doppia fedeltà, che fonda sia il pluralismo ermeneutico (in quanto il dato teologico non è esauribile in nessuna formulazione umana), sia il pluralismo ideologico-politico (in quanto nessuna ideologia politica, per quanto necessaria per mediare tra teoria e prassi, può pretendere di essere l'unica possibile)[100].

Il cristiano vive allora, in virtù della «*perenne* crisi del vangelo nel mondo»[101], la sua tragicità polemica nel necessario rapporto tra *Oggetto immenso* e movimento politico-mondano. Non ci sono crisi epocali, ma una *crisi essenziale* che connota la presenza del vangelo nei contesti storico-culturali, stando a quella linea interpretativa già tracciata da Pascal nella sua affermazione «Cristo sarà in agonia fino alla fine del mondo». La logica dell'agonia e della contraddizione fa del credente una persona *pensosa*, perché chiamato a non risolvere l'alternativa scegliendo uno dei lati, Dio o mondo, ma pascaliana-

---

[98] P. GRASSI, «Intervista a Italo Mancini», 44.
[99] I. MANCINI, «Progetto puro per la cristianità», 872. Cf. P. GRASSI, *Trascendenza fra i tempi*.
[100] Cf. I. MANCINI, «Fondazione teologica del pluralismo», 174-179.
[101] I. MANCINI, «Presenza, mediazione, paradosso», 250.

mente a «far professione dei due contrari», come auspicato dallo scritto *A Diogneto*, dove attraverso una serie di antinomie l'autore descrive l'esistenza credente come una sequela che determina una doppia appartenenza:

> I cristiani, infatti, non si distinguono dagli altri uomini né per regione, né per lingua né per abbigliamento. Infatti, non abitano città loro proprie, né utilizzano un gergo straordinario, né conducono uno speciale modo di vita. La loro dottrina non è stata scoperta da loro grazie alla riflessione e al pensiero di uomini invasati, né sono gli esponenti di una dottrina umana, come fanno alcuni. Vivendo in città greche e barbare, come a ciascuno è capitato in sorte, e seguendo i costumi del luogo nell'abbigliamento, nel cibo e nel resto, testimoniano lo stato meraviglioso e veramente paradossale della loro società[102].

Non ci sono spazi rassicuranti che possano offrire la *grazia a buon mercato*, ambiti di vita privilegiati che possano preservare i credenti dal confliggere con il mondo e la storia, ma il cristiano è chiamato a vivere totalmente la radicale paradossalità «inedita eccedente salvifica»[103] nella ordinarietà del quotidiano. La doppia fedeltà, la doppia autonomia, la contraddizione tra i tempi significano a livello teologico la permanenza dei *doppi pensieri*, che implicano una conoscenza umana come quella di Mosè di fronte a Dio nell'esperienza del roveto ardente (cf. Es 3,2-6), dove la sua presenza si dà nella dialettica di svelamento e nascondimento. Il ricorso al linguaggio ossimorico[104] nel contesto della rivelazione biblica mostra, per Mancini, l'impossibilità in questo ambito di una conoscenza apodittica, e tale linguaggio si presenta come la forma simbolica propria della *logica dei doppi pensieri*.

L'assunzione della complessità epistemologica ed esistenziale di questa prospettiva lo conduce ad accogliere e ad argomentare a partire da una particolare forma di teologia, presente nella tradizione cristiana, la *teologia mistica*, dove nell'attrazione divina viene superata la distretta umana e le sue ordinarie forme del sapere dalla scienza alla metafisica. Già Hegel aveva ammesso la difficoltà del pensiero di superare la distanza dall'*Oggetto immenso*, e aveva risolto l'ambiguità della conoscenza non nel *pati,* la passione infinita, di cui parla Agostino, Dionigi, Pascal, Maritain, Bergson, Edith Stein, Tommaso

---

[102] I PADRI APOSTOLICI, *A Diogneto*, 345-346.
[103] I. MANCINI, «Presenza, mediazione, paradosso», 252.
[104] Cf. I. MANCINI, *Frammento su Dio*, 279-302.

d'Aquino, Anselmo d'Aosta, ma nella dialettica. Ma la passione infinita rimane una possibilità per ogni uomo, a dire di Bergson, che in tal senso può essere definito un «mistico in miniatura»[105], perché avrebbe una disposizione naturale di cui non è possibile rendere conto in modo oggettivo, ma solo attraverso la *testimonianza*[106], categoria non scientifica, l'unica che può aprire spazi di assenso, perché si concede al traslato, conducendoci dalla figura sensibile a quella del divino.

Mancini riconosce come manifesto della *logica dei doppi pensieri* l'esordio di Agostino nel IV capitolo del I libro de *Le Confessioni*, dove invoca Dio con coppie di termini che costituiscono degli ossimori, apparentemente contraddittori:

> Chi sei, dunque, o mio Dio? Che altro, dimmi, se non il Dio Signore? Chi è infatti signore, all'infuori del Signore? O sommo, ottimo, potentissimo, onnipotentissimo, misericordiosissimo e giustissimo, lontanissimo e presentissimo, bellissimo e fortissimo, stabile e inafferrabile, immutabile mentre muti tutte le cose, mai nuovo, mai vecchio mentre tutto rinnovi, e a vecchiezza adduci i superbi che nol sanno, sempre in attività, sempre in quiete, raccogli senza patir bisogno [...] che è mai tutto questo che ho detto, o mio Dio, vita mia, dolcezza mia santa? O che è mai quello che uno dice, quando parla di te? Eppure guai a chi tace di te[107].

Tutte le coppie di termini e di concetti antagonisti avrebbero diritto di coesistenza di fronte «al dire su Dio e allo stesso dire di Dio. Un termine purifica e corregge l'altro»[108].

Ancora un esempio di teologia «in ginocchio» con Pascal, che alla logica delle *contrariétés* aggiunge la logica della croce, dove l'uomo può fare esperienza della gloria di Dio, che pur rimane un *deus absconditus*[109]. Non può mancare il riferimento ad Anselmo, che esalta la capacità affermativa del pensiero dentro la prospettiva del *credo ut intelligam*. Al vertice della teologia affermativa di Anselmo non sta l'*intelligere* o il *probare,* ma la *letizia* che si prova esercitando il pensiero dentro le profondità della fede[110].

---

[105] I. MANCINI, *Scritti cristiani*, 17.
[106] Cf. I. MANCINI, *Scritti cristiani*, 193-223.
[107] AGOSTINO d'IPPONA, *Le Confessioni*, 42-43. Cf. L. ALICI, «Agostino in Mancini», 65-84.
[108] I. MANCINI, «Presentazione», 12.
[109] Cf. I. MANCINI, *Scritti cristiani*, 18-19. Cf. B. PASCAL, *Pensieri*.
[110] Cf. I. MANCINI, *Scritti cristiani*, 23.

Nel riferirsi a Tommaso[111] ed Edith Stein[112], Mancini è convinto che in teologia prevale la via negativa, la *maior dissimilitudo* delle cose divine che rende necessario il ricorso al discorso traslato, al linguaggio simbolico, e quindi alla teologia simbolica pensata come compresenza di più vie, la via affermativa, negativa e mistica, la quale, però, per essere compresa ha bisogno che l'interlocutore si trovi già nella conoscenza ed esperienza di Dio. Ma come venire in possesso di questa teologia anteriore, originaria ad ogni discorso, che rende possibile e legittima ogni conoscenza su Dio?

Ci deve essere una *notitia Dei* anteriore all'ascolto stesso, la quale renda possibile il traslato teologico, che consenta all'uomo di poter dire Dio con i nostri *poveri segni*.

Mancini, in questo filo rosso tracciato, che articola lo statuto paradossale del cristianesimo, giunge, dunque, ad una proposta composita, la *teo-logica dei doppi pensieri*, che tenta di riflettere l'insondabile personalità di Dio e come afferma A. Milano:

> La «logica dei doppi pensieri», con la teologia che le è circolarmente correlata, non è solo la conquista più preziosa e feconda che Mancini ha ritenuto di aver raggiunto, ma è anche quella più rivelatrice di tutto il suo itinerario ed è perciò anche capace di illustrarlo per intero, fin dall'inizio: parla di lui[113].

### 3. Pensare Dio per *frammenti*

Nel ridisegnare lo spazio della trascendenza, egli, da filosofo, inizia dall'*apriori* teologico, non certo come principio dal quale dedurre coattivamente la vicenda storica, ma come scaturigine che muove dialetticamente dal basso producendo la trasformazione e l'alleggerimento della terra. Il suo proposito è quello di uscire dalla «teologia del solitario»[114] e pensare la rivelazione nella sua relazione profonda con la cultura e la storia, relazione che egli definisce «dialettica», ma distinguendola dalle sue figure storiche (platonica, hegeliana, francofortese) che, nell'approssimarsi alla trascendenza, possono arrivare *a limite* a parlare *di* Dio ma non raggiungono la situazione del «dono»[115].

---

[111] Cf. I. MANCINI, *Scritti cristiani*, 24. Cf. A. ASCIONE, «Tommaso in Mancini», 85-97.
[112] Cf. I. MANCINI, *Scritti cristiani*, 25-26.
[113] A. MILANO, «Il teologo e filosofo», 61.
[114] I. MANCINI, *Come continuare a credere*, 95.
[115] I. MANCINI, *Come continuare a credere*, 96.

Il legame tra l'idea di Dio e la dimensione della salvezza è fondamentale per uscire fuori dal cortocircuito di una teologia concettuale e poter pensare il circolo vitale con l'alterità senza ridurre il fare di Dio al fare dell'uomo: «Il Dio monoteistico [...] ha una valenza politica come pure una valenza fortemente umana, nel senso che libera da tutti quegli "assoluti terreni" che bloccano la terra, che impongono sacrifici e tabù»[116].

Per poter rendere credibile di nuovo il discorso su Dio bisogna coniugarlo con l'efficacia della liberazione e della redenzione che si dà nella sintesi escatologica dove il male sarà tolto, e ogni carne redenta; ma questa sintesi, originaria e finale, è opera del movimento di Dio, della sua salvezza, a cui l'uomo partecipa nel suo stare tra il mondo della fede e quello delle vicende umane, senza relegarla in spazi lontani né surrogarla con i beni terreni, ma in una mediazione che si fa *confronto* continuo verso un comune convergere.

È qui che si misura il guadagno della secolarizzazione, intesa come processo della Modernità indotto secondo Mancini dal cristianesimo stesso, da non considerare, quindi, come una malattia da cui guardarsi o da cui guarire. Egli ne distingue due momenti: il primo sorge dallo sviluppo moderno della filosofia (*Sekularismus*), che porta con sé il suo estremo nel secolarismo, il quale ha fagocitato l'area del teologico operando una dekerygmatizzazione; il secondo si sviluppa nell'età contemporanea dalla riflessione che la teologia stessa ha fatto sul suo oggetto (*Sekularität*). Essa si origina proprio dalla liberazione del *kerygma* da ogni forma di riduzione per amore della sua incontaminata affermazione. Egli parla non di secolarizzazione *del kerygma*, ma *in forza del kerygma*. Ritornando all'origine di questo movimento secolarizzante in ambito teologico, ovvero alla lezione di Bonhoeffer, mostra come anche l'ateismo ha una funzione critica positiva nella ricerca di un senso di Dio che esprima la rivelazione biblica contro ogni forma di enfatizzazione monoteistica. L'autonomia dell'uomo è letta come forma di emancipazione dall' «ipotesi Dio», che costringe la teologia a riflettere su come valutare lo stare davanti a Dio, sgomberando il terreno da una sua falsa visione. Questa figura di ateismo[117] apre ad una nuova forma di trascendenza, di cui bisognerà ridisegnare gli ambiti di dicibilità.

Una corretta ermeneutica della fede esige ampi spazi di laicità e di profanità nella gestione della terra, ma solo un'adeguata ermeneutica

---

[116] I. MANCINI, «La ragione contro il sacro», 74.
[117] Cf. I. MANCINI, «Ateismo e laicità», 109-142.

della fede può fondare la laicità. Processo salutare, dunque, che può costituire il giusto modo di essere nella fede, in quanto ha operato una sorta di demitizzazione da una metafisica sacrale ed ha consentito di ristabilire un corretto equilibrio tra ragione, fede e verità, senza salti arbitrari ma nella fatica storica di una *mutua preambolarità interpretativa*. La loro contrapposizione ha portato, infatti, come rileva C. Dotolo, ad una duplice crisi:

> la crisi della fede che, con tutti gli investimenti critici del pensare, sembra incapace di «dare a pensare», di mordere la realtà, chiusa nel soggettivismo e nella *privacy* di uno sterile ritualismo; la crisi della ragione che nell'insistenza tracotante della sua autocritica, continua a esercitare il pregiudizio sulla fede sottraendosi al «legame con la religione rivelata, accolta nella fede; per coabitare esclusivamente con la religiosità naturale, data con la ragione»[118].

Proprio per uscire dal rischio dell'insignificanza della teologia, Mancini vuole evitare sia la tentazione del surrealismo teologico (Barth), ma conservando l'oggettività della rivelazione, sia la riduzione ad un esistenzialismo teologico (Bultmann), ma preservando i diritti della soggettualità credente, sia lo scivolamento del teologico alla prassi (Bonhoeffer), ma salvaguardando la necessità dell'efficacia storica della verità[119]. In questo percorso speculativo, ma anche purificatore, vuole positivamente valutare uno degli effetti della secolarizzazione, che è la sostituzione del sapere concettuale con quello ermeneutico, il cui riconoscere assicura un approccio adeguato al recupero della Parola di Dio nella situazione storico-linguistica in cui si trova, mantenendo uno «spazio di rischio e di libertà interpretativa»[120] al credente.

La Parola, infatti, in quanto *di* Dio, non è mai allo stato puro, ma, secondo la dinamica della rivelazione, si sottomette al processo della *kenosi* linguistica, la quale gli conferisce quel carattere simbolico che «mette in situazione precaria ogni discorso pretenziosamente sequestratore del sacro»[121].

Partendo dal principio di secolarità, egli affronta il nodo speculativo del problema di Dio attraverso una teologia *alternativa*[122], che tiene

---

[118] C. DOTOLO, *La teologia fondamentale*, 421.
[119] Cf. I. MANCINI, «Dio», 311-336.
[120] I. MANCINI, *Futuro dell'uomo*, 126.
[121] I. MANCINI, *Futuro dell'uomo*, 125.
[122] Cf. I. MANCINI, *Frammento su Dio*, 305.

conto degli approdi più significativi della teologia contemporanea: la valorizzazione della natura prolettica degli asserti su Dio, la dimensione escatologica del tempo religioso, la storia come luogo critico per la teologia, la dimensione dossologica con cui si dà la *notizia Dei*, la precedenza dell'ermeneutica sulla metafisica.

### 3.1 L'aggiornamento *della trascendenza*

«Solo un Dio liberato può liberare l'uomo»[123]: con questa affermazione Mancini intende procedere alla demanipolazione dell'idea di Dio e restituirlo alla sua logica, convinto che il compito più urgente oggi per la teologia sia quello di recuperare la *persona Dei*[124]. Per avere una corretta interpretazione della trascendenza egli tiene conto di tre passaggi: lo *smascheramento* di una falsa idea di Dio contro ogni riduzione antropologica, la dimensione *politica* che ne assicura la sua efficacia storico-salvifica, l'apporto della *ragione* per evitare che la fede si trasformi in fanatismo o integralismo violento. Quindi né oggettivismo surrogatorio, né astrattismo lontano dalle miserie della storia, ma coniugazione di teoria e soterìa nella *logica dei doppi pensieri*, ovvero relazione della verità con la sua efficacia pratica. La necessità del legame tra teologia e politica rende singolarmente affine il suo approccio epistemologico a quel filone di pensiero che può essere definito *teologia del paradosso*, che contempla l'assoluta lontananza di Dio con la sua misteriosa vicinanza.

Un *aggiornamento* della trascendenza che risponde alla sensibilità contemporanea esige una revisione di quei luoghi che hanno costituito un fraintendimento per la coscienza moderna: il Dio Altissimo, procrastinato nel tempo e nello spazio in un al di là lontano dalla storia, che non regge di fronte alle provocazioni del dolore del mondo, il Dio *zeusico*, chiuso nell'asserzione della sua giustizia divina senza la passione per la liberazione e l'alleggerimento della terra, il Dio come Essere perfettissimo più oggetto di dimostrazione che di invocazione, ridotto ad «enfasi del mondo». È per questo che parla di «riferibilità antropologica della trascendenza»[125], ovvero la restituzione di una vitalità pratica al significato teologico di questo termine in modo da evitare di ridurre il concetto di Dio ad una forma ludico-consolatoria, in cui le formule si

---

[123] I. MANCINI, *Futuro dell'uomo*, 29.
[124] Cf. I. MANCINI, «Aggiornamento sulla trascendenza», 21.
[125] I. MANCINI, «La trascendenza come significato politico», 31.

avvitano su se stesse senza preoccuparsi dell'efficacia liberante della loro verità.

Tale accezione si fonda su una *memoria Dei* che ha operato e promette di operare la liberazione della storia e dentro la storia. Indispensabile presupporre questa prospettiva soteriologica perché dà *significato* al segno della trascendenza nell'orizzonte di una riconciliazione che secondo la fede è opera di Dio. La ricerca di una differenza *personale* colloca il discorso su Dio nella figura del Tu con cui il colloquio diventa preghiera e l'uomo assume la responsabilità di *partner* nella prassi di liberazione. In questa purificazione delle forme della trascendenza la storia è presa sul serio come *segno dei tempi* che interpella la costruzione della domanda filosofica e teologica. Un'opzione che fa uscire la questione di Dio dall'ambito dell'analogia tra enti per spostarlo nell'ambito dei «fronti di lotta», nella «differenza tra i tempi», dove il problema del *radikal Böse*, come lo definisce Kant, non è disatteso.

Questa scelta di campo segna per Mancini la fine del «daltonismo teologico», espressione che usa per definire un Dio astratto senza occhi per il colore della pelle dell'uomo. Egli, pur acquisendo le suggestioni della teologia politica[126] nel rilevare la necessità di riformulare il senso della trascendenza coniugandolo con le liberazioni storiche, ritiene altrettanto necessario oltre al *fare* anche il *chi* di Dio, per evitare che la prospettiva soteriologica venga completamente secolarizzata perdendo il referente trascendente. La delineazione di una nuova figura di trascendenza che consideri lo spostamento di attenzione dall'*alto* all'*altro*, avvenuto con i guadagni teoretici della teologia del Novecento, deve contemplare, allora, sia il valore della teologicità che quello della riferibilità all'uomo: «Si tratta di mantenere intero il senso politico della figura appena vista, ma anche di liberarlo dal depotenziamento secolarizzato con la restaurazione dell'opera di Dio»[127].

La questione centrale, dunque, è come dar senso all'essere personale di Dio, ricentrando l'attenzione sulla promessa biblica non come conato utopico, ma come virtù della speranza orientata al futuro di liberazione. Due sono le sottolineature necessarie: una *teologia dell'esodo*, come uscita da un Dio *zeusico* e faraonico per incontrare il Dio di Gesù, che ha la sua manifestazione nello splendore tenebroso della croce; e una

---

[126] A tal proposito cita autori come J.B. Metz e D. Sölle e il dibattito scaturito a ridosso degli anni '70 sull'esordiente teologia politica mitteleuropea.

[127] I. MANCINI, «La trascendenza come significato politico», 55.

*teologia del regno,* in cui Dio non è una meteorite che intimorisce, ma sta a fianco dell'uomo per realizzare cieli nuovi e terre nuove[128].

### a) La teologia come profezia

È proprio il ritorno al linguaggio biblico che gli offre l'opportunità di circoscrivere nella sua valenza simbolica e conoscitiva la *paradossale personalità* di Dio. La figura retorica dell'*ossimoro* gli consente di mettere a fuoco attraverso la complessità semantica una questione teoretica: la possibilità del discorso teologico, attraverso la forma simbolica, di transitare da un mondo ad una altro facendosi profezia di un *oltre*. Il problema è posto da Mancini nei termini seguenti:

> Primo: esiste oppure no una possibilità di caricare la rappresentazione della natura [...] e di caricare la rappresentazione della storia di tensioni e di latenze che fanno cenno a forme di oltre (di *metà*) che potremmo raccogliere nella forma della profezia [...], nella *produzione* teologica, non come studio, ma appunto come *kerygma*, come quando ci si rifà ad un profeta. Secondo: quali forme concettuali o espressive può assumere questa traslazione dall'uno all'altro di questi mondi, e se dovesse risultare che qui il concetto è un paradiso perduto e non si va oltre lo statuto del simbolo con tutte le forme metaforiche che lo sorreggono, non significa questo che il discorso teologico è un vero ossimoro simbolico, di cui si tratta di stabilire i modi e le forme?[129].

La natura ci può condurre alle soglie del metanaturale? E la storia può rinviare al metastorico? La questione è, allora, se la teologia possa essere allusivamente parola *di* Dio, se in essa è Dio a parlare; non una teoria di Dio o espressione di esperienze religiose, ma luogo del farsi storico, incarnato e simbolico del verbo di Dio. In altre parole, il suo cruccio è di verificare la valenza veritativa del simbolo rispetto al concetto e, seguendo la lezione di Dionigi l'Areopagita, approdare alla teologia simbolica come unico discorso di Dio che possa avere una dimensione rivelativa, kerygmatica e biblica, in quanto, eccedendo il concetto, si distingue dalla teologia dogmatica, predisposta alla *comunicazione* normativa della verità della fede e non alla *profezia* della verità. Si

---

[128] Cf. I. MANCINI, «Evangelizzazione e cultura», 20.

[129] I. MANCINI, *Frammento su Dio*, 280. Cf. G. LORIZIO, «Quale metafisica», 222 dove nella nota 71 afferma: «È comunque grazie alla lezione di Italo Mancini, che il tema dell' "ossimoro teologico" può essere appreso e ripreso nell'attuale configurazione del discorso su Dio».

tratta di un diverso statuto epistemologico, l'una descrittiva ed enunciativa, l'altra profetica e simbolica, dove il simbolo riveste una funzione *intermediaria* tra il visibile e l'invisibile, il noto e l'incognito. Parlare di teologia simbolica come profezia di Dio significa estendere l'appellativo di teologo non solo ai profeti e dottori, ma a tutti quelli che sono *afferrati* da Dio, ispirati da lui, e riconoscere Dio stesso come il «teologo originario», per usare un'espressione di E. Stein[130].

Questa *produzione* umana della rivelazione, a cui allude come qualità propria della teologia simbolico-profetica, caratterizza un diverso modo di fare teologia e diversi modi di essere nella conoscenza (o non conoscenza) di Dio. Parla, infatti, di *gradualità* della conoscenza, riprendendo un'idea centrale di Dionigi, che descrive la teologia come itinerario o salita verso il monte, alludendo all'esperienza biblica di Mosè e alla tipologia della sua conoscenza di Dio, dove luce e tenebre si mescolano, non concedendo la certezza della verità, ma l'esperienza luminosa della presenza di Dio. Non c'è, dunque, una teologia a portata di mano, non un'evidenza indubitabile della parola di Dio, ma la compresenza di opposti nel «simbolo come coesistenza di nomi e intenzioni sensibili e imprendibili prese dello spirito, l'acuirsi folle dell'ossimoro splende in modo vertiginoso»[131].

In questa gradualità ascensiva si tratta di verificare dove si attua la logica dell'ossimoro. La forma conoscitiva più alta, nella tradizione di pensiero indagata, è la teologia mistica, che non approda ad una conoscenza più chiara di Dio, e neanche al silenzio inteso come sospensione del linguaggio a motivo dell'inconoscibilità, ma, per dirla con Dionigi, allo stadio «teo-patico»[132], che esprime con radicalità l'impossibilità di dire, come se la fruizione prenda il posto della dizione, ma anche la necessità di dire[133].

Il grado più basso della conoscenza permette di usare un linguaggio più ampio, è quella che è chiamata *teologia affermativa o catafatica*,

---

[130] Cf. I. MANCINI, *Frammento su Dio*, 281. Cf. E. STEIN, *Vie della conoscenza di Dio*.
[131] I. MANCINI, *Frammento su Dio*, 284.
[132] G. TAVOLARO, «Il contributo dello pseudo-Dionigi», 87.
[133] Cf. G. TAVOLARO, «Il contributo dello pseudo-Dionigi» dove a p. 92 commenta: «bisogna riconoscere che [...] il presunto discepolo di Paolo consegna al pensiero cristiano una "teo-logia" in grado di trovare nella rivelazione la sola possibilità di sottrarre Dio a un nascondimento che lo renderebbe del tutto inconoscibile e indicibile, facendo del silenzio l'approdo estremo (l'unico possibile) di ogni discorso su di lui». Cf. G. GUSMINI, «L' *"unica e semplice verità"*», 218.

che viene affiancata dalla *teologia negativa o apofatica*, il cui compito è quello di verificare l'attendibilità veritativa delle affermazioni teologiche attraverso la *via remotionis*, cioè dicendo ciò che Dio non è, non per l'impossibilità di affermare una conoscenza positiva di lui, ma per l'eccedenza del suo mistero. Nella teologia affermativa, infatti, domina la via dell'*analogia entis,* che, pur essendo utile per l'approssimazione alla verità di Dio attraverso il criterio della somiglianza, rischia di togliere l'infinita differenza che separa Dio dal mondo.

È qui che si colloca la peculiarità e necessità della *teologia negativa*, la cui funzione è quella di gettare

> ombra di dubbio e di sospetto in quella che potrebbe diventare una violazione del mistero e del segreto, una dissacrazione. Anch'essa lavora alle pendici e lungo il fianco del monte fino ad abbracciarsi nella vetta con la sua antagonista e lì cadere entrambe mute. L'amore per la casta scienza dell'«Oggetto immenso» ha sempre spinto i grandi interpreti più verso la *via remotionis* che verso la *via affirmationis* così incline all'assunzione dei metodi naturalistici della scienza[134].

Egli sottolinea, però, come la teologia negativa, pur attuando questo sistema di controllo, non è la definitiva struttura del pensiero teologico, perché in quanto trascendente e «sciolto assolutamente da tutto»[135] a Dio non si addice né la teologia affermativa né quella negativa. La salita al monte suppone, dunque, entrambe le forme conoscitive dell'affermazione e della negazione: questa collaborazione o coesistenza viene chiamata da Mancini appunto *teo-logica dei doppi pensieri*, che assume, pertanto, come forma propria del teologare la teologia simbolica, perché il simbolo, pur essendo più debole dal punto di vista veritativo rispetto al concetto, è lo strumento conoscitivo proprio delle teologie *kerygmatiche*, più prossime alla dialettica rivelativa di Dio costituita da «debolezza e forza»[136].

Il problema epistemologico risiede proprio nell'accertamento della loro pertinenza sulla conoscenza di Dio, della loro intenzionalità teologica, della legittimità di trasferimento dal sensibile al trascendente:

---

[134] I. MANCINI, *Frammento su Dio*, 286. Più avanti a p. 308 Mancini afferma come in questo contesto culturale segnato dalla logica della disgregazione, ovvero in questo tempo postmoderno, sia attuale e consona la figura della teologia negativa come possibilità del pensiero teologico.

[135] Ps. DIONIGI l'AREOPAGITA, *Gerarchia celeste*, 113.

[136] È il titolo che darà al settimo ed ultimo capitolo del *Frammento su Dio*, 303-348.

o i simboli, come tutti i traslati, ci fanno autonomamente sapere la direzione teologica, ma questo non sembra, perché per essere detti e letti teologicamente i simboli, come quello del fuoco, debbono sapere già il teologico, per essere ricondotti a questa area semantica; oppure si abbandona in partenza questa possibilità di schiarimento teologico autonomo, e allora i simboli non escono dall'ambito retorico[137].

Come dire, però, che un termine ha una vera somiglianza con un altro che non si conosce e che viene usato proprio per conoscerlo? Per avere un simbolo il teologo, seguendo sempre le riflessioni di Dionigi, deve partire dalla conoscenza di Dio. Si assiste ad una sorta di circolarità: la teologia simbolica si trova a garantire la capacità epistemologica della teologia affermativa e di quella negativa, ma come garantire la sua valenza veritativa? Per Mancini è proprio la possibilità di una notizia originaria di Dio a rendere affidabile la teologia simbolica, perché «come prototipo istituisce le forme e i modi della somiglianza, che il simbolo è chiamato a incrementare e a vivere senza fine legando produttivamente l'elemento logico e quello intuitivo, la figura e la cosa figurata»[138].

Con la *notizia Dei* si afferma sia la non autosufficienza della natura e della storia, la sua irriducibilità a mero oggetto, sia la memoria dell'origine impressa come un marchio di fabbrica sulla creaturalità, la quale per questo può suscitare in noi stupore e incanto, e possiamo percepirla piena di senso e ordinata ad un fine, anche se non lo conosciamo, ma questo sarà possibile se riusciamo ad *allargare i confini della sensibilità*. C'è un orizzonte di significato e di senso che la fede cristiana continuamente assicura, anche se il credente non sempre riesce a cogliere in maniera continua e chiara questa sensatezza. È per questo che molti santi e mistici testimoniano nella loro esperienza di Dio anche la notte oscura della fede, quasi un'esplosione di non senso, una sorta di distretta della fede. Il possesso della certezza della presenza di Dio anche nella vita dell'uomo di fede è sempre rischiato, nonostante la percezione reale, ma personale, dell'incontro con Lui, che rimane comunque desiderio inappagato della visione beatifica, vertice dell'esperienza mistica e della vita intera.

È, dunque, «l'inarginabile essere straboccchevole di Dio»[139] ad esigere l'ossimoricità del simbolo nel linguaggio teologico, il darsi nella dialettica di svelamento e velamento del mistero che rifiuta il pensiero ad

---

[137] I. MANCINI, *Frammento su Dio*, 291
[138] I. MANCINI, *Frammento su Dio*, 295.
[139] I. MANCINI, *Frammento su Dio*, 302.

una dimensione. Una consapevolezza che innerva anche la teologia dialettica, di cui si nutre Mancini, per cui con K. Barth afferma: «Si tratta di rimanere seri e pensosi che Dio parli là dove si parla di lui»[140].

La necessità di parlare di Dio si accompagna inesorabilmente alla sua *impossibilità*.

### b) Il dialetto di Canaan

La richiesta di un *minimum* di razionalità teologica e la consapevolezza del *forte vino* teologico della rivelazione lo conducono a seguire da vicino la vicenda semantica della parola biblica δόξα (*dóxa*), ossimoro teologico per eccellenza, nel passaggio di significato dal mondo greco al mondo veterotestamentario[141]. I Settanta, attraverso la loro straordinaria operazione culturale, nel tradurre con δόξα il termine ebraico *kabod* hanno trasformato l'umile parola greca in un corrispondente forte vertice teologico, quello legato alla manifestazione, alla presenza e alla conoscenza di Dio.

Questo rovesciamento semantico, che nell'«orma di un sapere incerto»[142] ha voluto intravedere la rivelazione di Dio, mostra come nel mondo biblico la potenza di Dio si leghi alla più fragile delle parole proprio nel campo dell'approccio alla verità: si perdono i sensi greci di opinione e buona fama di una persona e permane il senso presente nel termine *kabod*, potenza e splendore, tradotta nel latino della Vulgata con *gloria*, che tuttavia non cancella quel segno di debolezza della sua origine semantica.

Un termine dalla storia complessa anche nella cultura greca, già usato da Platone che lo contrappone alla conoscenza, in quanto opinione, e al sapere incontrovertibile, in quanto originato dai sensi, dalla percezione individuale che non si concede ad alcuna verità, anzi a volte viene scambiato con le fantasie dell'immaginazione, con l'illusione delle parvenze[143].

Mancini fa notare, invece, come la *dóxa toû theoû* nell'Antico Testamento rivela proprio la realtà di Dio come potenza, che si manifesta nelle sue gesta, dalla creazione agli eventi storico-salvifici, dove il

---

[140] K. Barth, «La parola di Dio», 255.
[141] Cf. I. Mancini, *Frammento su Dio*, 313-348; cf. Id., *ΔΟΞΑ*.
[142] I. Mancini, *Frammento su Dio*, 329.
[143] Interessante il commento al termine *dóxa* di U. Galimberti, *Gli equivoci dell'anima*, 78-81.

mondo e la storia sono compresi come luoghi teofanici, ma che non esauriscono in una identificazione idolatrica la tutt'alterità di Dio[144]. Trascendenza e differenza costituiscono i tratti caratteristici del Dio biblico come ordito della sua santità. Un rovesciamento semantico ulteriore viene operato dal passaggio dalla *dóxa* di Jhwh alla *dóxa* di Gesù dove sulla maledizione dell'incomprensibilità veterotestamentaria (cf. Is 6,9-10) riposa ora una benedizione: «Beati i vostri occhi perché vedono e i vostri orecchi perché sentono» (Mt 13,16).

Si tratta dunque di una visibilità oggettiva, anche se permane l'ambiguità del segno, come ci attesta l'evangelista Giovanni, che lega la visione della gloria alla fede, e la nostra possibilità della visione all' affidarci alla fede di chi ne è stato testimone auterovele. Esemplare a tal proposito la riflessione di K. Barth:

> Per me personalmente la cosa è iniziata dapprima nei confronti di Paolo; quest'uomo vede e sente evidentemente qualcosa, che sfugge ad ogni confronto, che dapprima si sottrae assolutamente alle mie possibilità di osservazione e alle mie capacità di pensiero. Qualunque sia la mia posizione nei confronti di quel veniente, o meglio di quel presente, o meglio ancora di quell'approssimantesi, che egli in parole misteriose afferma qui di vedere e di udire, non posso trascurare per questo il fatto che in ogni caso egli, Paolo, […] vede e sente in un modo alla cui descrizione non bastano semplicemente espressioni come entusiasmo, orrore, commozione, sopraffazione. Mi pare allora, dietro la trasparenza di un tale documento, una personalità che, dalla visione e dall'ascolto di ciò che io per parte mia non vedo e non sento, è effettivamente proiettata fuori da tutti i consueti binari, e soprattutto dalla sua propria strada […][145].

Il Nuovo Testamento ci orienta attraverso la parola *dóxa-gloria* verso una direzione altra dove al *kabod Jahwh* si affianca il κύριος της δόξης (cf. 1Cor 2,8), che, nel segnalare la presenza luminosa e liberante di Dio, la riferisce non solo a Dio, ma anche alla persona di Gesù e non solo al Gesù risorto, ma anche al Gesù terreno, quello che obbedisce alla logica della croce, rivelando una sorta di «paradosso nel paradosso». La *dóxa*, di cui Gesù è strumento, segno e veicolo non è acquisita dal normale procedere conoscitivo, ma è compresa attraverso la fede, il cui vedere e udire si colloca nell'ordine dell'insolito, e la cui logica si erge sulla fragilità dell'accertamento:

---

[144] Cf. I. MANCINI, *Frammento su Dio*, 326 dove commenta: «Trascendente il *kabod*, ma soprattutto trascendente JHWH, di cui il *kabod* è la gloria».

[145] K. BARTH, «Domande, criteri e prospettive», 84-85.

la questione dell'assicurazione per la parola di Dio che sia di Dio non esiste, ma esiste solo il paradosso evangelico: «*Beatus est, qui non fuerit scandalizatus in me*» (Mt 24,10), perché non c'è nessuno intermediatore che autentichi la parola, ma *tutto* avviene in essa e solo in essa [...]. Tutta, dunque, questione delle orecchie e degli occhi, il fortissimo di Dio è veramente debole[146].

Precisa Mancini, nel suo scorrere i passi neotestamentari, che la gloria che fa di Gesù la manifestazione di Dio è legata a quello che viene chiamato il Cristo postpasquale, quello glorioso e già trasfigurato, ma che riguarda inevitabilmente il Gesù terreno legato all'evento della croce. C'è un passaggio nella *via stretta* che viene affermato dalla logica evangelica, conforme alla modalità rivelativa di Dio che in Cristo si manifesta nella debolezza e nella sofferenza, scegliendo la forma della *kenosi*. Lo scandalo della croce domina la manifestazione della gloria senza nessuna connessione apparente tra croce e gloria:

Se nell'esperienza anticotestamentaria la *dóxa* trovava un suo limite nella copertura cosmologica, ora essa trova il suo limite in questo disfacimento: Dio, in entrambi i casi è debole. Eppure riemerge forte proprio in virtù della legge di salvezza espressa nel grande simbolo del grano di frumento, che possiamo leggere per intero: «In verità, in verità vi dico: se il chicco di grano caduto in terra non muore, rimane solo; se invece muore, produce molto frutto» (Gv 12,24)[147].

La croce diventa nel Nuovo Testamento la nuova logica di Dio, la sua forza rivelativa, il suo linguaggio prediletto: di fronte alla nudità e insensatezza della croce l'uomo di tutti i tempi è chiamato a fare la sua professione di fede nel Dio che salva. Mancini, nel commentare lo spaesamento umano di fronte all'insensatezza della morte e il travaglio che accompagna ogni atto di fede nel Cristo, riporta l'esperienza di Dostoevskij di fronte al quadro del *Cristo morto nel sepolcro* (1521) di Holbein il Giovane visto a Basilea nel 1867:

Ma, cosa strana: mentre guardi quel corpo di un uomo martoriato, sorge in te un singolare e curioso problema: se tutti i suoi discepoli, i più importanti tra i suoi apostoli, le donne che lo avevano seguito e stavano sotto la croce e tutti quelli che in lui credevano e lo adoravano, videro realmente un cadavere in quello stato (e doveva essere immancabilmente così), in qual modo potevano credere, contemplando un tal cadavere, che quel martire sarebbe risorto?[148].

---

[146] I. MANCINI, *Frammento su Dio*, 327-328.
[147] I. MANCINI, *Frammento su Dio*, 341.
[148] I. MANCINI, *Frammento su Dio*, 342.

La fede non è rassicurante, permane lo scandalo della croce e la δόξα di Gesù non è visibile di per sé. La via della debolezza lo conduce a coniugare due registri linguistici ed esperienziali, quello biblico e quello letterario. Attingendo dai romanzi di Dostoevskij, nell'esplorare l'abisso del nulla possibile, tratteggia attraverso i suoi personaggi il dramma umano del dubbio, della rivolta, del crimine e della redenzione. La bellezza di queste figure sta proprio nel trapassare la distretta del male rivelando i bagliori della salvezza di Dio in un mondo che sembra smentirlo. La debolezza di Dio ad uno sguardo attonito di fronte alla sofferenza dell'innocente può tradursi nella professione della sua assenza[149]. Mancini segue altre voci autorevoli della riflessione contemporanea come D. Bonhoeffer e E. Wiesel, che, partendo dallo scandalo e incomprensibilità del dolore dell'uomo, hanno messo a tema il dolore di Dio. È il dolore dell'innocente, del bambino vittima inconsapevole del male dell'uomo, che rilancia l'inquietante domanda che attraversava già la teodicea classica e biblica: dov'è Dio?

Questa domanda ha ridestato nella teologia una possibile risposta che si radica nella figura della debolezza di Dio, nel dolore stesso di Dio per la sorte dell'innocente, in quella che nella riflessione contemporanea porta il nome di teologia della croce[150]. Nel tema dell'impotenza di Dio si manifesta come la logica storica e pubblica di Dio non è quella del potere, del dominio, della guerra e della sopraffazione, categorie prossime all'*éthos* dell'Occidente, ma quella della *compassione*, che rilancia il modo di parlare di Dio, liberandolo dai dogmatismi di certa teologia. L'evento della croce trasforma il volto di Dio, ma anche manda in crisi la nostra conoscenza di lui:

> se la parola di Dio è *di* Dio non può essere surrogata da nessuna impresa autonoma della ragione, anche la più costruttiva, anche la più possente, nello sforzo metafisico, che è il più alto nella ricerca di Dio. Per questo assetato incontro con la parola di Dio, noi dobbiamo procedere con cautela nel non assolutizzare i nostri segni conoscitivi, perché essi non finiscano per diventare schermi al suo rivelarsi sovrano. Per il fatto che la parola di Dio, proprio in quanto di Dio, non ci può mai giungere allo stato puro, ma sempre nella chenosi propria della Parola fatta carne, vuol dire che noi dobbiamo cercarla con volontà insonne, tra i veli opachi delle forme rive-

---

[149] Cf. I. MANCINI, *Teologia ideologia utopia*, 53.
[150] Cf. I. MANCINI, «Teologia della croce», 26-39. Tema che conosce in teologia un periodo fecondo di riflessione: K. KITAMORI, *Teologia del dolore di Dio*; J. MOLTMANN, *Il Dio crocifisso*; H.-G. GEYER – al., *Sulla teologia della croce*.

late, con la pazienza del pluralismo interpretativo, che lasci soprattutto alla potenza di Dio il farsi riconoscere. Alle ambizioni di una teologia del concetto, esaustiva e immobile, la croce indica la teologia della speranza come il vero modo di essere conoscitivo del cristiano, la speranza che Dio entri nelle nostre formule[151].

Il *dialetto di Canaan* è proprio questo attingere dalla sorgente originaria, che chiede di uscire dal discorso teologico astratto e generico, il quale rende poco credibile il cristianesimo, e di assumere le vesti di una «teologia dei nomi propri», ovvero riferirsi al Dio di Abramo, di Isacco, di Giacobbe, il Dio di Mosè e dei profeti, in quanto Dio vivo e vero, incontrato e testimoniato, il Dio di Gesù che assume il linguaggio della *kenosi*, un linguaggio ferito, dove il pensiero si interrompe, luogo di scandalo e di interpellanza[152]. È in questa consapevolezza che Mancini spesso afferma di dover pensare Dio più nell'invocazione che nella dimostrazione. L'invocazione si fa espressione di una presenza, di cui non è possibile dire *altrimenti*, parola risolutiva che non è un accontentarsi, una resa del pensiero, ma si fa parola di verità, parola filosofica «che segna la massima possibile prossimità del pensiero al proprio oggetto, quindi anche il confine del pensiero e la soglia di ciò che lo trascende»[153].

## 3.2 *La dossologia come* stile *di pensiero?*

È su questo crinale tra filosofia e preghiera che si vuole muovere il filosofo urbinate convinto che il confine non sia così netto. C'è una prossimità alla verità che va ulteriormente indagata, oltrepassando quegli steccati ideologici che la storia del pensiero ha frapposto tra diverse modalità di ricerca, le quali forse nella prospettiva dell'*interpellanza* possono essere accomunate[154]. La preghiera sembra, infatti, proprietà esclusiva della teologia e legata alle *compassiones Dei* (cf. Rom 12,1): la questione che gli interessa è se essa sia un ricettacolo sottratto al dominio della ragione o un luogo rivelativo della verità, se sopravvenga come compensazione del limite della ragione o se sia una delle sue espressioni.

---

[151] I. MANCINI, «Teologia della croce», 37.
[152] Cf. I. MANCINI, «Cristianesimo tra memoria e creatività», 32-33.
[153] L. ALFIERI, «I. Mancini e il "Dio dei filosofi"», 310-311.
[154] Cf. J. WERBICK, *Un Dio coinvolgente*, 24 dove parla di dossologia come «stile di pensiero» presente nella tadizione patristica e medievale, che nell'epoca moderna ha subito un capovolgimento di direzione: dall'essere afferrati da Dio si è passati ad afferrare Dio nel concetto.

Il problema si pone anche per l'idea di Dio che da qui ne scaturisce: è egli il Dio della metafisica «obbligato dalla logica della sua perfezione»[155] ad essere inaccessibile, quasi ammutolito nel circolo della sua vita senza possibilità di dialogo con l'uomo, oppure è il Dio della rivelazione mosso dalla sua grazia? Si riconfigura la questione che aveva caratterizzato la filosofia della religione, dove il *massimo* della filosofia è poter parlare *di* Dio e il *minimo* della teologia è poter parlare *con* Dio, logica che procede per esclusione (*aut aut*) e che Mancini, nel suo itinerario speculativo, ha accantonato scegliendo la logica della relazione (*et et*), della possibilità della coesistenza dei *doppi pensieri*.

*a) La «verità orante»*

«Dio più presente nell'invocazione che nella dimostrazione»[156]: è da questa provocazione che muove la sua fenomenologia della preghiera[157], individuando due tempi del pensiero filosofico: quello classico, dove scorge l'ultimo tratto del movimento metafisico, che lascia intravedere i lidi teologici, e quello moderno, caratterizzato dal movimento opposto, *trans-descendente*[158], che risolve tutto nel gioco dell'immanenza:

> Se prima (momento classico) la preghiera era un alzarsi sui piedi per vedere più lontano o per spiccare il salto nell'inedito teologico, qui (momento moderno) la preghiera serve o come espressione o come interpretazione logica del movimento opposto, quello che risolve la teologia in antropologia[159].

L'intenzionalità che muove la sua ricerca è quella di verificare, al di là di prese di posizione stereotipate, quanta filosofia c'è nella preghiera e quanta preghiera c'è nella filosofia, sperimentazione che giunge a ri-

---

[155] I. MANCINI, «L'orazione di Kant», 13.
[156] I. MANCINI, «L'orazione di Kant», 13 espressione frequente nelle pagine manciniane, ma in questo articolo annota l'occasione in cui la scrisse: dopo la Messa celebrata dall'allora cardinale Wojtila presso l'abbazia di Fossanova in occasione del Congresso internazionale per il settimo centenario della morte di Tommaso d'Aquino (Roma-Napoli, 17-24 aprile 1974).
[157] Cf. I. MANCINI, *Scritti cristiani*, 381-413; cf. ID., «Filosofia e preghiera», 75-116. Per un approfondimento critico cf. G. FERRETTI, «Filosofia e preghiera». Cf. C. SCILIRONI, «Preghiera e filosofia», 117-135.
[158] Un'espressione che Mancini riprende da J. WAHL, *Existence humaine et transcendance* e che serve per dire il movimento proprio della via moderna che dalla teologia porta alla filosofia.
[159] I. MANCINI, *Frammento su Dio*, 354.

muovere qualsiasi steccato ideologico che in genere si sovrappone tra preghiera e pensiero. La parola *a* Dio può essere ancora parola filosofica? Che cosa può dire di più *su* Dio? Ebbene, Mancini nel percorrere le figure filosofiche più significative della via moderna, come Hegel, Fichte, Feuerbach, trova il segno della preghiera come soglia e sponda di un pensare diversamente Dio, anche se predomina il movimento *transdescendente* dove la ragione ha l'ultima parola. Ma c'è anche la filosofia che soccorre la preghiera, come in Kant, Agostino, Anselmo, Dionigi fino alla contemporaneità con la suggestiva riflessione di S. Weil ed E. Lévinas.

Si scorge un Dio che non è solo *Oggetto immenso*, ma è qualcuno che *ascolta* e un uomo segnato dalla speranza di essere ascoltato nel suo bisogno e nella sua fragilità. Mentre nel primo movimento della via moderna la preghiera svela l'uomo a se stesso, come essere interrogante, cogliendolo nella sua domanda originaria e originante di rivelazione, come obbedienza alla verità che si invoca, nel secondo movimento della via classica, la preghiera svela Dio all'uomo come colui che ode il grido, come misericordia e grazia, volto di Dio che non è possibile conoscere se non per via di rivelazione. La preghiera come domanda di rivelazione, invocazione all'assoluto affinché esso si manifesti, è obbedienza originaria alla verità intesa come *alétheia*.

Luogo esemplare di questo domandare è per Mancini la tradizione monastica ed emblematico è proprio il primo capitolo del *Proslogion* di Anselmo: «Insegnami a cercarti, e mostrati a me che ti cerco; poiché non ti potrei neppure cercare se tu non me lo insegnassi, né potrei trovarti se tu non ti mostrassi. Che io ti cerchi col mio desiderio, ti desideri con la mia ricerca, ti trovi col mio amore, e ti ami col mio trovarti»[160].

Al *quaeram te desiderando*, si accompagna l'epilogo mistico di Agostino, che conclude il suo movimento di ascesa nel silenzio della fruizione del mistero: «Quando dunque arriveremo alla tua presenza, cesseranno queste molte parole che diciamo senza giungere a Te; Tu resterai, solo, tutto in tutti; e senza fine diremo una sola parola, lodandoti in un solo slancio e divenuti anche noi una sola cosa in Te»[161].

In quanto domanda orante, la preghiera è incontro concreto di pensiero e invocazione, di fede e ragione, di esodo e avvento, dove nella domanda c'è già in forma di prolessi e di attesa la visione della verità,

---

[160] SANT' ANSELMO, *Proslogion I*, 88-89.
[161] AGOSTINO D' IPPONA, *De Trinitate Dei*, 719.

un vedere umile proprio perché ancora interrogante segnato dalla incompiutezza dell'avvento di Dio. La preghiera, dunque, chiama a convito diversi interrogativi dell'uomo, soprattutto dell'uomo contemporaneo, che sembra ritrovare in essa il luogo rammemorante l'ulteriorità.

Particolare attenzione riserva all'esperienza di S. Weil[162], la quale si interroga sull'efficacia della preghiera, sulla sua possibilità di alleggerire la distretta umana del vivere. Alla preghiera cultuale, ne ipotizza un'altra, che possa fare *attenzione* alla struttura simbolica del reale e consenta così di vedere nella natura, nella terra, nelle macchine dentro le fabbriche lo *specchio* di *altro*, che è l'indisponibile, il sorprendente, l'estraneo per eccellenza, l'inaudito: gli oggetti devono diventare specchi di luce, devono poter sviluppare la loro proprietà riflettente, la materia deve lasciar trasparire la sua natura simbolica. È proprio *l'attenzione*, dimensione essenziale della preghiera in quanto sospende il pensiero per renderlo disponibile all'altro, che fa presente Dio nel cuore della materia e delle strutture del lavoro. Essa rende possibile l'oltrepassamento di sé ed apre a varcare il confine dello scontato. L'attesa è ciò che contraddistingue il pensiero che si apre alla preghiera. L'atteggiamento richiesto è il disporsi all'avvento nel vuoto radicale di sé, disposizione interiore che consente il silenzio e l'ascolto. Ma l'operaio sarà capace di questa *attenzione orante*? Come si può aprire uno squarcio di bellezza in questo mondo, un transito orante alla luce? Se la coscienza comune non ne è capace, allora la salvezza non è alla portata di tutti e la Weil si sente voce solitaria.

La preghiera come *attenzione* ed *elevazione della mente*, che è il guadagno della riflessione filosofica, raggiunge esiti insperati attraverso la lettura di Lévinas[163]: in essa si attua la deposizione dell'Io, il *dis-inter-esse* che fa posto all'altro ed apre ad un *éthos* del futuro. Deposizione di ogni forma di intenzionalità tematizzante, che quasi smarrisce il riferimento della relazione, fino ad implicare un Dio innominabile o assente. È la preghiera senza domanda ad esprimere questo *segno etico*, in quanto riconosce l'anteriorità dell'Altro, il semplice desiderio di aderire a Dio con la propria anima, depositando i propri bisogni, quasi smarrendo anche il Nome di questo Dio, tale è l'inoggetivabilità dell'invocazione. Un dialogo asimmetrico, dunque, quello della preghiera

---

[162] Cf. I. MANCINI, *Frammento su Dio*, 378–381 dove cita soprattutto di S. WEIL, *La condition ouvrière*. Cf. G.P. DI NICOLA, «Simon Weil», 385-406. Cf. S. ZUCAL, *Preghiera e filosofia*, 65-97.
[163] Cf. F.P. CIGLIA, «Crisi del senso, 285-311.

dove l'Io si autoconsegna gratuitamente all'alterità assoluta dell'Altro. Il tempo della preghiera diventa un tempo dell'*eccezione* nel nostro tempo ordinario[164], un pensare *altrimenti* in cui vengono sconvolte le normali procedure conoscitive e relazionali:

> La preghiera è un argomento difficile per il filosofo [...]. Anche se il filosofo, lungo il suo cammino di evidenza in evidenza, venisse condotto a un'evidenza che oltrepassa l'evidenza, gli resterebbe ancora molto da fare per comprendere la preghiera. Un discorso che parte dal basso verso l' «al di là del linguaggio» è possibile? Quando la possibilità di un simile discorso – che è, nel senso etimologico del termine, stravagante – verrà accolta, bisognerà ancora comprendere come tale discorso potrebbe ragionevolmente supplicare Colui che conosce tutte le miserie umane; come potrebbe glorificare Colui che è tutto gloria, come potrebbe santificare Colui che è tutto santità: che scandalo per un discendente dei Greci![165].

Essa rivela che nel riferirsi a Dio il domandare e pensare umano devono cambiare i connotati, fino ad espropriarsi del bisogno più radicale che è la liberazione dalla sofferenza. Anche qui l'Io non prega per sé, ma per la sofferenza di Dio, consapevole che il proprio dolore fa soffrire Dio. In questo senso vale la preghiera del giusto sofferente che può *salva-guardare* l'essere:

> Il senso di ogni preghiera si collega esclusivamente al bisogno che ha Dio della preghiera del giusto per far esistere e santificare e elevare i mondi. Ma nella misura in cui la sofferenza di ogni io è già la sofferenza di Dio che soffre per questa «mia sofferenza», l'io che soffre può pregare: *prega per la sofferenza di Dio che soffre della mia sofferenza umana*. Non ho affatto bisogno di pregare per la mia sofferenza. Dio, prima di ogni domanda, è già con me[166].

La preghiera diventa così *bene-dizione*, un modo per collaborare alla creazione buona di Dio e all'edificazione di un mondo giusto nel segno della responsabilità, come incremento del senso del mondo di fronte alla desolazione e alla violenza sperimentata. I due movimenti delineati, *trascendente* e *transdescendente*, rivelano per Mancini nella *nudità dell'interpellanza* l'esperienza dell'*oltre,* che necessita di essere tematizzato, nominato, detto[167].

---

[164] Cf. S. ZUCAL, *Preghiera e filosofia*, 46.
[165] E. LÉVINAS, «Educazione e preghiera», 125.
[166] I. MANCINI, *Frammento su Dio*, 388 (il corsivo è nel testo).
[167] Cf. B. FORTE, «O Dio o il nulla», 95.

## b) La via a Dio

Questa prossimità della preghiera al pensiero lo conduce ad approfondire il rapporto tra invocazione e conoscenza di Dio, ed a rivalutare la dossologia come via che gli consente di uscire dalla crisi teoretica moderna, rea di aver decretato l'impronunciabilità di Dio. La teologia del Novecento non è riuscita ad elaborare un pensiero su Dio capace di rispondere al disorientamento dell'uomo contemporaneo e all'attuale contesto postmetafisico, dominato dal pensiero negativo. Dal surrealismo teologico di Barth, in cui la sovranità di Dio risulta distante dalla vita dell'uomo, alla centralità della decisione esistenziale per il *kerygma* in Bultmann, che però toglie la radicazione storica all'agire di Dio, al recupero della prassi con Bonhoeffer, la quale però rischia di sottovalutare lo spessore metafisico della *persona Dei*, creando un'asimmetria tra ortoprassi e ortodossia, sono alcuni dei modelli che egli ha presente. Ma al di là degli esiti discutibili, tra i guadagni della teologia contemporanea sicuramente va menzionato il recupero della storia e della dimensione escatologica del tempo, nonché la la centralità dell'ermeneutica in ordine all'incremento di significato che amplia i confini della ragione e della verità, e non da ultimo la dimensione dossologica e prolettica degli asserti su Dio[168].

È a W. Pannenberg[169] che Mancini si riferisce quando propone la *via dossologica* al posto della controversa *via analogica,* nella sua duplice accezione di *analogia entis* e *analogia fidei*[170], la prima colpevole di essere complice di una teologia naturale incapace di salvaguardare l'alterità dell'*Oggetto immenso*, la seconda di scadere in un positivismo teologico. La dossologia come forma alternativa all'analogia implica per Mancini due momenti: quello della *notizia Dei*, biblicamente attestata, e quello dell'*adorazione,* in cui si apre uno spazio per l'invocazione, che consente la rimozione degli assoluti terreni e la possibilità che Dio parli dove si parla di lui, vertice del pensiero teologico.

La domanda che muove questo ultimo tratto della sua speculazione è la stessa che lo ha accompagnato sin dall'inizio della sua ricerca: di cosa è capace l'uomo nella conoscenza di Dio? C'è una conoscenza auto-

---

[168] Cf. I. MANCINI, «Dio», 311-336; cf. ID., *Futuro dell'uomo,* 77-105. Per un orientamento critico cf. J. WERBICK, *Un Dio coinvolgente,* 18-25.

[169] Cf. W. PANNENBERG, «Analogia e dossologia», 205-227.

[170] Cf. M. CACCIARI, «Il destino dell'analogia», 350-353. Cf. P. SEQUERI, «Analogia», 341-351. Cf. A. MILANO, *Quale verità?,* 163-213 dove propone come soluzione della *quaestio de analogia* una *analogia Christus crocifixus.*

noma, alternativa di Dio accanto o propedeutica a quella rivelata? Esigenza ben spiegata da M. Cacciari:

> Il tormento della *ragione* non si esprime tacendo ciò che non possiamo dire con il linguaggio dei *fatti*, ma cercando di dire ciò che non possiamo tacere. Mancini non può tacere di Dio. Ecco, allora, il problema: come parlarne? Quale *ad-verbum* potrà corrispondere al *Verbum*, ascoltarlo e rispondervi? Nell'*ad-verbum* non potrà andare dispersa la forza, la irrevocabilità di quel «presupposto», della *Vox clamantis*. L'*ad-verbum* non potrà evaporare in struggenti aneliti, pena lo smarrire ogni *analogia* col *Verbum*. Perciò proprio la *fede* nel *Verbum*, *dal Verbum* esige, per Mancini, di essere espressa attraverso una parola speculativamente definita [171].

L'indagine viene svolta da Mancini partendo dalla contrapposizione di due linee interpretative: quella tomista *finitum capax infiniti* dell'*analogia entis*, e quella barthiana *peccator capax verbi divini* dell'*analogia fidei*.

Seguendo Tommaso, mette in evidenza la tensione tra l'indigenza della ragione teologica e la necessità di ammettere un *minimum* di razionalità nel discorso su Dio, ma anche il presupposto della sua eccedenza logica ed ontologica. Egli chiarisce subito che l'espressione *analogia entis* non è propria di Tommaso[172], ma della interpretazione scolastica, la quale, fissandone i termini, ha semplificato l'argomentazione tomista. Argomentazione che ammetteva lo scacco di ogni definizione di Dio, rifacendosi alla *via remotionis* della teologia apofatica dello Pseudo-Dionigi, alla quale riconosce una sorta di funzione terapeutica verso il linguaggio inadeguato: «Il linguaggio delle cose ha il suo gioco nel geroglifico espressivo della natura. Portato nel campo teologico, inchioda sacralmente e parmenidizza temporalmente quello che non ha vincoli e, in questo senso, vincoli non crea, che non siano di liberazione e di riscatto»[173].

Mancini rileva una differenza tra il modo di intendere l'analogia per Tommaso e quello sviluppato in seguito dalla scolastica, che, parlando di *analogia entis*, colloca il procedimento analogico a livello ontologico e non epistemologico. Egli non può arrestarsi di fronte al silenzio

---

[171] M. CACCIARI, «Briciole filosofiche», 135-136 (il corsivo è nel testo).

[172] Cf. I. MANCINI, «Tommaso d'Aquino», 81 nota 48. Cf. A. ASCIONE, «Tommaso in Mancini», 85-97. Cf. L. GHISLERI, «Analogia, simbolo», 108-138.

[173] I. MANCINI, «Tommaso d'Aquino», 89; al linguaggio dedica una parte consistente in ID., *Teologia ideologia utopia*, 173-244. Cf. H. BOUILLARD, *Fede o paradosso?*, 273-281.

completo su Dio o alla pura equivocità o alla mancanza di un apporto raziocinante; ma neanche può ammettere positivamente un *aliquid commune* tra due grandezze così dissimili. Presenta due forme di superamento introducendo la *via causalitatis*, ossia l'*analogia attributionis*, e la *via excellentiae*, ovvero l'*analogia proportionalitatis*. Spiega così questo passaggio:

> 1) che si tratta di una causalità *sui generis*, legata al tema della *causa excedens* e dell'*effectus deficiens*, quando si tratta dell'ambito teologico; 2) che questa causalità crea un fatto nuovo, teologicamente connotato, ossia la situazione creaturale dell'uomo, che lo fa, unilateralmente, simile a Dio; 3) che la causalità di questo tipo genera pur sempre un'analogia di *attribuzione*[174].

Nonostante il punto fermo della *via causalitatis*, non è estranea a Tommaso la fragilità di tale concetto nel momento in cui si vuole inferire qualcosa su Dio a motivo della sua eccedenza, per cui anche l'intenzionalità teologica del linguaggio può cadere nella pura metaforicità. Questa fragilità semantica richiama l'impossibilità di stabilire analogie sul piano dell'essenza, data la mancanza di un *aliquid commune* fra i due termini del rapporto, Dio e l'uomo. Ma se si sposta l'attenzione dal piano naturale a quello storico e si prende sul serio la rivelazione e la grazia pubblicamente data nell'evento della salvezza «Al posto di *un'analogia entis*, che tomisticamente è solo un'analogia *attributionis* e *proportionalitatis* e mai *proportionis* e quindi propriamente non *analogia entis*, subentra allora *l'analogia fidei*»[175].

È la soluzione barthiana che accusa il discorso tomistico di «cartesianismo teologico»[176], ossia un costruire Dio a partire dall'io, o dall'*idea* di Dio propria dell'io. Per Barth, invece, è all'essere figli della parola che si deve l'inizio dell'essere religioso. Il *Gottes Wort* è *Rede*, ovvero realtà spirituale e messaggio, *Tat*, ossia evento storico e riconoscimento della sua contemporaneità ad ogni epoca, *Geheimnis*, ossia mistero non oggettivabile che implica una decisione e non una conoscenza. La conoscenza che l'uomo può avere di questa parola insequestrabile si basa solo su se stessa. Barth contesta apertamente la teologia naturale che si fonda su un concetto di *religio* accresciuto dalla

---

[174] I. MANCINI, «Tommaso d'Aquino», 102. Cf. V. MELCHIORRE, *La via analogica*, 271-294. Cf. M. CACCIARI, «Il destino dell'analogia», 350-353.
[175] I. MANCINI, «Tommaso d'Aquino», 106.
[176] I. MANCINI, «Tommaso d'Aquino», 107.

Modernità da significati ed implicazioni che non aveva in Tommaso. Prendere sul serio la fede significa collocare la teologia nell'ambito del riconoscere e non del pensiero autonomo, e cercare le motivazioni del linguaggio teologico solo all'interno della fede, quindi l'opzione per l'ermeneutica al posto della teologia razionale, con la sottolineatura della *potentia oboedientialis*, che legge l'*imago Dei* non come frutto del Dio creatore ma come dono del Dio salvatore, evento storicamente dato e non da rintracciare come punto di contatto naturale. L'analogia è sì una comunanza, ma non gestita dall'uomo, ma prodotta da Dio e subordinata all'*auditus*, eccedente la natura e, quindi, sulla linea del *finitum non capax infiniti*.

Conosciamo le riserve che Mancini esprime a proposito del positivismo teologico di Barth, ed è proprio dopo aver attraversato questo versante della teologia protestante che approda alla soluzione epistemologica della dossologia, considerando i guadagni della ricerca effettuata: il no all'analogia trova fondamento nella concezione della parola di Dio come evento e mistero, e sulla necessità della *via remotionis* avanzata da Tommaso in virtù della consapevolezza della infinita differenza qualitativa di Dio[177]. Non mancano, infatti, nella sua speculazione riferimenti a Dionigi, riproponendo espressioni come: *quid sit Deus nescimus*; *in finem nostrae cognitionis Deum tamquam ignotum conoscimus*, nel segno della ragione indigente:

> Insomma, il senso dell'analogia o è mistico o finirà necessariamente con l'incontrare il rasoio della critica dell'impostazione onto-teologica – se la relazione analogica poggia sulla definizione *Deus = Esse*, avranno ragione Barth, per un verso, e Heidegger, per l'altro. La prospettiva mistica è «citata» nell'enciclica [*Fides et Ratio*], ma piuttosto acriticamente giustapposta a quella onto-teologica. Non è colto il dramma che si consuma tra Tommaso e il Cusano – tantomeno si decide tra i suoi protagonisti[178].

Al di là del rilievo critico, ciò che è interessante nel riferimento all'enciclica *Fides et Ratio* è la sottolineatura della tensione interna al

---

[177] Cf. B. FORTE, *Il silenzio di Tommaso*, 19-21.36-37. Cf. A. MILANO, *Quale verità?*, 190 dove in modo suggestivo afferma: «Una volta che emerga in tutta la sua drammaticità la "differenza ontologica", non è più concesso pensare la differenza tra essere ed ente come rapporto analogico. Ma allora si impone anche un ripensamento della teologia e, in questo quadro, una riconsiderazione della *quaestio de analogia*, storicamente configuratasi su quell'onto-teo-logia tenacemente coltivata in regime cristiano, che non ha mai superato del tutto l'eredità greca [...]».

[178] M. CACCIARI, «Il destino dell'analogia», 352.

problema analogico che implica il riferimento alla teologia negativa, opzione presente anche in Mancini, come la considerazione della tensione escatologica, il non-ancora implica la non riducibilità della rivelazione al *Revelatum*, alle verità ultime già date, ma ammette la non esaustività implicita nell'Evento. L'approdo alla dossologia resta per Mancini l'unica posizione di fronte a questo modo di essere della realtà teologica[179], al Dio non sequestrabile, e questa via gli consente di fondare la valenza veritativa di una conoscenza simbolica di Dio. Sulla scorta delle considerazioni di W. Pannenberg e ammettendo la necessità in teologia del sacrificio delle pretese conoscitive e linguistiche dell'uomo, nella prospettiva metodologica di una *theologia crucis*, egli cerca di coniugare *teoria* e *latrìa*.

Partendo dall'analisi degli enunciati biblici su Dio, riscontra l'uso analogico di termini appartenenti ai diversi contesti dell'esperienza umana che vengono attribuiti all'agire di Dio. Ma l'intenzione che soggiace a questi termini non mira a definire teoricamente la natura di Dio. La struttura di questi enunciati è sempre dossologica, perché ciò che in essi si esprime è l'adorazione a Dio, motivata dalle opere da lui compiute: «Nel discorso su Dio condotto con spirito d'adorazione troviamo senz'altro un'analogia, ma solo quella tra il senso quotidiano della parola e il suo impiego teologico, non invece tra il senso letterale quotidiano e l'essere divino in sé e per se stesso»[180].

Nell'atto dell'adorazione la parola viene sottratta alla nostra possibilità di disporne e trasferita in Dio stesso, essa viene immolata a Dio, e solo il rapporto dell'orante con Dio può mostrare, sempre in modo provvisorio, ciò che è avvenuto delle nostre parole:

> Il procedimento attraverso il quale la ragione dimostra che Dio esiste, pone la religione stessa in una attitudine di adorazione naturale e di ammirazione intelligente […]. È chiaro che la teologia apofatica, che conosce Dio attraverso il modo della negazione e del non sapere, lo conosce in una ma-

---

[179] Cf. I. MANCINI, «Che fare?», 14-15.
[180] W. PANNENBERG, «Analogia e dossologia», 210 nella nota 9 fa riferimento all'uso dell'analogia in Kant: «Kant non ammetteva invece che si potesse concludere a Dio argomentando per analogia. Egli riteneva "che nell'elevarsi dal sensibile al soprasensibile si possa certamente *schematizzare* (attraverso l'analogia rendere intelligibile, con qualcosa di sensibile, un concetto), ma assolutamente non *argomentare* (e così *estendere* il suo concetto) secondo l'analogia di ciò che spetta al primo e che dovrebbe venire attribuito anche all'ultimo"» (Il corsivo è nel testo).

niera migliore della teologia catabatica, che procede per modo di affermazione e di scienza[181].

Questo discorso su Dio ha lo scopo di esprimere, mediante una trasposizione analogica, la realtà eterna, che esso però non intende come analoga, in quanto si apre e presuppone l'infinità divina. L'analogia esiste solo nel linguaggio, non tra il linguaggio e Dio stesso. L'atto di immolazione dell'adorazione implica un sacrificio delle pretese conoscitive e linguistiche in campo teologico, un'accettazione della *ragione indigente*[182] e la salvaguardia dell'immensità di Dio. Anche la dottrina scolastica dell'analogia voleva salvaguardare la differenza esistente tra Dio e mondo, partendo dalla formulazione del Concilio Lateranense IV[183], stando alla quale non può darsi una tale somiglianza tra Dio e le creature che non sia congiunta con una dissomiglianza ancora maggiore. La linea teologica che soggiace al tomismo in questo ambito è, secondo Pannenberg, quella patristica della teologia negativa, in particolare di Dionigi, dove l'oggetto della riflessione è il Dio sempre maggiore e dove è implicato l'elemento spirituale presente nel pensiero analogico. A commento di ciò afferma:

> Secondo noi, dove l'antica dottrina dell'analogia vedeva una corrispondenza tra parola che denomina Dio e Dio stesso, sta il concetto di «rivelazione». Questo dipende dal contrasto tra la concezione greca del divino, inteso come fondamento del mondo presente, e la convinzione biblica che la creazione è ancora in cammino verso la sua realtà autentica e che soltanto alla fine, per opera di Dio, si manifesterà compiutamente, come solo alla fine la natura di tutte le cose verrà decisa. La creazione si svolge a partire dalla fine. Dio non si trova quindi – per così dire naturalmente – in analogia con il nostro discorrere su di lui[184].

Il discorso su Dio condotto nello spirito di adorazione della dossologia, rimanda sempre alla rivelazione di Dio, alla manifestazione della sua *dóxa*, a quella che Mancini chiama *notizia Dei*, dove è implicita la comunicazione che Dio fa di sé e la consapevolezza da parte dell'uomo

---

[181] I. MANCINI, *Frammento su Dio*, 67 nota 10, citazione ripresa da J. MARITAIN, *Distinguer pour unir*, 446-447.
[182] Cf. I. MANCINI, *Kant e la teologia*, 77.
[183] Cf. I. MANCINI, «Tommaso d'Aquino», dove a p. 117 riporta la formula del Concilio «*inter creatorem et creaturam non potest similitudo notari, quin inter eos maior sit dissimilitudo notanda*» (DS 806).
[184] W. PANNENBERG, «Analogia e dossologia», 227. Cf. E. JÜNGEL, *Dio mistero del mondo*, 342- 367.

della *provvisorietà* della sua conoscenza, in vista della compiutezza della rivelazione futura. Sussiste una «differenza cronologica»[185] tra il discorso su Dio e il suo adempimento futuro, per cui i concetti di cui ci serviamo per lodare Dio sono equivoci, ma li usiamo nella speranza del superamento della distanza presente nell'analogia.

La dimensione prolettica in cui si dà la rivelazione costituisce il contesto irrinunciabile per l'incontro con l'intenzionalità veritativa del movimento originato dalla realtà personale di Dio[186]. Se non si considera questa forza teologica come *altra* dalla disponibilità presente, non si esce fuori dal gioco delle forze storiche, la cui verità sarebbe affidata alla competitività del contagio storico. Senza il momento dossologico, che conferisce il volto a Dio, la trascendenza sarebbe un mero ed illuministico o utopico trascendere. L'apertura al futuro comporta il riferimento ad un *kerygma* soteriologico, strutturato in senso forte secondo la triplice articolazione di parola (*notizia Dei*), evento (*kairòs*) e comunità (*èschaton*); senza l'orizzonte trascendente assicurato dalla *persona Dei*, gli asserti teologici perdono la loro intenzionalità teoretica: «le proposizioni teologiche debbono essere prolettiche in quanto dossologiche»[187].

Ciò implica la rivisitazione della figura di verità implicita in ogni discorso su Dio: se è vero che la dimensione prolettica è irrinunciabile, va da sé che la figura di verità che predomina è quella di verità come trasformazione e non come adeguazione, che postula una differente visione di Dio:

> Secondo la logica della prima verità, che è poi la logica della metafisica, la realtà e l'azione di Dio sono necessariamente determinate, secondo invece la logica del secondo modo di essere della verità, la realtà, ma soprattutto l'azione di Dio sono imprevedibili, gratuite, legate non alla necessità, ma alla contingenza della scelta. Nel primo caso è necessaria per Dio la potenza e l'assolutezza; nel secondo caso, sembra possibile il suo entrare nel destino del mondo secondo un processo d'impotenza, di sofferenza, di condizionamento da parte dell'uomo e delle forze storiche[188].

La via dossologica, intesa da Mancini come una *Aufhebung* della prospettiva analogica ed inveramento delle istanze più autentiche del-

---

[185] W. PANNENBERG, «Analogia e dossologia», 227. Mi permetto di rimandare a M. PETRICOLA, «La *mobilità storica*», 362-371.
[186] Cf. I. MANCINI, *Futuro dell'uomo*, 101-105.
[187] I. MANCINI, *Teologia ideologia utopia*, 664.
[188] I. MANCINI, *Teologia ideologia utopia*, 665. Cf. W. PANNENBERG, «Che cos'è la verità?», 228-250.

l'*analogia fidei*, insieme al principio di rivelazione, alla dimensione prolettica ed escatologica della storia, all'umiltà della ragione indigente costituiscono gli elementi che concorrono nella visione manciniana a ridisegnare nel contesto contemporaneo il problema di Dio e della sua credibilità.

### 3.3 La *ragione* indigente

La dimensione orante, presente al pensiero che si lascia inquietare dall'interpellanza, conduce Mancini a confrontarsi con l'ultimo baluardo della Modernità, la ragione:

> La modernità segna un capovolgimento nella condizione dell'argomentare a favore della fede in Dio: si rifiuta un resoconto testimoniale e dossologico sul perché *questo* Dio merita di essere riconosciuto come colui che riguarda gli uomini in modo incondizionato e si va verso il tentativo di dimostrare il significato umano oppure la rilevanza filosofica della fede in Dio[189].

Con il motivo della *ragione indigente* egli propone, dopo l'assottigliamento della domanda metafisica su Dio come epigono della Modernità, un'epistemologia teologica che possa coniugare «il mistero di Dio con un'impresa propria del pensiero umano, pregnante nella doppia accezione della *doxa*, quella di *notitia* e quella di *adorazione*»[190].

Nell'esplorare la complessità della ragione, torna nel cuore della Modernità: il suo interlocutore privilegiato è proprio Kant, ma il Kant «teologo»[191], a cui riconosce il merito di aver posto il problema di quale uso della ragione fosse possibile in ambito religioso (*Vernunftreligion*):

> Kant [...] non ha maciullato l'«Oggetto immenso» [...], ma l'ha solo liberato dall'abbraccio mortale con le procedure scientifiche del «dimostrare», del «verificare», del «provare», che evocano le scienze esatte e la loro oggettivazione naturalistica per restituirlo alla «casta scienza» della tradizione metafisica dove Dio viene trovato, più che nella oggettivazione natura-

---

[189] J. WERBICK, *Un Dio coinvolgente*, 42.
[190] I. MANCINI, «Tommaso d'Aquino», 84.
[191] I. MANCINI, *Kant e la teologia*, 22 dove analizza in modo particolare l'opera di I. KANT, *Opus postumum*. Il suo interesse per Kant è stato continuo, come dimostrano le sue pubblicazioni: I. MANCINI, «Pensar Dio», 3-52; ID., *Guida alla Critica della ragion pura*, vol. I (1982) e il vol. II (1988); il capitolo *Il bisogno della ragione* nel *Frammento su Dio* (pp. 35-61); ID., «Linguaggi della teologia secondo Kant», 51-75. Per un approfondimento cf. A. ASCIONE, *La ragione e l'assoluto*; cf. G. ROGNINI, «La crisi della ragione», 569-591.

listica nella santità della vita e nell'impegno morale; Dio più presente nella invocazione che nella dimostrazione[192].

Individua nella critica kantiana un'affinità con l'apofatismo teologico nell'atteggiamento rispettoso verso l'irriducibile trascendenza di Dio evidenziando gli errori del fideismo e del relativismo, ma ancor di più esalta del filosofo quell'atteggiamento di insonne ricerca della verità più che il suo possesso. Il paradosso tra ricerca inquieta e possesso appartiene a questa figura di ragione indigente che Mancini trova presente nelle ultime pagine kantiane, a cui fa risalire anche lo *status* del doppio pensiero, per cui la ragione umana «deve restare onesta in questa doppia fedeltà»[193].

Ciò che muove la sua indagine è di trovare *tensioni soprannaturali* all'interno di un'ermeneutica razionale della religione che espunge la rivelazione dal suo campo di conoscenza:

> Si può oltrepassare la prospettiva di un semplice *pensare* che alla radice del mondo teoretico ci sia un ordinamento divino sì da avere un'immagine teomorfa del mondo, ma di cui altro non si possa dire che un *analogo* funzionamento con la causalità cosmica, e così attuare, sul piano conoscitivo di questo *in sé* teologico, soltanto un simbolismo puramente semantico che non tocca né sequestra né conosce minimamente la cosa teologica [...]. Si può oltrepassare questo dualismo tra pensare necessariamente Dio e necessariamente non conoscerlo?[194].

La questione dell'*oltrepassare* (*Übergang*) evidenzia la tensione presente nel sapere e ne connota il carattere allusivo e non sequestrativo, accennando al limite dove si spinge la conoscenza e allo iato tra *pensare* e *conoscere*. Implicata non è solo la ragione, ma anche la fede nella sua possibilità di una conoscenza attiva di Dio. È un interrogativo questo che si insinua nel cuore del suo itinerario *ad Deum* con la profonda consapevolezza che esso è mosso dalla persuasione della pregnanza *salvifica* di una tale questione per l'uomo. Mancini ammette di fare una lettura *aperta* delle pagine kantiane, libera da interpretazioni pregiudiziali, e ne evidenzia la centralità della speranza sulla fede, dell'idea sul concetto, del trascendere sul possedere nella costruzione di uno spazio in cui l'*idea Dio* si pone all'orizzonte dell'umana ragione come limite e soglia di un possibile oltrepassamento. *Limite*, infatti, a

---

[192] I. MANCINI, *Frammento su Dio*, 42.
[193] I. MANCINI, *Frammento su Dio*, 49.
[194] I. MANCINI, «Idea Dio», 39 (il corsivo è nel testo).

differenza di *confine* è un'indicazione estrema che, invece di chiudere, lascia intravedere l'oltre:

> Portarsi a questo punto non significa senz'altro consistere in un luogo di distinzione precisa tra il sì e il no, ma significa guadagnare una quota dove ogni no lascia intravedere un sì, e ogni sì un no. Non si tratta di apofatismo, né di empiria soddisfatta, ma dello sforzo supremo del pensiero che tenta di afferrare l'inafferrabile[195].

È proprio il limite che nel riferimento all'ulteriore suscita il senso di indigenza inquieta della ragione, che non riesce mai ad adeguare l'oltre che scorge nel pensiero. È lo spazio dove si inserisce la fede che nella speranza aderisce alla possibilità pensata, che non è mai pura irrazionalità o contraddizione, ma si radica in ragioni che provengono dall'esigenza esistenziale dell'uomo, ricondotte ad un serio senso della vita e del destino umano[196].

In questo limite intravisto si dà la costitutiva *antinomia* tra mondo della necessità e quello della libertà, il mondo dello spirito e quello della natura. Creare un legame ed una continuità tra queste due grandezze costituisce la sfida per ogni pensiero credente, perché in caso contrario uomo, mondo e Dio restano elementi irriducibili. Sostenere un loro rapporto significa dar vita ad un *universo* dove scompaiono le fratture tra necessità e libertà, tra mondo teoretico e mondo pratico, tra esperienza e sua interpretazione. Questo passaggio al limite non è un resoconto dei dati di natura: mondo e Dio non sono dati d'esperienza, ma idee che rendono possibile l'esperienza ed hanno un legame vitale con l'esperienza stessa.

L'*idea Dio* è al vertice di questo processo ideale e dà senso al mondo. Il suo legame fondamentale con l'esperienza morale dell'uomo prospetta la possibilità di sapere che il fine delle sue azioni è in armonia con il fine ultimo di tutte le cose e che perciò si dà riconciliazione (*die Versöhnung*) tra il mondo morale e storico e quello naturale. Diventa, così, un'esistenziale che, conferendo alla vita morale una speranza, non è un'idea irrilevante poichè produce salvezza, ossia il massimo di religione possibile. Questo ideale teologico ammette l'utile pratico e teoretico dell'*idea Dio*, ma non una conoscenza teoreticamente pura della sua esistenza: Dio non è un oggetto *apprensibile* ma soltanto *pensabile*, ovvero rimane il problema di colmare lo spazio della pensabilità con

---

[195] I. Mancini, *Kant e la teologia*, 193.
[196] Cf. I. Mancini, *Kant e la teologia*, 52.

una *effettiva* conoscenza: la possibilità della pensabilità trascende la zona attuabile dell'effettiva conoscenza, poiché bisogna ammettere un non-ancora delle cose oggettivamente possibili che la ragione non adegua mai.

In riferimento a Dio la conoscenza rimane, dunque, aperta. Nella differenza tra pensare e conoscere si inserisce la mediazione analogica del linguaggio (analogia semantica e non *analogia entis*) atta ad esprimere un mondo altrimenti incomunicabile[197]. L'opzione per il simbolico dice ancora una volta la non adeguazione tra esperienza e realtà, la quale sopravanza i confini del finito, ma anche la necessità di dare cittadinanza all'infinito nel finito. L'oltre/altro che urge ha i connotati dionigiani del *quid sit Deus nescimus*: «È trascendenza assoluta, inaccessibile a ogni sapere, a ogni esperienza, a ogni conoscenza completa, a ogni impressione soggettiva, e finanche a ogni critica. Il suo regno è il silenzio, e di fronte a lui l'invocazione ha maggior senso della dimostrazione»[198].

Il confronto con la ragione kantiana mostra la fatica di salvaguardare Dio e mondo senza confusioni né separazioni: un legame *ad limina* teso ad evidenziare il senso dell'idea teologica, la quale pur non potendo provare l'esistenza di Dio e configurare la sua personalità, può *rettificare* la conoscenza dell'uomo in ordine a ciò che la trascende. Mancini intravede un *uso negativo* della ragione[199], che si presenta come costante *censura* di fronte alle cadute oggettivistiche, razionalistiche e antropomorfiche: «In ciò si rivela un vero ideale teologico, in quanto mette in piedi il mistero di Dio e la sua tutt'alterità, che nessuna teologia del concetto può fagocitare, lasciandogli tutto il rischio di essere solo speranza per la ragione»[200].

Le ragioni che la ragione avanza non sono speculative, ma emergono dal bisogno esistenziale dell'uomo che accetta l'ideale teologico come atto pratico della ragione. Ciò che aveva affermato nell'epilogo della sua *Filosofia della religione*, rimane in tutta la sua disarmante verità: non c'è la ragione risolvente in assoluto, ma:

> le ragioni di questa ragione religiosa chiedono di diventare invocazione, invece che dimostrazione; sì che la preghiera diventa il vero organo della manifestazione di Dio. Al parlar di Dio succede il parlar con Dio; e questa dossologicità, che non esclude la *notizia Dei*, ma la verifica in modo tutto

---

[197] Cf. I. MANCINI, «Linguaggi della teologia», 64.
[198] I. MANCINI, *Kant e la teologia*, 105.
[199] Cf. I. MANCINI, «Pensar Dio», 19.
[200] I. MANCINI, *Kant e la teologia*, 46.

proprio, risulta in definitiva il vertice della coscienza critica della religione, intesa nel suo senso forte, ossia come movimento di Dio che dà senso e novità e futuro alla storia dell'uomo[201].

È l'eccedenza del religioso, inteso come «emergenza del *da-dove*»[202], a mostrare la paradossalità cui è esposta la ragione moderna[203], la quale è chiamata ad abitare quel limite attraverso cui si presagisce l'oltre pur nell'indigenza delle sue forme conoscitive. Solo la rivelazione storica per Mancini può dare il volto all'*idea Dio* come *persona Dei*. È per questo che la conoscenza di fede, seppur simbolica, o proprio in virtù della sua struttura evocativa ed invocativa, è la condizione propria della conoscenza umana di Dio. L'affermazione metafisica di Dio non è in grado di restituire la pienezza della figura di Dio propria del cristianesimo, né di concedersi all'incessante lavorìo ermeneutico che essa in quanto storicamente rivelata necessita.

L'infinita differenza qualitativa del *kerygma* cristiano produce nella riflessione quella dislocazione salutare che *dà a pensare* come commenta suggestivamente B. Forte:

> L'*altro* è oggi *la* questione del pensiero: e perciò l'idea di rivelazione, negata o affermata come luogo di irruzione dell'alterità, è al centro e al cuore di una teoresi, che si voglia responsabile di fronte al tempo da portare al concetto. Chiunque viva l'inquietudine del postmoderno, sospeso tra delusione dell'ideologia e fascino del nichilismo, tra ricerca di senso e apertura alla pronunciabilità del Nome, che sia custodia del senso, si trova posto di fronte alla questione dell'altro e della sua possibile irruzione, e quindi al *problema della rivelazione* come prioritaria questione filosofica e teologica del nostro presente[204].

---

[201] I. MANCINI, *Filosofia della religione*, 382.
[202] C. DOTOLO, «Pensare l'eccezione», 618.
[203] Cf. C. CIANCIO, *Il paradosso della verità*, 91.
[204] B. FORTE, *In ascolto dell'Altro*, 10-11 (il corsivo è nel testo).

CAPITOLO V

## Per un cristianesimo *differente*

*«Eppure la vera potenza della forza divina umanamente impotente sta davvero in questa radicale differenza da ogni essere avere e fare dell'uomo. Oh!, se i cristiani finissero di "calcolare" – nel campo dottrinale facendo della scienza; nel campo pratico, facendo dell'amministrazione; nel campo sentimentale, facendo dell'apologetica – e facessero credito allo spirito. Quel giorno rinascerebbe Dio!»*[1].

### 1. *Figure* di cristianesimo

Con quale cristianesimo? Questa è la domanda che Mancini pone alla teologia e alla chiesa, in un tempo segnato dal pensiero debole, dalla delusione dei messianismi laici, dall'insorgere di una religiosità privata e sentimentale, da una cultura che non offre grandi movimenti di significato e perpetua il senso di smarrimento e naufragio. In un tempo come il presente, che oggi chiamiamo postmoderno, ci vuole una «nuova Pentecoste del senso»[2], ovvero ripartire dall'origine pura che ripresenti l'inaudito di Dio, un cristianesimo evangelico che rimetta al centro il *dialetto di Canaan*, la figura di Gesù.

Il problema che solleva è quale mediazione tra fede e cultura auspicare perché non vada dispersa l'efficacia liberante della Parola di Dio, quale figura di cristianesimo può consentire alla sua promessa di riconciliazione di abitare questa terra martoriata dagli olocausti. Oltre al modello di mediazione occorre anche specificare ciò che Mancini intende

---

[1] I. MANCINI, «Cristianesimo tra memoria e creatività», 34.
[2] I. MANCINI, «Filosofia della prassi», 125; cf. ID., «Fermenti di speranza», 6-7.

per fede e per cultura. La fede è prima di tutto dono di Dio, apriori divino insequestrabile a cui è subordinato l'atto di fede personale (Credo/credo). Se si tenesse ferma questa primogenitura, l'interesse principale del credente sarebbe quello di testimoniare a tutti la grazia di questo dono, di preoccuparsi più della propria fedeltà a Dio che non di condannare gli errori degli altri, di trovare convergenze per combattere i segni di morte presenti nella società:

> quale gesto più politicamente produttivo può compiere il cristiano di quello che consiste nel testimoniare il puro evangelo, il dono della grazia, la dignità di tutti gli uomini, una riserva non solo critica, ma pure escatologica, di fronte al già fatto, di cui non ci si sente mai paghi, e in vista di un non-ancora, o di quella patria [...] che l'uomo ha intravisto fin dai sogni dell'infanzia e che non ha ancora posseduto?[3].

La dimensione politica della fede non è accessoria rispetto ad un cristianesimo che guarda al futuro, ma ne costituisce la declinazione fondamentale, per rendere storicamente realizzabile la potenza trasformatrice della Parola evangelica. La fede coincide, dunque, con il movimento reale di Dio dentro la storia, un impossibile di fronte alle possibilità teoriche, morali ed estetiche dell'uomo, un mistero che si fa evento significativo per i giorni dell'uomo. La cultura è, al pari della fede, un laborioso progetto globale di salvezza dell'uomo e della sua storia, che dà significato a ciò che accade ed interpreta i bisogni fondamentali della gente, partecipando attivamente al miglioramento delle condizioni di vita. La fede non può non instaurare un *confronto*[4] con la cultura e con le forme ideologiche che da essa epocalmente si esprimono, ma deve evitare sia la neutralità davanti ai fronti di lotta sia l'adesione ad una forma ideologica particolare, che è sempre parziale di fronte alla verità. Esse lealmente si guardano, misurano le distanze ed indicano i territori del comune convergere, ma nessun territorio dovrà essere omologato all'altro.

Il problema allora per un confronto ermeneuticamente corretto è: come rendere solidale la fede con la grande produzione umana di senso entro cui si attua il mondo della cultura? Come rendere carnale la posizione cristiana senza cadere o nell'estenuazione secolare o nella esaltazione sacrale? La questione sulla figura di cristianesimo porta con sé il modo con cui si riesce a pensare il confronto produttivo tra fede e cul-

---

[3] I. MANCINI, *Come continuare a credere*, 81.
[4] Cf. I. MANCINI, *Fede e cultura*, 36-37.

tura senza atteggiamento apologetico nè tattico, ma rispettando le parole penultime per poter pronunciare con dignità la Parola ultima che è di Dio.

Mancini offre come criterio per la fede e la teologia ciò che indica la crocifissione di M. Grünewald[5], mettendo in rilievo due forzature presenti nell'opera, una storica ed una anatomica, per dire una verità paradossale: Giovanni Battista (forzatura storica) collocato ai piedi della croce che indica il Crocifisso con un dito abnorme (forzatura anatomica) nel confessarlo come vera potenza di Dio nella spoliazione di ogni potenza umana:

> Non è facile, dopo tanta banalizzazione e storia degli accomodamenti e delle continuità (per rendere il più innocuo possibile il fare e il pensare cristiano!), riattaccare il mantello del profeta a questa teologia del paradosso (ossia del controcorrente, fuori dalla logica normale, quotidiana), della rottura, dello svuotamento e dell'abbandono[6].

Nell'esigenza di configurare un cristianesimo capace di parlare ancora la lingua di Gesù, il *dialetto di Canaan*, egli prospetta il suo *progetto puro*[7], individuando alcune prerogative importanti: 1) Il compito prioritario per la chiesa è la fedeltà a Dio e alla sua promessa di salvezza, quindi la sua autentica *politicità* è quella di *contrarsi* nella teologicità, ovvero nel recupero della freschezza del Vangelo senza compromissioni con la logica del potere e del dominio; 2) Il messaggio evangelico non può essere rinchiuso nella memoria cultuale del passato, come puro evento consolatorio, ma deve essere visibile l'amore di Cristo, il suo farsi carne nella storia; 3) È opportuno non segnare il dentro e il fuori della verità, ovvero delimitare la misura dell'essere cristiano, ma operare un discernimento della verità nei confronti dei progetti alternativi, leggendo questi segni differenti come segni dei tempi, con amore e senza pregiudizi né arroganti confutazioni, ma nella progettualità di una riforma, guardando a possibili tracce di speranza ed opportunità di conversione; 4) Il cristiano è credibile quando rende visibile quell'amore invisibile di cui si fa testimone nella fede. La sua condizione è quella di stare *tra i tempi*: quello ultimo della salvezza, presente nel segno della promessa, e quello penultimo, fatto di scelte concrete in

---

[5] M. GRÜNEWALD, *Crocefissione* (1512-1516), Musée d'Unterlinden, Colmar.
[6] I. MANCINI, *Fede e cultura*, 29.
[7] Cf. I. MANCINI, *Come continuare a credere*, 113-129. Cf. A. PIERETTI, «Il "progetto puro"», 115-146.

cui deve muoversi nel senso del definitivo movimento di Dio. Nella doppia legittima autonomia, quella teologica e quella politica, si tesse la propria biografia di vita in cui ogni scelta acquista la sua dignità in virtù della *distretta* che il credente vive:

> Vissuta radicalmente nell'uno e nell'altro aspetto, questa doppia autonomia dà al credente libertà e audacia, un'etica dell'invenzione e non della conformazione; e soprattutto coordina realisticamente i due movimenti: quello della rivoluzione umana e quello della definitiva rivoluzione teologica. «Ecco, io faccio nuove tutte le cose» (Ap 21,5)[8].

Nella ricerca della *forma pura* dell'incontro tra cristianesimo e mondo nel senso di un aggiornamento evangelico della chiesa, così come auspicato dal Vaticani II, egli si distanzia dalle *forme spurie* che la storia ha prodotto: l'*integralismo*, propria della società medievale, dove il cristianesimo permea la società creando, però, un intasamento del sacro a scapito di un vero umanesimo; il *secolarismo* dell'inizio dell'età moderna, che nel dualismo tra mondo e fede ha esasperato l'autonomia del mondo con la conseguente secolarizzazione del cristianesimo e la perdita della sua novità originaria; l'*imborghesimento* dell'età moderna, che ha fagocitato il *novum* del cristianesimo riducendolo a religione civile, a forma tradizionale di vita, a costume dove si opera un adattamento del vangelo con la cultura[9].

A fronte di queste considerazioni Mancini individua, senza nessuna pretesa storica ma attraverso una lettura culturale, le figure di cristianesimo oggi operanti. La prima figura è il *cristianesimo della presenza*, che fa riferimento a quel modo di essere presente come realtà visibile, prediligendo la struttura organizzativa «quasi che la logica dell'occhio risulti decisiva per superare quel complesso dell'essenza che si è generato nei credenti di fronte a sconfitte cocenti»[10].

È propria della logica di parte, che fa apologetica dei numeri, non certo di una testimonianza pura e disinteressata, che si nutre del risentimento di essere marginale, e dunque matura un atteggiamento pole-

---

[8] I. MANCINI, *Con quale cristianesimo*, 209.
[9] I. MANCINI, *Come continuare a credere*, 115-119. Gf. G. FERRETTI, *Essere cristiani oggi*, 11-20 dove, in relazione alla medesima questione sollevata da Mancini, parla, invece, di quattro forme di inculturazione della fede nella cristianità: cristianità come inculturazione della fede, cristianità come dogmatizzazione di una forma di inculturazione, cristianità come religione civile, cristianità come riduzione all'*instrumentum regni*.
[10] I. MANCINI, *Forme di cristianesimo*, 8.

mico, il quale si traduce, però, in chiusura negli spazi protetti della cittadella della fede disertando gli spazi comuni. È una chiesa che si chiude dentro i propri recinti sacrali in un regime di cristianità. In questa logica non si incontrano altre forme culturali se non in modo strumentale, senza poter crescere insieme, in un dialogo solo apparente che non crea *giovani legami*, non naviga a largo in cerca di nuovi spazi per l'alleggerimento della terra. Il cristianesimo della presenza si lega ad uno stile teologico senza travaglio ermeneutico, come può essere l'ontologismo in cui si dà il possesso di Dio, oppure l'immediatezza naturalistica con accentuazione vitalistica e psichica. Una sorta di naturalizzazione del teologico o teologizzazione del naturale, che non salvaguardano il limite del pensiero e la differenza qualitativa del totalmente altro, ovvero quello che in sede teoretica Mancini ha definito come logica dei doppi pensieri.

Un'altra figura è quella del *cristianesimo della mediazione*, che si oppone alla logica della purezza settaria della figura precedente a motivo di un riconoscimento positivo della cultura, in quanto nasce e si sviluppa nel contesto democratico. Tre sono i valori di cui è portatore: 1) Il principio di incarnazione del fermento evangelico nelle diverse forme culturali, togliendo Dio dal mondo astratto dell'in sé per far entrare la grazia nel sangue delle vene e delle arterie della storia, creando così nuove forme culturali; 2) Il riconoscimento della dignità delle culture, soprattutto di quelle che maggiormente esprimono l'*éthos* di un popolo o che elaborano percorsi di liberazione politica e sociale; 3) Il rispetto della democrazia come espressione più corrispondente allo spirito del cristianesimo.

Tra gli aspetti positivi mette in allerta verso ciò che potrebbe rappresentare una possibile caduta: la tentazione ideologica e la logica dell'interesse che inocula il successo mondano del cristianesimo accomodandolo in forme innocue. La filosofia a cui si ispira questa figura della mediazione è quella dialettica, intesa sia come metodo che come sistema, la quale vuole superare la distretta umana con la mediazione delle forme storiche per giungere ad una conciliazione finale. Premessa l'impossibilità di superare umanamente il *male radicale* in quanto costitutivo della creaturalità, resta impossibile oggi trovare un pensiero proteso alla ricerca di forme di riconciliazione teoriche e pratiche, dato l'attuale contesto culturale dominante, che nella logica nichilista si attesta sull'elogio della differenza. Ciò che lamenta Mancini è l'impossibilità di trovare quei volumi di significato e di senso per cui lottare nella trasformazione della storia. Di fronte al pensiero negativo (postmoderno) si richiede la radicalità del vangelo per istituire giovani legami con la storia.

La figura del *cristianesimo del paradosso* è quella che l'oggi esige perché il Vangelo torni ad essere significativo e credibile:

> cristianesimo paradossale è quella forma caratterizzata dalla categoria dell'impossibilità di fronte alle normali possibilità dell'uomo, sia di natura teoretica come di natura morale come di natura estetica. Pertanto esso sorge da un inedito e radicale apriori divino sia quanto alla sua ontologia per cui non si dà analogia o partecipazione nell'essere che farebbe di Dio nulla più che un'enfasi del mondo, e non si dà conoscenza naturale, per cui esso è conoscibile solo nella misura in cui si è fatto conoscere. Nessun religionismo lo cattura, anche se esso è costretto a prendere la forma storica della religione. Non è mai visto dal basso, ma sempre e solo quale «inizio puro», «creazione», «miracolo», dalle *compassiones Dei*. Eteronomia per eccellenza, un perentorio *libera nos*, un essere liberati. La sua vera categoria è la rottura e non «l'insolente» teologia dell'identità: deve respirare nel quadro degli «spezzamenti» illuministici e non in quelli delle «confusività» romantiche. Risulta pertanto «incoordinabile» con ogni forma di essere, avere e fare dell'uomo, davvero «santo», ossia separato, tale da pretendere una logica tutta sua, autonoma e autogiustificativa (crisi dell'apologetica) e tale da lasciare all'uomo il libero e secolare dominio della terra[11].

Il cristianesimo nella sua ermeneutica autentica è una *forma tragica*, che mette perennemente in questione se stesso, va vissuta in tensione e non come quieto possesso. Il cristianesimo del paradosso si snoda su tre dimensioni: l'incognito di Dio e del suo silenzio, la fedeltà alla terra e l'uomo considerato nella sua concretezza. Questa visione chiede al credente la conversione come capovolgimento totale di mentalità, e una povertà teorica e teologica e in quanto visione tragica esige la scelta assoluta, la logica della rottura, la solitudine e il rigore morale, ma «conosce le feste degli uomini e, insieme, sa riconoscere il timore di Dio»[12].

Esso si distingue dal semplice evangelismo, come quello presente in Tolstoj[13], il quale attua una rilettura comunista del vangelo, decurtato però della sua dimensione trascendente e, dunque, paradossale, dove il riscatto è solo sociale e non spirituale, dove il regno di Dio è la

---

[11] I. MANCINI, *Forme di cristianesimo*, 25. Cf. A. ASCIONE, «Il cristianesimo del paradosso», 63-71. Cf. P. GRASSI, «I. Mancini. Gesù nella storia», 1103-1107. Cf. C. DOTOLO, «La relazione tra teologia e post-modernità», 677-679.

[12] I. MANCINI, *Forme di cristianesimo*, 37.

[13] Cf. I. MANCINI, *Scritti cristiani*, 31-73.

realizzazione non violenta della fratellanza tra gli uomini, invece di pensarlo come realizzazione progressiva della teologia del *Pater noster*.

Il problema è vedere in che modo trovi attuazione l'incontro con l'*Oggetto immenso* che il progetto puro comporta. Come la storia dimostra: «si tratta di un incontro difficile, mobile, sempre insidiato com'è o dal frascame di parole che isteriliscono marinisticamente la forza effettiva dell'Oggetto oppure da un muoversi stordito che prende ragioni d'ispirazione solo dalla terra e dalle sue leggi reali»[14].

Tuttavia, sostiene Mancini, è un incontro possibile, perché ha la sua garanzia ultima e assoluta nella promessa di Dio il vero *apriori* ontologico, logico e salvifico da cui nasce la nostra fede e da cui si sprigiona la *riconciliazione*, compimento di tutte le relazioni, quella con Dio, con l'altro e con il mondo.

Da queste premesse derivano sette corollari che devono ispirare l'atteggiamento pratico del cristiano: in primo luogo, bisogna tener presente che la riconciliazione è tanto più reale quanto più è marcata l'infinita differenza qualitativa dell'*Oggetto immenso*. Solo un concetto adeguato di Dio, che lo lasci nella sua assoluta eccedenza rispetto al mondo, consente un mondo riconciliato. In secondo luogo il cristiano non può abbandonarsi all'unità immediata o del solo termine teologico o del solo termine mondano, ma deve stare *tra i tempi*, e rimettersi ad una unità precaria, sempre in crisi, insonnemente attenta al giudizio di Dio, che è la misura della fedeltà. In terzo luogo, lo stare tra il tempo dello smarrimento e quello della liberazione, cioè di fronte alla storia, comporta per il cristiano un'inquietudine, che deve vivere come uno che sta *pensoso*. Nel suo agire non deve ispirarsi né all'ottimismo pelagiano né al pessimismo disgregatore del nostro tempo, ma deve confidare nella capacità della fantasia di creare sempre nuovi modelli e di aprire nuovi orizzonti di vita. In quarto luogo, la cogenza pratica della complessa realtà in cui è chiamato ad operare richiede che il cristiano si impegni costantemente a creare sempre nuovi linguaggi, capaci di dar vita a giovani legami con le cose e di dar forma alla bellezza. Il cristiano non potrà realizzare il *progetto puro* se non riuscirà a far valere, come quinta istanza, nelle sue decisioni e nei suoi comportamenti il sentimento della *qualità*, spezzando le incrostazioni prodotte dalla ripetizione.

La storia non è scritta del tutto, c'è un *inedito* garantito, la riconciliazione nel segno della promessa di Dio: il cristiano nelle sue scelte

---

[14] I. MANCINI, *Con quale cristianesimo*, 50.

deve incontrare il fare di Dio, nel segno del progressivo riscatto dell'umanità. Ma perché questa riconciliazione possa prendere forma, pur senza realizzarsi completamente, occorre, infine, che il credente trovi un legame tra verità e carità, senza il quale la verità risulterebbe soltanto fanatismo di principi e la carità uno sterile gesto di proclamazione di doveri.

È chiaro che Mancini non si riferisce solamente al cristiano preso nella sua individualità, ma anche alla Chiesa come comunità di credenti: il suo senso specifico sta nell'offerta di Dio, cioè di questo impossibile di fronte alla vastissima gamma di tutte le possibilità che l'uomo è in grado da solo di gestire, e quindi nel suo *contrarsi nella teologicità*. Nell'esercizio ermeneutico del discernimento della verità nei confronti dei progetti alternativi la chiesa è tenuta a procedere con amore, cercando di far esplodere sensi inediti che la volontà comparativa tende a snaturare o addirittura a negare. Il suo deve essere un valore di dinamite e non di oppio: «Il compito *politico* più urgente dei cristiani è quello di riprendere a parlare il "dialetto di Canaan", quel dialetto parlato dai profeti, da Gesù e dalla comunità di fede»[15].

La questione del futuro del cristianesimo è, dunque, inscindibilmente legata alla problematica dell'inculturazione[16]. L'attenzione e l'ascolto dei processi culturali consente di trovare forme autentiche di incarnazione del Vangelo, senza spegnere nella marginalità la sua forza di provocazione delle visioni del mondo che tentano di gestire il quotidiano, né respingere la grammatica umana con cui l'uomo comprende se stesso. È proprio attraverso la *compagnia* della cultura che la fede può dare forma al progetto della riconciliazione come mistero di salvezza, restituendo al messaggio cristiano il nuovo Areopago, ossia la conquista della civiltà del diritto, lo stato adulto della gestione culturale, senza ipotesi teologiche inutilmente e dannosamente «tappabuchi», il primato del sociale sull'individuale[17].

In questo contesto la riconciliazione non può essere cercata né sul piano ontologico, né su quello gnoseologico, ma solo sul piano delle *convergenze etiche*[18]. È su questa via che Mancini si impegnerà a

---

[15] I. MANCINI, *Con quale cristianesimo*, 215.

[16] Cf. L. SARTORI, «Il rapporto tra fede cristiana e culture», 47. Cf. M.P. GALLAGHER, *Fede e cultura*. Cf. C. DOTOLO, «La dinamica culturale della fede», 247-254.

[17] Cf. I. MANCINI, «Evangelizzazione e cultura», 19-20.

[18] Cf. I. MANCINI, «Filosofia della prassi», 131-134. Cf. B. FORTE, «L'*Ethos* del futuro», 37. Cf. G. PIANA, «Etica tra fondazione e impegno», 147.

trovare quella *forma evangelii* di esistenza come logica dirompente le visioni culturali troppo anguste rispetto ad una vocazione antropologica misurata sulla sequela di Gesù.

## 2. La mistica del *volto*

«In qualche modo il significato del mio stare nel mondo è dato dall'essere custode e responsabile dell'altro uomo che mi sta di fronte»[19]: la relazione con l'alterità non è indifferente rispetto alla qualità della presenza cristiana nell'attuale contesto culturale e storico. La domanda iniziale sulla figura di cristianesimo per il domani porta con sé costitutivamente anche il segno etico che deve contraddistinguere lo stile credente.

Ciò che delinea Mancini, sulla scia della lezione di E. Lévinas, è un'*etica della responsabilità*[20], che ha il suo momento più alto nell'amore verso il prossimo. L'assunzione della responsabilità verso l'altro diviene l'istanza etica fondamentale, un imperativo categorico che reclama un'adesione incondizionata. Il poter sostare davanti al volto dell'altro, poterlo guardare negli occhi, diviene monito e motivo fondamentale di salvaguardare la differenza ed insostituibilità del volto in quanto espressione della sua dignità, costringendo allo svuotamento del proprio io, alla deposizione della sua sovranità come atto fondamentale di giustizia.

Un nuovo modo di guardare l'uomo, dunque, sembra essere oggi il luogo dove relazionare verità e carità, dove incontrare ed operare per la realizzazione del *novum,* ovvero quella riconciliazione che Mancini trova possibile nella comunione dei volti:

> Dire come possono e debbono stare insieme questi volti, la parte più indifesa di noi, la più esposta, la più rivelativa e anche la più deterrente, tanto che è difficile uccidere uno guardandolo in volto, rappresenta la maniera nuova di studiare e di proporre il tema dell'uomo [...] – e la Bibbia soccorre, perché anche Dio viene presentato come volto e non come astratto principio di norme e precetti –, ma soprattutto perché questo modo di proporre i compiti della interpretazione dell'uomo [...] dice un no secco contro tutte le risolvenze e dissolvenze dialettiche della realtà dove l'individuo, ogni

---

[19] I. MANCINI, «Ma l'altro ci chiama», 13.
[20] La figura della responsabilità è nel dibattito etico attuale l'istanza verso cui può convergere l'etica laica e l'etica cristiana. Cf. G. PIANA, «"Figure" di un'etica», 149-151.

tu, e ogni io, viene sacrificato sull'altare delle totalità generali che finiscono nelle esperienze totalitarie e nelle logiche della guerra[21].

L'etica del volto implica il primato del mondo sociale come comunità dei volti, il primato della vita morale su quella del mero conoscere o del solo sentire, implica il primato della relazione e della comunicazione profonda con l'altro, data soprattutto dalla parola e dal linguaggio, più che dallo sguardo e dal gesto che possono subordinare l'altro all'io, implica il primato dei sentimenti, che possono fondare l'agire nonviolento tra gli uomini. L'atteggiamento morale che riconosce il volto dell'altro nella sua irriducibilità può essere espresso dall'atteggiamento dell'«eccomi, ecco me»[22], un accusativo che toglie all'io la nota del protagonista e lo fa disponibile senza pretesa di una risposta.

Nel libero dono dell'eccomi si attua *l'altrimenti dall'essere*: se stare nell'essere comporta la cultura e la vita totalizzante, la ribellione e l'uccisione dell'altro, ossia la guerra, nell'*altrimenti dall'essere*, al posto della vita basata sul potenziamento di sé, si vive il radicale faccia a faccia con l'altro che *pro-voca* la nostra giustizia verso di lui. La responsabilità per l'altro implica il *dis-inter-esse*, ovvero il depotenziare la pretesa del mio essere a porsi come sovrano. La *deposizione* può essere paragonata a categorie mistiche come svuotamento e abbandono e consente di parlare di «*decostruzione antropologica*»[23], di smantellamento dell'uomo così come si è andato configurando nella Modernità. Ma per poter riscrivere l'umano, l'unico modello possibile per il futuro è la relazione fondata sul volto, poiché mantiene la differenza senza annullarla o neutralizzarla, trovando la sua vera realizzazione nell'umile *essere-con*.

Appare urgente per Mancini riconoscere come norma e misura etica l'altro, nella sua concretezza vitale, riscoprirlo nella sua irriducibile dignità, nei suoi bisogni reali, nei suoi diritti fondamentali contro il totalitarismo dell'io. Solo così si può parlare di un'*etica della trascendenza*, la quale riconosce l'alterità come nome dell'Infinito:

> L'Infinito non è il generico tutto, ma la radicazione assoluta di qualcosa come Altro (*Autrui*), quello che permette ad ogni altro, prossimo, volto, di avere consistenza e dignità, di porsi come norma di fronte a tutti gli altri […]. Porre l'infinito che non è il tutto, ma il sovranamente altro significa mettere da parte la logica dell'intero, che è l'identità, e assumere la logica

---

[21] I. MANCINI, *Tornino i volti*, 66-68. Cf. B. FORTE, «L'*Ethos* del futuro», 43-47.
[22] I. MANCINI, *Tornino i volti*, 51.
[23] I. MANCINI, *Tornino i volti*, 61.

della differenza, dell'altro termine, perché l'infinito [...] privilegia infinitamente altro e lo pone come legge e riferimento supremo. Se l'infinità dell'infinito vuol dire infinità dell'altro, esso infinitizza il compito verso l'altro e non la ricerca sul sé, sulla medesimezza, sull'io[24].

L'altro fonda con la semplice presenza del suo volto l'esigenza etica di non assolutizzare se stessi, di misurarsi in un esodo da sé senza ritorno che si faccia carico dell'altrui bisogno, fino alla sostituzione di sé all'altro nel portare il peso dell'urgenza e dell'indigenza morale o materiale: in questo movimento di uscita da sé e di accoglienza dell'altro viene a manifestarsi propriamente anche l'imperativo etico della giustizia.

L'insegnamento di Mancini nel conferire il primato all'*etica del volto* è, dunque, l'invito ad abbandonare la via deduttiva ed astratta dei principi, che ha plasmato di sé l'Occidente, e ad aprirsi ad un'«ontologia relazionale»[25] che fonda nell'altro l'interpellanza etica e l'inizio di un *nuovo umanesimo*. Se nell'età antica il segno distintivo è stato l'essere e nell'età moderna l'io, nell'età futura il termine dominante dovrà essere l'altro: solo così potrà cominciare ad albeggiare il vangelo e la sua cultura di pace[26].

### 3. Per un *ethos* del futuro

Quale *éthos* per un cristianesimo del futuro? Con questo interrogativo radicale Mancini individua le coordinate fondamentali che dovranno ispirare la costruzione di una società più giusta, dove le parole antiche lasciano il posto alle parole nuove come pace, fraternità, riconciliazione, non violenza, rispetto per il creato, giustizia, diritti umani[27]. Il cristiano non ha solo il dovere della testimonianza, né solo quello dell'evangelizzazione, ma anche quello di una cogestione per il progresso della civiltà.

Ciò che gli sta a cuore non è tanto l'elaborazione di un sistema etico razionalmente ineccepibile, quanto la determinazione di un *éthos* culturale e sociale che interpreti le esigenze più profonde dell'uomo di oggi e diventi il perno attorno al quale far ruotare la crescita individuale e sociale e dare corpo allo stesso strutturarsi delle istituzioni. Egli ripetutamente sottolinea come l'attuale situazione di esasperata frammenta-

---

[24] I. MANCINI, *L'ethos dell'Occidente*, 597.
[25] G. PIANA, «Etica tra fondazione e impegno», 160.
[26] Cf. I. MANCINI, «Fermenti di speranza», 11.
[27] Cf. I. MANCINI, «Filosofia della prassi», 132.

zione sociale e di accentuato pluralismo culturale ha dissolto le evidenze etiche comuni, e ha reso perciò estremamente difficile il recupero di quel minimo consenso etico, che è condizione imprescindibile per dare vita ad ordinamenti sociali giusti.

La crisi assiologia contemporanea, che trae origine dalla critica di Nietzsche per i sistemi morali, ha prodotto una *deriva etica* segnata da un relativismo assoluto e da una sorta di prometeismo dell'io incentrato sulla volontà di potenza, in un'ottica di totale autoreferenzialità basata sul soddisfacimento dei bisogni individuali. In un'analisi culturale della contemporaneità egli pone l'attenzione su tre forme etiche: un'etica cristiana (suddivisa a sua volta da tre modulazioni, cattolica, protestante e ortodossa), un'etica marxista e un'etica laica[28].

Quest'ultima è quella che maggiormente determina il pensare della gente, plasmando desideri e comportamenti, che suscitano l'urgenza della riflessione in quanto si ispirano a quella logica della disgregazione che permea il pensiero odierno:

> Quando tu chiedi ragione di un comportamento o del rifiuto a comportarsi secondo il costume, in genere non ricevi né un'argomentazione né una giustificazione, ma solo un «sento così», «mi piace così», presentando così una posizione invincibile, perché ineffabile e tutta murata dentro[29].

Egli individua nell'assenza di un'apertura all'universale e nella preminenza di quella che egli definisce *intenzionalità corporea*, che trova nel piacere il criterio valutativo dell'agire, due caratteristiche fondamentali dell'attuale deriva etica. È la preoccupazione costante dell'incidenza pratica del cristianesimo, ma anche la ricerca di un'istanza fondativa quale condizione di possibilità per lo sviluppo della stessa prassi, che spinge Mancini a confrontarsi con gli apporti più significativi della cultura odierna, che egli individua soprattutto in Bonhoeffer e nella cultura neoebraica di F. Rosenzweig e E. Lévinas, tanto innovativa da definirla «il vero "*arrovesciamento*" [...] di tutto, la metanoia della salvezza»[30], un punto di luce verso cui orientarci.

L'accostamento a Bonhoeffer gli consente di respingere ogni tentativo di fondazione dell'etica su principi e norme astratte e di ricondurre la vita morale alla categoria della responsabilità[31]. Il rifiuto dell'etica

---

[28] Cf. I. MANCINI, *Pensiero negativo*, 90-92; cf. ID., *Scritti cristiani*, 297-331.
[29] I. MANCINI, *Scritti cristiani*, 322.
[30] I. MANCINI, *Tornino i volti*, 69.
[31] Cf. I. MANCINI, «Ciò che è vivo e ciò che è morto», 22-23.

dei principi in nome della libera espressione di ciascuno e delle esigenze della situazione, ovvero il passaggio da un'etica deduttiva ad un'etica esistenziale e storica, non implica la rinuncia ad un riferimento oggettivo, significa piuttosto necessità di un ancoramento ai valori e di una radicale dedizione all'altro.

L'etica della responsabilità bonhoefferiana a cui Mancini aderisce esige attenzione alla concretezza della realtà e disponibilità al prossimo[32].

L'accostamento al pensiero di Lévinas, invece, gli permette di conferire all'etica quella centralità risolutrice e fondativa dopo la crisi dei sistemi politici e ideologici degli anni Ottanta (come il marxismo). La lettura della storia del pensiero occidentale, con la denuncia delle tradizionali fondazioni filosofiche incentrate sull'*essere* e sull'*io* e con l'assegnazione di centralità all'*altro*, viene considerata come la via da percorrere per passare da un *umanesimo del soggetto* ad un *umanesimo dell'alterità*:

> Non si tratta più, infatti, del tradizionale *umanesimo moderno del soggetto* – di un soggetto inteso come il *fondamento primo* ed *unico* ed *ultimo* dell'intera realtà –, ma di un nuovo *umanesimo dell'interrelazione fra i soggetti*. Si tratta di una sorta di *umanesimo pluralistico*, che valorizza, spesso pionieristicamente, una molteplicità profondamente differenziata di *figure dell'umano* – quali, ad esempio, le figure del *tu* o del *noi*, o la ricca e vasta fenomenologia della *prossimità umana* – comprendendole, tuttavia, non come una semplice replica o come una moltiplicazione puramente numerica dell'*io* o del *soggetto* cari alla tradizione filosofica moderna, ad essi *equivalenti* e con essi *interscambiabili*, ma come figure assolutamente *altre* o radicalmente *asimmetriche* o persino *alternative* rispetto all'*io* ed al *soggetto* appena menzionati[33].

La domanda che accompagna quella iniziale, quale *éthos* per il futuro, sarà allora quale *umanesimo*[34] promuovere perché la civiltà dell'amore abbia un futuro: «È molto desolante che la storia continui a essere una conta di morti, anche solo per fame; la speranza umana, e per il credente cristiana, è che le riesca di essere una terra di vivi»[35].

La ricerca di un'epoca nuova sta alla radice del segno etico che egli imprime non solo al cristianesimo ma anche alla società civile. Nel pro-

---

[32] Cf. I. MANCINI, *Novecento teologico*, 420.

[33] F.P. CIGLIA, «Tra l'Uno e gli altri», 326 (il corsivo è nel testo).

[34] Suggestiva affinità con il tema del prossimo Convegno ecclesiale nazionale promosso dalla CEI, *In Gesù Cristo il nuovo umanesimo*.

[35] I. MANCINI, «Adesso, la pace», 36.

fondo rispetto per la laicità, Mancini ama parlare di convergenze etiche come spazio comune e condiviso dove ricercare forme di convivenza umanizzanti, fondate sulla responsabilità verso la vulnerabilità dell'altro, che non è solo esigente, ma anche indigente[36]. Ciò che gli preme, oltre le possibili soluzioni, è una prospettiva capace di orientamento in un contesto dominato dalla frammentazione, dall'opinione e dalla leggerezza valoriale e dove la parola Dio continui ad essere pronunciata per *alleggerire* la terra:

> Io cerco di muovermi in mezzo agli altri con uno sforzo di attenzione amorosa per tutte le loro imprese, atteggiamenti, proposizioni, anche di quelle apparentemente meno vicine alla mia gestione quotidiana, e faccio questo perché sono convinto che l'uomo va accettato perché lo ha accettato Dio, perché per capire bisogna amare, perché per riscattarsi di fronte a colui che è diverso bisogna perdersi totalmente con lui; ma sentirei di tradire quell'ansia umana, e propellente verso nuove frontiere, se non gli testimoniassi, con un produrre coerente, la mia fede, quella che può aiutarci nei gesti storici concreti e può salvarci in radice; più che far bene a Dio questa mia fede penso che faccia bene al duro fronte di lotta dell'uomo stesso, cui può dare slancio, fermento, consenso, volontà di eroismo e fuga dalla banalità. Insomma io vorrei testimoniare e realizzare, fino a morire, una fedeltà a Dio e una fedeltà alla terra[37].

Quello a cui guarda Mancini è un cristianesimo «esperto in umanità» che torni ad essere riserva di senso per il mondo di domani[38]. La serietà e la pensosità con cui si è posto di fronte ai nuovi areopaghi culturali, evidenziandone anche nell'estremismo delle forme un margine di verità possibile, sono indice dell'urgenza di ripensare le questioni del cristianesimo nell'ottica del futuro. Infatti, l'attenzione al futuro, umano e cristiano, si fa per lui provocazione impellente, dato il contesto disfattistico del *pensiero negativo,* ed ha due articolazioni: una speculativa come *futuro del senso* e una politica come *senso del futuro*[39].

Ne parla nei termini di una *cultura della riconciliazione*[40], intesa come ricerca di quelle *tracce* di verità, «grumi di luce»[41] che rimettono

---

[36] I. MANCINI, «Apertura insonne a una prassi», 33. Cf. G. PIANA, «"Figure" di un'etica», 133-134.
[37] I. MANCINI, «Che fare?», 18-20.
[38] Sulla stessa linea le riflessioni di M. VIDAL, «Trasformazioni recenti», 207-212.
[39] Cf. I. MANCINI, *Cristianesimo e culture*, 34.
[40] Cf. I. MANCINI, «Riconciliazione», 9.
[41] I. MANCINI, «Evangelizzazione e cultura», 25-26.

in circolazione, come movimenti sempre più ampi di liberazione, parole come lavoro, pace, bene comune, diritti umani, dialogo; una cultura che si oppone alla guerra e alla violenza, ma che attraverso la «violenza tratta dai significati»[42] possa portare ad effettive convergenze etiche.

Questo è un compito che il cristianesimo deve assumere come proprio, per ridestare all'orizzonte quel senso di Dio che sembra smarrito, istituendo un rapporto credibile tra fede e mondo.

---

[42] I. MANCINI, «Evangelizzazione e cultura», 27.

# PARTE III

# LA TEOLOGIA FONDAMENTALE COME *POLITICA* DELLA *MEMORIA PASSIONIS* IN J.B. METZ

## CAPITOLO VI

## Il cristianesimo «con il volto rivolto al mondo»

*«La crisi che ha colpito il cristianesimo europeo non è in primo luogo o esclusivamente una crisi delle chiese. Nel nostro panorama postmoderno tutte le chiese oggi si trovano come alberi privati delle foglie. Da che cosa dipende ciò? Certo anche dalle chiese stesse, e tuttavia la crisi risiede in qualcosa di più profondo: essa non è assolutamente riconducibile alla condizione delle chiese stesse; la crisi è divenuta crisi di Dio»*[1].

Il motivo della *crisi* e del *futuro* del cristianesimo, emerso nel confronto tra Modernità e postmodernità, ha trovato in J.B. Metz un interprete originale, soprattutto nel prospettare un itinerario teologico-fondamentale a partire da un'ermeneutica *produttiva* della secolarità, dove la fede non subisce le sorti di una marginalità in ordine al senso, ma assume la figura di una responsabilità profetica capace di dare rilevanza veritativa alla *memoria Jesu*.

Con questa consapevolezza, egli entra a buon diritto nel discernimento dello spirito del tempo presente, individuando i segni di questa crisi che descrive come *tempo della crisi di Dio*, come *epoca dell'amnesia*

---

[1] J.B. METZ, *Memoria passionis*, 73. Commenta così l'allora card. J. RATZINGER, *Giubileo dei catechisti*, par. II.2: «Nella sua conferenza di congedo dalla sua cattedra nell'università di Münster il teologo J.B. Metz ha detto delle cose inaspettate dalla sua bocca. Metz in passato ci aveva insegnato l'antropocentrismo – il vero avvenimento del cristianesimo sarebbe stata la svolta antropologica, la secolarizzazione, la scoperta della secolarità del mondo. Poi ci ha insegnato la teologia politica – il carattere politico della fede; poi la "memoria pericolosa"; finalmente la teologia narrativa. Dopo questo cammino lungo e difficile ci dice oggi: Il vero problema del nostro tempo è la "Crisi di Dio", l'assenza di Dio, camuffata da una religiosità vuota. La teologia deve ritornare ad essere realmente teo-logia, un parlare di Dio e con Dio. Metz ha ragione: L' *"unum necessarium"* per l'uomo è Dio».

*culturale*, come *tempo del pluralismo costitutivo*[2]. Ognuna di queste formulazioni segnala un aspetto del contesto culturale e sociale con cui il cristianesimo è chiamato a confrontarsi, fornendo le coordinate che circoscrivono l'ambito problematico del post-moderno, che egli evocativamente chiama del «Nietzsche atmosferico»[3]. È a Nietzsche, infatti, a cui si rivolge come il «primo profeta postmoderno di un'epoca post-cristiana»[4], che fa risalire l'inizio di questa visione del mondo la quale, con l'affermazione della *morte di Dio*, inaugura non semplicemente una crisi della fede, ma una crisi più generale che investe la *percezione immaginativa del mondo*.

## 1. Il nostro tempo: «religione sì – Dio no»?

Con lo *slogan* «religione sì – Dio no»[5], Metz annota una particolare curvatura della condizione religiosa contemporanea che smarrisce il segno della trascendenza: la religione subisce una metamorfosi estetizzante e psicologica, è il nome per «il sogno di una felicità libera dal dolore, come incantamento mitico per l'anima»[6].

### 1.1 *Il tempo della* crisi di Dio

Ad una nominazione invasiva di Dio corrisponde, paradossalmente, un profondo disorientamento che si traduce in crisi dell'*universo morale*, del *linguaggio* e della *cultura*.

Per quanto concerne l'ambito etico, egli evidenzia come la morale sopravvive, nella variante postmoderna, in una forma minimale:

> Questa *Piccola Morale* è la morale fatta con criteri rimpiccioliti e flessibili: con la rinuncia ad ogni lealtà troppo a lungo termine e men che meno a vita, con la riserva dell'autorealizzazione di se stessi di fronte ad ogni rischio, con l'insistere sul diritto di essere sostituiti in ogni e qualsiasi impegno; ma anche, del tutto in linea generale, la morale fatta con l'individualizzazione di tutti i conflitti, con l'indifferenziazione di fronte al grande consenso, con la calunnia verso tutti i concetti universali[7].

---

[2] Cf. J.B. METZ, «Nel pluralismo dei mondi», 216.
[3] J.B. METZ, *Memoria passionis*, 149.
[4] J.B. METZ, «Nella crisi dello spirito europeo», 158.
[5] J.B. METZ, «Religione sì – Dio no», 20.
[6] J.B. METZ, *Memoria passionis*, 74.
[7] J.B. METZ, *Memoria passionis*, 75.

Sorge, dunque, dall'Europa dei diritti umani, forgiata dallo spirito biblico dei comandamenti e dall'inquietudine per la giustizia dell'innocente, un esonero dalla morale, un ostracismo verso l' universale e verso una visione utopica del bene, ma anche un esonero dalla sensibilità al dolore altrui, come se il redivivo sogno d' innocenza, che il postmoderno porta con sé, avesse anestetizzato la coscienza. Di fronte a questo oblìo, egli avverte l'urgenza di recuperare la passione per un *éthos* che riorienti la consapevolezza del bene da una forma di privatizzazione slegata dal sociale verso una convivenza plurale, la quale possa tener conto dell'Altro/altro come prossimo.

Crisi di Dio dice inevitabilmente crisi del linguaggio: nella società secolare la parola *Dio* non è più evocativa del mistero, ha perso il suo potere comunicativo, è diventata obsoleta in un contesto dove predomina il linguaggio tecnico-scientifico, asoggettuale, virtuale e dove le tradizioni in cui si radica appartengono a mondi considerati tramontati. Il linguaggio cristiano sembra soccombere alla propria irrilevanza, teso tra la tentazione al fondamentalismo, chiuso all'ascolto della profezia del tempo, e la tendenza ad una completa modernizzazione, confondendosi con le mode culturali e rinunciando così alla significatività e specificità del proprio discorso. Probabilmente la teologia ha perso il legame con lo sfondo esistenziale e vitale del suo linguaggio su Dio, riducendolo a volte a formule stereotipate che risultano incomprensibili in un contesto simbolico mutato. Ma se si considera il discorso su Dio come, prima di tutto, discorso *rivolto a* Dio, dunque preghiera, allora all'origine di ogni parola bisogna poter ascoltare il muto *sospiro* della creatura. È in questo *linguaggio orante* che si può intravedere la possibilità di una dischiusura dello spazio divino, il quale, nella sua apertura fondamentale alla domanda, fa saltare la tentazione ideologica o idealistica in cui può incorrere una marcata cifratura ecclesiologica e teologica del discorso su Dio. Tornare alla sorgente del linguaggio religioso significa saper cogliere quella *religione soggettuale* che sta sotto ogni espressione di fede, al di là e prima di ogni delucidazione argomentativa.

Crisi di Dio è allora crisi della cultura: se questa è l'epoca che ha sentenziato la morte di Dio, è anche il tempo del *dopo Auschwitz*, e quindi una condizione che rammenta la *perdita d'innocenza* dell'uomo, un punto di non ritorno dove niente e nessuno è più lo stesso. L'uomo posteriore alla morte dell'uomo in una società modernizzata sotto la legge del progresso e con una politica sottomessa all'economia è sempre meno memoria di sé e sempre più esperimento di se stesso. La razionalità tecnica riduce l'uomo ad un'intelligenza priva di *pathos*, ad una mancanza di sensibilità al dolore e alla morale, con l'incanto della riproducibilità artificiale di se stesso, come suggeriscono le prospettive biotecnologiche:

> Laddove l'uomo perda il suo radicamento nella rimemorazione, laddove non sia più in grado di stabilire la differenza fra razionalità tecnica ed anamnestica, la razionalità umana diviene dubbia, l'uomo stesso diviene suddito della propria razionalità tecnica, diviene in definitiva un uomo che, nel nuovo procedimento riproduttivo biotecnico, si è posto dietro se stesso: l'uomo come creazione tecnica di se stesso, l'uomo posteriore alla morte dell'uomo[8].

La perdita di soggettualità fa pensare ad uno stato di «seconda minorità»[9], più insidiosa della prima contro cui si levò l'Illuminismo, perché l'uomo postmoderno non ne ha consapevolezza. Assiste indifferente e disattento al proprio *dileguarsi*, rinchiuso in una nuova privatizzazione distaccata dalla storia, incantato da miti che provengono da altre culture.

Questa forma di privatizzazione, a cui allude Metz, sembra essere la malattia mortale dell'*uomo nuovo*, circuito dal culto dell'illimitato sperimentare e progredire, dove il dominio sulla natura, tipico di una mentalità tecnico-scientifica, è contrassegnato da una concezione del tempo inteso come un vuoto continuo e *in-terminato*, che fagocita tutto in un processo infinito e indefinito. È un tempo senza storia, un tempo che si è disancorato dalla memoria dell'inizio e dall'attesa del futuro, esposto al ciclo dell'eterno ritorno dell'uguale, dove l'uomo diviene *pellegrino senza meta*, un *nomade senza rotta*, un *vagabondo reso dionisiaco*, un *uomo flessibile*[10]: il tempo senza qualità, che sembra aver colonizzato il cuore dell'uomo, aspira all'unica redenzione possibile, quella ancorata alla dimenticanza, in cui tutto è abbandonato al fluire del divenire[11].

Questa paradossale egemonia dell'eternità del tempo sembra aver mobilitato come forza anonima i nostri mondi di vita, tanto da costituirne l' atmosfera che respiriamo quotidianamente e che influenza il nostro modo di vivere, plasmando la familiarità al *non luogo*, perché attratti dal momento che scorre senza lasciare traccia, senza memoria,

---

[8] J.B. Metz, *Memoria passionis*, 84.
[9] J.B. Metz, «Il Cristianesimo e il soggetto», 463.
[10] Cf. J.B. Metz, «Temporalizzazione dell'ontologia», 174 dove alla nota 5 rimanda a riflessioni maturate nell'ambito della contemporanea teoria sociale, e in particolare a Z. Bauman.
[11] Cf. J.B. Metz, «Dio. Contro il mito», 45-72.

soggetti alla tirannia dell'indeterminato. Non ci sono più grandi visioni, la politica non dispone più di sguardi utopici, ma solo di strategie provvisorie:

> del sotterraneo timore di fronte al tempo senza tempo si nutre anche ciò che è stato chiamato il cinismo della modernità: il culto dell'apatia, il trarsi fuori dalle zone di rischio della responsabilità storico-politica, lo scaltro adattamento del farsi piccoli, il pensiero di nicchia, la vita in intervalli a breve termine, in definitiva una mentalità che minaccia di renderci *voyeurs* della nostra propria decadenza[12].

Questo tempo postmoderno «unico fascinoso postmetafisico»[13], che troneggia al posto di Dio come tempo indefinibile, allentando il legame dell'uomo con le sue radici, alimenta anche a livello religioso quei sogni di reincarnazione così presenti nella nostra cultura, che testimoniano come il mito dell'eterno ritorno sia così pervasivo, da far risultare tutto uguale, tutto possibile, tutto senza peso, tutto opzionale, tutto fruibile[14].

### 1.2 *L'epoca dell'*amnesia culturale

La riflessione sul tempo, inaugurato dalle profezie nietzscheane, apre un confronto serio sull'attuale amnesia culturale come dimenticanza, in quanto postulato postmoderno alla felicità. Una felicità, che si persegue nel segno dell'oblìo dei volti e delle storie di sofferenza, marchia a fondo il nome dell'uomo fino a smarrirne le sembianze: «Ciò che si intende con amnesia culturale è l'assopimento del dolore del ricordo nella memoria culturale degli uomini»[15].

Essa è presente nel cristianesimo, quando si *dimezza* l'esperienza storica da cui ha tratto origine, ovvero nella dimenticanza dello spirito ebraico, detentore privilegiato della cultura anamnestica. Agisce nella cultura scientifica moderna, quando nella teoria e nella prassi di una razionalità procedurale si spegne il residuo negativo della storia che altrimenti non si lascerebbe acquietare. Come è successo per il dolore che si leva da Auschwitz, un accanimento dell'uomo contro l'altro uomo che assurge a paradigma del male, dove non si ode solo il grido «dov'è Dio?», ma anche il lancinante lamento «dov'è l'uomo?»:

---

[12] J.B. METZ, *Memoria passionis*, 127.
[13] J.B. METZ, *Memoria passionis*, 129.
[14] Cf. J.B. METZ, «Tempo senza un finale?», 166-176.
[15] J.B. METZ, «Fra memoria e oblio», 164.

La memoria della sofferenza altrui resta una fragile categoria in tempi in cui gli uomini credono ormai di potersi alla fine munire solo dell'arma dell'oblìo, dello scudo dell'amnesia contro le storie di sofferenza e i misfatti che continuamente irrompono; ieri Auschwitz, oggi la Bosnia e il Rwanda, e domani?[16].

La cultura anamnestica fa fatica ad operare quando la politica estromette le religioni, in nome di una presunta neutralità e secolarità degli Stati, dal partecipare in modo attivo alla vita pubblica, nel condividere decisioni e promuovere scelte eticamente ed umanamente sensibili, senza considerare che la religione è, sostanzialmente, resistenza contro l'amnesia culturale[17].

Così è accaduto proprio nel cuore dell'Europa, quando, in occasione della stesura del *Preambolo* alla Carta Costituzionale dell'Unione Europea, è stata omessa la menzione del cristianesimo come radice spirituale e religiosa comune, come se si volesse procedere oltre il proprio ricordo. Un'omissione che rivela il clima spirituale e morale dell'Europa, a cui Metz dedica una grande attenzione, perché non vi può essere alcuna determinazione dell'*éthos* europeo «senza rammentazione storica della sua genesi, senza accertamento e designazione delle profonde strutture storico-culturali dell'Europa!»[18].

Nella prima stesura del *Preambolo* compariva il riferimento alle correnti filosofiche dei Lumi, considerate co-fondatrici della cultura europea assieme a quella ellenica e romana, omesso poi nella stesura definitiva in seguito alle polemiche suscitate per il mancato richiamo al cristianesimo[19].

Dimenticanza che molti critici hanno interpretato come residuo ideologico del secolarismo, il quale ha voluto confinare la religione nella sfera privata, negandole rilevanza pubblica[20]. Benché, infatti, il quadro europeo manifesti una differenziazione al suo interno rispetto ad una

---

[16] J.B. METZ, «Fra memoria e oblìo», 168.

[17] Cf. J.B. METZ, «Nel pluralismo dei mondi», 223.

[18] J.B. METZ, *Memoria passionis*, 184-185. Su questo tema Metz si è espresso ripetutamente come attestano i suoi saggi «Spirito d'Europa», 19-28; ID., «Libertà solidale», 138-147; ID., «La Nuova Europa», 16-23.

[19] Cf. GIOVANNI PAOLO II, *Ecclesia in Europa*, dove al n. 7 parla di «smarrimento della memoria e dell'eredità cristiane».

[20] Cf. M. ZECHMEISTER, «Crisi del cristianesimo», 81-82. Cf. G. MUCCI, «La periodica invocazione dei Lumi», 592-597. Cf. J. RATZINGER, «Europa», 125-140. Cf. A. SCOLA, «Le religioni nel futuro dell'Europa», 7-23. Cf. G. DIANIN, ed., *L'Europa e le religioni*.

integrazione più o meno evidente o eterogenea della religione cristiana nel tessuto sociale, e fermo restando il dato incontrovertibile del pluralismo e del policentrismo culturale che con diverse modulazioni innerva il contesto contemporaneo, non c'è da dubitare sull'influsso della tradizione ebraico-cristiana, e del cristianesimo in particolare, sulla cultura europea.

C'è invece da chiedersi, secondo Metz, perché l'Europa quando parla di secolarità esclude la religione come sua interlocutrice, non ritenendola culturalmente rilevante nel dibattito pubblico[21]. La secolarità è, dunque, incompatibile con il discorso religioso? O bisogna cominciare ad intenderla in modo diverso, leggendo la categoria della neutralità non in senso laicista, come il modello francese, ma in senso pluralista? Mentre la versione laicista relega la religione nella sfera privata, ritenendo il concetto di libertà religiosa come libertà *dalla* religione, ovvero una forma di tutela della democrazia dall'influenza delle fedi, la versione pluralista contempla la presenza delle religioni e delle visioni del mondo nel quadro del più ampio dibattito pubblico, garantendo la libertà sia come tutela *della* religione che tutela *dalla* religione.

Nel primo caso ci troviamo di fronte ad una posizione secolarista, ovvero ad una forma ideologica che considera la religione come minaccia all'emancipazione liberale della società: «una visione che ignora la cognizione, oggi sempre crescente, della dialettica contraddittoria dei processi propri d'un illuminismo unidimensionale e di una secolarizzazione piatta»[22].

Nel secondo caso, il pluralismo assicura l'autentica libertà religiosa, conquista preziosa della modernità, in cui tutte le ragioni, religioni e visioni del mondo concorrono al discorso pubblico, salvaguardando così la democrazia. L'esplicito riferimento all'eredità ebraico-cristiana non esclude o emargina le altre religioni, ma le avvalora perché le riconosce nella loro alterità. Il rischio che si profila per il cristianesimo europeo in un contesto di secolarità pluralista è che si autoprivatizzi e che ponga da sé in questione la propria identità e la propria missione.

Il processo di privatizzazione, che non è più prodotto dall'esterno, ovvero dallo Stato secolare, ma dall'interno, si manifesta in due tendenze, entrambe fondamentaliste: la visione di una chiesa del *piccolo*

---

[21] Cf. M. GAUCHET, *La religione nella democrazia*, 143-150. Cf. K. LEHMANN, «Radici del pluralismo», 59-76. Cf. P. DONATI, «Universalità, particolarità, neutralità», 73. Cf. CH. TAYLOR, «Ambivalenza della religione», 97-115.
[22] J.B. METZ, *Memoria passionis*, 182.

*gregge*, dove Dio diventa proprietà privata, e la visione di una *chiesa assistenziale civile*, che offre sostegno al mondo di vita, ma non partecipa al confronto pubblico. Un cristianesimo così tradotto verrebbe meno alla sua pretesa di verità, ma anche priverebbe la società dell'apporto della memoria biblica di Dio, dunque favorirebbe la tendenza all'amnesia culturale già orientata alla dimenticanza della tradizione ebraico-cristiana, riserva di una *memoria pericolosa* radicata in un *éthos* che si fonda sull'autorità dei sofferenti.

Si apre qui una questione fondamentale ed attuale sul ruolo societario nuovo che le religioni vanno assumendo in virtù di un riconquistato spazio nell'arena pubblica, di una credibilità rinnovata in un contesto globalizzato, che induce a rivedere paradigmi e categorie di pensiero che hanno determinato, nella storia d'Europa in particolare, un rapporto difficile tra religione e Modernità. Questo confronto, libero da ogni ipoteca ideologica, consentirebbe di accedere ad una *visione plurale* del pluralismo costitutivo dell'attuale società globalizzata, senza rinunciare a valori universali condivisibili, ad un riconoscimento reciproco ed alla progettazione di un modo nuovo di vivere insieme[23].

Non era questo il sogno di quell'Illuminismo politico che ha voluto, ma non del tutto realizzato, una società dei diritti dell'uomo e della dignità soggettuale di tutti gli uomini? Come può l'Europa riconoscere ed esportare questo modello politico senza incorrere nel rischio di misconoscere l'autenticità e gli sviluppi delle altre culture? Quale spirito dell'Europa viene affermato? Quello eurocentrico della civilizzazione tecnico–scientifica che riduce le culture a tradizioni folcloristiche o quello fondato sulla cultura anamnestica che riconosce alla memoria una forma di resistenza contro la dissoluzione di una modernizzazione priva di scrupoli?

### 1.3 *Il tempo del* pluralismo costitutivo

Questa presa di coscienza sull'attuale pervasività dell'amnesia culturale, che ha radici lontane, si complica se si considera il fenomeno della globalizzazione, che è interpretato da Metz come un «inevitabile pluralismo distruttivo dei mondi religiosi e culturali»[24], un'età segnata dalla concorrenza tra visioni del mondo diverse che egualmente avanzano pretese di verità. La risposta consueta di fronte a questo pluralismo è

---

[23] Cf. C. GEFFRÉ, «L'Europa», 48-54.
[24] J.B. METZ, «Proposta di un programma universale», 389.

l'adattamento al relativismo di una razionalità formale governata dalla procedura, che consiglia la strada della tolleranza, del dialogo basato sulla ricerca del consenso, passando sotto silenzio la questione della verità. Sembra assistere ad una rassegnata presa d'atto dell'attuale *mercato postmoderno*, in cui tutto si offre secondo la legge della concorrenza e del gusto del momento, cercando di rendere appetibile il prodotto religioso[25].

Questa soluzione di una religione senza Dio appare come la risposta più consona alla sensibilità postmoderna che nel tempo del *Nietzsche atmosferico* preferisce ammorbidire la memoria tradizionale dei monoteismi, accusati di essere la causa dei conflitti tra civiltà. Questa religione senza Dio viene ad imporsi come il paradigma debole che va a sostituirsi a quella che Metz propone come la sua soluzione forte di una rimemorazione del Dio biblico e della convocazione dell'uomo ad una responsabilità planetaria. Ciò obbliga ad una ripresa del discorso su Dio, anche se è culturalmente in controtendenza rispetto all'acquisizione di una sua incompatibilità con l'ateismo metodologico delle scienze, dove «"Dio" non compare più»[26].

Il confronto con il Dio biblico implica il recupero anche del riconoscimento della figliolanza divina di tutti gli uomini, un'idea di pace, dunque, che nulla ha a che fare con l'interpretazione oggi circolante sul principio monoteistico come fautore di violenza[27], il quale si porta dietro il residuo culturale di un patriarcalismo obsoleto dell'età premoderna, dove la sovranità di Dio legittimava anche una certa struttura politica basata sul potere assoluto. Il monoteismo biblico non è un monoteismo qualsiasi, il suo discorso sul Dio di Abramo, di Isacco e di Giacobbe, che è anche il Dio di Gesù, è un «monoteismo "debole", vulnerabile, empatico»[28], perché è un discorso su Dio sensibile al dolore[29].

Un *monoteismo riflessivo*, dunque, che ha superato la prova della Modernità recuperando il suo senso originario e profondo di un'esperienza della trascendenza che, pur rivelandosi in miti, simboli e linguaggi a volte arcaici, se ne distanzia nella critica ad esso interna che vieta qualsiasi indebita e facile assimilazioni ai costrutti umani. È un

---

[25] Cf. J. THIEL, «Il pluralismo nella verità», 88-91.
[26] J.B. METZ, «Proposta di un programma universale», 390.
[27] Cf. U. BECK, *Il Dio personale*, 55-58.
[28] J.B. METZ, «Proposta di un programma universale», 393.
[29] Cf. CTI, *Dio Trinità*, n. 7 parla di «*qualità cristiana del monoteismo*» (il corsivo è nel testo).

monoteismo accompagnato da un «illuminismo biblico»[30], che nella contestazione profetica opera una purificazione delle immagini indebite che pur umanamente si appropriano del Dio vivente. In questa tradizione biblica la teologia è *interrotta* dal dolore della creatura, si fa interprete della domanda inquietante della sofferenza ingiusta dell'innocente che la teodicea classica ha incautamente trasformato nella logica della giustificazione di Dio. Questo monoteismo biblico, che torna a parlare del lato vulnerabile e sensibile di Dio al problema del male e del dolore, diventa significativo per ogni uomo, proprio perché il grido di ognuno trova ascolto davanti al Dio di Abramo, di Isacco e di Giacobbe, che è anche il Dio di Gesù.

Il programma di un cristianesimo mondiale in un contesto plurale può essere rilevante per tutti gli uomini se nell'esporre il *suo* Dio sa evocare i tratti di questo monoteismo sensibile al dolore che accomuna le tre tradizioni monoteiste[31]. Del resto esse sono segnate dal loro storico tradimento dell'assioma del monoteismo biblico, di un Dio legato al suo coinvolgimento al dolore dell'uomo, e tuttora la loro storia continua a parlare la lingua del conflitto e delle divisioni, nella logica del nemico/amico, estranea, seppur presente, alla tradizione biblica. Essa è permeata fino al Nuovo Testamento da un'altra storia, determinata da una responsabilità che si fa universale, perché aperta al dolore del mondo, dove amore per Dio e amore per il prossimo trovano la loro giustificazione.

Questa «difficile universalità»[32] impegna oggi la teologia che vuole confrontarsi politicamente con il pluralismo, il che non vuol dire, evidentemente, negarlo o contestarne la legittimità, ma impone di trovare una chiave di accesso ad esso che non dissolva le differenze dei mondi di vita in una figura idealistica quanto astratta, né minimizzi la resistenza dei localismi etnici. Bisogna trovare una forma di convivenza vincolante per tutti, che scongiuri la relativizzazione della pretesa di valore in un gioco irrelato tra mondi religiosi, i quali proprio perché irrelati

---

[30] J.B. METZ, «Il cristianesimo nel pluralismo», 257; cf. ID., «Religion und Politik», 480.

[31] Cf. CTI, *Dio Trinità*, n. 63 dove si afferma: «In questa fase storica, il cristianesimo è posto – ed esposto – come un punto di riferimento globale e inequivocabile per la denuncia della radicale contraddizione di una violenza fra gli uomini esercitata nel nome di Dio. In quanto tale, è chiamato a purificare e a rinvigorire il suo ministero di riconciliazione fra gli uomini: siano essi religiosi o anche non-religiosi. Ciò comporta verosimilmente alcune priorità d'impegno, riflessivo e pratico».

[32] J.B. METZ, «Proposta di un programma universale», 392.

sconfinano in esplosioni di violenza, costituendo una minaccia seria alla costruzione della pace. È un tempo questo in cui la decisione non può essere demandata ad una razionalità discorsiva, che non riesce a trovare nel semplice consenso formale ragioni vincolanti per una politica di pace, premessa incondizionata di ogni comunicazione promettente fra mondi culturali e religiosi diversi.

Per Metz, qui si esplica il ruolo pubblico delle religioni, in quanto chiamate a partecipare attivamente al dibattito politico e promuovere scelte universalmente condivisibili e moralmente responsabili. Bisogna poter conciliare universalità determinata e pluralità autentica nella ricerca del buono di ciascuno e del bene comune.

È la sfida che un cristianesimo «col volto rivolto al mondo», da sempre chiamato a portare il messaggio di speranza a tutti i popoli, non può non assumere, chiudendosi in un'autoprivatizzazione svincolata dalla storia. La teologia è chiamata a sviluppare un *programma mondiale* del cristianesimo ed a partecipare a pieno titolo al discorso pubblico, reclamando:

> nella sfera pubblica dell'epoca globalizzata, la distinzione tra razionalità tecnica ed anamnestica, che non solo risulta irrinunciabile per il suo discorso su Dio, ma anche per il discorso «sull'uomo», fintanto che questo discorso non venga liquidato semplicemente come «residuo semantico» proprio di epoche costituite da un umanesimo occidentale ormai superato[33].

Premesso ciò, la teologia in un tempo di pluralismo costitutivo deve percorrere l'unica strada possibile, ovvero quella verso un *ecumene delle religioni*. Questo significa un avvicinarsi reciproco nella pratica di una responsabilità mondiale comune, nella resistenza contro le cause di sofferenza che deturpano il mondo e contro una società dove l'uomo scompare negli ingranaggi autoreferenziali dell'economia e della tecnica, dove la politica obbedisce all'unica legge del libero scambio imposta dai mercati[34].

## 2. La religione in una società post-tradizionale

Non solo il cristianesimo è chiamato a ripensare se stesso in questo tempo di crisi, ma anche alla politica è richiesto un nuovo autoaccertamento di una democrazia che, al termine dell'età moderna, si ritrova

---

[33] J.B. METZ, *Memoria passionis*, 150.
[34] Cf. J.B. METZ, «Nel pluralismo dei mondi», 222.

a riflettere sui suoi valori costitutivi, su ciò che fonda veramente uno stato di diritto. È inutile dire che una profonda situazione di incertezza e insicurezza attraversa le istituzioni politiche, ma anche la fiducia verso la politica e le sue forme decisionali è altamente compromessa da uno scollamento tra le aspettative della gente e la capacità di rappresentarle[35]. Le reazioni fondamentaliste o populiste traggono in questa scontentezza il loro motivo di proliferazione. Questo processo di delegittimazione viene complicato dalla globalizzazione, che ha destabilizzato legami sociali e forme di plausibilità tacitamente condivise, ha rimesso a tema questioni che sembrano aver avuto risposte determinate come il rapporto tra religioni e politica, con la nuova attenzione verso i monoteismi, in particolare verso l'Islam: «Affinché la globalizzazione non conduca alla trivializzazione culturale e morale, il nucleo religioso della cultura umana non dovrebbe essere trascurato proprio oggi»[36].

### 2.1 *Religione e politica nel tempo della globalizzazione*

La politica uscita dalla Modernità europea ha risolto la questione del ruolo sociale della religione relegandola nel privato, liberando lo Stato da qualsiasi forma di legittimazione eteronoma e disancorando la politica da qualsiasi legame con la trascendenza. Le attuali teorie politiche si sforzano di rispondere alle situazioni emergenti con modelli rigorosamente a-religiosi, come se qualsiasi contaminazione con valori metapolitici potesse contestare le conquiste illuministiche e mettere in discussione la neutralità della ragione moderna, che trova nella propria procedura le regole per le sue scelte. Le democrazie avanzate di società post-tradizionali attingono le risorse culturali esclusivamente dal discorso democratico, mettendo in discussione o rifiutando l'apporto di comunità di memoria eticamente sensibili come quelle religiose[37].

Ma, come fa notare Metz, questo assioma è stato recentemente messo in dubbio dal cosiddetto «paradosso di Böckenförde», secondo cui «lo stato moderno, costituzionale e di diritto, vive di premesse, che esso

---

[35] Cf. U. BECK, *La società del rischio*.
[36] J.B. METZ, «Semantica e concetto», 16. Cf. F. WILFRED, «Le religioni di fronte alla globalizzazione», 45-54.
[37] Per una problematizzazione cf. S.N. EISENSTADT, *Paradossi della democrazia*. Cf. J. RATZINGER – J. HABERMAS, *Etica, religione e Stato liberale*. Per la discussione in ambito tedesco cf. E. ARENS – J. MANEMANN, *Wie sollen wir zusammenleben?*, 155-171.

stesso non può né produrre né garantire e di cui perciò si avvale sempre più, senza possibilità di restituzione»[38].

Questo paradosso meta-politico mette in evidenza l'astrattezza della separazione fra religione e politica nel contesto della Modernità, perché un suo superamento è prevedibile solo nel quadro di un totalitarismo che si sostituisce alla religione (come è stato per il nazionalsocialismo e per il comunismo), o in quello radical-democratico, che sostiene l'autoreferenzialità del discorso democratico in una cornice culturale strettamente post-tradizionale.

Se quella odierna si definisce una società post-tradizionale, c'è da chiedersi, secondo Metz, dove la ragione procedurale e discorsiva alla base delle democrazie moderne va a trovare le risorse culturali per orientare i mondi di vita se esclude apriori la significatività di un codice di senso depositato nella memoria collettiva. È evidente come questa questione sia centrale non solo per le teorie politiche, ma anche per la teologia che si pone il problema emergente di un possibile contributo della religione nello spazio pubblico, che sia produttivo e costruttivo in ordine ad un *éthos* comune. Tra le istituzioni tradizionali, quelle religiose, e in modo particolare le chiese cristiane, in virtù della loro capacità di custodire la memoria biblica di Dio, dispongono di quell'*universalismo negativo* basato sul dolore altrui che può salvaguardare la libertà e la giustizia:

> È il processo dell'individualizzazione crescente come della contemporanea globalizzazione (economico-tecnica) del nostro tempo quello che mi ha indotto a presumere l'importanza e la responsabilità politiche dell'istituzione religiosa[39].

Le condizioni culturali attuali prodotte dalle società avanzate non consentono di andare oltre la logica di mercato e della concorrenza, finendo per regolare tutti i rapporti sociali, finanche quelli umani, per cui la razionalità puramente discorsiva non ancorata alle tradizioni finisce per essere guidata dalla medesima logica. Una politica che usufruisse del rapporto, divenuto riflessivo alla fine della Modernità, con la tradizione delle istituzioni religiose, potrebbe attingere quella logica altra di solidarietà degli uni verso gli altri, capace di contestare e decostruire l'invasiva logica di mercato. La riduzione della politica a mera pianifi-

---

[38] J.B. METZ, «Religione e politica», 196. Cf. E.-W. BÖCKENFÖRDE, *La formazione dello Stato*, 68; cf. ID., *Cristianesimo, libertà, democrazia*.

[39] J.B. METZ, «Religione e politica», 207.

cazione comporterebbe la perdita della sua autonomia a cui va ascritta la possibilità di un futuro umano.

Metz esemplifica questo importante nodo problematico attraverso la storiella della marionetta che gioca a scacchi raccontata da W. Benjamin, e la cita reinterpretandola come lotta tra due giganti:

> dei quali uno, il più debole, già quasi vinto, continua tuttavia a colpire in maniera impensata ed alla fine si libera dalla stretta dell'altro. È in grado di far questo perché, nel suo orecchio gigantesco, ci sta un piccolo nano gobbo che gli fa coraggio e gli sussurra sempre nuovamente diversi trucchi per resistere. Questa lotta può valere come immagine della lotta tra tecnica e politica, tra pianificazione puramente economica e tecnologica e progetto politico del futuro. La fantasia politica non si lascerà risucchiare definitivamente dalle costrizioni tecnologiche se riesce a conservare quella fantasia morale e quella forza di resistenza che provengono dalla memoria della sofferenza accumulata nella storia. Il nano sta ad indicare la memoria di questa sofferenza. La sofferenza infatti, nei nostri sistemi sociali progrediti, vale come piccola e odiosa e non riesce a farsi guardare sotto aspetto migliore[40].

La coscienza politica *ex memoria passionis* porterebbe ad un agire politico mosso da altri criteri, ispirando nuove forme di solidarietà, di responsabilità, e impedendo una comprensione puramente tecnica della libertà e della pace. L' attenzione prioritaria alla sofferenza sorretta dalla memoria costringe la politica a confrontarsi con la negatività della povertà e della miseria che grida al cielo. Solo questo *universalismo negativo*, di contro all'*universalismo procedurale*, può salvaguardare l'individuo evitando sia l'implosione nell'individualizzazione narcisistica, sia la tutela delle ideologie:

> La forma di politica alla fine della modernità, quella cercata e richiesta dalla ragione anamnestica, sarebbe la politica che in tutte le situazioni di conflitto e di ostilità non dimentica il dolore degli estranei o degli altri nemici, ma lo tiene presente nel proprio agire. Questa concezione della politica ha e mantiene una carica morale[41].

Per Metz, non è più pensabile una separazione radicale tra religione e politica e questo esige una ripresa critica del rapporto con la Modernità che di tale separazione è responsabile. Soprattutto è necessario ritornare all'Illuminismo e alla figura della ragione da esso sviluppata, che, nel suo rifiuto delle tradizioni, ha estromesso qualsiasi radicamento alla memoria,

---

[40] J.B. METZ, *La fede*, 103-104.
[41] J.B. METZ, «Religione e politica», 200.

sottovalutando la sua particolare percezione della realtà. Parlare di libertà e di autonomia, infatti, non implica necessariamente marginalizzare o sottostimare la memoria culturale come possibile risorsa metapolitica, che può offrire un sostegno utile all'orientamento di senso, né appellarsi alle tradizioni significa eccedere nel fondamentalismo o nel tradizionalismo premoderno o in forme di religione civile. Ne è testimonianza il modello anglosassone-nordamericano dove le tradizioni democratiche hanno elaborato una forma di relazione con le religioni molto diversa rispetto a quella esistente nell'Europa continentale, marcatamente atea ed anticlericale. Ciò significa che la traduzione storica dell'Illuminismo e la sua interpretazione culturale ha determinato forme diverse di coesistenza tra religione e politica, influenzandone perciò anche i contesti di vita.

In questa ripresa epocale dello spazio pubblico da parte delle religioni bisogna, tuttavia, considerare che tipo di religione si pone in dialogo con le conquiste dell'Illuminismo, in quale forma può aspirare all'universalità e che genere di universalità può essere auspicabile alla fine della Modernità in un contesto di pluralismo costitutivo e in un tempo di critica ai monoteismi considerati forieri di conflitti tra civiltà. È evidente per Metz come questa particolare emergenza chiami in causa la *teologia politica*, che, nella riflessione sulla rilevanza pubblica delle religioni e del cristianesimo in particolare e nella ricerca di una configurazione diversa della politica, trova la sua legittimità ed attualità.

È ciò che sottolinea chiaramente G. Coccolini: «Tale rinnovato interesse è dovuto alla centralità del *teologico* nei dibattiti politici attuali, e alla messa in questione del *politico* nella sua capacità di trovare al proprio interno i fondamenti di una propria legittimazione»[42].
Se, infatti, è diventata obsoleta la funzione legittimante della religione, rimane aperta la sua funzione critica verso il potere e le sue scelte[43]. Una prospettiva rinnovata nell'attuale situazione di crisi richiede alla teologia di trovare una collocazione critica nella società democratica postmoderna, in modo da promuovere processi di trasformazione umanizzanti nella società.

Essa parte dal presupposto che:

> un accertamento, guidato dalla tradizione, dei fondamenti morali e culturali di questa politica – ed un avvicinamento critico fra religione e politica,

---

[42] G. COCCOLINI, «Il ritorno della teologia politica», 45. Cf. J. MANEMANN, «La permanenza della teologia», 65-79.
[43] Cf. P. DE VITIIS, «Prassi e speculazione», 281-299.

quale si sta delineando – non deve assolutamente condurre ad ostilità nei confronti dell'illuminismo e della democrazia, non a una teoria decisionistica dello stato, e non alla rinuncia ad ogni fondazione dell'agire politico, razionale e capace, in questo senso, di universalità[44].

Quindi, si pone oltre la contestazione del declino teoretico della Modernità, come fanno i fautori del postmoderno, ma anche oltre l'accettazione acritica del suo carattere post-tradizionale. Un equilibrio tra religione e politica consentirebbe alla religione di ricordare alla politica di uscire fuori dalle secche di un'immanentismo che si limita a governare l'ordine costituito, di disincarnarsi dal potere e di lasciare la *sedia vuota* in attesa del Messia: «Se il posto vuoto del potere venisse occupato in un modo nuovo da una carne (*Körper*) e l'unità fosse sostanzializzata, la democrazia verrebbe improvvisamente trasformata in totalitarismo»[45].

Con ciò si intende un'apertura al futuro come ristabilimento e risarcimento della giustizia, un confronto con un mondo altro in cui si instaura l'attenzione per ogni singolarità, soprattutto nella sua condizione di indigenza, come prossimità e vicinanza.

È essenziale allora, in un tempo di fondamentalismi ed integralismi, ritessere una trama diversa del rapporto tra religione e politica. Ciò implica un poter misurarsi diversamente con il progetto della Modernità e rivedere quelle ragioni che non hanno avuto voce, occorre riconsiderare luoghi, categorie, relazioni che hanno ricevuto letture univoche, diventate nel tempo uniche ed ideologiche, forgiando una civiltà Occidentale che nei suoi esiti ha smentito le attese che pur l'avevano generata. Lo stesso Moltmann, parlando delle contraddizioni della Modernità, definisce *submodernità* quel lato oscuro del suo *messianismo* che ha mietuto molto vittime[46].

## 2.2 *Il progetto della Modernità e le sue ragioni*

Per poter liberare religione e politica dall'ipoteca ideologica che le accompagna, occorre ritornare, secondo Metz, alla interpretazione di

---

[44] J.B. METZ, «Religione e politica», 198. Mi sembra significativa anche la definizione che ne dà M. MOLTMANN, *Dio nel progetto del mondo*, 51: «La politica è il contesto della teologia cristiana: critica rispetto alle ideologie politiche e alle religioni civili del potere, e affermativa rispetto all'impegno concreto che i cristiani assumono in vista della giustizia, della pace e della salvaguardia del creato».

[45] J. MANEMANN, «La permanenza della teologia», 78.

[46] Cf. J. MOLTMANN, *Dio nel progetto del mondo*, 9-26.

M. Horkheimer e Th. Adorno nell'opera *Dialettica dell'illuminismo*[47], dove individuano una duplice forma della Modernità e della ragione che la guida: una ragione che si manifesta come forma di sapere dominativo con una prassi di soggiogamento nei confronti della realtà, ed una ragione che si manifesta come una nuova forma di cultura politica con una percezione del mondo che valorizza la soggettualità solidale[48]. Quest'ultima non ha avuto quella storia degli effetti che invece avrebbe meritato per intuizioni e provocazioni di cui solo oggi, probabilmente, si comprende la reale portata critica, perché alla sua luce la Modernità europea può rendersi conto del suo esaurimento morale e politico[49].

L'Illuminismo che ha determinato la fisionomia attuale della Modernità non è solamente un processo storico, circoscritto all'epoca della sua idealità, ma continua a svilupparsi anche al presente in quanto ha connotato l'Occidente con la sua razionalità strumentale e con la diffusione della tecnica. I processi di secolarizzazione, emancipazione, demitizzazione sono figli dell'Illuminismo, così come la crisi delle concezioni metafisico-religiose del mondo, che hanno modificato l'approccio alla realtà della teologia e delle chiese, le quali ora si aprono alle problematiche storiche e sociali. Non è, dunque, estraneo alla teologia il discorso sulla Modernità, anzi, secondo Metz, coinvolge proprio il suo compito critico, chiamato prioritariamente a riconoscere «il vero mito che trae alimento da un'assolutizzazione adialettica dell'illuminismo»[50].

Demitizzare l'Illuminismo nel tempo della sua fine, dove vengono in evidenza le sue contraddizioni più profonde, significa ammettere una interpretazione che ha operato una sorta di dimezzamento della complessità di tale processo, lasciandosi dietro le spalle un altro discorso ivi presente che si radica in quello che egli chiama lo spirito anamnestico:

> Non occorre recuperare l'Illuminismo, è semplicemente importante proseguirlo, portarlo avanti. C'è una dialettica dell'Illuminismo. Esiste un Illuminismo che si sta rendendo conto dei danni che ha provocato. La causa di questi mali che l'Illuminismo ha provocato è una concezione unidimensio-

---

[47] M. HORKHEIMER – TH. ADORNO, *Dialettica dell'illuminismo*. Cf. J.B. METZ, «Spirito dell'Europa», 20.
[48] Cf. J.B. METZ, «Libertà solidale», 138-140.
[49] Cf. J.B. METZ, «Religione e politica», 199; cf. ID., *Memoria passionis*, 217 nota n. 360 dove, oltre alla scuola di Francoforte, rimanda anche al pensiero ebraico di F. Rosenzweig, E. Lévinas, E. Bloch e H. Jonas, i quali convergono nell'affermare che il pensiero è rammemorazione (*Denken Eingedenken ist*).
[50] J.B. METZ, «La teologia e la fine del moderno», 41.

nale di ragione. Da noi la chiamiamo «ragione strumentale». Il mio amico Jürgen Habermas dice che dobbiamo avere anche una ragione comunicativa nell'Illuminismo. E io dico, come teologo, che non dobbiamo avere solo una ragione comunicativa, ma anche una ragione anamnetica, per non dimenticare né la memoria cristiana, né l'Illuminismo[51].

Il ritorno alla figura dell'Illuminismo comporta, quindi, letture diversificate della sua complessità storico-culturale, che connotano lo spazio di confronto critico di Metz con l'attuale pensiero filosofico, in particolare con la prospettiva della ragione comunicativa di J. Habermas[52].

Entrambi concordano nel riconoscere che nel suo nucleo l'Illuminismo non è riducibile ad un razionalismo impietoso e ad un'antropologia del dominio, ma è presente anche l'aspirazione di una ragione pratica che riconosce la libertà soggettuale ed intersoggettuale. Questa corrente inascoltata dovrebbe oggi essere posta a fondamento dei processi di modernizzazione, affinché non siano solo espressione di una volontà di potenza che tutto può realizzare. Ma sull'attuale figura di ragione il dibattito è ancora aperto.

Per Metz bisogna argomentare a partire dalla ragione pratica che fonda la sua esigenza di universalità nella memoria delle sofferenze altrui, quindi una ragione non pura, ovvero che si sa bastante a se stessa nella lucidità delle sue premesse, ma una ragione anamnestica, che si radica nell'apriori della sofferenza: «l'apriori d'intesa della ragione comunicativa rimane rinviato all'apriori della sofferenza della ragione anamnestica»[53].

Habermas, pur concordando con Metz nel recupero della cultura della memoria che tiene in vita l'inquietudine esistenziale e, nella sua cultura del lamento, fronteggia un mondo «empiristicamente livellato e normativamente svalutato»[54], non ritiene che sia la teologia o le religioni a poter fornire al discorso l'universalità del consenso, bensì ciò compete alla filosofia[55]. Nel proporre la ragione comunicativa come

---

[51] J.B. METZ, «*Memoria passionis*, memoria sovversiva», 26. Cf. G. COCCOLINI, «J.B. Metz e una teologia politica», 249-264.
[52] Cf. J.B. METZ, *Memoria passionis*, 217-219; cf. ID., «Anamnetische Vernunft», 735-736. Per un approfondimento critico cf. E. ARENS, ed., *Habermas*. Prezioso anche il saggio di G. CUNICO, «J. Habermas», 439-448.
[53] J.B. METZ, «Religione e politica», 199-200.
[54] J. HABERMAS, «Israele o Atene?», 155.
[55] Cf. L. CEPPA, «Disincantamento e trascendenza», 530-532.

forma più evoluta di razionalità affermatasi nello sviluppo della società e della cultura moderna, egli articola un nuovo paradigma a favore del primato dell'intersoggettività sul piano della conoscenza e dell'intesa interpersonale sul piano dell'agire sociale. La ragione comunicativa, basata sulla ricerca del consenso con l'apporto delle ragioni migliori, può dirimere le sue controversie mediante procedure di verifica del dialogo argomentativo. Una fiducia e un riconoscimento della competenza comunicativa della ragione che non misconosce gli apporti della tradizione religiosa, soprattutto giudaico-cristiana, ma non li reputa razionalmente sostenibili in una società secolarizzata dove l'immagine del mondo tradizionale è ormai superata o comunque irrilevante[56].

In questo contesto di una presa di posizione verso una razionalità che Metz reputa unidimensionale, si apre un dibattito fecondo per una teologia che non vuole rassegnarsi alla marginalità nell'ambito del discorso pubblico, recintata in una sorta di limbo cognitivo, ma vuole offrire quelle ragioni ancora legittime che dispiegano una visione del mondo non certamente illusoria né mitica, ma significativa in ordine all'orientamento del senso. Come argomentare il primato della ragione anamnestica di fronte alla ragione orientata in maniera trascendentale, o a quella razional-discorsiva e razional-procedurale? Quali sono le sollecitazioni e gli impulsi teoretici che le tradizioni bibliche possono operare di fronte alla crisi dello spirito europeo per promuovere una cultura ermeneutica del riconoscimento degli altri in quanto altri, e, dunque, un futuro di pace e di giustizia?

Egli individua due ambiti di riflessione critica in cui la fede può supportare la ragione pubblica: l'attenzione alla *ragione anamnestica* contro la razionalità astratta e tecnico-scientifica; la cultura dell'*ermeneutica del riconoscimento* contro l'ermeneutica del dominio.

*a) La competenza della ragione anamnestica.*

Nella cultura europea opera uno *spirito buono* dell'Europa, una corrente profonda che ha origine nelle tradizioni bibliche da cui attinge motivi spirituali e culturali di una libertà solidale, motivi che nella situazione di crisi descritta sono irrinunciabili. Il tipo di razionalità delle tradizioni bibliche ha una struttura anamnestica, unità inscindibile di

---

[56] Cf. A.W.J. HOUTEPEN, *Dio, una domanda aperta*, 164-166 dove mette ben in evidenza le aporie di una simile impostazione.

*ratio* e *memoria*, che secondo Metz è stata rimossa nel tipo di razionalità di ascendenza illuministica che ricerca la verità[57].

C. Dotolo così commenta questo passaggio:

> Innanzitutto, il teologo tedesco evidenzia l'istanza di recuperare una *anamnestische Vernunft*, una ragione anamnestica che rappresenta uno spaccato decisivo dell'eredità biblico-cristiana, in grado di relazionarsi in maniera critica agli esiti di una modernità soggiogata dal fascino di una ragione strumentale. [...] proprio la perdita della memoria storica provocata dalla riproducibilità tecnica dell'esistente e il conseguente smarrimento dell'identità del soggetto costretto a continui erramenti dell'Io, esige da parte del cristianesimo il dono di una memoria, categoria dell'umano, in grado di aiutare una realistica leggibilità del mondo e della storia, a fronte di una fabulizzazione del reale che occulterebbe la concreta durezza della storia della libertà[58].

Ogni ragione nella sua dimensione pratica ha bisogno della memoria, meglio di una *memoria pericolosa* senza la quale l'uomo smarrirebbe se stesso. Nel ricordare, questa ragione cerca di accertarsi di quei contenuti che alimentano non solo la fede, ma anche l'interesse per una libertà soggettuale e solidale[59]. Ciò che deve essere considerato non è il ricordo in generale, ma un ricordo che *orienta* un discorso. La ragione illuministica nel suo contrasto ad un mondo miticamente irretito, a cui ha contribuito anche la religione, ha rimosso sia l'attenzione alla richiesta di conforto, comunque presente nell'esperienza spirituale ed esistenziale dell'uomo, sia la figura della razionalità radicata nella memoria. Ha promosso così il discorso e il consenso, svalutando la forza critica della razionalità anamnestica, ritenendola insufficiente a fondare l'accordo reciproco in quanto storicamente determinata, e provocando così la diffusione di nuovi miti ed irrazionalismi, nel segno del disimpegno dall'esperienza concreta:

> La nuova esaltazione del mito nello spirito post-moderno dell'Europa risveglia in me un sospetto: la sospensione etica, cercata nel mito, la radicale presunzione di innocenza per l'uomo, che il mito consente, non è una forma ermetica di sfiducia nella libertà, soprattutto nelle esigenze di libertà solidale di fronte alle ingiustizie del nostro mondo, che gridano al cielo?[60].

---

[57] Cf. J.B. METZ, «Nella crisi dello spirito europeo», 159.
[58] C. DOTOLO, «Cristianesimo e filosofia», 505.
[59] Cf. J.B. METZ, «Libertà solidale», 145.
[60] J.B. METZ, «Nella crisi dello spirito europeo», 160.

È proprio la teologia, in quanto *superstite* di un discorso su Dio che aspira all'universalismo, ad essere chiamata ad una forma di resistenza contro la sensibilità postmoderna che non tollera alcun concetto universalistico in nome del pluralismo e della differenza. Essa deve contrastare l'«iperdeterminazione scientifico-tecnica del nostro futuro sistema di vita»[61] e per fare ciò deve attingere alle risorse spirituali provenienti dalla cultura anamnestica di Gerusalemme, e non unicamente dal mondo delle idee di Atene, come si è verificato nel processo di ellenizzazione del cristianesimo[62].

Riconoscere questa bipartizione dello spirito del cristianesimo non significa sottovalutare o smentire l'apporto dello spirito greco, ma porsi in ascolto di un'altra logica, un'*indicazione di pensiero* altrettanto significativa, aprirsi alla provocazione dello spirito d'Israele che offre un pensiero (*Denken*) come ripensamento (*Ankedenken*), memoria (*Eingedenken*) ancorata alla storia, altra, dunque, rispetto all'anamnesi platonica, che si è affermata culturalmente. Questo spirito d'Israele appartiene al cristianesimo e con esso alla storia dello spirito europeo. Il pensiero come memoria appartiene allora «alla storia della ragione»[63].

Premesso ciò, per Metz si dischiude una prospettiva *missionaria*[64] rispetto all'altra metà dello spirito europeo e al suo messaggio di libertà solidale, senza la quale il contributo dell'Europa al mondo sarebbe ridotto alla minaccia della morte dell'uomo. Solo l'universalità di questa ragione garantisce il riconoscimento della pluralità. Questo universalismo che la teologia deve difendere anche a costo di essere accusata di inattualità è quello della responsabilità di fronte all'impoverimento morale dell'Europa, del dilagante individualismo privo di memoria *impegnativa*, di quella memoria generatrice di un *éthos* storico concreto, capace di aspirare all'universalità senza omologare la pluralità. La memoria della sofferenza o dei sofferenti, a cui è vincolata la teologia in virtù delle tradizioni che la ispirano, consente una responsabilità universale perché tiene conto delle sofferenze degli altri, degli estranei, dei diseredati, dei nemici, delle vittime della storia:

> Qui, al tempo stesso, risiede l'antidoto contro tutte le malattie pericolose e contro le tentazioni di un qualsiasi universalismo, anche di quello che po-

---

[61] J.B. METZ, «Gli ultimi universalisti», 171.
[62] Cf. J.B. METZ, «Il cristianesimo e il soggetto», 459-460. Cf. R. AGUIRRE, «Le molteplici eredità», 24-35.
[63] J.B. METZ, «Il cristianesimo e il soggetto», 460.
[64] Cf. J.B. METZ, «Spirito dell'Europa», 20.

trebbe, da ultimo, essere guidato non dalla memoria della sofferenza altrui, ma dal mito della libertà dal soffrire[65].

La teologia ha una chiara funzione di critica alle tendenze neomitiche, ideologiche o fondamentaliste, proprio in virtù della sua costituzione escatologica, dove il pronunciamento di una speranza rivolta agli uomini non è il prodotto di un consenso, ma il motore di un'aspirazione fondata sul volto compassionevole del Dio biblico: questo aspetto fonda l'uguaglianza e la dignità di tutti gli uomini, sulla quale, tra l'altro, le politiche degli Stati moderni hanno formulato le loro norme. Anche le democrazie post-tradizionali devono salvaguardare questo *universalismo*, se si vuole favorire il processo di pace in società multietniche dove i conflitti si giocano oggi sul versante culturale e delle civiltà.

Il *lógos* della teologia per la sua natura narrativo-anamnestica può contribuire nel discorso pubblico a mantenere vivo il ricordo, a far in modo che l'universalismo della responsabilità dell'uomo verso l'altro uomo non venga fagocitato nell'oblìo, che il messaggio escatologico-apocalittico della fine del tempo, in cui le tradizioni bibliche si radicano, sia pungolo per decisioni e orientamenti che abbiano a cuore la memoria storica della sofferenza altrui. La ragione anamnestica, infatti, custodisce un pensiero radicato nel tempo, un tempo che ha Dio come fine, e dunque una sensibilità per la storia che diventa premessa di ogni discorso, anche di quello metafisico.

È qui che risiede per Metz il compito della *nuova* teologia politica, la quale richiede al dialogo tra religioni e culture, oggi indispensabile, di sottostare al criterio della *memoria passionis*: dare voce al dolore altrui diventa criterio di verità di questo dialogo, narrare questa memoria ha una forza comunicativa che può tessere un pluralismo delle storie di sofferenza e di compassione del mondo, aprendo ad opportunità di responsabilità reciproca. È un altro modo di vivere quello a cui si rinvia, perché la religione deve proteggerci anche dal dolore della negatività[66]. Tener conto della storia di passione impedisce di cadere nel tranello di una razionalità astratta che decontestualizza l'uomo dal suo mondo di vita, come accade alla pura razionalità procedurale oggi elogiata, dandolo in pasto ad un naturalismo di maniera, moralmente indifferente:

> Con il suo concetto direttivo di ragione anamnestica la nuova Teologia Politica vorrebbe rimanere fedele alla pretesa di verità della ragione e con ciò

---

[65] J.B. METZ, «Gli ultimi universalisti», 172.
[66] Cf. J.B. METZ, «Nel pluralismo dei mondi», 224.

ad una fondabilità razionale-legale della politica dei diritti dell'uomo, reclamando, nella loro comprensione razionale, la dialettica storica tra teoria e prassi propria delle pretese universali di validità (contro la loro dedialettizzazione razional-procedurale) nella loro comprensione razionale.Essa radica l'universalismo razional-procedurale nell'universalità dell'esperienza di sofferenza, e lega perciò l'apriori informativo di una ragione comunicativa (con il suo ideale del discorso) all'apriori della sofferenza proprio della ragione anamnestica[67].

Ciò consente alla ragione, che riconosce l'unica autorità dei sofferenti, di aspirare all'universalità senza cadere nella tentazione ideologica e di perseguire il consenso in un contesto pluralista. Questo tipo di autorità non contrasta l'autonomia della ragione né il suo procedere emancipativo, ma esalta la propria pretesa di *fare verità* nella forma di un *ricordo rischioso e provocatorio*, dove il contato col dolore altrui costituisce uno stato eccezionale che interrompe la vita ordinaria guidata dalla dimenticanza.

Solo questo apriori, che è negativo, impedisce all'etica di esautorarsi nella logica conciliativa della politica e della tecnica, e di porre dei limiti all'agire umano, interrogando criticamente i modelli e le teorie della vita sociale e culturale, spingendo le società post-tradizionali verso una visione della responsabilità degli uni verso gli altri in un rapporto asimmetrico di riconoscimento. Non si potrebbe immaginare, infatti, un mondo in cui nessuno insorge contro il non senso della sofferenza degli innocenti e dell'ingiustizia, dove la felicità degli uni è costruita sull'infelicità degli altri, sulla dimenticanza delle vittime.

*b) L'ermeneutica del riconoscimento.*

Per salvare lo *spirito europeo* occorre acquisire, dunque, una nuova cultura ermeneutica, che sappia riconoscere l'altro nella sua alterità. Accanto alla ragione anamnestica bisogna sviluppare un'*ermeneutica del riconoscimento*, in cui il pluralismo delle culture e il policentrismo delle chiese venga valorizzato senza scadere né in una omologazione culturale né in un relativismo disincantato. Una prospettiva che si distingue dagli approcci fin qui proposti da altri teologi come quella escatologica di Moltmann, o trascendentale di Rahner, o storico-universale di Pannenberg.

---

[67] J.B. METZ, *Memoria passionis*, 198-199.

Essa si qualifica, infatti, come *ermeneutica pratico-dialettica* della prassi solidaristico-liberatrice o anche come *ermeneutica critico-politica*. Tale ermeneutica può valorizzare la varietà etnico-culturale e lo scambio interculturale, caratterizzanti il nostro mondo, attraverso la ragione anamnestica, che nel suo carattere dialettico fonda la *conoscenza della mancanza*, la quale consente, contro un linguaggio uniformante tipico della razionalità occidentale, di salvaguardare ciò che viene tralasciato nella conoscenza oggettivante tecnico-scientifica. Questa particolare conoscenza, che appartiene a pieno titolo ai tipi di razionalità sviluppatisi in Europa, ma marginalizzata dalla ragione pubblica, garantisce la *cultura ermeneutica del riconoscimento* degli altri nel loro essere altri. Un' ermeneutica, che si ispira al pensiero dell'alleanza delle tradizioni bibliche, promuove un principio della conoscenza altro rispetto a quello che ha dominato la cultura occidentale e che trae origine dal mondo greco: non «il simile può essere conosciuto solo dal simile», ma «i diversi – riconoscendo(si) – si conoscono reciprocamente»[68].

Occorre innescare un cortocircuito tra due tipi di universalismo: quello europeo determinato dallo spirito greco dove domina un'ermeneutica dell'assimilazione dell'altro, e che prosegue non solo a livello epistemologico ma anche quotidiano, nella diffusione mondiale di prodotti industriali, o nella colonizzazione della cultura massmediatica, e quello biblico guidato dalla disponibilità a farsi anche modificare dall'altro nel momento del riconoscimento della sua alterità. Questa concomitanza rivela la presenza di due aspetti presenti nel progetto della Modernità, che tuttora risultano irriconciliati. Si tratta di valorizzare quell'aspetto di un universalismo della ragione che tutela l'altro nella sua dignità, come conquista e risultato dello *spirito buono* dell'Europa, permeata dallo spirito del cristianesimo biblico.

Qui risiede uno dei contributi fondamentali che le tradizioni del monoteismo biblico possono dare come ricchezza allo sviluppo di uno spirito del cristianesimo che riconosca in sé le due anime che lo costituiscono, *Atene* e *Gerusalemme*. L'ascolto dello spirito anamnestico può restituire al cristianesimo quella profonda sensibilità ed attenzione allo straniero e all'altro, che pur contraddistingue la sua memoria religiosa, la quale tuttora permane nell'anamnesi cultuale, ma che è stata trascurata sul piano culturale. Una dimenticanza tale da determinare lo scisma tra un *lógos* teologico guidato dalla memoria ed uno guidato dalle idee,

---

[68] J.B. Metz, «Nella crisi dello spirito europeo», 161.

disancorando la tradizione cristiana dal linguaggio del ricordo, proprio della Bibbia, fino a considerare cognitivamente rispettabile solo ciò che si presenta come scientifico.

Questa prospettiva conduce Metz a ridare dignità al linguaggio narrativo. Una cultura, infatti, che non voglia decadere nell'amnesia, che non desideri perdere quel ricordo che permea di sé l'esistenza, deve accompagnarsi con una cultura della narrazione. Il deposito di memoria di cui le tradizioni dispongono, con le loro visioni ed interpretazioni della vita, sostengono la ricerca dell'umana identità, ne costituiscono un patrimonio di senso prezioso, che non può essere ridotto ad una semplice ricostruzione storica, perché le riserve di saggezza si concedono solo al linguaggio della narrazione, che deve essere riabilitato. Le culture posttradizionali, in cui non vi è alcun ricordo che guidi i discorsi ma solo ricordi dominati dal discorso, rischiano di non avere futuro. È oggi compito della teologia valorizzare la narrazione come forma linguistica privilegiata per tessere proficue relazioni interculturali, svilupparla come *categoria-ponte* tra mondi di vita culturalmente diversi per la sua specificità comunicativa. Recuperare «una narrante dischiusura della verità»[69] significa anche recuperare il senso della storia come storia di passione, sottraendola sia alla omologazione dei totalitarismi, sia alla frammentazione postmoderna di tante piccole storie irrelate fra loro.

L'ermeneutica del *riconoscimento* degli altri propria delle tradizioni bibliche coniugata con la tendenza all'universalità propria dello spirito greco può proficuamente dialogare con la sapienza delle altre culture, contrastando quella razionalità astratta che trova nel progresso, inteso come semplice evoluzione, la figura del proprio trionfo: un tale scambio creativo fra mondi culturali meriterebbe a pieno titolo il nome di progresso. Questa cultura ermeneutica è premessa ineludibile per la pace mondiale, dove il cristianesimo, maturando in un contesto di policentrismo culturale, può divenire *modello produttivo* per l'instaurazione di questa pace.

È il monito e l'invito che Metz fa continuamente, percependo l'urgenza di prendere sul serio le sfide dell'attuale scenario politico-culturale, in modo da trasformare questo tempo di *crisi di Dio* in un *tempo opportuno* per una rinnovata rilevanza pubblica del cristianesimo, consapevole che «in questo campo, oggi, c'è ancora quasi tutto da costruire»[70].

---

[69] J.B. METZ, «Nella crisi dello spirito europeo», 225.
[70] J.B. METZ, «Libertà solidale», 147.

Ciò ha delle conseguenze non solo per il futuro della società pluralista e globalizzata, ma anche per una teologia che vuole comprendere se stessa «con il volto rivolto al mondo».

## 3. La teologia per un mondo (post)secolare

Una teologia che prende sul serio il rapporto del cristianesimo con il mondo è per Metz una *teologia politica*, ovvero un discorso su Dio che guarda alle sfide del tempo presente assumendo la prassi come centro prospettico del suo argomentare, divenendo così capace di sviluppare relazioni trasformatrici e liberatrici tra religione, chiesa e società. Una teologia, dunque, che abbandona qualsiasi concezione statica dell'ordine e immette nella riflessione teologica una concezione dinamica della promessa e del cambiamento.

### 3.1 *Le istanze della teologia politica*

Sin dagli inizi della sua riflessione, negli anni Sessanta[71], egli si trova costretto a chiarire la reale portata teoretica della sua proposta, perché il termine «politico»[72] può avere ora come allora una risonanza problematica:

> Io intendo la teologia politica in primo luogo come correzione critica di una tendenza estrema della teologia attuale alla privatizzazione. Nello stesso tempo, la intendo positivamente come il tentativo di formulare il messaggio escatologico alla luce delle condizioni richieste dalla nostra società attuale[73].

Metz si oppone alla riduzione del suo progetto, delineato per la prima volta in modo sistematico nell'opera *Sulla teologia del mondo*[74], ad una forma di teologia politicizzata, scansando l'equivoco di una neopoliticizzazione della fede o di una neoclericalizzazione della politica. Con il termine «nuova» intende neutralizzare l'attributo «politica» dalle ipote-

---

[71] Per una contestualizzazione generale cf. R. GIBELLINI, *La teologia del XX secolo*, 321-344. Cf. l'ottima sintesi di E. ARENS, «Teologia Politica», 1671-1681. Cf. M. XHAUFFLAIRE, *Introduzione alla 'teologia politica'*.

[72] Cf. J.B. METZ, «La 'teologia politica' in discussione», 231-276. Cf. K. FÜSSEL, «Il programma di "teologia politica"», 11-28.

[73] J.B. METZ, «Il problema di una "Teologia politica"», 9; cf. ID., *Memoria passionis*, 228; cf. ID., «Teologia Politica», 307-317.

[74] Nella «Prefazione» Metz sottolinea come in quest'opera confluiscano contributi che vanno dal 1961 al 1967.

che culturali e storiche precedenti, soprattutto dalla teologia politica di C. Schmitt, che egli definisce «classica» o «vecchia» nel suo tentativo di restaurare lo *stato cristiano* dopo l'*Aufklärung*, distinguendola così dalla sua impostazione «nuova», che invece parte dal presupposto fondamentale di una separazione tra religione e Stato in virtù della storia moderna della libertà[75]. Ciò gli conferisce il tratto *critico-sociale* come ermeneutica escatologica della teologia nel contesto contemporaneo[76].

Si può individuare in questo *manifesto programmatico* una triplice intenzionalità: cerca in prima istanza di deprivatizzare il discorso cristiano su Dio che nelle forme moderne di teologia si presenta ancora in veste trascendentale, personalista ed esistenziale; in seconda istanza cerca di formulare il messaggio escatologico del cristianesimo nelle condizioni sociali attuali, per liberare il suo potenziale salvifico; in terzo luogo cerca una nuova autocomprensione della chiesa come istituzione di libertà socio-critica della fede che opera per lo sviluppo della società, senza identificarsi in modo acritico con il progresso sociale. Questi parametri, seppur in nuce, già consentono alla teologia politica di presentarsi come l'approccio più adatto a farsi carico del mondo storico secolarizzato.

Gli esordi di questa prospettiva hanno portato con sé un dibattito acceso[77], soprattutto perché scardinava un'impostazione della teologia che si ostinava a non tener conto degli effetti della secolarizzazione sull'esperienza religiosa, ma anche della necessità di una riconfigurazione del suo ruolo e della sua funzione in ordine alla ricerca della verità nell'ambito di una cultura che aveva modificato le proprie categorie fondanti e che non trovava più in Dio il senso ultimo del proprio agire:

> Il problema del presente, determinato dall'illuminismo, non consiste tanto nella distinzione tra ordine religioso e ordine politico, ma nella problematica, diventata operante in conseguenza di questa distinzione, della contingenza e della mutabilità delle costituzioni e degli ordinamenti politici libertari stessi. Per questo motivo, una teologia che riflette sul punto di partenza mondano del cristianesimo e della chiesa non può oggi fermarsi ad

---

[75] Cf. P. DE VITIIS, «Considerazioni sulla nuova teologia», 131-140.

[76] Cf. L. SARTORI – M. NICOLETTI, ed., *Teologia politica*, dove si distingue nel Novecento una teologia politica come legittimazione teologica di un ordine politico, una teologia politica come riflessione teologica sulla politica, una teologia politica come ermeneutica teologica, e una teologia politica come ermeneutica del politico.

[77] I contributi della *querelle* furono pubblicati in H. PEUKERT, ed., *Dibattito sulla 'Teologia Politica'* e in K. FÜSSEL – *al.*, *Ancora sulla 'Teologia Politica'*.

una tesi astratta della secolarizzazione, ma deve piuttosto prendere in considerazione le trasformazioni degli ordinamenti di partenza, basati sulla libertà dell'uomo così come tenta la nuova «teologia politica»[78].

Complesso redigere una sintesi della *querelle* che portò alla chiarificazione dell'orientamento della nuova teologia politica, anche perché insieme a Metz occorrerebbe menzionare altri interpreti come J. Moltmann e D. Sölle[79], ma è necessario almeno censire alcuni momenti fondamentali che hanno contribuito alla maturazione di questa prospettiva alla luce di quanto egli stesso dice nel saggio *Un cenno biografico. "Come sono cambiato"*[80].

Egli attribuisce l'esordio del fermento di queste nuove idee all'esperienza della *Internationale Paulusgesellschaft*, che negli anni Sessanta si era dedicata al dialogo tra cristiani e marxisti[81]. L'incontro con E. Bloch e la Scuola di Francoforte lo strappano al «cerchio magico esistenziale e trascendentale della teologia»[82], assumendo l'esigenza del marxismo di rispondere al problema della sofferenza. Nella sua riflessione, però, trova una risposta teologica più radicale: non solo la sofferenza degli emarginati e dei socialmente oppressi, ma perfino quella dei morti, per cui non è possibile nessun riscatto, e dei nemici, affinché non ci siano più categorie conflittuali come poveri/ricchi, amici/nemici, ma categorie riconciliative. Con questo approdo vuole sottrarre la cultura politica dal pragmatismo e la teologia dall'idealismo insensibile alla prassi politico-sociale. Già in questa intenzionalità si legge l'originalità del suo percorso, che risiede da subito nella coniugazione tra politica e teodicea, il cui sguardo salva la vita politica dal cadere nei tentacoli di una sorta di *darwinismo politico*.

La rivoluzione culturale del '68, con tutti i suoi fermenti di rinnovamento sociale e culturale e di contestazione delle forme tradizionali di vita, ha contribuito a dirottare la sua attenzione dai problemi formali

---

[78] J.B. METZ, «La "teologia politica" in discussione (1969)», 39.

[79] Cf. F. RINALDI, *La teologia politica*, 29-51 dove fa una panoramica delle prospettive degli altri rappresentanti della teologia politica. Tra le opere dei protagonisti della prima ora ricordiamo J. MOLTMANN, *Teologia della speranza* e D. SÖLLE, *Teologia politica*. Per un approfondimento critico cf. D. DIBITONDO, «L'ambito pubblico», 66-80.

[80] Cf. J.B. METZ, «Un cenno biografico», 225-229.

[81] Dialoghi avvenuti a Salisburgo nel 1965, a Herrenchiemsee nel 1966 e a Marienbad nel 1967. Cf. E. KELLNER, ed., *Schöpfertum und Freiheit*.

[82] J.B. METZ, «Un cenno biografico», 226-227.

della teologia verso la storia vera e propria segnata ineluttabilmente dalle catastrofi, prima fra tutte Auschwitz, che diviene sempre di più il luogo teologico per eccellenza, discrimine di ogni discorso formale e retorico, obbligante alla questione del dolore innocente e della banalità del male, come lo aveva definito H. Arendt. Qui si acutizza la sua sensibilità per le *categorie deboli* del pensare teologico: la memoria, il racconto e la cultura anamnestica, capaci di dar conto dello *sgomento* nel *lógos* della teologia[83].

A ridosso del Vaticano II e in ascolto dei segni dei tempi, Metz riprese tre impulsi importanti: l'esigenza di un *incedere eretto* nella chiesa, la revisione del rapporto della chiesa con l'illuminismo politico, e il dislocamento dal monocentrismo europeo verso una chiesa universale lacerata dalle sofferenze sociali e policentrica dal punto di vista culturale. In questo frangente furono fecondi soprattutto gli incontri con gli amici della rivista internazionale *Concilium*[84], di cui Metz fu uno dei fondatori, insieme a K. Rahner, Y Congar, H. Küng, E. Schillebeeckx (fra gli altri).

L'esperienza negli Stati Uniti e in America Latina[85] rappresentano una focalizzazione su due nodi problematici: il pluralismo dello stesso mondo occidentale e l'affacciarsi di un mondo non occidentale, il cosiddetto Terzo mondo, con le sue storie di miseria e con la provocazione di una diversità culturale da salvare. Qui divenne chiaro che la lotta per la l'identità sociale e culturale va di pari passo con l'esperienza dell'identità religiosa, come ha mostrato bene la teologia della liberazione di G. Guttiérez[86].

Nell'elaborazione del percorso che la nuova teologia politica era chiamata ad intraprendere in dialogo con le questioni emergenti era chiara l'urgenza della ricerca di un'istanza di universalità nel contesto del pluralismo, là dove il postmoderno incedeva ormai con la frammentazione e la critica ad ogni universale possibile. Metz trova nella categoria della *memoria passionis,* che nel frattempo diventa il filo rosso del suo argomentare, il luogo dove far convergere sia la fondazione di

---

[83] Cf. J.B. METZ, *La fede*, 175-227.

[84] Nel 1965 diventa direttore della sezione *Problemi Chiesa-mondo*, dove fino al 1972 si pubblicarono contributi di teologia politica. Cf. J.-P. TORRELL, «Nuove correnti di teologia», 23-40.

[85] Cf. J.B. METZ, *Mistica degli occhi aperti*, 72 dove ritorna sull'esperienza umana di questo viaggio, che risale al 1988 su invito del *Goethe Institut*.

[86] Cf. G. GUTIERREZ, *Teologia della liberazione*; cf. ID., «Situazione e compiti».

un *éthos* globale sia la rimodulazione di un discorso cristiano su Dio, la cui capacità di verità rappresenta il nervo scoperto nell'odierna teologia. Ritorna, così, al punto nevralgico originario, ma ora apocalitticamente orientato[87] perché più decisamente segnato dalla consapevolezza dell'interruzione di *Auschwitz*, di una possibile coniugazione di politica e teodicea, e quindi di religione e politica.

Alla luce di quanto detto, risulta più chiaro come la teologia politica, lungi dall'essere una teologia *della* politica, è una teologia che, di contro al pericolo dell'isolamento, auspica una *forza produttiva di resistenza* contro la traduzione del cristianesimo ad una forma innocua di umanesimo progressista, che gli farebbe perdere di vista la sua missione storica di redenzione. Il disagio sta nel trovare il modo in cui la Chiesa odierna debba *rivolgersi al mondo* e come debba operare un'*apologetica* non solo *ad extra* ma anche *ad intra*, in quanto oggi colui di fronte al quale bisogna giustificare la fede è il credente che vive nella Chiesa in una «situazione diasporica»[88], ovvero in un contesto dove religione e società sono separate. L'apologetica è da intendersi, infatti, come disponibilità della fede cristiana alla *risposta*, ovvero come responsabilità a condividere le questioni e i problemi del mondo contemporaneo[89]. Il compito della teologia politica, che negli anni Ottanta si delinea ormai chiaramente come teologia fondamentale pratica, dovrebbe essere allora un rendiconto della fede sulla sua *credibilità* in primo luogo per se stessa: la formazione di un'opinione pubblica critica interna alla chiesa che renda credibile il contributo critico della chiesa verso il mondo moderno.

Da questa prospettiva si comprende perchè questa teologia nasce come risposta *postcritica*, nel senso di «seconda riflessione»[90], rispetto ad una situazione culturale determinata dalla Modernità illuministica nella sua contestazione alla religione e nel suo processo di secolarizzazione, che ha operato una marginalizzazione e privatizzazione della fede dalla sfera sociale e pubblica, ma anche rispetto ad una diversa configurazione della società e dello Stato. Se la prima riflessione è quella operata dalla circolarità a-problematica della fede con la ragione, entrambe con-

---

[87] Cf. J.B. METZ, «Semantica e concetto», 9. L'apocalittica tiene desta la domanda sulla giustizia universale e sulla salvezza, coinvolgendo, dunque, la questione della teodicea.

[88] J.B. METZ, *La risposta dei teologi*, 68.

[89] Cf. J.B. METZ, «Apologetica», 346-356.

[90] J.B. METZ, *Sulla teologia del mondo*, 110, o anche «riflessione di secondo ordine».

siderate elementi trascendentali, questa *seconda riflessione* riguarda, allora, lo sviluppo della capacità critica e sociale della fede, in quanto alla salvezza da essa proclamata viene riconosciuta una dimensione pubblica, poiché i processi di liberazione annunciati nella promessa biblica non riguardano il privato della coscienza, ma investono prepotentemente la situazione politico-sociale in cui l'uomo si trova a vivere.

A tal proposito in un'intervista recente, alla domanda relativa alla peculiarità della sua prospettiva teologica rispetto al suo maestro K. Rahner, Metz afferma:

> Quest'attenzione all'uomo concreto in teologia è assolutamente necessaria, ma la modalità scelta da Rahner – unicamente a livello di coscienza filosofica, cioè «trascendentale» – non mi sembrava raggiungere l'obiettivo. A mio avviso, questa «svolta antropologica» deve essere orientata fin dall'inizio all'uomo nella storia e nella società, deve essere quindi «dialettica». Ho chiamato quest'esigenza «teologia politica», senza preoccuparmi inizialmente dei malintesi che potevano derivare per la «mia» teologia dalla pressione semantica della teologia politica «classica» (dalla Stoà a Carl Shmitt)... Per me si tratta senz'altro di teologia: della questione dei fondamenti pubblicamente sostenibili del discorso su Dio delle tradizioni biblica e cristiana nel nostro tempo[91].

Quindi, per lui *politico* va interpretato nel senso di *pubblico-rilevante* in ordine ad una ricomprensione del cristianesimo nell'epoca odierna, in cui la teologia politica mette a tema il *processo* nel senso di giudizio che si instaura tra il messaggio escatologico di Gesù e la realtà politico-sociale: esso è un annuncio rivolto al mondo non semplicemen-

---

[91] J.B. METZ, «Chi risponde delle vittime?», 519. Cf. K. RAHNER, *Dialogo con Gwendoline Jarczyk*, dove a p. 70 commenta: «Oggi viviamo in un mondo secolarizzato, in cui l'ateismo esiste come realtà. In tale situazione, l'annuncio, dato finora per scontato, deve rivolgersi all'uomo, al quale si vorrebbe far conoscere il messaggio del Vangelo, in modo totalmente nuovo, più preciso e intenso [...]. La teologia oggi deve assolutamente tener conto di tutte le scienze antropologiche moderne, che non esistevano in passato, così come deve conoscere e rispettare l'uomo nella prospettiva delle scienze naturali moderne. La teologia deve diventare oggi in un certo senso teologia politica. Ammetto che questo aspetto va oltre i limiti della mia stessa teologia, perché la teologia politica non fu concepita da me, bensì dal mio allievo J.B. Metz. Nonostante tutte le controversie per quanto riguarda alcune questioni particolari, fra il mio grande allievo e me esiste una profonda convinzione comune. Noi dobbiamo inserire oggi nelle considerazioni della teologia le scienze sociopolitiche, se vogliamo annunciare il Vangelo». Cf. K. KREUTZER, «La Parola e i suoi uditori», 747-749; cf. ID., *Transzendentales versus hermeneutisches Denken*.

te al singolo, ed in quanto è *da* Dio, nel senso giovanneo, non può che promuovere un processo storico di liberazione. Ciò non significa politicizzazione della fede o identificazione con uno stato sociale determinato: la riserva escatologica di cui il cristianesimo è portatore non consente tale adeguamento, ma si pone sempre come critica di qualsivoglia struttura umana, inverandone la provvisorietà rispetto all'orizzonte che la speranza apre.

La categoria di futuro, dunque, non inteso in senso futuristico come meta da raggiungere, ma come sguardo sull'eternità e dall'eternità sul mondo, riveste un ruolo centrale nella connotazione della nuova teologia politica. Alla luce di questa apertura che si fa promessa di *avvento*, Metz riconfigura concetti e categorie teologiche dischiudendoli verso il senso determinato dalla centralità della *memoria passionis* di Gesù, che nel corso della sua riflessione, come egli stesso afferma, diventa luogo ermeneutico fondante ogni discorso su Dio che abbia oggi rilevanza pubblica, nel contesto plurale e globale dove la fede è chiamata responsabilmente ad operare.

In questo nuovo orientamento il discorso su Dio ha un profilo decisamente escatologico, che acuisce la sensibilità per la speranza e quindi per il cambiamento. Ogni situazione di stallo richiama una riflessione critica che si traduce in profezia di una società ventura a misura d'uomo, dove i motivi biblici dell'esodo, della profezia e dell'apocalittica, unitamente a quelli dell'Illuminismo costituiscono l'istanza fondamentale di una fede che vuole uscire dal sacrario della coscienza ed essere pubblicamente rilevante. È per questo atteggiamento che il dialogo con la cultura si fa serrato, trovando interlocutori privilegiati nel marxismo, nella teoria critica, nel messianismo ebraico, ovvero in quelle filosofie attente al sociale soprattutto là dove l'offesa alla dignità dell'umano si fa più spregiudicata, dove la sensibilità verso il nuovo tiene deste le coscienze.

Per Metz la nuova teologia politica si configura da subito, per i motivi su accennati, come teologia post-idealistica o postmetafisica, che contesta modelli legati ad un'impostazione teoretica astratta, da cui si fa fatica a prendere le distanze. Questa prospettiva riveste i tratti dell'urgenza soprattutto alla luce di una nuova autoprivatizzazione della fede cristiana, nel contesto di una postmodernità dove il ritorno dei miti consolatori e la tentazione gnostica producono quella immunizzazione spirituale che è una sorta di «anestesia ibernazionale dello spirito»[92].

---

[92] J.B. METZ, *Un credo per l'uomo*, 11.

L'idea, dunque, di vigilare sulla rilevanza pubblica della fede attraversa le stagioni culturali, nel tentativo di impedire quella interiorizzazione del messaggio evangelico che lo priverebbe del pungolo solidaristico e redentivo che invece appartiene al cuore del messaggio cristologico. È in questo senso che va anche interpretata l'attenzione alla prospettiva apocalittica, che costituisce l'aspetto proprio della teologia di Metz rispetto alle recenti modulazioni di teologia politica[93], in cui la consapevolezza del dolore che attraversa la storia e le storie degli uomini non trova soluzioni argomentative né consolatorie, ma urge come monito non solo per le religioni, ma anche per la politica. Mantenere pubblicamente vigile questa coscienza fa parte del concetto di *politico* della nuova teologia politica, che in tal senso è un concetto più ampio della politica e dell'etica che può essere accessibile in uno stato democratico.

È in questo senso che la teologia politica può considerarsi una riformulazione in chiave contemporanea della *teologia dialettica*[94], non nel senso di paradossale ovvero non mediabile, come era presente nel primo Barth, ma proprio come particolare mediazione storica della fede, tenendo conto che l'attuale scenario necessita di una tale mediazione del messaggio biblico «in cui esso attesta la sua trascendenza, appunto "trascendendo" in modo critico-liberante le situazioni esistenti»[95].

L'uso fortemente ipotecato di una trascorsa riflessione teologica ha impedito di servirsi di questo appellativo, ma probabilmente, per evitare fraintendimenti, avrebbe dovuto parlare insieme di teologia dialettica e teologia politica, proprio per significare il pensiero dialettico della temporalità che contraddistingue la teologia politica e la sua forte connotazione teologica.

Bisogna, allora, collocarla nel campo di quell'*aggiornamento* auspicato dal Vaticano II, dove il dialogo con il mondo, l'attenzione ai segni dei tempi, alla storia nel suo tramandare i fermenti del Regno, l'uscita dalla *cittadella* per incontrare l'uomo del tempo presente nelle sue ansie e nelle sue gioie, nella ricerca del vero e del bene, costituiscono lo spirito più autentico di questa prospettiva teologica. È una teologia, infatti, che non si rassegna alla separazione tra religione e società, alla perdita di rilevanza del messaggio evangelico nell'ambito pubblico, al

---

[93] Cf. E. ARENS, «Teologia politica», 1678; cf. ID., «Nuovi sviluppi», 86-92.
[94] Cf. J.B. METZ, «Voce enciclopedica "teologia politica" (1969)», 33; cf. ID., *Mistica degli occhi aperti*, 35. La stessa considerazione è presente in J. MOLTMANN, *Dio nel progetto del mondo*, 59.
[95] J.B. METZ, «Voce enciclopedica "teologia politica" (1969)», 34.

rifiuto di cittadinanza di un discorso credente che sin dal suo sorgere ha sempre voluto abitare la *polis*, ma scende *in piazza* sviluppando le implicazioni sociali e politiche dei suoi concetti e delle sue categorie, facendo proprio lo stile di Paolo nell'Areopago di Atene (cf. At 17).

## 3.2 *La rilevanza della fede*

La teologia politica così pensata non è una disciplina teologica, ma è la dimensione che ogni riflessione teologica deve assumere in quanto riguarda l'esistenza, che è diventata «un problema politico»[96]. Fondamentale per Metz, è la critica della riduzione della fede cristiana a quella che egli definisce «decisione a-mondana del singolo»[97], ad incontro privato tra un io e un tu, che egli rinviene in alcune forme della teologia contemporanea, le quali per nulla scalfiscono l'esistenza storica e il mondo di vita dove l'uomo è inserito, sminuendo, così, l'impatto sociale della fede escatologica nella salvezza proclamata dal vangelo e rinchiudendola nel «*sanctissimum* di una sfera puramente religiosa»[98].

La sua riflessione muove da una revisione del pensiero teologico così come si è venuto formulando sull'onda della Modernità, mettendo a punto quello che definisce il *programma di deprivatizzazione*, ovvero quell'opera di smascheramento sia dell'impianto metafisico della teologia, che non è più idoneo a rispondere alle istanze del pensiero moderno e della configurazione politico-sociale della fede, perché muove dal presupposto di una naturale convivenza tra religione e società, sia di quella riflessione trascendentale ed esistenziale della teologia che rafforza l'individualizzazione e l'emarginazione della fede dalla sfera pubblica. Si tratta di sviluppare le capacità critiche e sociali della fede, riformulando il rapporto teoria e prassi, che ha subìto una modificazione in seguito all'Illuminismo, di cui una teologia fondamentale che mette a tema la rilevanza della fede nell'attuale contesto culturale deve tener conto.

Con Kant si considera *illuminato* chi è libero di fare un uso pubblico della sua ragione in tutte le sue dimensioni, spostando il problema di

---

[96] J.B. METZ, *Sulla teologia del mondo*, 114.

[97] J.B. METZ, «Il problema di una "Teologia politica"», 10; cf. ID., *Sulla teologia del mondo*, 109, dove muove la critica soprattutto verso l'ermeneutica esistenzialista bultmanniana che nel suo approccio demitizzante: «è sempre esposta al pericolo di ridurre Dio e la salvezza ad un correlato privato dell'esistenza e a livellare lo stesso messaggio escatologico ad una parafrasi simbolica della problematicità metafisica dell'uomo e della sua situazione decisionale privata».

[98] J.B. METZ, «Il problema di una "Teologia politica"», 13.

una ragione *rischiarata* dall'ambito teoretico a quello politico, ovvero una ragione capace di promuovere quei presupposti politici e sociali che rendono possibile nella libertà il suo uso pubblico. La distinzione da lui operata tra *età illuminata* ed *età di illuminismo*, permette di notare come la prima non è ancora sopraggiunta, ed è proprio quella che porta ad espressione i processi di emancipazione di una ragione consapevole della sua dimensione pratica[99].

Metz, parlando di deprivatizzazione, ha in mente proprio il compimento di questo processo dell'Illuminismo, ovvero lo sviluppo di quelle dimensioni politico-sociali che solo consentono alla Modernità di esprimere pienamente i suoi presupposti teoretici. Finché, dunque, la ragione non diventerà pienamente pratica, quindi politica, non sarà uscita dallo stato di minorità. Il nuovo rapporto tra teoria e prassi innescato dall'Illuminismo deve costituire il problema ermeneutico fondamentale per teologia. È alla luce di ciò che ha modo di affermare perentoriamente: «La ragione pratica e, nel senso più ampio della parola, politica, deve prender parte nel futuro a tutte le riflessioni critiche della teologia»[100].

Non si tratta solo di una questione epistemologica, ma ha che fare con quella *riserva escatologica* propria del cristianesimo che conferisce un ineliminabile *compito critico* alla teologia, alla fede e alla chiesa, che vogliono comprendere se stesse come relative alla promessa di salvezza del messaggio cristiano, costitutiva di ogni discorso su Dio che si radichi nella tradizione biblica. La dimensione pubblica di questa salvezza richiede anche un'ermeneutica biblica capace di ridisegnare i rapporti fra fede escatologica e prassi sociale, perché la forza liberante del messaggio di Gesù non venga sminuita nella sua relazione costitutiva con il mondo, mantenendo quella tensione critico-trasformativa che non si adegua mai ad alcuno stato politico, ma si pone come referente dialettico ad ogni formula storicamente acquisita. L'orizzonte di attesa delle promesse escatologiche non è da intendersi come procrastinabile in un oltre indefinito ed astratto, ma permanente pungolo per inverare nel presente quelle forme di riconciliazione e liberazione che la storia progressivamente consente. Pertanto, la tesi sulla deprivatizzazione: «vorrebbe servire piuttosto al compito di riguardare in maniera concreta e differenziata la situazione del credente e di trovare per la fede un lin-

---

[99] Cf. I. KANT, *Che cos'è l'illuminismo?*.
[100] J.B. METZ, *Sulla teologia del mondo,* 111.

guaggio in siffatto rapporto con la società, da possedere un carattere critico e liberante [...]»[101].

In questa *seconda riflessione* non è solo la teologia a dover rivedere i suoi presupposti ed orientamenti, ma anche la chiesa, in quanto comunità di fede, è chiamata ad autocomprendersi all'interno di una realtà sociale inserita in un processo storico.

*a) Il cristianesimo come* religione dello scenario

Si tratta di mettere a tema la questione dell'identità e della rilevanza della fede cristiana[102], in un tempo in cui il cristianesimo ha perso il suo carattere di ovvietà, e le sue definizioni sulla realtà non sono più plausibili per una cultura che ormai si muove in una distanza critica rispetto alle questioni religiose. Il confronto con la Modernità e con le sue provocazioni e trasformazioni esige che la teologia modifichi il suo approccio apologetico, assumendo la prassi come terreno fecondo dove operare ed argomentare la propria credibilità per poter rendere conto della propria speranza. Ma un'attuale *apologia della speranza* è pensabile solo se la teologia si colloca in una prospettiva planetaria, contestando apertamente anche quella forma di *cristianesimo borghese*[103] che ha alimentato fino ad oggi il suo eurocentrismo culturale, depotenziando il suo spirito messianico.

La domanda sul futuro del cristianesimo si gioca proprio nel dipanare la questione della sua promiscuità con la *religione borghese*, che è da intendere come quella forma ormai troppo consueta di religiosità imborghesita e di sovrastruttura, apostrofata oggi come *religione civile*, la quale nella ricerca del consenso non si lascia attraversare dal messaggio di Gesù, che nella predicazione dell'amore inverte ed interrompe i nostri desideri troppo umani, «turba il nostro presente conciliato con se stesso»[104].

Si può parlare di futuro del cristianesimo solo se non lo pensiamo nei termini di continuità con il nostro presente, come potenziamento di

---

[101] J.B. METZ, «Il problema di una "Teologia politica"», 16.

[102] Cf. J.B. METZ, *La fede*, 7 dove chiarisce: «La tanto discussa crisi d'identità del cristianesimo è primariamente una crisi non già del suo messaggio, bensì dei suoi soggetti e delle sue istituzioni, che troppo si sottraggono al senso inevitabilmente pratico del messaggio medesimo e così infrangono la forza della sua intelligibilità». Cf. J. MOLTMANN, *Dio nel progetto del mondo*, 5.

[103] Cf. J.B. METZ, *Al di là della religione borghese*, 7-24.

[104] J.B. METZ, *Al di là della religione borghese*, 8; cf. ID., «Verso una teologia post-idealistica (1985)», 119.

ciò che siamo e abbiamo, ma nella modalità dell'*interruzione*. È quello che Metz definisce il *cristianesimo della sequela,* che in virtù della sua radicalità, senza tralasciare la dimensione interiore, trasforma la qualità dei nostri rapporti e mira ad una revisione della prassi. Si può parlare di conversione solo se la trasformazione esigita dal messaggio evangelico si rende visibile in un reale processo di cambiamento sociale e politico. Se ciò non avviene significa che la fede è semplicemente creduta, ma non radicalmente attuata:

> In seno alla chiesa, sotto la maschera della religione borghese, si determina una frattura tra le virtù messianiche del cristianesimo pubblicamente proclamate, ecclesiasticamente prescritte e credute (conversione e sequela, amore e disponibilità alla sofferenza), e gli effettivi orientamenti di valore e di vita della prassi borghese (autonomia, possesso, stabilità, successo)[105].

La crisi della fede è da attribuirsi alla persistenza di questa maschera che una *teologia borghese* contribuisce ad occultare, epurando il presente dalla sue contraddizioni e permettendo all'*ideale dello scambio* che regola i rapporti sociali ed economici della società di invadere anche le sue strutture spirituali. Resta da vedere se il cristianesimo, attingendo alle sue riserve morali e spirituali, è capace di spostare il suo baricentro valoriale dalla prospettiva eurocentrica a quella mondiale. Così può istituire quelle interconnessioni con problemi e situazioni sociali che necessitano una fantasia morale e politica propria di un cristianesimo messianico, il quale contrasta l'attuale forma di adeguamento della coscienza occidentale. Occorre la saldatura tra santità e un amore combattente, la coniugazione di mistica e politica, che abbia a cuore la sorte dei poveri.

Solo la scelta della radicalità e il cambiamento nella sfera delle priorità può restituire al cristianesimo lo slancio messianico delle origini e, dunque, quella apertura al futuro che gli è costitutiva. La prassi della sequela assume allora una dimensione apologetica e critico-correttiva, in quanto il credente è chiamato a rispondere ed a giustificare pubblicamente le ragioni della sua speranza nella situazione storico-sociale in cui vive e nell'apertura all'orizzonte escatologico costitutivo della fede cristiana. Ciò implica una teologia che sa accogliere esperienze nuove e inserirle nel circuito interpretativo di un'esistenza che si autocomprende non nell'ottica di una *religione borghese privatizzata*, ma nella prospettiva di una *religione messianica* alle prese con le contraddizioni della storia, che è chiamata a trasformare e liberare. Per assolvere que-

---

[105] J.B. METZ, *Al di là della religione borghese*, 11.

sto compito la teologia deve essere liberata essa stessa dal quel sistema di immunizzazione dalla storia che, come sovrastruttura, ha obbligato il cristianesimo ad esiliarsi dai processi della Modernità, istituendo una separazione tra fede e vita che persiste come un baluardo difensivo e le impedisce di ripensare in modo costruttivo quel rapporto infranto tra religione e società.

Bisogna rivedere, secondo Metz, per una teologia aperta al mondo capace di valorizzare ed abitare la secolarità, la tesi sulla secolarizzazione, che storicamente ha accompagnato il processo di autocomprensione della Teologia fondamentale in risposta alle critiche dell'Illuminismo[106]. In ragione di ciò, l'Illuminismo, che nella sua storia degli effetti ha assunto una valenza antiecclesiale e antiteologica, va ripreso e riletto come *locus theologicus,* mediante un «illuminismo teologico-politico che illumini i reali processi dell'epoca moderna»[107], che metta a nudo il processo di assimilazione del soggetto moderno, emancipato e razionale, all'ideale borghese, snaturando il vero senso del movimento emancipatorio che ha alle sue radici lo stesso cristianesimo. La crisi di identità che vive la fede cristiana è da rintracciare in alcuni esiti dell'Illuminismo che Metz così individua: privatizzazione, perdita della tradizione, perdita di autorità, riduzione della ragione a razionalità, riduzione della religione a religiosità privata.

Il fenomeno della *privatizzazione* è per lui l'elemento decisivo che ha determinato nell'affermazione dell'*uomo nuovo,* ovvero di quel soggetto borghese che opera attraverso modelli di dominio e di soddisfacimento di bisogni, la *religione dello scenario*. La religione non è più un bisogno primario, ma diventa affare privato, di cui ci si serve secondo bisogni culturali e utilitaristici e che non interagisce con l'autocomprensione della propria soggettualità. Il soggetto borghese ha creato una società dello scambio dove tutto ciò che non si assoggetta alla legge del mercato perde d'importanza: così la *tradizione* non è più in grado di orientare la vita, perché la storia non è più deposito di memoria normativa, ma «arsenale che serve ai bisogni di informazione e di notizie della ragione illuminata»[108].

Stesso destino per l'*autorità,* che perde la sua plausibilità sociale, perché considerata residuo di una società feudale, principio di inegua-

---

[106] Cf. J.B. METZ, *La fede*, 32-33; cf. ID., *Sulla teologia del mondo*, 140-141.
[107] J.B. METZ, *La fede*, 35, seguiamo qui la traduzione proposta da P. DE VITIIS, «Prassi e speculazione», 288.
[108] J.B. METZ, *La fede*, 42.

glianza e subordinazione, contro cui si è rivolta la borghesia. L'unica autorità che oggi acquista valore è quella della conoscenza e competenza: solo un'autorità che sfugge alle maglie della funzionalità ed assume tutta la valenza della competenza religiosa può superare la crisi della delegittimazione ed essere riconosciuta come un'autorità critico-liberatrice, che contesta la perdita di responsabilità a cui va incontro una società altamente complessa e anonima come è quella contemporanea.

L'emancipazione dalla tutela dell'autorità e della tradizione viene fatta in nome di una *ragione adulta*, in cui il consenso è dato in virtù del suo uso pubblico, non già per quel sapere metafisico che aveva strutturato la cultura medievale. In quanto critica della ragione metafisica essa diventa anche critica della *religione*, ma di quella forma ideologica che ormai aveva assunto nella visione degli illuministi, soprattutto francesi, avversi al dominio clericale. La religione naturale che viene rivendicata per il suo statuto di universalità è anche essa elitaria, come la ragione illuminata, perché in quanto forma privatizzata è fatta su misura per l'uso domestico dell'uomo borghese. Da essa non promana alcuna contestazione contro le definizioni della realtà di una società basata sul successo: la nuova prassi che invoca non è certamente prassi di liberazione. Dietro questo concetto di religione e ragione si cela una falsa neutralità, perché sono concetti frutto e specchio della società borghese. La critica della teologia dialettica inaugurata da K. Barth sta proprio nell'aver intravisto questa dissoluzione della religione in «quel liberale grado zero religioso»[109].

Dietro al processo della Modernità ci sono concetti e categorie non astratte, ma storicamente situate che hanno subito un uso ideologico che la teologia deve smascherare, in caso contrario: «sarà ben difficile che essa sviluppi una qualche sensibilità critica per il fatto che nella situazione attuale il soggetto borghese, fonte della crisi d'identità del cristianesimo fattasi manifesta nell'illuminismo, viene difeso come il soggetto "autenticamente" religioso»[110].

### b) *Il* disincanto *del mondo*

Il discernimento dei processi storico-culturali e della Modernità in particolare muove dal presupposto che la teologia deve ricercare le tracce della relazione permanente anche se *kenotica* tra storia della salvezza e

---

[109] J.B. METZ, *La fede*, 51.
[110] J.B. METZ, *La fede*, 52.

mondanità, in virtù di un rapporto Dio-mondo che ha nell'incarnazione la chiave di lettura fondamentale. Ciò che si mostra storicamente nuovo non deve essere liquidato come decadimento rispetto al cristianesimo o come superfluo in quanto semplice cambiamento profano, perché anche ciò che appare estraneo appartiene in realtà all'essenza del cristianesimo. La questione è capire come ancora oggi all'interno della storia si dà avvento di Dio. Metz parte dalla convinzione che:

> Una teologia infatti la quale pensa storicamente non può rassegnarsi all'ipotesi che il processo moderno di mondanizzazione sia, nel suo nucleo essenziale, non cristiano e che il divenire del mondo storicamente tangibile si sia perciò sviluppato, in maniera epocale, in direzione opposta a quella della storia della salvezza. In una concezione siffatta è latente un pericoloso estrinsecismo storico-salvifico ed un altrettanto pericoloso positivismo teologico. Né l'uno né l'altro prestano sufficiente attenzione al fatto che lo «spirito» del cristianesimo è stato infuso per sempre nella «carne» della storia del mondo e che questo spirito deve conservarsi e affermarsi attraverso il cammino irreversibile di questa[111].

A partire dall'evento del Cristo, la trascendenza di Dio non è pensabile come al di là della storia, ma come presenza dentro e davanti ad essa, come suo futuro in quanto fondamento originario, da sempre assunta nel Verbo eterno di Dio e da sempre significata nel segno della croce[112]. Il mondo in quanto accolto da Dio, è da sempre riconosciuto e restituito nella sua diversità e autonomia dal divino, nella sua autentica creaturalità e libertà. Un mondo accettato diviene veramente tale non nonostante, ma proprio perché viene inserito dall'amore di Dio nello spazio intratrinitario.

Si tratta, dunque, di un'accettazione liberante del mondo, della possibilità di esprimere tutte le sue potenzialità nella prospettiva di una più profonda identità creaturale, di una finitezza non livellata o sminuita, ma rafforzata nella sua differenza qualitativa. Questa immagine del mondo, dischiusa dall'evento Cristo, distingue il cristianesimo dalla visione greca, proprio in virtù della progressiva *ateizzazione*, *profanizzazione* e *demitologizzazione* del mondo, tale da meritare per i cristiani l'epiteto di atei che consegnavano il mondo all'assenza di Dio. L'influsso del paganesimo sul cristianesimo non ha permesso quella lucidità

---

[111] J.B. METZ, *Sulla teologia del mondo*, 13-14.
[112] Cf. J.B. METZ, *Sulla teologia del mondo*, dove a p. 19 argomenta a partire dalla consapevolezza che Dio non solo opera nella storia ma «egli *stesso* appare in essa in tutta verità ed essa, nel Figlio suo, diventa destino proprio dell'immutabile Dio».

necessaria nel considerare la mondanizzazione, operante soprattutto in epoca moderna, come espressione di una autentica visione cristiana della creazione e della storia, di contro ad un divinismo cosmico immediato, ma anche contro un secolarismo deviante. È grazie al cristianesimo che si è avviato il *disincanto* del mondo proprio del processo di secolarizzazione:

> quell'avventura dello spirito moderno nella quale la natura è diventata «opera» e materiale delle *mani* dell'uomo ed in cui l'uomo possiede universalmente il mondo cosicché tutto ciò che sta nell'orizzonte del mondo è ormai, per così dire, sotto la sovrapposizione dell'uomo e tutto appare come originariamente originato da lui[113].

Non bisogna, quindi, interpretare univocamente la Modernità come una estradizione della fede dall'orizzonte mondano, come una decadenza da Dio, ma vederla come esito dell'efficacia della fede nel restituire il mondo alla sua autonomia originaria, nella direzione di una più profonda appartenenza a Dio[114]. Il processo secolarizzante è, dunque, costitutivo dello spirito cristiano, come aveva già intravisto F. Gogarten[115], ma Metz sviluppa originalmente la questione della mondanità delineando tre prospettive: la prospettiva *cristologica*, attraverso la categoria dell'incarnazione, quella *antropologica*, mediante la figura della responsabilità, e quella *politico-escatologica*, con la riserva escatologica che libera il cristianesimo da due pericoli: la privatizzazione estrema e la secolarizzazione totale[116]. La conflittualità esistente tra visione cristiana e moderna persiste, infatti, nella misura in cui la secolarizzazione viene concepita in senso autonomistico e secolaristico, nella sua dimensione oppositiva nei confronti della sua matrice cristiana. Qui sia la teologia che la cultura devono ravvedersi: il credente deve operare un discernimento riguardo al pluralismo strutturale in cui è inserito, non può pretendere che la differenza venga assorbita nel suo sguardo di fede, poiché la convergenza tra fede e mondo è possibile solo in Dio, non nella nostra situazione storica concreta, dove è percepibile uno scarto ed una estraneazione tra sé e il mondo, appagabile solo in una dimensione escatologica.

---

[113] J.B. METZ, *Sulla teologia del mondo*, 35.
[114] Cf. J.B. METZ, *Sulla teologia del mondo*, 16 dove Metz afferma in modo chiaro: «La mondanità del mondo deve apparire a noi principalmente non già come detronizzazione del Cristo mediante un'esasperata opposizione della storia a lui, bensì al contrario come momento decisivo della sua signoria storica».
[115] Cf. F. GOGARTEN, *Destino e speranza*.
[116] Cf. G. COCCOLINI, «*Homo capax Dei*», 209-210.

Cristianizzare il mondo non significa cambiargli i connotati, privarlo della sua mondanità, sublimarlo attraverso un'operazione di purificazione, ma propriamente renderlo mondano, cioè restituirlo più profondamente a se stesso, guardarlo con gli occhi della grazia e non con quelli offuscati dal peccato, e la chiesa in quanto segno storico e visibile di questa grazia, non costituisce quindi la concorrente, bensì la garante del mondo. Per tale motivo l'inizio dell'epoca moderna è descrivibile come una *svolta* da un mondo divinizzato ad un mondo ominizzato, a cui va ascritto un cambiamento di direzione del pensiero da una struttura concettuale cosmocentrica ad una struttura antropocentrica.

Di fronte a questa nuova esperienza del mondo, il credente non deve stare in una condizione «pre-pentecostale, "continuare a credere" a porte chiuse, bensì esporsi alla crisi»[117], perché questo nuovo orizzonte di possibilità è sorto grazie al cristianesimo, non contro di esso, anche se la cristianità è entrata in questa nuova fase della storia non senza sospetto ed opposizione.

In realtà, non è la mondanizzazione in sé a costituire una minaccia per la fede, ma ciò che alimenta l'inquietudine per il nostro tempo è il sorgere di ideologie e nuovi miti, che, assolutizzando il versante autonomistico, sostituiscono l'umanizzazione con l'autoredenzione. Non è senza difficoltà per la fede interpretare questo tempo di crescente invisibilità di Dio non come irrealtà di Dio, come fa l'ateismo, ma come opportunità di sperimentare diversamente il mondo e la trascendenza, come *chance* e compito per la fede cristiana e non come suo pericolo. Questo processo di umanizzazione porta con sé alcuni elementi fondamentali che sono sulla soglia, ovvero possono essere sponda per una fede che non teme la secolarità.

Il primo elemento è il *pluralismo della coscienza*, situazione in cui l'uomo di oggi si trova chiamato a vivere tra la molteplicità delle istanze, dove quella religiosa rappresenta uno dei tanti settori in cui è parcellizzata l'esperienza della realtà, e non è certamente quello più importante. Se la fede, però, viene accettata e vissuta non come esigenza totalizzante ma come esperienza del limite dell'uomo ad uno sguardo onnicomprensivo del reale, come accettazione del mistero dell'esistenza, essa favorirà quell'apertura fondamentale alla pluralità non come dispersione ma come vocazione alla ricerca di un principio unificante che è Dio.

---

[117] J.B. METZ, *Sulla teologia del mondo*, 62.

La seconda caratteristica è la percezione di un *mondo in divenire*, che, in quanto trasformato e dominato dall'uomo, alimenta in lui la fede nel dominio assoluto del futuro secondo l'idea di un progresso immanente ed inarrestabile. Ma a guardar diversamente può apparire anche un futuro incerto, dove l'uomo deve fare i conti con l'imprevedibilità della propria libertà, che porta con sé l'esperienza dell'angoscia per una minaccia incombente di un futuro incontrollabile. Se però nella fede questa incontrollabilità viene accettata l'uomo può sperimentare un Altro che si fa incontro a lui, il Dio che si è rivelato in Gesù Cristo come futuro libero, originario ed assoluto dell'uomo e del mondo.

L'altro tratto caratterizzante è l'esperienza di un *mondo senza miracoli*, perché l'uomo che abita in un mondo ominizzato non dà spazio alla possibilità del miracolo. Ma se si cambia prospettiva si può comprende il miracolo non semplicemente come interruzione di un ordine di natura, ma come «esperienza dell'apertura fondamentale e permanente dell'uomo all'imprevedibile, all'inaspettato, al singolare, a ciò che ci sfugge, in un mondo che diventa, in misura crescente e nei suoi singoli elementi, sempre più dominato e controllato»[118].

L'ultimo elemento distintivo è il *mondo disumanizzato*, in cui l'uomo è esposto alla minaccia della sua stessa manipolazione. Egli corre il rischio di essere oggetto della sua stessa sperimentazione. Allora è evidente che l'ominizzazione non è di per sé umanizzazione, ma è un processo consegnato alla nostra responsabilità, dove l'altro è considerato nella sua individualità mai asservibile, è quel *fratello* di cui ci parla la fede che nella sua alterità assoluta diventa possibilità d'incontro con la trascendenza, inizio di quel credere che si offre come *chance* per l'uomo moderno di sperimentare la vicinanza di Dio. In questa prospettiva di un'umanizzazione sempre più compiuta la responsabilità della fede acquista una rilevanza particolare non più solo per il singolo, ma per il volto del mondo[119].

Con il *disincanto* operato dalla secolarizzazione appare chiaro come sia mutata l'esperienza che l'uomo contemporaneo fa di Dio: non è più la natura a consentire l'esperienza della trascendenza, perché non è più possibile sperimentarla come oggetto di contemplazione, ma è la storia intesa come luogo di progettualità per un futuro sempre migliore. È al pensiero di Marx che bisogna attribuire lo stimolo a ripensare il concet-

---

[118] J.B. METZ, *Sulla teologia del mondo*, 62.
[119] Cf. J.B. METZ, «Prospettive antropologiche e teologiche», 27-45.

to di trascendenza non più come qualcosa che sta sopra il mondo (*das Überweltliche*), ma come ciò che sta dinanzi come futuro:

> la trasformazione del rapporto puramente speculativo dell'uomo col mondo in quello operativo, il passaggio dalla mera interpretazione del mondo al cambiamento di esso, che Marx ha sottolineato, non elimina la possibilità dell'esperienza numinosa, bensì le assegna il *topos* del futuro[120].

Oltre alla *critica marxista*, egli individua altri luoghi critici nella storia del pensiero che hanno determinato il passaggio al nuovo paradigma della teologia post-idealistica: *Auschwitz*, che provoca la teologia ad un *lógos* che contempli in sé la memoria delle storie di sofferenza e che riprenda la teodicea come luogo rammemorativo del dolore davanti a Dio e al mondo, e la fine del monocentrismo culturale, con la presenza di un *cristianesimo del Terzo Mondo* con problemi ancora di ingiustizia e oppressione.

Queste sfide esigono una teologia che assuma nuovi paradigmi. È in questa modificazione della sensibilità che si fa necessario un pensiero che sia in rapporto critico-funzionale e non semplicemente contemplativo con il mondo, una teologia che sappia passare da un approccio trascendentale-esistenziale, ormai inadeguato, ad uno post-metafisico e post-idealistico, in quanto si colloca in un contesto pluralistico, critico in quanto non ideologico, e politico, in quanto socialmente rilevante[121]. Il primato categoriale del futuro nella comprensione moderna del mondo ha prodotto una crisi delle abituali rappresentazioni religiose della fede; scompare dall'immaginario culturale lo splendore del sovramondano: «la salvezza ricercata, la pienezza raggiunta dell'umanità non stanno "sopra di noi", ma "davanti a noi"»[122].

In quest'epoca post-religiosa si rischia che ogni argomentazione sulla trascendenza appaia come puramente speculativa, non funzionale alla costruzione del futuro. Perché la fede non sia considerata superflua, la teologia è chiamata a ripensare il rapporto tra trascendenza e futuro, non indugiando su una indebita separazione tra naturale e soprannaturale, ma recuperando dalla tradizione biblica la categoria della speranza e con essa sappia ridire nell'oggi la promessa escatologica, in cui Dio non sia emarginato in un al di là della storia, ma possa essere sperimentato come avvento sempre attuale:

---

[120] P. De Vitiis, «Prassi e speculazione», 290.
[121] Cf. J.B. Metz, «Il problema di una "Teologia Politica"», 10.
[122] J.B. Metz, *Sulla teologia del mondo*, 83.

La fede biblica della promessa contiene, nella misura in cui riferisce l'esistenza umana a questo «nuovo», un elemento rivoluzionario, se la rivoluzione è sempre contrassegnata dalla coscienza sempre operante in essa di un *novum* assoluto che non può essere quindi inteso prolungamento evolutivo delle nostre stesse possibilità[123].

Questo rimane vero non solo per l'A.T. ma anche per il N.T., dove la concentrazione sul futuro di Dio è data nella figura del Regno che si rende operante e prossimo in Gesù. Metz pensa ad una teologia politica come *escatologia critico-creatrice* che, in quanto teologia fondamentale pratica, argomenti tenendo presenti due riferimenti biblici: 1Pt 3,15: «pronti sempre a rispondere a chiunque vi domandi ragione della speranza che è in voi», e 2Pt 3,13: «E poi, secondo la sua promessa, noi aspettiamo *nuovi cieli e una terra nuova*, nei quali avrà stabile dimora la giustizia».

Responsabilità per la fede e responsabilità per il mondo: una teologia che abbia una rilevanza pubblica deve partire da questi due orientamenti, esercitando la sua funzione critica per salvaguardare l'umanità dell'uomo dall'ideologia della tecnica, per mantenere desto il senso di una speranza mai risolvibile nelle conquiste del progresso, per ricordare la solidarietà verso i bisogni dei più deboli, in modo che la *tradizione* di questo amore e di questa speranza possa essere introdotta dalla comunità cristiana nella nostra società pianificata, sempre più priva di memoria.

Due sono le esigenze che emergono nella loro improrogabilità: formulare un messaggio escatologico del cristianesimo nel quadro di un'opinione pubblica mutata, e determinare la chiesa come istituzione in cui la libertà della fede operi una critica della società, attraverso una *spiritualità* che tenga insieme mistica e politica.

### 3.3 *Abitare la secolarità*

La fede escatologicamente orientata impegna il credente e la chiesa tutta ad una trasformazione *produttiva* del mondo, non solo pensando nei termini di una salvezza individuale, ma ripristinando il senso biblico di salvezza, che indica ed implica anche l'esistenza sociale ed interpersonale. Ciò esige una fede che entri in dialogo con le visioni del mondo politiche, sociali e tecniche che interessano la società moderna, perché il movimento di umanizzazione non abbia a soffrire dell'indispensabile apporto della speranza cristiana, che opera sotto il segno del-

---

[123] J.B. METZ, *Sulla teologia del mondo*, 85.

la riconciliazione, della pace e della giustizia e che sogna di tergere le lacrime sul volto di ogni uomo.

A differenza delle ideologie, il cristianesimo muove verso il futuro con categorie *povere*, prive di quella presunzione della conoscenza che nella previsione programmata espunge ciò che disturba, la sua è una teologia che *sa di meno,* che contempla il fallimento e il limite come forma di resistenza, perché la speranza non sia catalogata nell'ordine dell'umanamente possibile o del facilmente realizzabile, ma in quello dell'amore.

Una teologia che voglia abitare la secolarità in un tempo definito post-moderno deve allora operare con categorie rinnovate, con modelli lontani dalla antica separazione tra sacro e profano, naturale e soprannaturale, terreno e ultraterreno, fuori dal dualismo che ha ipotecato lungamente la riflessione teologica, imprigionandola in strutture impermeabili alla logica della vita e quindi divenute per i più insensate. Non fuga dal mondo, ma impegno a contestare e trasformare le forme alienanti della vita attuale, quella sofferenza prodotta dall'uomo contro l'altro uomo, le forme culturali e sociali che si incardinano in un conformismo che sacralizza il presente, in nome del futuro promesso da Dio. È la forma di ascesi propria della sequela di Gesù che si fa passione per Dio nella passione per il mondo, *pathos* rivoluzionario che pone una distanza critica rispetto all'ordine di un mondo pago di sé, indicando nella promessa di Dio l'unico orizzonte veramente umanizzante. Il futuro della promessa torna ad essere motore della storia nello stile del *dissenso* che spinge la città dell'uomo ad immaginarsi come spazio da abitare con lo stile di una responsabilità che assume la *forma di servo,* ovvero lo *stile* di Gesù.

Quello a cui aspira Metz, è, dunque, un cristianesimo che voglia richiamare la possibilità di Dio dentro una cristianità borghese postmoderna, un cristianesimo *fragile*, che si muove dialetticamente fra sequela e mondo, mistica e politica, ma *potente* nella sua inquietudine apocalittica. Il cristianesimo è chiamato con le sue riserve morali a confrontarsi con la storia, per evitare che nella dimenticanza di Dio anche l'anima stessa dell'uomo si possa spegnere ed erompa in tutta la sua apoteosi la banalità o l'odio. Non è semplicemente sostenere questo processo attuale, ma ambiguo, di ritorno alla religione, come segnale di una volontà sociale di trascendere se stessa, perché potrebbe nascondere i tratti della *religione borghese* che vuole perpetuare i propri bisogni di sicurezza, salvaguardare la propria buona coscienza, senza voler mobilitare le sue energie migliori per una «prassi messianica dell'amore»[124], dove la santità si salda con l'amore fino alla follia della croce.

Si tratta di rendere sperimentabile nel qui ed ora della storia la figura biblica del *Regno di Dio*, che non riguarda il futuro ultraterreno, ma è il progetto di liberazione di Dio alla cui costruzione l'uomo di ogni tempo e nel suo tempo è chiamato a collaborare. Non in una concentrazione dell'eternità nell'istante, né in una procrastinazione che trasforma il mondo in una «sala d'aspetto prefabbricata nella quale si debba passare noiosamente da una sedia all'altra, aspettando che si apra la porta del parlatorio di Dio»[125].

Mantenere desta l'attenzione all'attesa del *giorno messianico* impedirebbe al cristianesimo di ridursi e ripiegarsi su quella forma di cristianesimo interiorizzato ed individualizzato che stempera la novità salvifica di Gesù in una conciliazione con la situazione politica esistente, facendo prevalere una storia di adattamento piuttosto che di opposizione ed interruzione di una salvezza pensata come conciliazione acritica. Il pericolo e rischio sempre incombente da evitare è che la religione messianica si dissolva nella religione borghese.

### a) *Una comunità nel segno della speranza*

Il cambiamento di prospettiva auspicato, che assume i caratteri della conversione e che investe il cambiamento delle priorità, chiede alla chiesa di mettersi dal punto di vista mondiale, dove poter allargare lo spazio della *comunità eucaristica*[126] e permettere a quel *pane di vita* che costituisce il suo nutrimento di operare quella *rivoluzione antropologica* che sola potrà attivare il processo di liberazione sociale e culturale.

Una comunità di memoria portatrice di speranza e un'immagine di uomo che prende le distanze dalla società attuale strutturata su di un sistema di bisogni, dove l'uomo è svuotato della sua apertura alla trascendenza e ridotto a semplice fruitore e consumatore, sono le due componenti essenziali per ripristinare la nostalgia di Dio, che ridesta nell'oggi il desiderio di senso e di giustizia. La vita pubblica della chiesa deve esprimere ciò che la costituisce, evitando sia quella duplicità

---

[124] J.B. METZ, *Al di là della religione borghese*, 22.
[125] J.B. METZ, *Sulla teologia del mondo*, 90.
[126] J.B. METZ, *Al di là della religione borghese*, 52. Cf. CEI, *Il volto missionario delle parrocchie*, dove si parla di *figura di Chiesa eucaristica* come modello da assumere in una chiesa che deve rinnovarsi in un contesto di trapasso epocale con cambiamenti culturali e sociali che modificano il modo di vivere la religiosità.

alienante tra vita e fede che oggi i cristiani sperimentano, rendendo la loro speranza in un mondo liberato e liberante assolutamente irrilevante, sia quella malcelata predilezione per i fortunati e i ricchi, già socialmente ricompensati, che non desta scandalo nella coscienza di chi si è lasciato incantare da una religione borghese, immunizzata di fronte alle sacche di povertà che interessano parte del nostro mondo. La chiesa non può essere percepita come il duplicato dell'assetto sociale, ma come comunità di speranza raccolta nella comunione di mensa con il Signore, dove il banchetto messianico detta la trama di una storia che si comprende come promessa di un futuro in cui tutti sono chiamati a sperimentare la salvezza.

Una chiesa che si radica nella simbolica del pane eucaristico segue una direttrice di senso che orienta l'uomo postmoderno a liberarsi dall'illusione della propria innocenza, portando al potere «quelle virtù che non hanno potere»[127]. Essa consente la formazione di una nuova soggettività, capace di mettere in discussione valori, scelte e tendenze a cui l'uomo contemporaneo si è assuefatto, producendo intorno a sé una struttura di dominio che non si scuote di fronte allo scandalo di una solidarietà mal distribuita. Consente di tener desto il ricordo del dolore, impedendo la rimozione della morte e della sofferenza come possibilità che infrangono la logica del puro possesso e del consumo. Promuove quella salutare inversione dei desideri, per cui si cerca di incarnare nella propria quotidianità quella *povertà nello Spirito* predicata da Gesù: «E non dovremmo dimenticarcene proprio oggi, quando si tratta di testimoniare Dio in un'età post-moderna, così incline alle mitologie»[128].

Essa prelude e racchiude le altre beatitudini, una sorta di matrice spirituale necessaria per imparare il linguaggio che permette di dialogare con Dio e testimoniarlo. Una forma di povertà che sa apprendere il linguaggio della consolazione, perché sa che cosa sia il dolore, conosce lo scarto tra la realtà sperimentata e quella sperata, tra la dispersione del vissuto e la riconciliazione promessa, tra l'oblio del tempo e il ricordo di una promessa che impegna l'eternità, tra un gesto d'amore inespresso e un amore sovrabbondante perché proveniente da quel Dio appassionato di cui la memoria biblica custodisce le tracce.

È una povertà che si lega ad una «speranza "povera", in quanto può essere vissuta soltanto insieme agli altri, di fronte agli altri»[129], perché

---

[127] J.B. METZ, *Al di là della religione borghese*, 54.
[128] J.B. METZ, «Religione sì – Dio no», 28.
[129] J.B. METZ, «Religione sì – Dio no», 42 nota 21.

nessuno può sperare da solo, aggiudicarsi in proprio le promesse di Dio. Anzi, esige uno sguardo ancora più esigente, perché richiede di pensare in questo noi sperante i vivi e i morti, finanche quelli che non hanno ancora vissuto. È per questo che si distingue dall'illusione o dall'utopia, in quanto la sua visione non è astorica, ma profondamente storica perché sorretta da una memoria radicata nell'eternità di Dio, che accoglie in sé l'originario e l'escatologico. È una speranza non interscambiabile con le sue contraffazioni, perché si oppone alla odierna mentalità mercantile dove tutto è permutabile e subisce la metamorfosi del momento, ma è fedele nella radicalità dell'adesione a quel sogno di giustizia e riconciliazione perpetuato anche nel grido di dolore. La radicalità richiesta da Gesù, lungi dall'essere percepita come eccedente rispetto alla disponibilità umana a seguirla, è proprio ciò che occorre per ristrutturare quell'umano così devastato da una storia che non sempre ha preso il percorso più esigente ed umanizzante.

Attraverso le beatitudini Metz rimette in circolazione quelle parole desuete, che rammentano la possibilità di un'umanità diversa, capace di visione e di speranza. E forse l'errore di pensarle come esclusivo patrimonio di pochi, religiosi e presbiteri, ponendole nella logica elitaria della scelta radicale e dunque impervia, le ha rese poco familiari a quella moltitudine a cui Gesù le ha indirizzate. Non costituiscono certo un discorso rassicurante, ma dirompente, rivoluzionario per ogni epoca, perché contro la tendenza umana ad accomodare la profezia nell'orizzonte intramondano, in cui si acquieta la sua portata visionaria.

Un *uomo nuovo*, dunque, non certo somigliante a quello preconizzato da Nietzsche sulle ceneri della morte di Dio, che di fatto vuole chiudere la partita con qualsiasi discorso cristiano che tenti di ripristinare la coscienza del bene normata sulla presenza di un Dio dalla parte dei deboli e delle vittime della storia. La rivoluzione antropologica di cui parla Metz esige di oltrepassare i guasti della storia operati sulla scorta dell'*oltreuomo* nietzscheano, che rappresenta ancora oggi un bivio nella questione sul senso:

> O con Nietzsche – e voltando le spalle all'uomo dell'antica Europa – entriamo nel regno mitico-dionisiaco dell'uomo esaltato, di quello che egli chiama «super-uomo», al di là del bene e del male, lontani da ogni ricordo, sofferenza e mestizia, e soprattutto in una condizione d'innocenza, sereni e abbandonati all'eterno ritorno dell'identico [...], oppure ci apriamo al futu-

ro, all'altro orizzonte – che sappiamo sempre più debolmente illuminato – dell'idea di Dio, osiamo cioè invertire la rotta di Nietzsche[130].

È questo osare che ha il sapore di una rivoluzione che porta i connotati di una resistenza a ciò che è fatalmente ordinario, una *cesura o interruzione*, che nell'avvertire uno strappo nel proprio modo di vivere, riorienta il mondo dei propri desideri. Questo cristianesimo dell'*interruzione* è proprio il contributo che la chiesa che si nutre del pane eucaristico può dare alla società odierna, un nuovo *stile* di vita che si assume la responsabilità politica nella politica quotidiana, riconfigurando il rapporto tra pubblico e privato in cui l'indifferenza o la neutralità non dovrebbero insinuarsi come ideale di comunità religiosa, avulsa dalla storia:

> Quando, secondo lo spirito della post-modernità, il Dio escatologico scompare dalla religione, la religione stessa non diventa più politicamente capace ma assolutamente apolitica, priva del potenziale profetico e critico di cui dispone nei confronti della società[131].

Una chiesa che nella memoria di Gesù rappresenta la passione della speranza, non come vaga fiducia o ottimismo in un futuro più prospero, ma come anelito che accomuna tutti gli uomini nella medesima esperienza della provvisorietà e creaturalità, è capace di allargare gli spazi della commensalità. La chiesa, dunque, è chiamata a pareggiare il *deficit* di speranza vissuta della società odierna. Metz parla di questa particolare congiuntura come trapasso in un mondo *post-borghese* e nei termini di una «seconda Riforma»[132], un'opportunità per ridisegnare gli spazi di un cristianesimo che possa sperimentare la grazia di Dio nei processi di liberazione, nella visibilità di scelte sociali e politiche, che privilegiano il punto di vista ecumenico e mondiale. È la sfida a vivere *diversamente* da cristiani alla luce di quella rivoluzione antropologica che tiene conto della presenza della grazia nella sfera del mondo: «grazia è qui la capacità di guardarci finalmente e valutarci, anche in campo politico, non con i nostri occhi ma con gli occhi delle nostre vittime, nei quali il Signore stesso […] volge a noi lo sguardo»[133].

Quel cambiamento di prospettiva tipico del *cristianesimo dell'interruzione* che con un atto di resistenza continua a vedere, parlare, testimoniare una fede capace di progettare una nuova storia solidale, che dà

---

[130] J.B. METZ, «Religione sì – Dio no», 60-61.
[131] J.B. METZ, «Religione sì – Dio no», 36.
[132] Cf. J.B. METZ, *Al di là della religione borghese*, 62-82.
[133] J.B. METZ, *Al di là della religione borghese*, 75.

voce ai poveri, ai sofferenti, ai reietti di una società dimentica di Dio e dell'uomo. Solo un cristianesimo «al di là della religione borghese» può attuare questa *seconda Riforma* e probabilmente in un lungo processo di congedo, dove le chiese del Terzo mondo, che sperimentano nelle loro comunità di base la combinazione tra prassi sociale e prassi religiosa, avranno nuove istanze da offrire alle chiese d'Occidente, esercitando una sorta di pressione osmotica come forza profetica.

Si tratta di ricostituire una rinnovata *soggettività solidale*, non più connotata dall'individualismo impermeabile della religiosità borghese, di riconnettere *redenzione e liberazione*, ovvero esperienza di grazia e processi di liberazione sociale, nel segno dell'unione di mistica e politica, ripristinare il nucleo fondante ed ispirante della *comunità eucaristica*, come centro propulsore e innovatore per una chiesa che rifugga l'ideale di una comunità meramente religiosa, ove il turbinìo dell'esistenza sembra miracolosamente scomparire dentro le sue mura che tracciano un perimetro neutrale. Non si tratta più e solo di amministrare l'esistente, ma di offrire una prospettiva dove religione e politica possono collaborare per affrontare le urgenze del tempo presente con l'obiettivo comune di una società libera, post-borghese, con un nuovo ordine economico mondiale:

> la religione e la politica si ricompongono in una nuova costellazione e non le si possono più distinguere secondo lo schema liberale corrente. A me pare che la religione sia indispensabile quando si voglia «salvare il soggetto» post-borghese e post-capitalistico. Senza di essa la società post-borghese sfocerà nella barbarie della cieca negazione del singolo e la fine della società borghese sarà la «fine del soggetto» semplicemente[134].

La chiesa è chiamata ad assumere questo passaggio non nelle retroguardie ma come battistrada, abbandonando la figura della chiesa-*service*[135] per vestire quella, ad essa evangelicamente più consona, della *chiesa di popolo* dove tutti si sentono responsabilmente partecipi della sua testimonianza pubblica della speranza[136].

*b) Verso una chiesa mondiale culturalmente policentrica*

La dismissione di una mentalità assistenziale e l'assunzione di una soggettualità testimoniale consentono di interpretare al meglio le esi-

---

[134] J.B. METZ, *Al di là della religione borghese*, 86.
[135] Cf. J.B. METZ, *La fede*, 76.
[136] Cf. J.B. METZ, *Un credo per l'uomo*, 49.

genze di una figura di chiesa culturalmente *policentrica*, a cui ci si richiama per il programma di un cristianesimo mondiale, quel cristianesimo, cioè, che si sta formulando in questo trapasso epocale segnato appunto dal passaggio da un modello europeo-occidentale culturalmente monocentrico ad uno mondiale dalle molteplici radici culturali[137]. Prospettiva mondiale e radicamento nella memoria biblica oltre che europea, apertura al futuro e mantenimento della propria impronta storico-culturale, permettono alla chiesa di essere missionaria di una religione che cerca libertà e giustizia per tutti e che sviluppi una cultura del riconoscimento degli altri, sia nel loro statuto di stranieri che di poveri. La chiesa in quanto comunità di memoria, e in virtù di questa peculiarità, è di per sé comunicativa e chiamata ad attivare una *teologia interculturale*, che sviluppi le *categorie–ponte* e *temi-ponte* di mediazione e assimilazione tra differenti mondi culturali. La dimensione interculturale è sicuramente l'aspetto costitutivo della nuova situazione della chiesa e significa essenzialmente «riscoprire il mondo con gli occhi di Gesù»[138].

Si profilano due pericoli che l'accezione interculturale così delineata deve contrastare: il primo, forse più imminente, è il rischio di un «risucchio eurocentrico»[139], dove il policentrismo culturale viene omogeneizzato al modello di civiltà tecnologica e di razionalità scientifica di cui l'Occidente è portatore con i suoi miti del progresso; il secondo è la perdita della memoria storica che connota il cristianesimo nel momento sorgivo della sua diffusione che è di matrice giudaica ed ellenistico-europea e che non si può pretendere di scarnirla fino ad una ipotetica universalità trascendentale di sapore gnostico.

Il problema che si pone è come pensare l'interculturalità che consenta alla chiesa di assumere la dimensione mondiale culturalmente policentrica senza colonizzare i diversi contesti culturali, tenendo però conto che non sono innocenti, ma anche impedendo che la questione dell'identità del cristianesimo non si riduca ad una roccaforte di difesa, lasciandola impermeabile di fronte alle diversità. Considerando, però, il patrimonio biblico non come un rivestimento occasionale, ma come memoria strutturale dell'identità cristiana, che si pone come fermento politico ed ermeneutico e che custodisce da sempre il problema

---

[137] Cf. J.B. METZ, *Capacità di futuro*, 91-164, passaggio che per Metz è stato preparato e avviato dal Concilio Vaticano II.
[138] J.B. METZ, «Religione sì – Dio no», 48.
[139] J.B. METZ, «Unità e pluralità», 104.

dell'altro, allora la chiesa dovrà riappropriarsi semplicemente di un atteggiamento che ha marginalizzato e che ha confuso con altri parametri. Le è connaturale sia l'opzione per una politica della libertà e della giustizia sia l'opzione per il riconoscimento della diversità culturale soprattutto se minoritaria.

Ritornando, dunque, al problema della scelta di categorie-ponte da adottare per far maturare la mediazione interculturale, quelle di *memoria* e di *racconto* sono le più adatte proprio perché si incardinano nella stessa identità di chiesa come comunità eucaristica alla sequela di Gesù, modello originario di autocomprensione che fornisce la bussola per un orientamento fecondo nella nuova situazione che la chiesa sta vivendo. Situazione che la vede fronteggiare due versanti: quello mondiale nell'intersezione tra paesi ricchi e paesi poveri, dove si trova a rispondere alla sfida di educare ad uno stile della convivialità con comunità attente agli incontri di mondi vitali diversi, e quello, forse più insidioso, che la chiama a contrastare «un post-modernismo quotidiano dei nostri cuori»[140] che, nel processo di mondializzazione, vive nella dimenticanza dell'indigenza dell'altro.

Si tratta di verificare come incide questa costellazione di criteri e categorie teologiche sulla vita e prassi ecclesiale e sociale delle società post-tradizionali, dove la memoria, il racconto, la speranza e la solidarietà si collocano su una linea di controtendenza culturale. La chiesa si inserisce in questa configurazione postmoderna del vivere come testimone pubblica e trasmettitrice di una *memoria pericolosa* di libertà nei sistemi della nostra società emancipatrice. Il concetto di memoria critica la realtà là dove si afferma una spiritualità *light*, solistica e asettica, tipica di movimenti religiosi e pseudofilosofici postmoderni, dove si pratica la dimenticanza della storia nella gratificazione istantanea.

L'emancipazione dalle forme istituzionalizzate delle mediazioni religiose, mentre genera una libertà di scelta dei propri sistemi di significato, dall'altra genera il consumatore, che, da uno *stock* di offerte di senso prefabbricate, seleziona quelle fatte su misura per le proprie necessità. È quella *mentalità da spettatori* che Metz stigmatizza, in cui intravede una forma di privatizzazione disinteressata alle grandi situazioni di crisi, una sorta di immaturità di ritorno, nel cuore dell'Europa illuminata, dove non c'è più neanche l'alibi della disinformazione sugli orrori che si perpetuano nel resto del mondo. Sembra quasi di trovarsi di fronte ad una

---

[140] J.B. METZ, «Religione sì – Dio no», 50.

società anestetizzata, assuefatta alla sofferenza a tal punto da risultarne apaticamente indifferente e a volte anche insofferente:

> La chiesa europea non può dunque, adattandosi alla moda post-moderna e subendo la pressione dei nuovi equilibri, ridimensionare anche i propri criteri, ritrarsi dalla tensione che esiste fra mistica e politica per rifuggire in un pensiero mitologico avulso dalla storia[141].

Il monito è quello di attraversare il trapasso epocale che chiede di osare vie nuove, di suscitare comunità anamnestiche e non solo sacramentalizzate, che portano il peso della parola *Dio* pronunciata con la consapevolezza della sua contestualità biblica, la quale ha il potere di scorporare l'odio e la violenza dalle strutture sociali e culturali e di rimettere in gioco la dignità dell'uomo.

La *memoria pericolosa* diventa allora categoria teologico-ermeneutica ed ecclesiologica, ma anche politica di resistenza e di lotta a salvaguardia dell'identità minacciata. Essa può essere solo narrata, raccontata nell'esperienza della fede e nell'operare delle persone, custodita dentro i sistemi del mondo moderno. Diventa, dunque, *locus theologicus* privilegiato per parlare di Dio nell'orizzonte della postmodernità, dove paradossalmente all'oblìo di Dio si affiancano nuovi miti e nuovi dèi.

---

[141] J.B. METZ, «Religione sì – Dio no», 53; cf. ID., «Aspetti di una teologia fondamentale», 23.

CAPITOLO VII

## Memoria *Jesu Christi* come memoria *con-passionis*

*«vorrei rifarmi ad una forma della comprensione cristiana della fede che è ampiamente manifestata nella tradizione biblica: fede come* memoria. *La fede cristiana viene qui intesa come quel comportamento nel quale il cristiano si ricorda delle promesse ricevute e delle speranze da esse suscitate e si lega, in una maniera che è determinante per la sua esistenza, a questa memoria. L'interpretazione della fede non pone qui in primo piano il modello intellettualistico dell'adesione alle affermazioni della fede e nemmeno quello esistenzialistico della decisione assoluta dell'esistenza, ma la figura della memoria [...]. Qui intendiamo [...] quella memoria pericolosa che incalza e mette in questione il nostro presente, in quanto in essa rendiamo presente a noi il futuro non ancora risolto»*[1].

### 1. Le forme della memoria

La centralità della categoria della memoria (*Erinnerung*) nella sua riflessione conduce Metz a sottolinearne la capacità critico-orientativa, che non si riduce a semplice ricordo nostalgico: «Si danno memorie attraverso le quali le esperienze antiche irrompono nel mezzo della nostra vita e fanno sorgere intuizioni nuove e pericolose per il nostro presente [...]. Sono memorie con le quali dobbiamo fare i conti, memorie che hanno un contenuto di futuro»[2].

---

[1] J.B. METZ, «La 'Teologia politica' in discussione», 256-257.
[2] J.B. METZ, «Futuro dalla memoria della passione», 22-23. Per la ricchezza semantica nella lingua tedesca del termine «memoria», di cui fa uso Metz soprattutto nell'opera *Memoria passionis*, cf. S. MINIATI, «Nota all'edizione italiana», 6; cf. ID., «*Memoria passionis* di J.B. Metz», 526 nota 18. Cf. T. PETERS – T. PRÖPPER – H. STEINKAMP, ed., *Erinnern und Erkennen*.

Obnubilare o falsare la memoria è, infatti, la prima misura di un potere totalitario. La riflessione sulla sua possibile estinzione lo conduce a considerarla più in profondità, come *categoria ermeneutica* fondamentale per leggere lo spirito della Modernità e gli esiti di un accantonamento del ricordo come sintomo di una ragione non ancora adulta. Ma più ancora a rivalutarne la sua dimensione *critico-profetica*, quando diventa testimonianza di una sofferenza inascoltata, che accumulatasi nella storia, continua ad avere, proprio perché sommersa, una forte carica di protesta.

### 1.1 *La memoria e i miti della Modernità*

Una ricognizione dell'uso di questa categoria nel pensiero filosofico mostra come nel tempo abbia assunto il compito di figura di mediazione con la storia, divenendo il luogo dove la ragione nella sua ricerca della verità incontra la libertà. Seguire le articolazioni interpretative sulla memoria significa leggere il destino della Modernità, con la sua apostasia verso la tradizione, intesa come luogo dell'autorità dove il senso è già dato senza il suo salutare esperimento con la realtà, ma anche come luogo del conflitto tra due concetti di verità, quello della tradizione filosofica greca e quello ereditato dalla tradizione ebraico-cristiana.

Seguendo la lettura gadameriana[3], Metz considera la memoria come categoria propria dell'uomo in quanto essere storico-finito, e perciò non più riducibile al processo psicologico della conoscenza, ma riconducibile al processo culturale di appropriazione della verità. Gli apporti più significativi vanno ricercati allora nell'ambito della filosofia della storia, della teologia e dell'ermeneutica, nel tentativo di comprendere il suo sviluppo nell'incontro con le problematiche aperte dalla Modernità, verificando il suo potenziale di senso nel confronto tra ragione e storia: «Il ricordo sarà allora il concetto fondamentale e indispensabile di una filosofia che si comprende come figura teoretica di quella ragione che vuol diventare pratica in termini di libertà»[4].

Una svolta significativa, rispetto all'apporto del platonismo dove la memoria è *anamnesis* e reminiscenza, si ha, però, solo con l'avvento del cristianesimo, il quale si autocomprende come comunità memoriale e narrativa, dove la memoria si radica nell'evento storico singolare di Gesù Cristo, nel quale Dio inaugura il processo escatologico della redenzione

---

[3] Cf. J.B. METZ, «Memoria», 1229-1243. Cf. H.G. GADAMER, *Verità e metodo*, 38.
[4] J.B. METZ, «Memoria», 1230.

dell'uomo. La memoria non è qui ripetizione di un evento passato, dove rinvenire e ripresentare verità già conosciute, ma «ricordo in avanti»[5], una memoria carica di futuro perché aperta sull'*éschaton* di Dio[6]. Due passaggi fondamentali nella maturazione della categoria del ricordo si hanno con Agostino ed Hegel. Il primo ebbe il merito di conferire al ricordo «il rango d'una categoria ermeneutica per interpretare la storia del vissuto al cospetto di Dio»[7]; mentre il secondo lo colloca come vertice tematico nell'itinerario fenomenologico del rapporto tra ragione e storia, sottraendolo all'ambito aprioristico dove lo aveva relegato Platone. In Hegel la memoria, in quanto intesa come coscienza storica, diviene il luogo di mediazione tra la verità apriorica ed universale e la storia come luogo dell'inveramento e della consapevolezza della verità, dove la memoria diventa memoria critica del presente, valutazione dello stato raggiunto dalla coscienza nel processo razionale di autoconsapevolezza di sé:

> Quali che siano le valutazioni che si possono dare degli asserti che Hegel fa sulla memoria [...], è comunque certo che la sua opera filosofica dimostra, come nessun'altra, una conciliazione nella memoria tra la verità preconosciuta («apriorica») della metafisica classica e la storia di formazione e di libertà dello spirito umano [...]. Non ricorda la verità astraendosi faticosamente dai rapporti storici, ma costringe piuttosto la filosofia a pensare la verità rimanendo al livello storico della sua mediazione, a comprendere l'universalità procedendo in qualche modo dalla «apriorità storica»[8].

Si apre con lui un itinerario critico di interpretazione delle figure che la ragione storica assume nel confronto con la vita, che diviene ora orizzonte di senso della storia nella sua totalità. Le diverse letture della storia e della tradizione determinano il destino della memoria, che ormai ha valicato l'ambito della conoscenza per diventare categoria ermeneutica con cui discernere lo stare al mondo dell'uomo, interessando principalmente la dimensione pratico-sociale della sua esistenza. È in questo contesto che il concetto fatica a trovare la dimensione della verità soprattutto se questa subisce l'epurazione dalla storia entro cui è vitalmente inserita. Non c'è dubbio che la società attuale dominata dalla tecnica e dalla scienza ha disancorato il proprio discorso da ogni

---

[5] J.B. Metz, «Memoria», 1231.
[6] Cf. J.B. Metz, «La 'Teologia politica' in discussione», 256-257.
[7] J.B. Metz, *La fede*, 182.
[8] J.B. Metz, «Memoria», 1232.

riferimento al passato come luogo depositario del possibile non ancora attuato, di quella tensione utopica della storia che custodisce in sé, anche se nella forma negativa della protesta e della critica, una verità non ancora venuta.

È propriamente nel recupero della tradizione, liberata dal fardello illuministico del binomio autorità-superstizione e da quello storicistico che la relegava a pura rubricazione del già noto, che avvicina la riflessione di Metz ai rappresentanti della Scuola di Francoforte, W. Benjamin, H. Marcuse, Th. W. Adorno, J. Habermas[9], nella loro critica ad una ragione illuministica che nel suo procedere emancipatorio si è assottigliata a pura ragione strumentale, perdendo il legame con quelle tradizioni di senso che normano il nostro agire[10].

*a) W. Benjamin: la memoria come resistenza*

È da Benjamin che riprende la critica al mito del progresso[11] nell'era del capitalismo, che miete le sue vittime assoggettando il tempo ad uno scorrere omogeneo senza qualità. Si è smarrita la sensibilità verso quel tempo messianico che nel ricordo della scadenza impone la memoria del passato come il non ancora compiuto, soprattutto alla luce di una giustizia non ancora attuata per tutti. Egli fa risalire l'idea di progresso alla modalità contabile di rapportarsi alla storia propria dello storicismo, dove la storia è un *continuum* in cui il progresso è contrassegnato da un procedimento che opera per addizione. La storia vi appare come un tutto in movimento incessante secondo una direzione interminabile. In essa viene a prevalere il nesso causale di spiegazione dove il passato è semplice determinazione del presente e, perciò, è passato dei vincitori, ovvero di quanti hanno prodotto effetti che hanno segnato la storia. Essa diventa così un gigantesco *corteo trionfale*, dove marciano i vincitori di ieri e di oggi, in un progresso che calpesta i vinti, che si aggiungono a quel *patrimonio culturale* che ha origine in un orrore, in un atto di barbarie.

---

[9] Cf. E. ARENS – O. JOHN – P. ROTTLÄNDER, *Erinnerung*.

[10] Cf. J.B. METZ, *Dove si arrende la notte*, 27-29. Cf. A. MOREIRA, «La memoria pericolosa», 60-65. Cf. J.M. MARDONES, «Religione e Teoria Critica», 419-420. Cf. H. PEUKERT, «Agire comunicativo», 58-64. Cf. le annotazioni critiche di K. LEHMANN, «La 'teologia politica'», 95-105.

[11] Cf. J.B. METZ, «Futuro dalla memoria della passione», 15-16. Cf. W. BENJAMIN, *Tesi di filosofia della storia*, 85-86 (tesi 17-18); cf. ID., *Sul concetto di storia*.

In questo modo la verità del passato diventa eterna nella tradizione che ne cattura il senso:

> l'idea di progresso non ha più nulla in comune con ciò che essa fu ai suoi albori, nel tempo dell'illuminismo, quando, non ancora ipostatizzata, essa svolgeva ancora una funzione critica e poteva essere una sorta di criterio metodologico per riportare l'uomo al passato e per riconoscere i progressi delle singole facoltà e attività (non dell'umanità in generale)[12].

La storia così pensata promette un futuro sempre più buono, celando un modo mitico di pensare, dove il presente è garantito nell'arco rassicurante di una lunga vicenda nella logica di una perfettibilità infinita, attendendo un tempo senza qualità. Nella memoria permane, però, la presenza di un tempo sotterraneo, che scorre al di sotto del tempo diurno dei vincitori, una sorta di memoria notturna che custodisce la storia dei vinti, di ciò che permane come dimenticato, di ciò che pur passato aveva una possibilità di futuro. C'è una di tradizione perduta che la memoria istituisce e che fa saltare il *continuum* del tempo, interrompendolo con le sue ferite. Benjamin riassume il suo pensiero con un'immagine:

> C'è un quadro di Klee che s'intitola *Angelus Novus*. Vi si trova un angelo che sembra in atto di allontanarsi da qualcosa su cui fissa lo sguardo. Ha gli occhi spalancati, la bocca aperta, le ali distese. L'angelo della storia deve avere questo aspetto. Ha il viso rivolto al passato. Dove ci appare una catena di eventi, egli vede una sola catastrofe, che accumula senza tregua rovine su rovine e le rovescia ai suoi piedi. Egli vorrebbe ben trattenersi, destare i morti e ricomporre l'infranto. Ma una tempesta spira dal paradiso, che si è impigliata nelle sue ali, ed è così forte che egli non può più chiuderle. Questa tempesta lo spinge irresistibilmente nel futuro, a cui volge le spalle, mentre il cumulo delle rovine sale davanti a lui al cielo. Ciò che chiamiamo il progresso, è questa tempesta[13].

Il richiamo ad un tempo altro, diverso da quello vuoto narrato nel mito del progresso, si scorge nello sguardo dell'angelo che dà profondità a quell'istante: è il tempo messianico, in cui è promessa la redenzione dall'orrore della storia, il ripristino di un senso agli innumerevoli frammenti di realtà che attendono una ricomposizione, ma che non è più garantito né dalla divinità né dalla storia pensata come totalità, ma è affidato alla memoria che serba il ricordo delle vittime e della loro ingiusta sofferenza. È evidente la matrice teologica, in particolare ebraica, a

---

[12] U. PERONE, «Memoria, tempo e storia», 260.
[13] W. BENJAMIN, *Tesi di filosofia della storia*, 80.

cui ricorre per individuare questo tempo attuale (*Jetztzeit*), un istante dotato di densità assoluta che interrompe la storia, è l'stante messianico che si comprende come la piccola porta dell'attesa da cui entra il messia, schiudendo il futuro. La memoria (*Eingedenken*) deve pensare questo tempo dell'interruzione che sfugge ad ogni inserzione nella continuità, è un passato che sporge sul presente e lo scombina, come fa il sogno al momento del risveglio afferrato nell'istante prima di svanire.

È il tempo che si apre stando sulla soglia, come spazio che si insinua tra due mondi e congiunge debolmente due tempi, divenendo per questo sacro perché custode di un'alterità fragile, pronta a svanire, ma preziosa perché ci salva dall'oblìo dell'insensatezza del tutto:

> La memoria è il luogo in cui, si deposita questo senso lacerato del tutto. L'essere, affidandosi alla storia, si è anche affidato alla memoria degli uomini. E l'oblio dell'essere potrà essere evitato solo se le memorie degli uomini, esercitandosi a resistere per l'essenziale, sapranno proteggerlo e ricavare così, da un ricordo che pur resta frammentato, un senso ricco di densa molteplicità di significati e capace di illuminare l'insieme caotico del reale[14].

La storia va, dunque, rovesciata per scorgere nelle sue pieghe non ciò che è stato ricordato, ma ciò che è dimenticato, che è stato condannato all'oblio. È il tempo della Modernità che porta con sé la crisi della tradizione[15], con l'esperienza di un tempo lacerato che non è più assicurato da un ordine assoluto come era possibile con il Dio biblico, che custodiva nella sua memoria anche la cosa più insignificante salvandola dal nulla.

La memoria, allora, assume per Benjamin i tratti della salvezza ed ha necessariamente una matrice teologica, pur essendo propriamente un'esperienza della Modernità e quindi di un mondo che dichiara la morte di Dio. Essa salva l'istante e la contingenza dalla dimenticanza «la memoria è la caduca capacità di fissare il vero nell'atto del suo dileguarsi, di afferrarlo come scomparente, di ricordarlo nel momento del suo ina-

---

[14] U. PERONE, *Modernità e memoria*, 151.

[15] Cf. U. PERONE, *Modernità e memoria*, 12-13; cf. ID., «Memoria, tempo e storia», 261 dove afferma: «L'uomo moderno non conosce più il ritmo ampio e rassicurante di un'*Erfahrung*, su cui si innestano le esperienze puntuali e singole. Egli conosce solo l'*Erlebnis*, il momento irripetibile e decisivo». Il postmoderno è l'inveramento di questo processo di assottigliamento dell'esperienza condivisa in una tradizione in frammenti di vita incapaci di comunicarsi in esperienza dotata di senso. Cf. CH. DUQUOC, «Fede cristiana e amnesia», 158.

bissarsi nell'oblio [...]. Essa è, in un mondo senza Dio, una facoltà ancora piena di Dio e del suo potere di dare salvezza»[16].

La sua figura di memoria che redime l'istante perché ne sogna il compimento, pur essendo la forma secolarizzata delle prerogative che il pensiero cristiano attribuisce a Dio, e pur rimanendo una memoria finita esposta al fallimento, richiama tuttavia la considerazione della memoria come forza salvifica, come *forma di resistenza*[17] nel tempo della dimenticanza, custode di un frammento che potrebbe essere, come una scheggia del tempo messianico, una epifania di senso, una traccia che altrimenti verrebbe spazzata via, soprattutto se dolorosa. La memoria del passato, e in particolare del passato di sofferenza degli oppressi, distanziandosi dall'essere una categoria della continuità, si presenta come categoria dell'*interruzione*, cioè della resistenza critica al fluire lineare del tempo. Si distingue, dunque, come fa notare Metz, dalla memoria a cui fa riferimento Nietzsche, che sottostà al lenire del tempo perché l'unica possibilità di salvezza è nel dimenticare ciò che provoca dolore e rende impossibile la vita[18]. La memoria diviene, allora, il presupposto di ogni coscienza critica che voglia tradursi in prassi storica di liberazione, interiormente illuminata[19].

### b) Th. W. Adorno: la memoria della sofferenza

È attraverso le riflessioni di Adorno[20] che si confronta con l'altro mito della Modernità: il consumismo. L'esperienza della realtà è impoverita da un sistema sociale basato sul modello dello scambio e del mercato e tende ad emarginare tutto ciò che non si adegua al calcolo di costo-vantaggio, riducendo a scarto tutto ciò che non è utile. È proprio il ricordo della sofferenza, infatti, a subire l'estradizione da una società del consumo, protesa a cosificare ciò che incontra, attraverso l'industria culturale dell'oblio, ed è la sofferenza ad impedire false conciliazioni tra individui e qualsiasi forma di sistema che la società produce: «La minima traccia di una sofferenza senza senso nel mondo dell'esperienza smentisce tutta la filosofia dell'identità, che vorrebbe farlo dimenticare all'esperienza»[21].

---

[16] U. PERONE, «Memoria, tempo e storia», 280; cf. ID., «W. Benjamin», 278-286.
[17] Cf. U. PERONE, «Benjamin e il tempo della memoria», 267.
[18] Cf. J.B. METZ, «Memoria», 1233. Per un approfondimento cf. R. PIEPMEIER, «Il concetto di memoria in Nietzsche», 149-177.
[19] Cf. J.B. METZ, *La fede*, 186.
[20] Cf. TH.W. ADORNO, *Minima moralia*.
[21] TH.W. ADORNO, *Dialettica negativa*, 181-182.

Al di là della critica alla dialettica hegeliana, che attraversa tutta la riflessione di Adorno nel tentativo di dare respiro a quel negativo che eccede ogni formulazione che tenta di sublimarlo nell'astrazione del concetto, ciò che merita attenzione è il riferimento alla memoria come un momento essenziale dell'esperienza non addomesticata del mondo amministrato. Il rimando alla tradizione, come luogo della permanenza di un'alterità non altrimenti detta, assume i caratteri di una conoscenza interiore, un ricordo inconscio, che si ribella ad ogni tentativo della ragione astorica di espungere o di modificare tale ricordo:

> Quanto di storico vi è nel pensiero, invece di obbedire all'atemporalità della logica oggettiva, viene assimilato alla superstizione, che di fatto era il richiamarsi alla tradizione istituzionale della chiesa contro il pensiero sperimentale. La critica all'autorità aveva ogni motivazione. Ma essa non vede che la tradizione stessa alla conoscenza è immanente come il momento mediante dei suoi oggetti. La conoscenza li preforma, appena ne fa *tabula rasa* grazie all'oggettivazione immobilizzante. Essa partecipa, anche nella sua forma ipostatizzata rispetto al contenuto, alla tradizione come memoria inconscia; non si potrebbe formulare alcuna domanda in cui non fosse conservato sapere del passato, e che non urgesse oltre[22].

Mentre Benjamin sottolineava la presenza di un tempo senza qualità, come dramma della società contemporanea assorbita nel mito del progresso, Adorno mette in luce la tendenza ad una *conoscenza senza qualità*, dimentica della temporalità dell'essente, che mal si presta ad essere manipolato da un pensiero oggettivante proprio della ragione sperimentale allergica alle fratture della storia. La critica alla filosofia dell'identità e di ogni positivismo logico che non muta di fronte all'immediato e non opera quel *disincantamento* del concetto salutare per ogni filosofia è la stessa che muove Metz a quella forma di teologia idealistica che non corrisponde alle urgenze della storia e non provoca la trasformazione della prassi. È la tensione utopica presente nella conoscenza come il possibile non ancora realizzato, è quella sofferenza che urge con il suo dolore contro ogni forma di idolatria del presente, che mobilita all'azione nella forma dello scandalo, della protesta e della resistenza.

La particolare forma di memoria che Metz elabora a partire da queste riflessioni è la *memoria di libertà*: «questa memoria si riferisce alle tradizioni in cui è sorto l'interesse per la libertà. Nei loro tratti

---

[22] TH.W. ADORNO, *Dialettica negativa*, 48.

narrativi, quindi come storia narrata di libertà, queste tradizioni non sono l'oggetto bensì il presupposto di ogni ricostruzione critica della storia mediante la ragione argomentativa»[23].

Passaggio fondamentale per comprendere il ruolo della tradizione cristiana nel discorso che egli propone di fronte alle possibili varianti di senso dell'attuale consesso dei saperi. Non una memoria qualsiasi, ma la *memoria passionis* che, in quanto particolare figura di prassi della libertà, ha un impatto conoscitivo sulle altre forme di conoscenza e di utopie, e costringe l'attuale gerarchia dei saperi ad ascoltare il sottofondo oscuro del grido delle vittime di una storia scritta dai vincitori e dai potenti, una sorta di *coscienza della conoscenza*, come auspicava Adorno, che impedisce che si riduca ad uno sguardo sommario e sbrigativo sulla questione della giustizia di ciò che accade.

Una sorta di pungolo nella carne dei miti della Modernità[24], come il mito dello scambio o fattibilità del *do ut des* che distrugge tutte le virtù, il mito del tempo come *continuum* infinito nel quale proiettiamo i nostri progressi, il mito dello sviluppo occidentale come vetta dell'evoluzione sociale di fronte al quale altri modelli di civiltà sono ritenuti sottosviluppati. Il ricordo della storia della passione, che si rende presente nella figura della *memoria passionis,* è un *ricordo pericoloso*, perché smaschera qualsiasi tentativo ideologico di oscurarne il senso. Proprio per il suo legame con la storia di sofferenza, attua una mediazione con la storia presente attraverso la narrazione, che prelude sempre ad ogni discorso argomentativo, assumendo dunque un primato conoscitivo[25]:

> In questo «ascoltare» la storia – in quanto storia del dolore rammemorato – acquisisce il carattere di «tramandamento rischioso», che non può essere «assorbito» e «banalizzato» né in una posizione di puro ossequio nei confronti del passato (come in più di una impostazione propria delle teorie ermeneutiche della ragione), né in un atteggiamento di mera critica dell'ideologia nei confronti del passato (come in più di un'impostazione propria delle teorie critiche della ragione); la sua «mediazione» è in ogni caso di natura pratica, avviene in «storie rischiose», nelle quali, attraverso la narrazione stessa, s'introduce, s'identifica e si fa presente l'interesse per la libertà[26].

---

[23] J.B. METZ, «Memoria», 1237.
[24] Cf. J.B. METZ, «Da una mistica trascendentale», 112.
[25] J.B. METZ, «Memoria», 1238.
[26] J.B. METZ, *La fede*, 189-190.

Il primato conoscitivo della memoria narrativa riconosce una coscienza avviluppata nei racconti, che non deve essere depurata da nessun processo d'astrazione né indirizzata esclusivamente ad un uso soggettivo, come una tradizione consumata fra eletti, ma in quanto *memoria passionis, mortis et resurrectionis Jesu Christi* è figura di speranza, memoria liberante che vuole essere affermata pubblicamente.

*c) J. Habermas: la memoria depositaria di senso*

Per Metz la questione seria è quella di far funzionare la *memoria passionis, mortis et resurrectionis Jesu Christi* come simbolo socialmente comunicabile, rinvenendo in essa la capacità di solidarizzare non solo con il futuro ma anche con il passato, che continua a custodire la voce inascoltata dei morti, un senso della storia che non ha avuto avvento e che non ha avuto modo di dare il suo contributo per una storia diversa.

L'interrogativo che accompagna le sue riflessioni è il seguente: come è possibile unire la memoria cristiana della passione alla vita politica? Far interagire memoria e politica consente di produrre quel mutamento della mentalità e delle strutture della vita politica, facendo attivare il senso della storia ivi contenuto. La domanda sul senso è fondamentale per impedire che l'azione politica diventi puramente strumentale ed amministrativa, consente di alimentare quell'anima o coscienza morale di cui si deve dotare ogni politica, soprattutto nell'attuale contesto globalizzato ed altamente tecnologico dove il tema del futuro si pone in modo urgente[27].

A tutti sono evidenti gli esiti negativi e anche drammatici del progresso che ha accompagnato la Modernità, costituendone un mito fondamentale, e oggi sono fin troppo palesi le fragilità a livello planetario di un sistema che ha espulso il senso del fine dai suoi meccanismi. Il nostro è un mondo minacciato, e il potenziale di tecnica e di scienza a disposizione rischia di non essere più controllato dall'uomo divenendo egli stesso un suo prodotto. Progresso, processo, evoluzione, emancipazione sono concetti che ormai si coniugano all'impersonale, sfociando in una sorta di dittatura anonima delle strutture sociali, dove la ragione politica abdica al suo mandato di orientare e governare le contraddizioni, cedendo a soluzioni meramente strumentali[28]. È qui che si colloca la legittimità di pensare le comunità religiose come comunità di memoria, depositarie di

---

[27] Cf. M. HORKHEIMER, *La nostalgia del totalmente Altro*, 118-119.
[28] Cf. J.B. METZ, «Redenzione ed emancipazione», 152-177.

un senso che la politica ha smarrito e di cui sperimenta sempre di più la necessità[29]. È questa la competenza religiosa che Metz riconosce alle religioni e che desidera che il cristianesimo in particolare riacquisti, in quanto costitutivamente radicato nella *memoria passionis* di Gesù.

Questo ulteriore passaggio nell'approfondimento della categoria della memoria come luogo dove riprendere, perché custodita, la questione sul senso viene sviluppato in dialogo con J. Habermas[30], il quale riconosce «intenzioni comuni» con il «collega teologo»[31]. In merito alla categoria di memoria, Habermas commenta:

> L'atto del rammemorare salva dalla rovina ciò che non possiamo assolutamente perdere e che tuttavia appare messo a repentaglio. Certo, questo concetto religioso di «salvezza» oltrepassa l'orizzonte di ciò che la filosofia può rendere plausibile sotto le condizioni del pensiero postmetafisico. A partire tuttavia dal concetto di «rammemorazione salvifica» noi vediamo dischiudersi il ventaglio di molte esperienze e motivi religiosi [...][32].

È questo apporto insostituibile della tradizione religiosa, giudaicocristiana in particolare, che conduce Habermas a parlare di «potenziali semantici conservati in proprio»[33], di cui suggerisce anche degli esempi, come il concetto di libertà soggettiva e il rispetto eguale per ciascuno, il concetto di autonomia, quello di soggetto socializzato in quanto individuo unico nella sua autenticità e capace di comunità, il concetto di liberazione sia come emancipazione da rapporti di umiliazione sia come progetto utopico di vita, l'introduzione del pensiero storico con il concetto di essere finito e contingente nonché fallibile. Riconosce una sorta di forza esplosiva, un impulso della cultura della memoria, intesa da Metz come *cultura del lamento (Kultur des Vermissens),* al discorso filosofico, che tiene aperta l'inquietudine esistenziale, stimolando la sensibilità a tener desta l'attenzione verso un futuro in attesa di compimento.

Due sono i temi che oggi per Habermas mobilitano la ragione rammemorativa, ma che sono preziosi anche per la ragione argomentativa:

---

[29] Cf. J.B. METZ, *La fede,* 104.
[30] Cf. J.B. METZ, *Dove si arrende la notte,* 28-29. Per la contestualizzazione del pensiero di Habermas si rinvia alla prima parte del presente lavoro.
[31] J. HABERMAS, «Israele o Atene?», 149. Questo saggio nacque come contributo in occasione del simposio organizzato a Münster nel 1993 per la promozione di J.B. Metz a professore emerito.
[32] J. HABERMAS, «Israele o Atene?», 152.
[33] J. HABERMAS, «Israele o Atene?», 156.

come dare salvezza a chi soffre ingiustamente e come pensare una chiesa policentrica universale nell'attuale pluralismo culturale e ideologico.

La prima questione interpella non solo la teologia, che, chiamando in causa la neutralizzazione della sofferenza e del dolore all'interno del discorso su Dio, richiede una riformulazione di categorie che sappiano ridestare il senso biblico del divino e della storia, ma anche la filosofia, per la quale il tema della redenzione si pone come ricerca del senso dell'incondizionato in un contesto di svalutazione normativa. Essa dischiude la dimensione che caratterizza pretese di validità che trascendono l'ambito strettamente sociale e storico, tenendo aperta una fessura che, dentro la normalità di un accadere storico privo del senso di giustizia e solidarietà, si ostina a portare il segno di una *trascendenza dall'interno*: «Essa deve accontentarsi di un fondato incoraggiamento a uno scetticismo non disfattistico, vale a dire a una "resistenza contro gli idoli e i demoni propri di un mondo che disprezza la dignità umana"»[34].

Il potenziale semantico della memoria religiosa può essere d'aiuto anche sul fronte della soluzione politica del multiculturalismo, che in ambito teologico cerca di sviluppare un modello di chiesa policentrica dove le culture nella loro legittima diversità trovano un giusto riconoscimento, scongiurando il rischio di una sudditanza eurocentrica come nuova forma di colonialismo occidentale. Questa particolare sensibilità per la diversità di cui il cristianesimo è portatore consente sul piano culturale e politico di prestare attenzione alla diversità, di evitare un superficiale quanto nocivo relativismo, di aspirare ad un'autentica universalità.

Il potenziale di senso che la *memoria Jesu* può attivare non ha una stringenza argomentativa che la razionalità contemporanea può accogliere come normativa, perché la chiesa, pur avviandosi verso una figura sempre più policentrica, rimane una delle tante comunità ermeneutiche presenti nella società moderna che articolano in modo diverso il bisogno di salvezza, ma è indubbio per Habermas il suo valore di *invito* rivolto a tutti perché insieme si trovino dei riscontri nella prassi. Ma mentre per Metz è la chiesa che attraverso il ricordo si appella ad una cultura del riconoscimento mobilitando in questa trasformazione anche la politica, sottraendola così al pericolo dell'indifferenza e dell'oblìo, per Habermas

---

[34] J. HABERMAS, «Israele o Atene?», 155. Cf. F. SCHÜSSLER FIORENZA, «La Chiesa come comunità», 96-101.

è lo «spirito filosofico quello che fornisce al rischiaramento politico della teologia i concetti utili a spiegarle il senso della sua marcia verso una chiesa policentrica universale»[35].

Al di là delle precedenze di un discorso sull'altro, che richiama l'antica *querelle* della Modernità sul rapporto tra fede e ragione, ma anche la loro divergenza di prospettive[36], è certo che Habermas si appella al soccorso della religione come risorsa contro le patologie sociali contemporanee, come il naturalismo e il liberalismo economico, una sorta di deposito di un di più di senso che può promuovere il discorso nell'attuale spazio pubblico.

Ma è anche vero che permane un rapporto non ancora chiarito tra religione e ragione secolare che è certamente chiamato ad un reciproco processo di apprendimento. La ragione moderna comprenderà meglio se stessa se chiarirà la sua posizione rispetto alle tradizioni religiose del presente in un confronto aperto e autocritico, cercando di guarire il disfattismo che è dentro di lei nella forma del postmoderno e del naturalismo scientista. Si tratta di opporsi sia ad un razionalismo ottuso che nega alle religioni qualsiasi contenuto razionale, sia a quel pensiero di matrice hegeliana che considera la religione degna di attenzione ma solo in quanto pensiero in forma di rappresentazione e per questo subordinato alla filosofia.

Probabilmente, uno sguardo più attento alla genealogia della ragione che in ambito pratico la vede attigua alla religione[37], può facilitare la presa di coscienza che «la ragione pratica viene meno al suo compito, quando essa non ha più la forza di risvegliare e di tenere desta negli animi profani la coscienza di una solidarietà ferita su scala mondiale, la coscienza di ciò che manca, di ciò che innalza il suo grido al cielo»[38].

Una ragione che si emancipa dalla religione e dai suoi contenuti si scopre più povera e alla ricerca di forme compensative che originano «la moda del *kitsch* religioso»[39]. Pur lasciando aperto il modo in cui

---

[35] J. HABERMAS, «Israele o Atene?», 158-159.

[36] Cf. J.B. METZ, *Dove si arrende la notte,* 29 dove afferma: «Per me i ricordi sono non solo oggetto di discorsi volti a verificare, ma essi di ogni discorso sono anche il fondamento senza il quale si cadrebbe nel vuoto. I ricordi non possono solo dare slancio ai discorsi o semplicemente illustrarli, ma anche interromperli e dissolverli» Alla base c'è una diversa comprensione della ragione erede dell'Illuminismo, che per Metz è una ragione «ascoltante».

[37] Cf. J. HABERMAS, «La rinascita della religione», 38-40.

[38] J. HABERMAS, «La coscienza di ciò che manca», 63.

[39] J. HABERMAS, «Fede e sapere», 110.

deve avvenire questo processo di reciproco apprendimento e pur rimanendo aperte le questioni di come le religioni determinano il loro rapporto, ovvero come questo può avvenire in una società che non è più religiosa[40], tuttavia Habermas tiene ferma l'attenzione su un punto: l'esclusione della religione dalla sfera pubblica priverebbe la società secolare di importanti risorse nella fondazione del senso[41].

### 1.2 *La* memoria Jesu

La memoria cristiana in quanto figura del *ricordo escatologico* si pone la questione del senso non solo rispetto all'oggi della storia ma in riferimento alla storia universale, ed è per questa particolare prospettiva che può essere *memoria futuri*, vigile di fronte ai tentativi ideologici e idolatri che usurpano la verità, riducendola ad un discorso di parte, e di fronte all'usurpazione della giustizia, considerandola un affare di pochi. La *memoria Jesu* sillabata nella attuale società consente di veder avvicendarsi sulla croce i volti dei senza speranza, dei ridotti al silenzio, dei diseredati e inutili di questa terra, di prendere partito per i non rappresentati, e di impedire così alla fame di senso e alla sete di giustizia di estinguersi. Essa è in grado di sprigionare energie di liberazione perché si fonda sul testamento dell'amore di Gesù, che attua la logica del Regno di Dio, presenza di un amore assoluto che detronizza i potenti e riabilita i deboli.

Tradurre in questo mondo la tradizione cristiana come *memoria pericolosa*, perché non ancora placata per il male profuso, significa mettere in relazione il Dio di Gesù e il mondo odierno, tenendo presente criticamente la distanza che sussiste tra il nostro presente storico e la situazione di vita delle testimonianze bibliche, differenza storica e sociale che impone di considerare nell'applicazione[42] la verità del messaggio, secondo la sua intenzionalità pratica rilevante per il nostro tempo. Nella *memoria Jesu* si anticipa il futuro per i senza speranza, non un fu-

---

[40] Cf. T. SCHMIDT – K. WENZEL, ed., *Moderne Religion?*. Cf. K. WENZEL, ed., *Le religioni e la ragione*.

[41] Cf. J. HABERMAS, «Fede e sapere», 106. Cf. J. HABERMAS – J. RATZINGER, *Etica, Religione e Stato liberale*.

[42] Cf. J.B. METZ, «La 'Teologia politica' in discussione», 257 alla nota 49 afferma: «La memoria, come quindi viene intesa qui, non è né una pura figura di riconciliazione, né una pura figura di applicazione in rapporto al passato. "Applicare" a me ciò che è accaduto significa – se la storia non deve essere ridotta astoricamente ad una pura idea – dargli un futuro incompiuto per il presente».

turo indistinto ed aperto a qualsivoglia figura, ma un *futuro determinato* che obbliga ad una continua revisione delle proprie interpretazioni e scelte, dell'orientamento valoriale nel tempo odierno. In questa modalità critica, la tradizione di senso opera sul futuro, senza rimanere ingessata in formule innocue, non rischia di ridursi a pura rievocazione, ma solleva sempre il sospetto sul canone delle evidenze, perché capovolge le strutture di plausibilità con cui il presente si organizza[43]. Ma, soprattutto, dà futuro al futuro, ovvero opera quella revisione costante di futurologie che insabbiano la fiducia modulando il futuro come progresso graduale, legando così l'idea di emancipazione al modello di sviluppo di una società tecnologica.

La tradizione trova in questa *memoria sfidante* la sua più autentica applicazione, perché immette nella storia «la libertà rammemorata di Gesù»[44] con la sua forza sanante e redentrice, una libertà che non può essere equiparata con l'ideale di emancipazione della società borghese, né come esito di una rivoluzione politica. La sua forza profetica sta nel non identificarsi con figure terrene di emancipazione, ma nel mantenere desta l'attenzione sull'orientamento alla libertà di ogni *éthos* politico e di riservare a Dio ogni potenza di compimento e riconciliazione. La memoria escatologica salva la storia dal pensare in modo adialettico il suo processo di liberazione e provvede ad un giudizio dei sistemi politici di adattamento della libertà, soprattutto quando dimentica la negatività del dolore patito.

Questo discorso acquista rilevanza se si pensa all'*éschaton* della società odierna, che Metz così definisce: «Il suo *eschaton* è la noia, il suo mito la credibilità della programmazione, l'interesse tacito della sua razionalità è la distruzione del mondo come resistenza: per non doverne più fare l'esperienza»[45].

La politica, la chiesa e la teologia devono inaugurare un nuovo discorso per la società odierna che tenga conto di queste nuove forme ideologiche, non meno pericolose di quelle che hanno caratterizzato la Modernità. La *memoria passionis* in quanto categoria di liberazione diventa anche categoria ermeneutica, ecclesiologica e politica.

La politica, che si muove ora in un contesto globale dove l'interesse e la responsabilità assumono dimensioni universali, deve fare appello, senza ipoteche pregiudiziali, alle riserve etiche e spirituali presenti nel-

---

[43] Cf. C. DOTOLO, «*Éschaton* e *historia salutis*», 20.
[44] J.B. METZ, *La fede*, 91.
[45] J.B. METZ, *La fede*, 93.

la società, ma emarginate dall'opinione pubblica, che tuttavia custodiscono una intelligenza alternativa della libertà storicamente realizzatasi, una lettura altra che si offre come tentativo di orientare verso la comprensione della vita umana non più schiava d'una mentalità improntata unicamente alla produzione e al rendimento. Una politica che si lascia inquietare dalla *memoria passionis* della storia della sofferenza umana può ispirare nuove forme di solidarietà e responsabilità, nuove forme di convivenza, dove la pace non è solo gestita, ma anche profondamente desiderata come unico futuro possibile.

La chiesa, se vuole corrispondere al suo compito di trasmettitrice della *memoria Jesu*, deve provvedere a dare forza storica ad una nuova prassi che non accarezzi i miti della Modernità, ma ne stani la logica di un pervertimento della libertà nella cui figura si determina il futuro dei processi umanizzanti. L'identità di una memoria storica non si contrabbanda con l'adattamento, dove si nasconde una falsa idea di ammodernamento, ma con la continuità di una profezia che rinvia oltre se stessa, ad una trascendenza di senso non manipolabile ma che trova nella comunità ecclesiale il luogo del suo radicamento. Si comprende qui il ruolo di una memoria che per essere significativa deve coniugarsi con una *spiritualità della libertà liberata* che trova nella testimonianza la sua forma contestuale e critica. Essa ha autorità se rimane vincolata all'interesse dell'amore che ode la sofferenza e la povertà altrui e se sa trovare forme espressive adeguate nel confronto con il travaglio dell'esperienza.

Una teologia che vuole essere responsabilità critica della fede e della sua tradizione, non può prescindere nel suo nucleo più intimo dal rapporto sociale e pratico. Non si attenderà da questa prospettiva un impianto sistematico conchiuso, ma uno svolgimento sui temi urgenti, che i tempi impongono alla chiesa e alla società, considerando la loro rilevanza ai fini di una forma attuale d'*invito* al cristianesimo. La teologia non deve tramandare una tematica o una verità asoggettuale, ma è chiamata a lasciarsi *interrompere* dall'esperienza e dalle questioni che la prassi impone, in modo che la domanda sulla verità si coniughi con la sua *rilevanza*, e così facendo dismetta la sua veste puramente teoretica che non ha il potere di trasformare il mondo e promuova un discorso dove l'uomo torni ad acquisire la sua soggettualità.

Una religione che non si preoccupa dei processi di liberazione rischia di essere puro accessorio, un cristianesimo che non è critico nei confronti della società e che non si comprende come espressione di comunità di memoria e di racconto nell'unica e indivisa sequela di Gesù non ha futuro.

## 2. Teologia ed esistenza

La possibilità di futuro del cristianesimo si misura anche sulla sua capacità comunicativa: ciò implica la necessità di ripartire dalla cultura del racconto[46]. È a partire dalla consapevolezza di situarsi in un'epoca post-narrativa, con la crisi dei grandi racconti che segnano il postmoderno, che Metz sottolinea il primato cognitivo del narrare rispetto al procedere argomentativo, una precedenza che implica una riformulazione delle categorie consuete del discorso teologico e riabilita in modo efficace il legame tra memoria fondatrice di senso e la mediazione dei suoi significati nella prassi. Una proposta che non è esente da critiche, perché presume un ribaltamento dell'approccio conoscitivo della ragione moderna, come nota U. Perone:

> Il problema del recupero di queste memorie non può peraltro trovare soluzione, eludendo la causa che ne ha originato lo smarrimento. In questo senso pensare di superare la crisi semplicemente sostituendo a un tipo di ragione (la ragione argomentativa) un'altra ragione (narrativa), come avviene ad esempio in Metz, appare inadeguato. Il tentativo di ricorrere alla narrazione, come forma capace di trasmettere le memorie del passato, si poggia su piedi di argilla [...]. Ciò che è in crisi non è, in primo luogo, il *modo* di comprendere e di trasmettere la continuità, ma la *possibilità* stessa della continuità[47].

Senza entrare nel merito di questa valutazione, è evidente che l'intenzione di Metz non è quella di sostituire, ma far precedere la dimensione narrativa a quella argomentativa, tanto da parlare in più occasioni di completamento o integrazione, tenendo sempre conto dello specifico della fede cristiana:

> Non è un caso che la fede cristiana s'interpreti categorialmente come *memoria passionis, mortis et resurrectionis Jesu Christi*, e cerchi di render conto di se medesima, nelle varie situazioni dell'era moderna, tramite la forma narrativa e argomentativa del ricordo liberante, intesa come una forma ben determinata di speranza[48].

L'attenzione alla narrazione egli la media dalle considerazioni sviluppate da H. Weinrich[49], il quale ha mostrato come il discorso teologi-

---

[46] Cf. J.B. METZ, *Dove si arrende la notte*, 38.
[47] U. PERONE, *Modernità e memoria*, 14.
[48] J.B. METZ, *La fede*, 191.
[49] Cf. H. WEINRICH, «Teologia narrativa», 66-79. Secondo C. ROCCHETTA, «Teologia narrativa», 153-180 questo articolo di H. Weinrich può essere considerato a

co disattenda la narrazione come modalità di incontro con la verità, nonostante Gesù di Nazareth sia stato un narratore di storie, egli stesso è un «narratore narrato»[50] e la Bibbia è ricca di testi narrativi. Sia la comunità delle origini che la chiesa posteriore si sono inserite in questo flusso ininterrotto della tradizione narrativa. Il cristianesimo è, dunque, una *comunità narrante*, tanto da poterla pensare come una comunità radunata intorno ad un racconto, un circolo narrativo, in cui le narrazioni non mirano ad una posizione circa la verità, ma a un *più o meno* di *rilevanza*, soprattutto se riguardano la fede. Ad essa viene riconosciuta una dimensione sacramentale, perché l'evento in essa narrato si rende presente e incontra l'esperienza dell'uditore. Il motivo per cui nel tempo si sia persa la centralità di questa dimensione narrativa della fede e della comunità è attribuito sia da Metz che da Weinrich all'incontro della teologia con il *lógos* greco, che ha prodotto una demitologizzazione della narrazione, un'espulsione del racconto dalla teologia intesa come scienza, una sorta di perdita dell'originaria *innocenza narrativa*. Questo ha determinato una riflessione sulla storia che è condotta solo in funzione dell'accertamento della verità che essa tramanda, quindi deve essere necessariamente una storia *vera* e documentata per essere presa in considerazione. Ma la narrazione non coincide semplicemente con una storia accaduta e con i parametri di verità oggettivamente esibiti, ma ha valore anche perché implica il coinvolgimento esistenziale dell'uditore, essa ha un valore euristico che va al di là del riferimento al dato storico puro e semplice.

Lo scarto tra storia narrata nella sua rilevanza e storia accertata nella sua fattualità deve determinare a livello teologico una maggiore mobilitazione di riflessione ai fini di una più attenta teoria della narratività, la quale necessita di un'elaborazione a livello interdisciplinare, perché la comunità torni ad essere una comunità capace di accogliere la parola narrata ed a ri-narrarla. Questa istanza, rimessa in gioco da Metz nell'ambito del suo pensiero[51], offre degli spunti orientativi in ordine ad una possibile figura di teologia narrativa da intendere non semplicemente come una teologia composta da racconti, ma come un pensiero che si pone in ascol-

---

buon titolo come l'inizio formale del dibattito su questa figura di teologia.

[50] H. WEINRICH, «Teologia narrativa», 70.

[51] Cf. B. WACKER, *Teologia narrativa*, il quale a p. 35 riconosce a Metz il merito di aver fornito l'apporto più significativo in relazione ad una possibile teologia narrativa nell'ambito di una Teologia fondamentale. Cf. D. MIETH, «Teologia narrativa», 905-906.

to della narrazione originaria dell'evento di Gesù di Nazareth e lo ritrasmetta in modo narrativo, una teologia non solo esperta di analisi delle narrazioni salvifiche, ma impegnata a tener desta nella comunità ecclesiale la narrazione dell'evento pasquale come *memoria pericolosa*.

Che cosa implica, allora, considerare come centrale la categoria della narrazione nell'ambito di un cristianesimo che deve esibire al mondo odierno le sue credenziali di senso?

### 2.1 *Prolegomeni ad un cristianesimo narrativo-pratico*

Pensare il cristianesimo come ricordo rischioso e liberante, come forma della speranza escatologica, implica due considerazioni: significa riconoscervi una solidarietà memorativa con i morti e i vinti, una *solidarietà all'indietro,* che rompe l'incantesimo di una interpretazione evoluzionistica o dialettica della storia, che dà voce solo ai vincitori; significa, inoltre, considerarlo una categoria dell'*interruzione,* in quanto dà voce al patire delle vittime e dei sofferenti, a storie che altrimenti rimarrebbero sommerse nel flusso anonimo del tempo, che non conoscerebbero il riscatto neanche del ricordo.

Pensato come «categoria salvifica dell'identità»[52], il ricordo va narrato, perché solo così sprigiona quel senso profondo delle storie di libertà che appellano ad un compimento, quasi un monito apocalittico, agonico, che rifiuta il linguaggio riconciliativo della ragione. Era già presente in Th. Adorno la necessità di lasciare interagire teoria ed esperienza spirituale, perché la teoria non ha risposte né giurisdizione su tutto, come pure è insistente il motivo di apprezzare la trama di vissuto che si srotola dalle storie di libertà generate nel confronto dialettico con il mondo, come si evince da questo passaggio fondamentale:

> Analogamente [all'esperienza musicale] la filosofia non dovrebbe farsi ridurre a categorie, ma in certo modo in primo luogo comporre. Essa deve continuamente rinnovarsi nello sviluppo, per propria forza e per frizione con ciò, con cui si misura; decisivo è ciò che avviene in essa, non la tesi o la posizione, il tessuto, non lo svolgimento unidirezionale, deduttivo o induttivo del pensiero[53].

Questa composizione di esperienza e pensiero nell'attenzione al tessuto piuttosto che al risultato, è certamente ciò che per Metz è necessario

---

[52] J.B. METZ, *La fede,* 178.
[53] TH. ADORNO, *Dialettica negativa,* 31.

riabilitare in teologia, dove la narrazione è di per sé costitutiva di ogni acquisizione di senso. Per comprendere la portata critica della sua provocazione, bisogna anche collocarsi all'interno di un discorso che si articola nell'opposizione tra un cristianesimo narrativo-pratico ed uno trascendentale-idealistico. Il riferimento, per quest'ultimo, è soprattutto all'impostazione trascendentale di K. Rahner e a quella storico-universale di W. Pannenberg, che egli critica per la mancanza di riguardo alla funzione costitutiva della prassi. In questi sistemi teorici la teologia diventa una sorta di «agenzia d'informazioni sulla storia universale»[54], dove il senso della salvezza non viene sperimentato nelle contraddizioni della storia concreta, ma si chiude in un cerchio magico dove l'inizio è come la fine, immune dalle minacce della storia fino a diventare irrilevante.

In un cristianesimo narrativo-pratico, invece, il senso universale della storia non si sovrappone alle storie singole, rendendo il loro senso secondario e sussidiario rispetto ad un senso salvifico necessario, complessivo e definitivo, ma storia della salvezza e storie singole si toccano senza sminuirsi. L'universalità dell'offerta salvifica nel cristianesimo ha la forma dell'*invito*, non di un concetto necessitante. La salvezza per tutti in Cristo si fa universale non attraverso un'idea, ma mediante la forza intelligibile della prassi della sequela.

Fatta questa premessa, la finalità è quella di recuperare la figura di verità del pensiero rammemorante della tradizione giudaico-cristiana, dove la ragione incontra la storia, dando vita a figure inedite di mediazione tra verità e libertà, che andrebbero smarrite se lo spazio della conoscenza rimanesse esplorabile solo attraverso la logica di verità propria della filosofia greca, la quale ha improntato di sé l'Occidente.

### a) Una «nuova innocenza» narrativa

Presupposto fondamentale, dunque, è che la *Erinnerung* (memoria) fonda ed esige la *Erzählung* (narrazione): la provocazione del pensiero rammemorante obbliga sia la filosofia che la teologia non solo a preservare i processi narrativi, ma soprattutto ad elaborare un'ermeneutica critica in cui l'esperienza di fede, come ogni esperienza originaria, va espressa anche attraverso l'apporto di un linguaggio capace di evocare quei vissuti dello spirito che altrimenti resterebbero muti. Del linguaggio narrativo egli individua tre sensi fondamentali: il senso pratico-performativo, il senso pastorale e socio-critico, il senso teologico. Il

---

[54] J.B. METZ, *La fede*, 158.

primo tende alla comunicazione e al coinvolgimento dell'esperienza contenuta nel racconto; il secondo rimanda alla necessità e alla funzione del racconto nello scambio delle esperienze all'interno di una comunità di fede; il terzo esige che la memoria di Gesù in quanto evento di riconciliazione diventi una memoria interpellante, dunque viva. Prendere sul serio la possibilità di una teologia memorativo-narrativa significa ammettere che «una teologia della salvezza, che non condizioni o sospenda la storia della salvezza e che non ignori o superi dialetticamente la non-identità della storia di sofferenza, non può essere di carattere puramente argomentativo, ma dovrà essere esplicitata sempre anche in modo narrativo»[55].

L'introduzione del ricordo narrativo della salvezza non è un segno di regressione del pensiero, poiché questa forma di teologia offre la possibilità di esprimere la salvezza nella storia, senza possibilità o rischio di ridurne lo spessore veritativo. Ci sono alcuni pregiudizi, però, che secondo Metz andrebbero superati: considerare il narrare una forma pre-critica di espressione, considerare la ragione critico-argomentativa fondata sul discorso come unica porta di accesso alla verità, considerare le tradizioni religiose come un anticamera mitica e primitiva in cui si dà in forma simbolica il senso della realtà. Di fronte ad alcune esperienze o tematiche, come la domanda sull'origine o sulla fine, o davanti alle tradizioni religiose con i loro riti e i loro linguaggi, il pensiero argomentativo si infrange, mostra la sua inadeguatezza, perché tali questioni e vissuti permangono nella loro ineducibilità, per cui necessitano di un altro approccio per essere interpretati e detti. Il cristianesimo in particolare è originariamente una comunità che narra e non una comunità che argomenta ed interpreta, ma anch'esso vive del malinteso che la narrazione è una forma dello spirito che va superata, attigua più alla favola che al discorso razionale. Paradossalmente, sono le sette religiose o i movimenti, che vivono al margine dell'ortodossia religiosa, a provocare oggi costantemente la coscienza credente, una sorta di *shock* salutare, perché ripropongono la narrazione come modalità più originaria e propria dell'esperienza religiosa.

Ma come tornare a narrare senza incorrere in una sorta di ingenuità narrativa tipica di una ragione pre-critica? Ciò impone che si passi ad una *nuova innocenza narrativa*, che superi la perdita d'innocenza che ormai contraddistingue l'uomo moderno, segnato da una mentalità scientifica

---

[55] J.B. METZ, «Breve apologia del narrare», 93-94.

protesa ad un accertamento storico-documentale della verità, considerato adeguato in quanto libero dai condizionamenti valoriali di un'epoca.

Parlare di *seconda innocenza*, come fa per esempio E. Schillebeeckx[56], o *nuova innocenza* significa approdare ad una narratività ormai passata attraverso la neutralità delle scienze e la interiorizzazione o riflessività della coscienza postcritica per dire quel *di più* che la ragione argomentativa non riesce a dire. E così, proseguendo sull'esempio di Schillebeeckx, una cristologia argomentativa interessata all'accertamento della verità storica di Gesù dovrà confluire in un racconto su Gesù, una cristologia narrativa, non in un sistema cristologico teorico e onnicomprensivo. Egli sottolinea come il modo di narrare al tempo di Gesù non è più il nostro, e il moderno concetto di autenticità storica spesso non tiene conto del vissuto concreto, divenendo quindi una pura astrazione che modifica il senso dell'evento accaduto nel momento in cui tenta di interpretarlo, nonostante ci si serva di tutta la strumentazione storico-esegetica di lettura dei testi antichi. Schillebeeckx elabora la sua cristologia come esegesi narrativa, che, pur tenendo conto degli apporti della ricerca critica, ripresenta la vicenda di Gesù non come un sistema teorico, ma come una vicenda narrata da rinarrare, in grado di porre l'uomo contemporaneo di fronte allo stesso interrogativo di Gesù ai suoi discepoli «Chi dite che io sia?» (cf. Mc 8,29).

Nella consapevolezza di essere nella condizione di *seconda innocenza*, la teologia è chiamata a trovare modelli efficaci in cui sappia farsi narrazione vivente di Gesù nella sua singolarità ed unicità, riconsiderando la relazione tra narrazione ed esperienza. Al di là di sperimentazioni eseguite in diversi ambiti della riflessione teologica, rimane aperto il problema di offrire un modello valido di interazione tra approccio argomentativo e narrativo, di cui il contributo di Metz, pur rilevante nell'ordine della primogenitura, rappresenta un orientamento le cui indicazioni attendono ancora di essere approfondite[57]. Egli propone, in-

---

[56] Cf. E. SCHILLEBEECKX, *Gesù*, 73. È proprio a lui, infatti, che dobbiamo, nell'ambito della ricezione del pensiero di Metz, una proposta di cristologia narrativa. Esemplificativo di questa sperimentazione rimane il suo testo *Cristo, la storia di una nuova prassi*.

[57] Intorno ai due articoli di Metz e Weinrich si è sviluppata un'ampia letteratura teologica. Ricordiamo senza pretesa di esaustività, oltre al già citato contributo di E. Schillebeeckx, la teologia sacramentaria di L. BOFF, *I sacramenti della vita* del 1975; l'opera di H. HALBFAS, *Religione* del 1976; l'opera di E. JÜNGEL, *Dio mistero del mondo* del 1977, il quale sviluppa anche il problema della rilevanza del linguaggio narrativo nel volume E. JÜNGEL – P. RICOEUR, *Dire Dio*. In ambito filosofico gli svi-

fatti, una sorta di linea di demarcazione nel definire le competenze della teologia argomentativa e di quella narrativa: alla prima spetterebbe più l'ambito della difesa critica della teologia nel confronto con le altre scienze, all'altra l'ambito contenutistico afferente alla soteriologia, con tutto ciò che implica il tema della teodicea e di un possibile discorso su Dio a partire dall'esperienza della sofferenza e del male[58].

La teologia narrativa, pertanto, troverebbe la sua pertinenza epistemologica e la sua legittimazione proprio all'interno di una visione teologica che si snoda dal paradigma di *Auschwitz* e che tiene conto della opportunità oggi più che mai avvertita di una teologia negativa. Prioritaria, al di là delle possibili prospettive, rimane comunque l'urgenza di valorizzare la narrazione:

> Una tale cultura narrativa oggi sarebbe anche importante in relazione a ciò che nel cristianesimo e nella teologia chiamiamo *crisi della tradizione*, una crisi che in definitiva non mette in pericolo solo le radici della religione, ma anche le radici dell'umanità. Le tradizioni, delle quali bisogna essere a conoscenza prima di rifletterci sopra, dal punto di vista linguistico non si trasmettono con un linguaggio concettuale o scientifico. Esse si trasmettono in primo luogo con il linguaggio narrativo di ogni giorno[59].

### b) *Il racconto come linguaggio dell'*interruzione

Metz richiama l'attenzione sulla necessità che ha l'uomo contemporaneo di appellarsi ad un potenziale narrativo che la religione istituzionale ha isterilito in un discorso formale in cui le formule di fede non parlano più alla vita: «Sono del parere che la nostra predicazione e la nostra pastorale non siano in crisi perché si narrerebbe troppo, bensì proprio perché non si narra più correttamente, perché non siamo in grado di narrare con degli effetti pratico-critici, con una intenzione pericoloso liberante»[60].

Ma che cosa significa *narrare correttamente*? Non si rischia forse di ricadere nel mondo privato, più predisposto alle favole o ad una forma di appagamento esistenziale o estetico non altrimenti attingibile da altre

---

luppi compiuti da P. RICOEUR a partire dall'opera *La metafora viva*. Più recentemente il saggio di D. MIETH, «La possibilità di raccontare il futuro», 163-184; CH. THEOBALD, «I racconti di Dio», 50-61.

[58] Cf. J.B. METZ, «Redenzione ed emancipazione», 176.

[59] J.B. METZ, *Dove si arrende la notte*, 38. Cf. E. BORGMAN, «Teologia negativa», 160.

[60] J.B. METZ, «Breve apologia del narrare», 87.

fonti del discorso? La narrazione porta su di sé l'ipoteca culturale dell'Illuminismo e della Modernità in generale, che celebra la ragione argomentativa in quanto segnata dal passaggio alla maggiore età, alla struttura autonoma del pensare, senza dover essere soggiogata ad altre istanze di senso. È quel pregiudizio che accomuna la narrazione al mito, come forma espressiva arcaica, appartenente ad un'umanità ancora incapace di sostenere il *peso del concetto*, per parafrasare la terminologia hegeliana, che ha contribuito non poco a sostenere questa gerarchia tra i saperi[61]. Il racconto non può essere considerato solo come strumento pedagogico, né pensato unicamente come ausilio per l'ambito pastorale o sacramentale, ma è costitutivo del discorso teologico.

Si tratta di mediare nella narrazione il vissuto con le sue ferite e contraddizioni, in quanto luogo dell'esperienza della non-identità, della finitudine, del non riconciliato, del negativo che si dà nella sofferenza, nell'ingiustizia, nelle forme di oppressione e nella morte, con la salvezza offerta da Dio nella storia di Gesù Cristo. Dire storia per Metz significa riferirsi alla storia della passione dell'umanità, in quanto questa dimora nell'esperienza della contingenza, a prescindere dalle forme storiche e personali che può assumere. Si deve ammettere una sorta di nichilismo latente nell'esperienza storica dell'uomo di fronte al quale il ricordo narrativo della salvezza offre la possibilità di esprimere senza riduzioni né paradossi le forme di redenzione di cui essa stessa dispone.

Ma quale mediazione è possibile tra storia di sofferenza e salvezza senza cadere nell'errore di procedere dal punto di vista argomentativo, che oggettivando perde di vista lo spessore corporeo dell'esperienza?

È la figura del narratore e, nel caso del cristianesimo, la comunità cristiana in quanto comunità memorativo-narrante radicata nella *memoria passionis* di Gesù, ad avere la capacità di offrire figure riconciliate, nella biografia esistenziale e nelle testimonianze di fede. Sono storie rischiose e liberanti in cui l'ascoltatore si trova implicato e in qualche modo attore della medesima narrazione. Metz menziona le storie chassidiche di M. Buber come esempio paradigmatico di racconti che tendono alla comunicazione pratica dell'esperienza in esso contenuta e di come riescono a coinvolgere nell'esperienza stessa l'ascoltatore, tanto da toccare e trasformare la sua esistenza: «A un rabbi, il cui nonno era

---

[61] Cf. A. MAGRIS, «Sul senso del "mito"», 11-54 dove sottolinea come l'avvento del pensare filosofico è stato interpretato, soprattutto nell'Illuminismo e poi nel positivismo, secondo lo schema evoluzionistico del passaggio dal *mythos* al *logos,* considerando questo come forma compiuta del pensiero concettuale.

stato discepolo del Baalshem, fu chiesto di raccontare una storia. "Una storia", disse egli, "va raccontata in modo che sia essa stessa un aiuto"»[62].

Il racconto deve, dunque, riferirsi all'esperienza, deve avere un senso pratico e performativo, ovvero deve consentire alla parola di ripresentare l'evento originario e di sprigionare l'effetto liberante di cui è portatore, deve orientare il suo potenziale narrativo ad un interesse critico-sociale investendo operativamente la libertà, in questo non deve smarrire il senso teologico della narrazione in cui la salvezza di Dio incontra la storia di sofferenza dell'uomo.

Compito della teologia è quello di mantenere desta l'attenzione critica su quanto si dispiega, essere vigile di fronte ai modi di tradurre in discorso affermativo il messaggio cristiano della salvezza nell'esperienza della non-identità del vissuto storico. Si rischia, infatti, di ricadere in forme mitologizzate del racconto cristiano dove si passa sopra le teste degli uomini fiaccati dalla storia della loro sofferenza, sbandierando una riconciliazione già avverata che si sovrappone semplicemente alla storia concreta senza scalfirla con il suo potenziale salvifico. Bisogna considerare seriamente la non-identità della sofferenza, che non è semplicemente riconducibile a quella negatività del concetto dialettico del soffrire che appartiene al processo storico inteso dialetticamente, di cui l'idealismo ha offerto un'ardita sistematizzazione razionale. Di fronte al pericolo di una conciliazione speculativa, possibile naufragio della teologia idealistico-trascendentale, Metz tiene insieme distinguendoli il tempo del raccontare e il tempo dell'argomentare:

> una teologia puramente argomentativa, che celi la propria origine nel ricordo narrativo e che non l'attualizzi in modo sempre nuovo, rispetto alla storia umana di sofferenza conduce a quelle mille modulazioni nei suoi modi di argomentare sotto le quali all'improvviso si estingue ogni contenuto identificabile della salvezza cristiana[63].

Si tratta di relativizzare, non di sostituire o scalzare, la teologia argomentativa, a cui è affidato il compito *apologetico* di garantire il ri-

---

[62] M. BUBER, «Prefazione», VII dove precedentemente ha affermato: «La parola che narra è più che semplice parola, essa trasmette effettivamente l'accaduto alle generazioni future, anzi il narrarlo è accadimento esso stesso, ha la sacralità di un rito».

[63] J.B. METZ, *La fede*, 206; cf. ID., «Breve apologia del narrare», 91-92 dove passa in rassegna alcuni modelli teologici presenti nella teologia contemporanea, che tentano di mediare attraverso l'approccio argomentativo il rapporto tra salvezza e storia (K. Rahner, R. Bultmann, J. Moltmann, E. Jüngel, H.U. Von Balthasar, H. Küng).

cordo narrativo della salvezza di fronte al sapere scientifico, di raccordare sempre criticamente lo sfondo memorativo con il nuovo che storicamente si presenta, in modo tale che la storia ivi custodita non sia dimenticata[64]. È bene anche sottolineare che la storia a cui rimanda Metz non è semplice rubricazione di dati, ma quella storia dotata di senso che nel suo essere tramandata provoca la ragione, la quale nel culto della sua autonomia, dimentica l'autorità di coloro che soffrono.

Quando la ragione custodisce il rispetto per la storia di sofferenza, questa storia diventa tradizione[65], che si tramanda in storie pericolose, al cui magistero non si può rinunciare. La narrazione è, dunque, il *linguaggio dell'interruzione*, di tutto ciò che sfugge alla comprensione, e il cristianesimo in quanto *memoria passionis* è sovversivo rispetto a qualsiasi modello ermeneutico che predisponga un'interpretazione di ciò che è indeducibile. Alla base dell'esigenza del racconto c'è una motivazione soteriologia: il desiderio della liberazione dalla finitezza e la liberazione dal male. La storia di sofferenza come storia della colpa e storia dei vinti resiste ad ogni logica emancipatrice della ragione e della società e mette in crisi una soteriologia puramente speculativa.

Al di là di questa funzione critica, la categoria della narrazione, in relazione alle questioni lasciate aperte da Metz, non è di facile assunzione nel discorso teologico[66]. Diversi sono i problemi di ordine ermeneutico che andrebbero chiariti: come si distinguono queste forme di narrazione dalle favole o dalle leggende, come si rapportano finzione ed autenticità, in che senso parlare di un'apertura narrativa alla verità, come comprendere il rapporto tra narratore, narrazione e testo del racconto. Ma più in profondità la questione fondamentale è come riproporre il carattere normativo e la peculiarità conoscitiva delle proposizioni teologiche a partire dalla struttura narrativa. La domanda riguarda ovviamente la plausibilità di fronte al consenso scientifico dei saperi di una teologia fondamentale pratica, di come comunicare un cristianesimo «con il volto rivolto al mondo». Quindi, oltre la legittimità e la ne-

---

[64] Cf. J.B. METZ, «Redenzione ed emancipazione», 176.
[65] Cf. J.B. METZ, *Dove si arrende la notte*, 38.
[66] Cf. E. JÜNGEL, *Dio mistero del mondo*, dove a p. 13 afferma: «Tuttavia non tacerò qui che non riuscivo a risolvere il problema se la teologia narrativa sia realizzabile sotto forma di una dogmatica scientifica o se la teologia narrativa non faccia piuttosto già parte dei compimenti pratici della chiesa e abbia il proprio *Sitz im Leben* [posto vitale] nell'annuncio». Cf. G. ANGELINI, «Il racconto-base di Gesù», 30-32 dove evidenzia la non adeguata valorizzazione oggi della teologia narrativa.

cessità di una teologia memorativo-narrativa, bisogna verificare la possibilità di un narrare competente rispetto alle forme di comunicazione della società odierna[67].

## 2.2 *La teologia come* biografia mistica

L'ipoteca pregiudiziale sulla categoria della narrazione ha anche un'altra conseguenza: lo scisma dell'età moderna tra teologia ed esperienza religiosa, tra dogmatica e mistica. I contenuti dell'esperienza religiosa sono stati relegati nella sfera del privato, senza poter intercettare i circuiti del discorso sociale e pubblico della ragione né farsi espressione di una proposta teologica. La teologia di scuola ha continuato a distillare le sue riflessioni dal contesto del vissuto di fede, considerandolo ambito di contraffazione dell'oggettività del pensiero, ma in questa epurazione il dogma ha perso la sua rilevanza per la vita, la sua capacità di incidenza nella storia personale e sociale.

*a) Lo* scisma *tra teologia ed esperienza*

La sfida per la teologia contemporanea, secondo Metz, è quella di riconciliare a sé «la biografia mistica dell'esperienza religiosa, della storia vissuta dinanzi al volto velato di Dio»[68], in modo che la dogmatica recuperi lo sfondo esistenziale e testimoniale da cui proviene e la dottrina sia convertita in vita e questa in dottrina. Egli chiama questo *stile* teologico «dogmatica del vissuto storico (*lebensgeschichtliche Dogmatik*)»[69] una sorta di teologia biografico-esistenziale, che non è teologia deduttiva, bensì una narrazione della storia vissuta al cospetto di Dio. La teologia perderebbe così il suo primato di scienza elitaria e tornerebbe ad essere linguaggio del cristiano semplice, ad interessarsi del vivere quotidiano, ad interpretare ed esprimere la tensione drammatica della vita, a compromettersi con la storia, a scandagliare le profondità dell'anima. Questo non vuol dire approdare o sostenere un soggettivismo teologico, né rendere tema della teologia l'uomo con il suo vissuto esperienziale, ma implica restituire alla riflessione teologica il suo soggetto pensante:

> Chi è mai questo soggetto? Il dotto? Il professore? Il predicatore, il prete in cura d'anime? Il mistico che della sua esistenza fa una serie di gesti? ovvero lo è anche il singolo cristiano, che articola la storia della sua vita

---

[67] Cf. B. WACKER, *Teologia narrativa*, 101-118.
[68] J.B. METZ, «Teologia come biografia», 78.
[69] J.B. METZ, «Teologia come biografia», 78.

al cospetto di Dio? o perfino, e altrimenti, il popolo, la comunità – il popolo che va scrivendosi una biografia religiosa collettiva così come fece un tempo Israele?[70].

Si tratta di rifiutare la riduzione della teologia a puro professionismo accademico, di non lasciarsi risucchiare in *standard* di scientificità o stereotipi astratti di credibilità. Va rimessa a tema, più radicalmente, la questione della scientificità della teologia, evitando di assumere come universale un concetto univoco di scienza e tenendo conto che nella storia della chiesa le grandi innovazioni spirituali e sociali sono state originate soprattutto da una *teologia spuria*[71], inserita profondamente in una biografia intessuta di preghiera, di visioni, di conversione. Concedere spazio al vissuto non significa necessariamente perdere di vista la finalità a rendere sempre più comprensibile e condivisibile l'istanza veritativa della teologia, e parlare di verità d'altra parte non implica misconoscere l'adeguatezza di un linguaggio differente più affine all'evocazione poetica che alla scienza.

La necessità di tale approccio risponde almeno a tre emergenze: in una realtà socio-culturale in cui l'uomo si connota per la perdita della sua soggettualità, la teologia del vissuto storico riporterebbe al centro della riflessione ecclesiale l'unicità del soggetto nella sua quotidiana esperienza di fede e di umanità al fine di proporre una mistagogia indirizzata a tutti, non solo agli specialisti; inoltre, in un contesto cosiffatto, dove va di moda una religiosità di stampo *new age* e *politically correct*, difficilmente un linguaggio dogmaticamente rigoroso avrebbe presa sulla gente. Invece, una dogmatica ermeneuticamente inserita nella storia individuale e comunitaria non perde la sua specificità dogmatica di trasmettitrice di una memoria il cui potenziale di senso raccorda l'evento Gesù Cristo con la realtà veramente sperimentata nell'oggi della storia personale del credente, operando quella sana destabilizzazione rispetto alla colonizzazione ideologica del senso.

Una seconda emergenza riguarda la portata ecclesiale in teologia del soggetto storicamente connotato dalla sua quotidiana esperienza di fede. La teologia dogmatica del vissuto storico parlerebbe a lui e

---

[70] J.B. METZ, «Teologia come biografia», 80.

[71] Dietro questo termine non necessariamente è da intravedere l'eresia, ma una sorta di religiosità vissuta ai margini dell'ortodossia formale, che nella sua provocazione pur minoritaria ha operato grandi trasformazioni storiche non solo in ambito ecclesiale. Cf. G. SALMERI, «Dialettica dell'eresia», 177-192.

non ad un soggetto astratto, liofilizzato dalla teoria, da un'impostazione che si attarda in un approccio idealistico creando sovrastrutture di verità che mal si adattano alla concretezza della vita e al divenire della storia, rischiando così di non educare alla fede nella sua profondità mistica, ma semplicemente ad «una fede creduta» come ama esprimersi Metz. L'assunzione di una dogmatica così orientata potrà prestare attenzione alla dimensione laicale, di fronte alla quale, al di là di una teorica consapevolezza, la teologia è ancora impreparata a trovare un linguaggio che sia espressione di questa soggettualità credente.

Una terza emergenza riguarda allora il linguaggio della teologia, ancora segnato da una soggettualità specialistica ed elitaria, che non risponde ai canoni di una dogmatica del vissuto storico, la quale richiederebbe l'esigenza di una comunicabilità della fede, ma anche l'aderenza alla densità esperienziale in cui il potenziale di senso eccede rispetto al rigore di una sistematicità argomentativa, ma che invece troverebbe migliore tonalità espressiva attraverso un linguaggio poetico e letterario. La dogmatica del vissuto storico provoca allora ad un diverso modo di fare teologia, come afferma lo stesso Moltmann:

> Per me si fa teologia lì dove degli uomini pervengono alla conoscenza di Dio e «percepiscono» con tutti i sensi nella prassi della loro vita, della loro felicità e della loro sofferenza la presenza di Dio. A questo la teologia sistematica deve in prima e ultima istanza fornire il suo contributo[72].

Anche questo grande teologo protestante si riconosce debitore per il suo stile teologico proprio alla sollecitazione di Metz di sperimentare un fecondo dialogo tra teologia sistematica e biografia. Più volte ricorda come il suo metodo sia maturato in seguito al dibattito scaturito intorno alla teologia narrativa e alla necessità di unire teologia e biografia all'interno della teologia sistematica, dove sia ben riconoscibile la personalità del teologo senza perderla nell'oggettività di una verità anonima, non contestuale[73].

---

[72] J. MOLTMANN, *Esperienze di pensiero teologico*, 7.
[73] Cf. J. MOLTMANN, *Esperienze di pensiero teologico*, 8-9; cf. ID., ed., *Biografia e teologia*, dove mostra, attraverso gli interventi di teologi affermati, come una prospettiva teologica nasca da un evento biografico che ne determina la svolta, il linguaggio, il motivo dominante. Cf. M. ZECHMEISTER, «Teologia e biografia», 64-70. La medesima idea in E. SALMANN, *Passi e passaggi*, 294-298.

### b) Il paradigma teologico-esistenziale di K. Rahner

Nell'articolazione e fondazione di una teologia biografico-narrativa, Metz porta l'esempio paradigmatico del suo maestro K. Rahner[74], in cui intravede un tentativo riuscito nel contesto teologico contemporaneo di mediare storia di fede vissuta e pensiero teologico.

L'ampia gamma dei temi da lui trattati testimonia non solo la molteplicità delle questioni affrontate, ma anche la pluralità delle forme espressive utilizzate, dove il pensiero assume la concretezza del reale senza incastonarla nell'architettura precostituita di un sistema. In questa impresa non è un pensatore solitario e tra i suoi precursori possono essere annoverati Tommaso, Agostino, Bonaventura, Newman, Pascal, Bonhoeffer, che non hanno semplicemente influenzato il suo pensiero, ma gli sono affini nella modulazione dell'argomentare teologico, nella sensibilità di presagire i problemi più acuti della propria epoca, nella puntualità argomentativa, nella profondità di penetrare il particolare. E come ogni grande ha ispirato diversi autori, anche in percorsi antitetici, a dimostrazione che il suo pensiero non è asetticamente compatto, ma si presta a suscitare nei rivoli di significato che lo attraversano prospettive e orizzonti nuovi.

La sua opera è, dunque, una *summa*, ma la sua profondità non è nei principi, ma nell'andamento del suo procedere, nel modo di accostare le questioni, nel linguaggio usato che attraversa diversi registri linguistici, nella fatica con cui accompagna il ragionamento che si lascia inquietare dall'esistenza:

> Non sarebbe difficile, io credo, porre in risalto l'elemento mistico, ed esistenziale biografico, narrativo, costantemente riferito al vissuto storico-religioso, nei suoi lavori d'indole cristologica, soteriologia, escatologica, storico-teologica, tanto per citare solo alcuni ambiti tematici della sua teologia[75].

Per Metz l'orizzonte costitutivo di questa dogmatica del vissuto storico è la parola *mistero* sia riferita a Dio, che permane nella sua incomprensibilità, sia riferita all'esperienza dell'uomo il quale nella sua inquietudine si sperimenta all'interno di questo mistero incomprensibile, che Rahner definisce così: «Esso si dà a noi nel modo di uno che si rifiuta, nel modo del silenzio, della lontananza, di uno che si mantiene

---

[74] Cf. J.B. Metz, *Memoria passionis,* 105-118; cf. Id., «Karl Rahners Ringen», 383-392.

[75] J.B. Metz, «Teologia come biografia», 85.

costantemente in uno stato di non espressività, cosicché qualsiasi discorso da parte sua, per essere percepibile, ha sempre bisogno che tendiamo l'orecchio a un silenzio»[76].

«Tendere l'orecchio al silenzio» è un'espressione che si lascia cogliere solo con uno sguardo contemplativo, con quell'intelligenza capace di guardare oltre ciò che si offre nella sua visibilità, con quella educazione dei sensi che solo un lungo apprendistato consente alla fede di recepire. Il tenore mistico e poetico insieme si percepisce nel procedere mistagogico, di introduzione e incamminamento al mistero di Dio, in cui la teologia è un addestramento non un indottrinamento e il suo interlocutore è il cristiano semplice che vive la fede nella sua ferialità e fragilità. La ricercatezza del linguaggio, a volte affine all'espressione poetica, evocativo della trascendenza, ma anche esigente nell'uso delle parole, concettualmente denso e capace di sostare sulla complessità, rende il suo argomentare più prossimo all'approccio letterario, verso cui era particolarmente sensibile, come si evince dalla seguente considerazione:

> Ahimè, non dovremmo domandarci una buona volta: dove sono mai i bei tempi nei quali i grandi teologi erano anche poeti e componevano inni? Quando potevano scrivere come Ignazio di Antiochia o poetare come Metodio d'Olimpo o aprire il loro animo in inni come Adamo di San Vittore, Bonaventura e San Tommaso D'Aquino? Dove sono finiti quei tempi? E la teologia è forse divenuta più sublime, perché oggi i teologi scrivono in prosa?[77].

La sua non è una biografia tipica delle grandi conversioni, è piuttosto ordinaria, consona ad un religioso che vive la sua vocazione con dedizione e semplicità, propria di un gesuita. Forse questo tratto consueto costituisce secondo Metz la sua straordinarietà e la sua attualità per la cultura contemporanea. Egli mette in gioco dogmaticamente il vissuto religioso del cristiano odierno, anche quando sembra che il tenore concettuale delle sue riflessioni si fa più ardito. Un modello di teologia biografica al quale indubbiamente possono essere posti interrogativi critici, i quali però non scalfiscono lo spirito interno che la anima, l'interesse sempre attento al vissuto storico religioso dell'uomo. Questo stile di fare teologia corrisponde alla basilare costituzione narrativa della fede cristiana e rappresenta un punto di non ritorno per la teologia moderna, con cui bisogna

---

[76] K. RAHNER, *Corso fondamentale sulla fede*, 95.
[77] K. RAHNER, «Sacerdote e poeta», 170-171. Cf. A. SPADARO, «Il contributo di K. Rahner», 661-676; cf. ID., *La grazia della parola*.

ancora adeguatamene confrontarsi, anche perché mette allo scoperto non solo la poca familiarità della teologia con linguaggi differenti ma anche la grave separazione tra teologia e mistica.

La riconciliazione tra teologia e narrazione, teologia e mistica, dottrina e vita non è semplicemente un vezzo estetico del tempo postmoderno, ma rientra nell'urgenza di attivare la capacità comunicativa del discorso teologico nel contesto globale, perché coinvolge la fede nelle nuove condizioni della sfera pubblica:

> le narrazioni negli scambi produttivi tra culture diverse sono più comunicative del linguaggio argomentativo asoggettuale proprio della metafisica classica, e sono più comunicative rispetto al linguaggio scientifico della razionalità occidentale, entrambi considerati specificamente eurocentrici [...]. Così, non da ultimo, sarebbe oggi compito della teologia riconoscere nella narrazione una forma linguistica privilegiata per i reciproci contatti interculturali, e svilupparla in un certo senso come categoria-ponte tra i mondi di vita e forme di vita culturalmente distinti[78].

Ma questo nell'auspicio che sorgano nuovi luoghi e nuovi soggetti della pratica teologica, perché è un compito che non può essere demandato al lavoro di un singolo teologo[79]. Presumere la legittimità di una teologia narrativa, non solo *ad extra* ma anche *ad intra* del discorso teologico, significa anche rimettere in campo ambiti di significato verso cui una versione ideologica di Modernità ci ha disabituato, ripensare la contiguità tra narrazione e sacramentalità, dove il racconto viene ad essere «*signum efficax*»[80] e alla parola viene restituita quella evidenza simbolica capace di evocare la trascendenza. Significa, altresì, riconoscere le storie di vita e di passione come racconto di salvezza con valore sacramentale e modulazione mistica, in quanto testimonianza di quella storia di fede vissuta al cospetto di Dio[81].

### 2.3 *Teologia e poesia: affinità elettive*

«La teologia non deve considerare con più pensosa attenzione la sua effettiva e peculiare affinità con la poesia e che comunque non le è leci-

---

[78] J.B. METZ, *Memoria passionis*, 223.

[79] Cf. J.B. METZ, «Per una teologia aperta», 11-46.

[80] J.B. METZ, *La fede*, 201. Interessante il richiamo alla sacramentalità della Parola di BENEDETTO XVI, *Verbum Domini*, n. 56.

[81] Ancora stimolante in tal senso il saggio di C. ROCCHETTA, «Teologia narrativa II», 235-274.

to assoggettarsi a uno standardizzato ideale di scienza (comportante il divieto di narrazione)?»[82]: con questo interrogativo pone a livello epistemologico l'urgenza di un recupero della narrazione e della biografia nell'ambito della teologia. Ciò non significa, però, né produrre una vulgata della teologia, una sorta di teologia in pillole per i non addetti ai lavori, né implica una rinuncia ad entrare in dibattito nell'areopago culturale moderno, dove il discorso è di casa, ma rivendicare la legittimità di un patrimonio spirituale e culturale che, mostrando attenzione al vissuto dell'uomo e ai suoi linguaggi, si pone anche come critica di una società che celebra la morte del soggetto, oltre che aver già da tempo sentenziato la morte di Dio.

L'orizzonte che apre Metz è molto ambizioso: si tratta di preservare la dischiusura narrativa della verità di fronte al sospetto della sua regressione intellettuale in una società in cui domina il discorso come unica fonte attendibile di plausibilità, di ripensare sia la differenza tra i due linguaggi che la loro reciproca connessione, di sfatare il mito dell'oggettività che grava sul sapere scientifico e sulla realtà che esso indaga, di ricominciare a parlare di storia non nei termini storiografici, ma di vissuti in cui la verità sperimentata fa corpo con la propria biografia. Riflettendo in controluce lo stile teologico di K. Rahner, commenta:

> Soltanto l'ingenuità teorica può far credere ai teologi di oggi che essi possano fondare il loro linguaggio – dunque il loro discorso su Dio – entro la cornice delle moderne teorie scientifiche e linguistiche. Tutte queste teorie, non solo all'interno del positivismo logico ma anche, per esempio, nelle teorie del discorso e della comunicazione, sono, per dire il minimo, metodologicamente atee, sono perlopiù addirittura teorie linguistiche in cui la parola «Dio» non può (più) affacciarsi. Come quasi nessun altro, K. Rahner sapeva che ogni discorso su Dio possiede un autentico fondamento linguistico solo in quanto si radica in un discorso rivolto a Dio, e che dunque lo spazio linguistico teoricamente ineducibile della teologia è il linguaggio della preghiera[83].

Del resto la filosofia e la teologia non sono completamente disattente al mondo della narrazione, basti pensare al *Memoriale* di Pascal o alle

---

[82] J.B. METZ, *La fede*, 210; cf. ID., *Memoria passionis,* 92 dove ribadisce: «Questa forma narrativo-ricordante appartiene alla struttura profonda del discorso cristiano su Dio, non è stata semplicemente aggiunta a posteriori, non serve neppure come decorazione aggiuntiva di carattere pedagogico e pastorale, è piuttosto una forma d'espressione e di comunicazione irrinunciabile dell'identità cristiana».

[83] J.B. METZ, *Memoria passionis*, 112-113.

*Confessioni* di Agostino, al *Discorso sul metodo* di Descartes e gli esempi potrebbero proseguire, anche considerando la forma degli aforismi in Nietzsche, o la presenza di diari in autori che hanno prodotto grandi opere sistematiche, sia filosofiche, teologiche che scientifiche[84]. La teologia si è privata nel tempo di profonde risorse di espressione e il lungo digiuno ha procurato un'atrofia verso i linguaggi narrativi, generando a volte un uso improprio, una sorta di serbatoio dove attingere funzionalmente idee e contenuti pur rimanendo stabilmente ancorata alla propria prospettiva[85]. Quello che auspica Metz è, invece, un cambiamento di registro: «Bisogna arrivare a chiedersi quale è il contributo che unicamente la letteratura può dare; cercare ciò che nessuna teologia concettuale saprebbe dire e che invece la letteratura esprime, a modo suo, con potenza»[86].

Essa non provoca la teologia solo in ordine al linguaggio, ma anche alle questioni vitali che interessano l'uomo nel profondo, che coinvolgono la sua esistenza in un'epoca che non è più interessata né all'astrazione né alla sistematicità. Si tratta di trovare nella scrittura «un nuovo rigore»[87], non semplicemente nel cambiamento di stile, ma nel modo di pensare, permettendo all'esperienza vissuta di transitare nelle formule di fede e a queste di attingere linfa vitale da essa, premettendo, come ha osservato M.-D. Chenu, che non c'è alcun luogo privilegiato dove lo Spirito opera se non il mondo e la storia nella sua interezza[88].

Non si è ancora consolidata una tradizione di pensiero a livello accademico tale da poter favorire una riflessione più sistematica e meno occasionale, che riconosca alla letteratura e alla poesia lo statuto di verità proprio dei luoghi teologici tradizionali[89], nonostante ci siano esempi ragguardevoli come quello di H.U. von Balthasar e R. Guardini. Alla letteratura viene attribuito sicuramente un valore teologico esplici-

---

[84] Si pensi per esempio a R. GUARDINI, *Diario*, o alla forma dell'intervista come J. RATZINGER, *Dio e il mondo*.

[85] Cf. A. RIZZI, «Narrazione e verità», 13.

[86] J.B. METZ – J.-P. JOSSUA, «Teologia e letteratura», 14.

[87] J.B. METZ – J.-P. JOSSUA, «Teologia e letteratura», 16.

[88] Cf. M.-D. CHENU, «Lettera», 18.

[89] Cf. H. ROSSEAU, «La letteratura», 23-35. Cf. L. SARTORI, «La letteratura come "luogo teologico"», 30-32. Non c'è dubbio che il seme gettato dal numero di *Concilium* ha visto nel tempo una prosecuzione di studi e ricerche che sarebbe complesso in questa sede censire come mostra B. SALVARANI, «"Alla ricerca di ciò che la teologia"», 324-326. Cf. A. SPADARO, *A che cosa serve la letteratura*; ID., *L'esperienza della letteratura*. Cf. P. CATTORINI, *Un buon racconto*. Cf. H. KÜNG – W. JENS, *Poesia e religione*. Cf. G. LORIZIO, «Dire il sacro», 135-144.

to ed implicito sia nella capacità di narrare la trascendenza che nel saper toccare i luoghi sensibili della vita, quelli fatti di carne e sangue, implicati nella ricerca di senso, che pur in forma negativa o contestativa si servono di categorie religiose e teologiche. Lo studio del linguaggio ha permesso alla teologia di approfondire l'uso del simbolo e della metafora nel discorso su Dio e nell'esperienza religiosa[90], come anche apporti significativi per la filosofia e la teologia si sono recepiti nell'approfondimento di problematiche come il male, il peccato, la redenzione, la morte, la santità, la grazia[91], o nell'elaborazione del tutto originale di tematiche o figure strettamente legate alla fede cristiana, in modo particolare la stessa figura di Gesù Cristo[92].

Il pregio della riflessione di Metz al riguardo non risiede tanto nella teorizzazione di come possa verificarsi una possibile osmosi tra poesia e letteratura, teologia e biografia, perché di fatto le indicazione consegnate nel volume di *Concilium* del 1976 ed i suoi interventi in merito sono orientativi, quanto nell'aver generato una serie di risposte da parte di teologi che hanno condiviso la stessa preoccupazione ed hanno contribuito, ciascuno a suo modo, ad elaborare categorie e modelli ermeneutici che si collocano nell'ampio orizzonte della teologia narrativa[93].

*a) Una questione di stile?*

Sulle orme di una ricezione delle sue sollecitazioni e nell'ottica teologico-fondamentale di una rilevanza della fede nell'attuale società estetica, ludica e postmoderna, particolare rilievo assumono i contributi di Ch. Theobald, con il suo *cristianesimo come stile*[94], e di E. Salmann, con il suo approccio fenomenologico-esistenziale, teso ad ascoltare nella poliedricità delle prospettive e delle figure biografiche il darsi e dirsi di Dio all'uomo, dove il mondo poetico diventa chiave di lettura, snodo e provocazione del linguaggio teologico[95].

---

[90] Cf. P. RICOEUR – E. JÜNGEL, *Dire Dio.* Cf. CH. BERNARD, *Teologia simbolica.* Cf. L.-M. CHAUVET, *Linguaggio e simbolo.* Cf. A. RATTI, «Tra fede e cultura», 45-59.

[91] Cf. R. LATOURELLE, «Letteratura», 631-633.

[92] In questo ambito l'opera pionieristica di F. CASTELLI, *I volti di Gesù.*

[93] Cf. C. ROCCHETTA, «Teologia narrativa», 1272-1276; cf. ID., «La teologia narrativa», 153-180. Cf. J. NAVONE, «Teologia narrativa», 401-421. Cf. B. SALVARANI, *In principio era il racconto.*

[94] Cf. CH. THEOBALD, *Il cristianesimo come stile*; cf. ID., «Il cristianesimo come stile» 280-303.

[95] Tra le sue opere E. SALMANN, *Presenza di Spirito*; cf. ID., *Passi e passaggi nel cristianesimo*; cf. ID., «Letteratura e teologia», 5-16; cf. ID., *La teologia è un romanzo.*

Per Theobald lo *stile* diventa cifra teologico-antropologica per abitare il mondo ed attraverso lo stile messianico ed ospitale del Nazzareno ogni uomo trova lo spazio per scrivere il proprio processo di santità e di approssimazione a Dio. La sua proposta nasce dalla necessità di raccordare questa generazione postmoderna con l'esperienza e il racconto fondativo della prima comunità cristiana. Nella rivalutazione del racconto, cerca di ripensare la teologia narrativa nell'attuale contesto postmetafisico e pluralistico. Egli intravede una contiguità tra l'interesse per il racconto e per la biografia e la situazione culturale nelle nostre società postmoderne, proprio a ragione della fine della metafisica e il ritrarsi della plausibilità di racconti che vogliono avere pretesa universale, ma esprime anche la necessità di mantener desta la questione della verità.

Theobald inserisce le sue riflessioni all'interno dell'attuale rivalutazione del potenziale di senso delle tradizioni narrative religiose e vede nel racconto biblico la capacità di incrociare e generare storie di santità anche nel circuito della cultura laica:

> Il centurione di oggi che considera questi racconti biblici e l'insieme del racconto biblico come testo di identificazione e «scuola di umanità», vi trova la sua propria avventura umana e attinge, in questo serbatoio, l'intelligenza delle vie umane per dare loro anche oggi una forma, eventualmente scritta; allora lo fa a partire da quella postulazione elementare e fondamentale che suppone che la vita, qualunque cosa capiti, mantiene la sua promessa, senza che si produca l'inversione dossologica né abbia luogo l'esperienza che vi corrisponde[96].

L'approccio stilistico offre una possibilità diversa di fare teologia, che presuppone delle nuove attenzioni, permettendo di cogliere lo stile e gli stili come gestualità feconda con implicazioni ormai imprescindibili per una teologia avvertita. Consente soprattutto di togliere quelle compartimentazioni artificiose in cui spesso si sclerotizza il discorso teologico, favorendo una salutare mobilità con la densità esistentivo-testimoniale della vita[97].

---

[96] CH. THEOBALD, «I racconti di Dio», 58. Cf. D. ALBARELLO, «Una maniera di abitare il pluralismo», 163-194.

[97] Cf. CH. THEOBALD, «Cari ragazzi», 23 dove commenta: «Nella misura in cui oggi questo radicamento cristiano, considerato in passato dallo studente come una sorta di rivestimento culturale, non è più scontato, bisogna attivare i legami fra teologia ed esperienza spirituale: i maggiori autori del XX secolo lo hanno saputo fare, oltrepassando la secolare scissione fra teologia scientifica e teologia spirituale. La riabi-

È ciò che contraddistingue anche la teologia di E. Salmann, che si fa *stile* di pensiero nel concepire sentieri inediti e suggestivi che spaziano nei diversi campi linguistici, coniugando creativamente il *lógos* della Parola di Dio e le parole umane, quasi sollevate nella loro fragilità nella dimensione ospitale della rivelazione. In un'intervista-bilancio della sua attività così si esprime: «Come teologo ho cercato di ascoltare e far parlare la poesia della Bibbia, la ricchezza della cultura, il messaggio e la vitalità delle lingue materne, facendoli interagire in un campo di concreatività, in un concerto intellettivo, emotivo e qualificante»[98].

Non ci sono luoghi e tempi proibiti all'azione della grazia, tutto diventa paesaggio dello Spirito, dove l'umano e il divino si *salutano*, come egli ama dire, e dove ognuno è la relazione originaria e originante *del* e *all'*Assoluto. Il motivo dominante nel suo stile teologico è l'elemento biografico-testimoniale degli autori studiati che si fa chiave di accesso al movimento del loro pensiero, punto prospettico in cui la verità del singolo diventa offerta di senso, interpretazione di un motivo incalzante della rivelazione di Dio nella vita di ciascuno, dove il pensiero non è mai estraneo alla biografia personale, quasi incarnazione vivente del dramma umano-divino. Il cristianesimo è sempre letto attraverso la lente prospettica delle voci che nella storia si sono susseguite e rincorse, incrociate e scontrate, in una formula sempre dialogica, poliedrica e plurale: «Fa parte del mio *methodos* teologico di entrare in amicizia con tante figure della storia dello Spirito»[99].

Fare sintesi di due modelli teologici così impegnativi è impossibile nello spazio di un ricordo e di un ritratto, ma come interpreta bene U. Sartorio:

> Senza ridurre il cristianesimo a fissa dottrina, se ne coglie la capacità di suscitare stili di vita in grado di abitare in modo condiviso e insieme originale il mondo, con riferimento all'esistenza di Gesù – soprattutto alla sua «santità ospitale e messianica» – e apprendendo dalla storia, visto che la concreta vita cristiana non può essere definita una volta per tutte[100].

Sono prospettive, sollecitazioni e provocazioni ad un pensare *differente* che possa interferire con l'esistenza, senza scadere in tendenze

---

litazione postmoderna della nozione di "esperienza", l'interesse per la narratività e il concetto di "testimone" vanno in questa direzione».

[98] E. SALMANN, «Spigolature di un viandante», 21.
[99] E. SALMANN, «Spigolature di un viandante», 23.
[100] U. SARTORIO, *Fare la differenza*, 39.

estetizzanti, né in un pensiero soggettivamente autoreferenziale, né tanto meno eccedere in «un'onda biografica»[101] in teologia.

### b) Prospettive per la teologia contemporanea

Quanto detto si colloca nella prospettiva di itinerari e sperimentazioni teologiche che vogliono corrispondere, ciascuna a suo modo, all'esigenza primigenia di Metz di un cristianesimo narrativo-pratico «con il volto rivolto al mondo», nel tentativo di restituire plausibilità a quelle formule di fede, le quali non esigono puro assenso intellettualistico, ma vengano riconosciute come vincolanti per l'esistenza. Nel processo memorativo e narrativo ogni verità di fede nella sua formulazione dogmatica dovrebbe rilasciare nel presente il suo potenziale critico-liberante, e questo attraverso un'ermeneutica contestuale in cui è implicata la libertà dell'uomo, come memoria di aiuto nelle contraddizioni della storia[102].

È in questo ambito che egli sente l'urgenza di approfondire forme di attualizzazione del racconto evangelico e della figura di Gesù che ivi si invera in tutta la sua forza profetica, come avvento nel qui ed ora della storia personale e comunitaria della salvezza di Dio. Non si tratta, dunque, di divulgare storie esistenziali private, ma il carattere biografico-narrativo della teologia è legittimato da una domanda fondamentale: «Come si può oggi colmare la frattura sempre più ampia e dolorosa fra il mondo della fede e il mondo della vita? Come si può esprimere e difendere il linguaggio della fede anche nel nostro mondo secolarizzato come linguaggio esperienziale?»[103].

Assumere la connotazione biografica significa per il teologo diventare soggetto attivo della formulazione del suo pensiero trasferendovi la densità della propria esperienza spirituale ed umana, che nella fatica della vita diviene mistica, il dipanarsi della propria storia quotidiana di-

---

[101] J.B. METZ, «Chi risponde delle vittime», 521.

[102] Cf. J.B. METZ, «La 'teologia politica' in discussione», 261. Sarebbe interessante anche seguire un altro filone interpretativo determinato dalla storia degli effetti della teologia narrativa di Metz, come quello presente nella contemporanea teologia della liberazione, come si evince in J.M. SICILIANI BARRAZA, *Especificidad de la teologia narrativa*, il quale propone di utilizzare il paradigma narrativo per instaurare in teologia un dialogo fecondo con le scienze sociali.

[103] J.B. METZ, «Chi risponde delle vittime», 521. Un possibile e praticabile intreccio tra teologia e biografia in teologia fondamentale è stato proposto recentemente da F. GROSSO, *Teologia e biografia*.

nanzi al *volto velato di Dio*. Ma se è vero che Metz non approfondisce gli esiti della sua provocazione di una *dogmatica del vissuto storico*, auspicando per essa una *competente ermeneutica narrativo-esistenziale*, è solo alla luce della necessità di fondare diversamente il discorso su Dio che si comprende pienamente la rilevanza di una teologia memorativo-narrativa nel suo precedere ed integrare quella argomentativa. In esso confluisce l'urgenza di tradurre il parlare *di* Dio con il parlare *con* e *per* Lui e la necessità di fare questo a partire dalle storie di sofferenza dei dimenticati e dei vinti di cui non si serba memoria.

Alla *memoria Jesu* si deve coniugare allora la categoria della *con-passione*, che consente di leggere il mondo come storia della passione dell'umanità e in questo grido universale ri-presentare la domanda *su* e *a* Dio. Essa rimette a tema la *solidarietà*, come risvolto mistico-politico di un cristianesimo narrativo-pratico, e riformula a partire da questa dimensione un problema teologico-fondamentale urgente: come comunicare la fede nel Dio biblico di fronte all'abissale storia di sofferenza del mondo, come confrontarsi con quella storia pubblica marchiata dal nome di *Auschwitz* e poter di nuovo pronunciare il Nome di Dio senza inorridire?

La teologia biografico-narrativa si incrocia con le questioni della teodicea che Metz affronterà originalmente non alla maniera classica, ma nello stile di una *teodicea apocalittico-biblica*, dove il racconto biblico incontra le storie di passione dell'umanità.

## 3. La responsabilità mistico-politica del Vangelo

Dire che la *memoria passionis, mortis et resurrectionis Jesu Christi* ha un valore e un potenziale critico-sociale, significa interpretare la storia a partire dal senso determinato di libertà che questa memoria custodisce, ovvero valorizzare quella capacità di suscitare l'agire e la speranza in un futuro possibile a partire dalle storie di dolore accumulate nella storia, le quali resistono ad ogni tentativo di soluzione filosofico-politica.

Il nucleo libertario-emancipativo che è contenuto nella *memoria passionis*, istituito ed assicurato dalla figura di speranza nell'evento della risurrezione di Gesù, mette in circolazione l'idea di trasformazione e di prassi che non è assimilabile ad alcuna concezione filosofico-politica, né di matrice marxista, né liberale né semplicemente pragmatica, ma soprattutto contesta quell'idea di progresso che funge da «simbolo quasi-religioso della conoscenza scientifica»[104], il quale fonda una civiltà culturale determinata dall'apatia e dall'insensibilità.

La categoria di *con-passione*, a cui Metz si riferisce, è strettamente connessa con la figura di liberazione, la quale a sua volta deve confrontarsi e verificarsi con le formulazioni storiche che di volta in volta si affermano in relazione all'esperienza che l'uomo ha del mondo. Ma è una categoria teologica centrale, che costituisce la mediazione nella prassi del potenziale salvifico del messaggio cristiano, senza la quale il cristianesimo sarebbe ricondotto ai territori dell'interiorità, a quella privatizzazione della fede che tradirebbe la sua configurazione politica.

### 3.1 Per un cristianesimo critico-profetico

All'origine della sua riflessione parla di solidarietà (*Solidarität*) con una duplice connotazione: mistico-universale, in quanto è solidarietà memorativa con i morti e gli sconfitti, una *solidarietà all'indietro* che abbraccia quelle storie di sofferenza rimaste inascoltate, ma presenti davanti a Dio, e politico-particolare, in quanto è *solidarietà in avanti* con i vivi, destinando quelle forze di riserva umanitarie di cui dispone il cristianesimo verso le situazioni di ingiustizia presenti nell'oggi della storia che minacciano la realizzazione di un futuro dignitoso per tutti. Da qui la duplice struttura *mistico-politica* che connota la prassi cristiana in quanto prassi solidaristica della sequela, che permette alla *memoria passionis* di farsi *memoria con-passionis*, uno sguardo continuamente aperto sul mondo che non consente la dimenticanza della sofferenza degli altri.

Questa è una svolta[105] fondamentale nella riflessione di Metz nella prospettiva di una rinnovata rilevanza della fede cristiana in un contesto socio-politico e culturale ormai globalizzato, dove le problematiche emergenti acquistano un'urgenza etica non procrastinabile, né gestibile semplicemente con le risorse di una comunità del consenso, il quale rimane sempre minacciato da equilibri decisionali fragili alla mercé di tensioni localistiche ed etniche non democraticamente orientate.

*Con-passione*[106], pertanto, diviene la parola chiave posta alla base del programma mondiale di un cristianesimo che vuole essere promoto-

---

[104] J.B. METZ, *La fede*, 15.

[105] Cf. J.B. METZ, *Memoria passionis*, 236 dove traccia una sorta di memoria storiografica dell'uso della categoria *con-passione* e ne fa risalire la menzione al 1997 con l'articolo «Mit der Autorität der Leidenden».

[106] J.B. METZ, *Memoria passionis*, 155. S. MINIATI, «Nota all'edizione italiana», 7 dove fa notare che il termine *compassion* usato da Metz è stato tradotto con «con-

re e portatore di una *memoria pericolosa* ispirata allo *stile* di Gesù: «Non intendo questa *con-passione* come una vaga "empatia" (*Mitgefühl*) che proviene dall'alto o dall'esterno, ma come coinvolgimento, come percezione partecipante e obbligante del dolore altrui, come rammentazione fattiva del dolore degli altri»[107].

Una parola che Metz distingue accuratamente anche da quella più consueta di compassione, che in tedesco è *Mitleid*, che ha un senso più sentimentale e che smorzerebbe l'intento politico in azione consolatoria. L'accentuazione nel corso della sua riflessione della solidarietà come *con-passione* richiama l'esigenza di esprimere la radicalità e la resistenza del messaggio della *memoria Jesu*, verso quelle forze contrarie ad una convivenza pacifica fra mondi culturali diversi, ed instaura la priorità di una sensibilità verso il dolore altrui, capace di generare una nuova politica del riconoscimento[108]. Nell'attuale mondo minacciato non basta appellarsi ad una benevolenza reciproca, che funziona solo tra eguali, ma occorre disporsi ad assumere come logica dell'azione lo *sguardo* che Gesù aveva verso le forme di sofferenza, dove l'umanità è incontrata nel suo bisogno fondamentale, nel luogo del suo dolore personale e collettivo[109].

Questa capacità di soffrire con gli altri «come percezione partecipante della sofferenza altrui»[110] proviene dalla sofferenza *per* Dio, è memoria attiva che genera una prassi che scardina la logica dell'interesse e dello scambio e rivela il volto dell'altro, non solo nella sua umanità condivisa, ma più in profondità nella storia della sua sofferenza che non è solo individuale, ma assume anche quelle forme storiche in cui la memoria non ricordata è fonte di violenza e di odio. La solidarietà come *con-passione* fondata nella *memoria passionis* genera una figura di

---

passione» invece di «compassione», per evidenziare l'intenzione dell'autore che, nell'adoperare un forestierismo, ha voluto dare un senso più pregnante a questa parola, distinguendolo da quello più sentimentale proprio della traduzione letterale. In effetti, la parola *con-passione* rende meglio il senso che Metz attiva quando parla di partecipazione del credente alla passione di Dio per il mondo: passione *per* e *con* Dio.

[107] J.B. METZ, *Memoria passionis*, 155.
[108] Cf. F. BOSIN, «Per una teologia politica», 188.
[109] Cf. W. KASPER, *Misericordia*, il quale a p. 33 attribuisce a Metz il merito di aver reso di nuovo centrale l'istanza della compassione come programma mondiale del cristianesimo. Le parole misericordia e compassione tornano frequentemente anche nel magistero di Papa Francesco, come attesta lo studio di G. GAMBASSI, «Periferie, misericordia».
[110] J.B. METZ, «Semantica e concetto», 15.

responsabilità, dunque, che diventa forma di attenzione e consolazione perché l'uomo di tutti i tempi e nel tempo diventi e resti soggetto. Per questo suo radicamento alla concretezza delle situazioni storico-sociali di indigenza e di marginalità si oppone alle tendenze «accademico teoretiche della solidarietà»[111], cioè a quei tentativi idealistici di considerare la solidarietà come accettazione reciproca in vista di una eguaglianza universale, senza tener conto della storia oggettiva del patire degli uomini. Essa consente al cristianesimo di essere umanizzante, un cristianesimo «con il volto rivolto al mondo» che nella *cristo-logica della sequela* fugge la tentazione idealistico-trascendentale dove la forza redimente-liberante del messaggio cristiano rischia di passare sopra le teste degli uomini senza scalfire il loro dolore. Una tendenza siffatta in una società borghese finisce per sbiadire la solidarietà cristiana svuotandola di quel *di più* di umanesimo che è «un impegnarsi senza calcolo a favore di chi ha la vita in rovina»[112].

La solidarietà come *con-passione* è in grado di suscitare storie riconciliate solo se attiva la figura di salvezza che Dio realizza in Gesù, in cui l'apertura a tutti non si riduce a categoria universale astratta, e per questo irrilevante, ma è quella universalità che, lasciandosi inquietare dalla sofferenza innocente ed inascoltata, accoglie in sé anche il grido dei morti[113].

### a) La figura della redenzione

In questa prospettiva è importante per Metz comprendere adeguatamente il messaggio di redenzione contenuto nella *memoria passionis*, perché esso possa sprigionare una corrispettiva *cristoformità pratica*[114], una prassi mistico-politica che a sua volta possa orientare la teologia ad assumere un'ermeneutica critico-profetica, la quale impedisca alla pro-

---

[111] J.B. METZ, *La fede*, 223. Metz critica quelle impostazioni teologiche che pur essendo fondate sul soggetto (richiama l'approccio esistenzialistico, personalistico e trascendentale) non escono dalla logica privatistica che obbliga il cristianesimo a non occuparsi seriamente della complessità reale del mondo odierno.

[112] J.B. METZ, *La fede*, 222.

[113] Cf. L. SARTORI, «Compassione», 274 dove fa notare che la categoria di compassione può essere veramente universale ed entrare come elemento di cultura dei popoli solo se «le chiese (e le religioni) cominceranno, esse per prime, ad assumerlo davvero nel proprio interno, a maturarlo e a viverlo». Cf. H. HAKER, «"Compassione"», 77-97.

[114] Cf. J.B. METZ, *La fede*, 162.

messa di giustizia universale di non ridursi ad idea asogettuale, alla trascendenza di non essere semplice parafrasi simbolica, all'etica di non ridimensionarsi a rettitudine morale e privata.

Riflettendo sulla categoria di *emancipazione*, quale categoria fondamentale entro cui l'uomo moderno fa esperienza del mondo e dei suoi processi di libertà, Metz mette in luce l'affinità semantica tra questa categoria intesa come autoliberazione, segnata anche dalla storia di passione per la libertà, e quella teologica di *redenzione* in e mediante Gesù Cristo, legata anche alla storia di colpa e al destino di finitudine dell'uomo. Rinviene in essa uno *specificum* che va salvaguardato perché «il nerbo del cristianesimo sta nel fatto che, nel suo nome, non solo il sacro, ma neppure il mondo con la sua storia di sofferenza può essere svenduto per un piatto di lenticchie»[115].

Egli sottolinea come il concetto evoluzionistico e dialettico di emancipazione se non si lega adeguatamente alle storie di sofferenza diventa astratto e totalitario. Non si può redigere una storia dei successi dell'*Homo emancipator* tenendo nel retro il suo rovescio, la storia della colpa. Il riferimento è sia alla lettura della storia idealistico-liberale, sia a quella marxista e positivista. La rimozione della colpa e la mancata assunzione di confronto verso la storia di sofferenza induce queste categorie emancipatorie alla pura astrazione e ad una segreta illusione di innocenza, che egli definisce «il nuovo oppio dei totalmente emancipati»[116].

La categoria di emancipazione è carica di risonanze socio-culturali e con l'Illuminismo acquista il valore di categoria storico-filosofica, intesa come autoliberazione dai condizionamenti di sudditanza sociali, politici e religiosi, fino a diventare espressione del processo di liberazione e realizzazione dell'autonomia dell'uomo in quanto tale. Considerato il carattere totalizzante e totalitario che le conseguenze di questa categoria hanno avuto, non ci può essere completa identificazione teorica tra l'emancipazione moderna e la redenzione operata in e per Gesù Cristo, l'una non è la versione immanente dell'altra, e l'altra non ne è il compimento naturale. La liberazione prodotta dalla redenzione è diversa da quella implicata nell'autoliberazione emancipativo-rivoluzionaria generata dalla Modernità, perché ha a che fare con il senso che si dà alla storia umana di passione, che non è solo relativa alla storia dell'oppressione sociale o politica, ma riguarda la questione radicale della finitezza,

---

[115] J.B. METZ, «Redenzione ed emancipazione», 153. Cf. D. TRACY, «Salvare dal male», 164.
[116] J.B. METZ, «Redenzione ed emancipazione», 166.

del peccato, della morte e del dolore che sperimenta l'uomo[117]. È di fronte a questa passione che va articolata la figura di liberazione redentiva cristiana, perché è proprio l'abisso del male irrisolto che ha suscitato nella coscienza dell'uomo moderno un'allergia verso quell'immagine di Dio che la teodicea classica aveva elaborato: al posto del *Deus salvator* s'innalza a soggetto universale della storia l'*homo emancipator*[118].

Nonostante l'uomo abbia preso in mano il suo destino storico, non si è affievolita né tanto meno è scomparsa l'istanza accusatrice della storia della sofferenza, che ha assunto ora dimensioni planetarie, ma si è innescato un pericoloso meccanismo di rimozione della colpa, in cui in un irrazionale atto giustificatorio l'uomo non si assume la responsabilità del male, ma trova sempre soggetti astorici o soggetti-alibi, come li definisce Metz, a cui imputare le contraddizioni irrisolte. Egli a questo processo di emancipazione, che trova oggi nel progresso tecnologico-economico un'ulteriore modulazione di quella forza anonima che tiene in pugno la libertà dell'uomo, contrappone una soteriologia come *teologia politica della redenzione*, che opera una critica all'interno della storia moderna di emancipazione smascherandone «il segreto delirio di innocenza»[119].

Questa figura di redenzione, in quanto radicata nella *memoria passionis*, contempla in sé il dolore della finitezza, il dolore passato e presente, il dolore rimasto inconsolato dei morti. Nessuna libertà futura né miglioramento delle condizioni di vita può ripagare la sofferenza vissuta, può risarcire le vittime dell'ingiustizia, può trasformare l'insensatezza del dolore, perché la storia di libertà intesa come emancipazione è inevitabilmente una forma sociale di darwinismo, dove vale il diritto del più forte.

Il cristianesimo narra un'altra storia: la liberazione che Dio opera nella croce di Gesù Cristo. La solidarietà del crocifisso con i morti nel suo *descensus ad inferos*[120] testimonia la radicalità e l'autentica univer-

---

[117] Cf. J.B. METZ, «Chiesa e popolo», 185.
[118] Cf. J.B. METZ, *La fede*, 123.
[119] Cf. J.B. METZ, *La fede*, 127; cf. ID., «Redenzione ed emancipazione», 166 parla di «illusione di innocenza». L'uso dell'espressione «delirio» compare a più riprese nella sua riflessione recente in riferimento agli effetti della postmodernità, dove i processi di liberazione si individualizzano, a motivo della forma emancipativa storicamente dominante, l'ideologia del progresso.
[120] Cf. J.B. METZ, *La fede*, 128. Cf. H.U. VON BALTHASAR, «*Mysterium Paschale*», 171.

salità della redenzione, che conferisce un *orientamento apocalittico* alla storia e non solo progressivo. Essa stabilisce una solidarietà memorativa con gli ammutoliti e i dimenticati, narrando il «controsenso della redenzione»[121], quell'autorità dei sofferenti che una ragione troppo paga di sé ha rimosso.

Il discorso teologico della salvezza in quanto riconciliazione compiuta in Gesù Cristo deve tener conto di questa peculiarità della non-identità del vissuto, che mette in crisi ogni approccio argomentativo, il quale rischia di essere cifra di un'utopia di redenzione, aporetica quanto le tesi di emancipazione filosoficamente elaborate, con il rischio sempre incombente di dissolversi in esse, divenendone una forma secolarizzata.

Solo una teologia che tiene narrativamente desta, attraverso la prassi della sequela, la memoria rischioso-liberante della salvezza di Dio, all'interno delle figure di libertà che il mondo si dà, può rispettare il carattere di *invito* del *lógos* della croce, che si trasmette attraverso storie sovversivo-liberanti. Il racconto ha qui un potere di mobilitazione straordinario, per la sua particolare capacità di comunicare ed orientare all'agire, in quanto riesce a mediare ed attualizzare le storie di fede e di salvezza presenti nella Bibbia con le esperienze di sofferenza che attraversano ed inquietano ogni esistenza.

Le storie di sequela nella loro *cristoformità pratica* hanno un' eccedenza di solidarietà che non può essere razionalizzata, perché è legata con le storie di dolore individuali, per cui la misura della sua distribuzione la riceve dal suo radicamento nella *memoria Jesu*.

*b) Lo stile di Gesù*

Appellarsi alla *memoria Jesu* significa fare memoria dello *stile* di Gesù[122], del suo modo di interessarsi alla vita dei proscritti e degli stranieri, della sua cordiale amicizia verso gli emarginati e i sofferenti, significa seguirlo nel modo in cui apre gli ascoltatori ad una nuova comprensione promettente della loro esistenza, liberandoli dalla paura e dai pregiudizi, da forme di giustizia miopi, e trasformandoli in operatori della sua parola. Tutti i suoi incontri sono *narrazioni di speranza*, che danno un orientamento nuovo all'esistenza, e devono fungere da modello di riferimento continuo per la chiesa per improntare la sua dimensione pubblica di questo Spirito liberatore, che appartiene al mistero di Dio.

---

[121] J.B. METZ, *La fede*, 129.
[122] Cf. J. O'DONNELL, «Teologia politica», 1277.

Riferirsi allo *stile* di Gesù e alla sua prassi deve, però, anche richiamare lo spessore divino del mistero della sua persona, poiché altrimenti si rischia di ridurre il suo messaggio e la sua vita ad una radicalità pretenziosa, quasi impossibile da riproporre se non nella riduzione ad un insegnamento a misura d'uomo, ammorbidendo lo scandalo dell'amore e soprattutto dell'amore verso i nemici. Riconoscere Gesù Figlio di Dio, come confessato dalla comunità dei suoi discepoli ed attestato nella testimonianza biblica, significa dare potenza salvifica a quella storia di speranza che Lui ha inaugurato, non semplicemente allineandola alle tante proposte di successo o di vita riuscita, alla stregua di un insegnamento sapienziale, come a volte la storia è stata tentata di fare nelle sue molteplici letture della vita di Gesù:

> Anche l'intendere la *memoria Jesu Christi* come *memoria* dell'avvento del dominio di Dio nell'amore di Gesù per gli esclusi può ben essere anch'esso attuato come un simile rovesciamento rischioso-liberante delle *formule cristologiche* classiche. Qui, a mio avviso, ci troviamo di fronte a un campo vasto quanto allettante in cui la teologia può e deve esplicarsi[123].

Questo approccio ermeneutico alle formule di fede, da comprendere come *engrammi della memoria*[124], ovvero quella traccia mnestica che conserva gli effetti dell'esperienza vissuta nel tempo, consente di riferirsi al contenuto dogmatico, la realtà del Dio trinitario, il mistero pasquale di Gesù Cristo, la dinamica di inveramento del Regno, non come verità verso cui assentire per semplice atto intellettivo, ma come possibilità per la fede di attuare nell'esistenza *stili* di vita liberanti. La *memoria Jesu,* proposta dal dogma come ricordo rischioso dell'irruzione di Dio e del suo agire nella storia, narrata come evento fondante dalla chiesa, e ri-presentata nella densità esistentivo-testimoniale della vita dei credenti e della comunità tutta, diventa il criterio ermeneutico sia della fede dogmatica che della prassi della *sequela Christi*, che la invera come vissuto storico ecclesiale.

Questa interpretazione *insolita* delle formule di fede è più convincente se si tiene conto della peculiare situazione della società attuale, dove la fede che deve essere tramandata rischia di non trovare luoghi e soggetti che ne attualizzano la memoria, in quanto è una società anamnestica e astorica, incapace di tradizione. Se gli articoli di fede, che costituiscono il nostro Credo, sono assunti come *compendio* della memoria rischiosa e li-

---

[123] J.B. METZ, *La fede*, 195 (il corsivo è nel testo).
[124] Cf. J.B. METZ, «La 'Teologia politica' in discussione», 261.

beratrice di Gesù ci consentono di ritornare alla sua figura e ripercorre il mistero fondamentale della sua esistenza, di attingere alla verità del suo messaggio ripristinando lo spessore pubblico della sua proclamazione.

Quella del Figlio di Dio è una storia di speranza e di passione per Dio e per il mondo. Qui ogni mistero legato alla sua persona diventa avvento di Dio, evento di liberazione e consolazione: la professione di fede nella *risurrezione dei morti* indica quella forma di speranza che attende un futuro per tutti, per i vivi e per i morti, il quale non è sovrapponibile al bisogno di gratificazione o autoredenzione oggi diffuso. In Gesù non c'è salvezza senza promessa di giustizia per ciascuno. La fede nel *giudizio escatologico* non distoglie dalla responsabilità, ma promuove un decorso dell'agire orientato alla liberazione nel qui ed ora della storia, senza alibi per la ricompensa in un al di là mal concepito: «Parla, insomma, di quella potenza di Dio creatrice di giustizia che spodesta la morte dalla signoria che detiene sulla nostra coscienza e si fa garante che la morte non pone il suggello definitivo né alla signoria dei signori né alla servitù dei servi»[125].

Così pure la fede nella *remissione dei peccati*, dove il fare memoria del peccato significa ricordare all'uomo la possibilità di mancare nell'attenzione all'altro, di poter interrompere la catena dell'egoismo di cui si fregia una libertà che non si guarda indietro. Una coscienza che sa sostare sulla sofferenza prodotta, direttamente o indirettamente, e si mobilita contro il perpetuarsi sociale o culturale di questa sofferenza, sa anche sostare di fronte al Dio di Gesù Cristo, così esigente ma anche così compassionevole nel cui perdono apre il futuro di santità. La speranza professata per l'attesa dell'*uomo nuovo*, nei cieli e nella terra nuova promessi nel compimento del Regno, lasciano presagire una comunità conviviale d'amore, un regno di giustizia e di riconciliazione, di libertà e di felicità. Ma il senso della speranza che promana dalla figura del Regno di Dio va interpretata adeguatamente, non si può semplicemente tradurla, ma anche custodirla, ed opporci al baratto con qualsiasi ideologia del progresso, poiché la felicità e la pienezza di vita proclamata da Gesù contravvengono costantemente i desideri di successo e benessere a cui aspirano gli uomini, in quanto in questo annuncio è contemplato e assunto il dolore del mondo.

Il confronto con il dolore decide della serietà con cui ci poniamo di fronte al mistero di Dio. Liberarsi dal dolore è oggi divenuto un co-

---

[125] J.B. METZ, *Un credo per l'uomo*, 28-29.

mandamento, la nostra società è costruita sulla dimenticanza della sofferenza altrui, perché lede il diritto al benessere che il progresso incautamente assicura. Ma questa liberazione non è quella che si fonda sulla speranza: avvicinarsi al mistero della passione di Gesù significa essere capaci di soffrire il dolore degli altri. Senza questa capacità non si può costruire nessuna civiltà. La sua croce si fa contemporanea ad ogni tempo e raccoglie di volta in volta il grido di lamento della storia, abusata nella sua umanità bisognosa. L'annuncio di Gesù quale Messia sofferente non è semplice né ovvio nella nostra società, che ha perso i connotati di una società religiosa, anzi i tratti cristiani tramandati nei secoli si sono sviliti ed è persistente l'impressione di un'estraneità ad un messaggio che non sembra più interpretare né confortare l'attuale situazione di vita.

Il Regno di Dio che si realizza nell'umanità riconciliata è oggi, probabilmente, l'aspetto del messaggio di Gesù che deve ritornare centrale nell'annuncio pubblico della chiesa, come lo è stato nel ministero pubblico di Gesù[126]. La tensione escatologica insita nella figura del Regno con tutta la sua carica apocalittica della fine, in cui giudizio e salvezza si coniugano con l'urgenza dell'oggi, consentono di dare alla storia una profondità, una serietà ed una direzione che ha smarrito giocandosi il senso nella densità del frammento a breve termine. La figura del Regno è stata quella che ha subito maggiormente una trascrizione laicizzata della speranza, servendo le ideologie politiche e sociali che si sono avvicendate nella Modernità e tardo Modernità fino ad estenuarsi nella *fede messianica* della scienza e della tecnica, il cui ottimismo nello sviluppo rende irrilevante ogni contestazione: «Il regno di Dio non è indifferente rispetto all'andamento del commercio mondiale!»[127].

Questa affermazione ha oggi un impeto di verità che sa di profezia inascoltata.

### c) *La sequela come* cristoformità pratica

Essere testimoni di questo Regno anticipato già irrevocabilmente in Gesù e atteso nel suo compimento dalla potenza escatologica del Dio

---

[126] Tutta l'esortazione apostolica di FRANCESCO, *Evangelii Gaudium* è animata dalla esigenza di rimettere al centro la dimensione pubblica del Regno di Dio (soprattutto il IV capitolo). Su questa linea interpretativa C. DOTOLO, «Teologia ed evangelizzazione», 13-77.

[127] J.B. METZ, *Un credo per l'uomo*, 36.

veniente significa fare della sequela l'attesa credente e sperante che l'oggi è segnato da questo avvento[128]. Ma in quanto il messaggio del Regno è un messaggio pubblico e politico allora la sequela assume un carattere mistico-politico.

È proprio sulla sequela che si esprime adeguatamente e visibilmente la svolta pratica della teologia e la sua particolare configurazione politica, che non investe soltanto la prospettiva interpretativa della verità del cristianesimo, ma ambisce a determinare nella storia la trasformazione liberante della *memoria Jesu*.

Metz sviluppa questo discorso tenendo come punto di riferimento la peculiare sequela dei religiosi[129], ma da subito ne sottolinea il valore paradigmatico, non in quanto gli unici a poter praticare le esigenze del Regno, ma in quanto chiamati a fungere da «modello incentivante»[130], rispetto ad un riconoscimento della soggettualità credente a tutta la chiesa, a tutti i cristiani in quanto tali, che sono invitati nella loro esistenza a realizzare, non in forma ridotta, l'unica sequela di Cristo.

Considerandoli «terapia d'urto dello Spirito per la grande chiesa»[131], ne mette in luce il carattere di *correttivo critico* verso gli adattamenti che i cristiani sono tentati di assumere seguendo lo spirito della società borghese, capaci per la loro particolare configurazione di essere figura istituzionalizzata della *memoria pericolosa* nel cuore della chiesa stessa, ricordando nella radicalità della sequela le istanze di rinnovamento del Vangelo. Più propriamente allora si dovrà parlare di *chiesa della sequela*, come auspicio, finalità, programma della chiesa intesa vitalmente come *chiesa del popolo*[132]. Egli, infatti, contrappone due modelli di chiesa: la chiesa *per* il popolo, che trasforma il popolo in oggetto di cure, e la chiesa *del* popolo, che esprime e rappresenta la sua soggettualità di fede matura e consapevole, che si pone al cospetto di Dio come quel popolo nuovo auspicato dalle promesse bibliche. Corrispondere a quest'ultima visione costituisce per Metz il futuro della chiesa e del cristianesimo stesso. Queste due coordinate sembrano orientare le scelte

---

[128] Cf. D. VITALI, «Dire Dio oggi», 97 dove in sintonia con questa linea interpretativa afferma: «Il fatto che la vita della Chiesa sia normata dall'esempio di Cristo invoca come prioritaria quella forma particolare di "dire Dio" che è la *sequela Christi*».
[129] Cf. J.B. METZ, *Tempo di religiosi?*, 9.
[130] J.B. METZ, «Da una mistica trascendentale», 110.
[131] J.B. METZ, *Tempo di religiosi?*, 11-12.
[132] Cf. J.B. METZ, «Chiesa di popolo», 175-202; cf. ID., «Per una chiesa rinnovata», 123-134.

per ridisegnare una *mappa della speranza* in un contesto attraversato da una profonda crisi di fede, segnato da un' intima perdita di senso della realtà, da una silenziosa apostasia, da un'incapacità ad infrangere il modello interpretativo di una coscienza borghese organizzata in modo funzionalistico.

Far scoccare «l'ora della sequela» significa considerarsi a partire dalla propria radice, ovvero dalla persona di Gesù Cristo e dal suo messaggio sul Regno di Dio, troppo spesso adeguato alle esigenze della società moderna. Questa per Metz è la risposta per restituire credibilità alla fede cristiana in questo tempo e per questo tempo, già lungamente estenuato da una fervente critica alla religione, in cui il sospetto di una distanza ormai irreversibile rispetto all'originaria intenzione e intuizione di Gesù pesa ancora sul cristianesimo. Nessuna ermeneutica più scaltra e più edotta può ammorbidire questo sospetto se non una reale e vitale ripresa della conformità a Cristo nel cuore di un'epoca postreligiosa: «Il "mondo" non ha alcun bisogno che la religione gli raddoppi la sua di speranza; ha bisogno, e lo cerca (se mai cerca qualcosa), di qualcosa d'antitetico: della forza esplosiva d'una speranza vissuta»[133].

I religiosi possono costituire un impulso nella direzione della sequela, non in quanto privilegiati né come vicari, ma nella prospettiva di una risposta conforme al loro carisma, come coloro che *ricordano* alla chiesa il legame tra essere cristiano e sequela, contro la tentazione di trovare compromessi tranquillizzanti abbastanza comuni in una società come quella odierna. Essa deve costituire, dunque, lo sfondo vitale entro cui orientare l'esistenza quotidiana, nella distinzione sempre valida di D. Bonhoeffer di una «grazia a buon mercato», ovvero una grazia che ci solleva dagli imperativi dello Spirito come strategie a basso costo per la coscienza, e di una «grazia a caro prezzo»[134], che esige la risolutezza di una sequela conquistata sul campo senza risparmiarsi.

Le storie di sequela nell'ambito di un cristianesimo pratico-narrativo sono parte integrante della cristologia, e non semplicemente relegabili in ambito pastorale né morale, ma per il loro carattere *sovversivo* hanno una componente politico-sociale fondamentale, una duplice costituzione: mistica, in quanto radicata e orientata verso Cristo, e politica, in quanto situata all'interno di un destino socio-politico storicamente connotato. Se non si tiene conto di questo duplice aspetto, si rischia di

---

[133] J.B. METZ, *Un credo per l'uomo*, 47.
[134] J.B. METZ, *Tempo di religiosi?*, 32. Cf. D. BONHOEFFER, *Sequela*.

scindere la sequela o in un'opzione umanistico-politica senza riferimento alla dimensione religiosa, o ad una sequela ridotta ad una spiritualità religiosa privata. Questo sdoppiamento si ripercuote inevitabilmente sulla comprensione cristologica, che nel primo caso diventa una gesuologia priva di trascendenza, dove Gesù è semplicemente un modello di comportamento, nell'altro una versione moderna di monofisismo. Per questo la teologia della sequela in quanto informata sullo scandalo della croce è una cristologia *politica*.

Questo tempo della chiesa esige, dunque, la radicalità dell'essere cristiani, una sequela articolata sui consigli evangelici tipica dei religiosi, ma, nella prospettiva del paradigma, propria di ogni cristiano. Metz costruisce intorno ai tre consigli di *povertà, castità* ed *obbedienza* una mappatura della spiritualità della vita credente che, nel suo portato critico-profetico, sovverte l'ordine dei valori di una società e di una chiesa soggiogate dalla religione borghese:

> Chi, infatti, oggi nella chiesa resiste al pericolo di un lento adattamento passivo ad una mentalità del benessere tardo-borghese, di un adattamento che ritengo molto più pericoloso – perché atmosferico e meno programmatico – del cosiddetto adattamento attivo (ad opera di singoli «moderni») e che agisce su tutti noi come un'intossicazione collettiva? Chi risveglia la nostra chiesa dal torpore spirituale con cui essa cerca di resistere alle sfide del nostro tempo, senza volersi confrontare con esse?[135].

È in questa ottica di protesta e resistenza verso una situazione culturale e politica di una società del bisogno e del mercato, nella quale la ragione calcolante esercita il suo dominio regolativo, che viene sviluppato il senso politico del consiglio evangelico della *povertà*, che non è un sostituire o prediligere l'azione sociale alla preghiera o all'esercizio spirituale personale, ma un prendere partito anche pubblicamente di una virtù che contesta la dittatura dell'avere e dell'autoaffermazione per solidarizzare con le concrete forme di povertà, che oggi assumono contorni planetari di discriminazione tra Nord e Sud del mondo. Il ca-

---

[135] J.B. METZ, *Tempo di religiosi?*, 15. Cf. T.R. PETERS, «Consigli evangelici», dove a p. 82 commenta «l'anima del cristianesimo originario, da rifondare negli ordini religiosi, è quella della "negazione del mondo" (Overbeck). Una negazione del mondo, comunque, da non intendersi nel senso pessimistico-gnostico di fuga dal mondo, ma come intromissione critica ed escatologicamente motivata nel luogo in cui si pratica la dimenticanza di Dio e si nega la vita, colà ove si affardellano le negazioni letali: ingiusti assetti della proprietà, disprezzo sessistico per le persone ed esercizio oppressivo del potere».

rattere mistico della sequela impedisce a quest'ultima di sconfinare in un fine puramente politico, ma di vivere la spiritualità all'interno di quelle situazioni dove l'essere soggetto di ogni uomo è minacciato. La mistica politica della sequela è, dunque, questo prendere parte all'emancipazione e liberazione dei miseri di questa terra, testimoniando in modo credibile che anche nella vita ferita si può sperimentare la speranza e la promessa di salvezza di Dio attraverso questa lotta appassionata per una maggiore giustizia per tutti:

> Questa povertà non è dunque una virtù facoltativa tra le altre, ma la componente necessaria di qualunque autentico comportamento di vita cristiana [...]. È la soglia dell'autentico divenire umano dell'uomo. In essa soltanto l'uomo arriva a Dio, come in essa soltanto Dio si avvicina agli uomini. Essa è il punto in cui il cielo e la terra si rovesciano, il misterioso luogo d'incontro fra Dio e l'uomo, il punto più vicino del mistero infinito alla nostra esistenza[136].

La medesima componente mistica e politica è presente per gli altri consigli evangelici: la *castità*, in quanto resistenza alla tentazione della solitudine e nella prospettiva dell'imminente signoria di Dio, spinge verso i solitari e gli emarginati, verso coloro che sono vittime della rassegnazione e della disperazione, per i quali il celibato non è una scelta ma un destino sociale, ovvero una solitudine disperata di chi vive un matrimonio fallito o una famiglia distrutta, o una condizione di vecchiaia o anche di gioventù rassegnata[137]. L'*obbedienza*, che non è da intendersi semplicemente in relazione ad un'autorità, riveste un carattere prioritario, perché si conforma all'atteggiamento fondamentale di Gesù verso Dio. La sua *mistica dell'obbedienza* implica una sofferenza per un Dio che è sperimentato nell'assenza e nell'abbandono, un sì ad un Dio che è diverso dalla proiezione dei nostri desideri, dalla risposta ai nostri problemi:

> E in verità l'immagine divina che appare nella povertà dell'obbedienza di Gesù, nel totale abbandono della sua vita al Padre, non è certo l'immagine d'un avvilente dio-tiranno; non è nemmeno l'esasperazione dell'idea terrena di potere e autorità. È la luminosa immagine di Dio, che solleva e libera, che restituisce ai colpevoli e umiliati un nuovo futuro pieno di promesse e si fa loro incontro con le braccia spalancate della sua misericordia[138].

---

[136] J.B. METZ, *Povertà nello spirito*, 28.
[137] Cf. J.B. METZ, *Tempo di religiosi?*, 50.
[138] J.B. METZ, *Un credo per l'uomo*, 52.

La virtù dell'obbedienza, mentre si affida radicalmente a questo Dio, prende partito socialmente per chi vive nel segno di un'obbedienza che si fa oppressione, alienazione e sudditanza. In relazione ad essa anche l'autorità all'interno della chiesa deve trasformarsi da autorità come esercizio di potere ad autorità carismatica[139], religiosamente competente, autorevole per la testimonianza che irradia la sua azione nel sociale, che è l'unica forma di autorità esigita ed accettata nell'attuale crisi di legittimazione sociale. Essa è contagiosa e potrebbe esercitare un influsso positivo anche sulle trasformazioni del potere nella società, in modo che non sia più fonte di oppressione.

Queste virtù assunte pienamente pongono i religiosi e i cristiani in genere in una posizione di *avanguardia*, sono segno di contraddizione che scongiura il baratto del cristianesimo da «religione della croce a religione del benessere»[140]. Ma essa non è praticabile radicalmente se non è accompagnata dall'attesa della parusia imminente, dalla speranza in un compimento futuro, di un tempo carico di attesa messianica. Nella mutazione dei simboli del tempo, dove l'evoluzione si è sostituita all'apocalisse della fine, il tempo è diventato un'eternità vuota, che non attende nessuno, dove domina una rassegnazione razionale ed apatica[141]. La *coscienza evolutiva* ha preso il posto della *coscienza messianica*, e anche la teologia come la chiesa sembrano essersi assuefatte a questo futuro atemporale di Dio, offrendo «a prezzi sopportabili tutti i paradossi del cristianesimo, adattandosi al corso delle cose»[142].

L'illusione di una crescita inarrestabile ha spento e reso inattuale l'inquietudine apocalittica che deve accompagnare la responsabilità della speranza, e questo non rende percepibile l'urgenza di agire verso situazioni di crisi, catastrofi, ingiustizie e persecuzioni, ma soprattutto non esprime la passione per Dio che deve contraddistinguere la testimonianza del cristiano. Una passione che non vuol dire solo appassionarsi per lui ma anche subire la passione a causa sua, soprattutto in un contesto come quello postmoderno dove in un politeismo di ritorno l'idea del Dio biblico è fortemente compromessa. È nella testimonianza a questo Dio che oggi, secondo Metz, si decidono le sorti del futuro del cristianesimo, nell'intreccio tra storia di vita e storia di fede, tra mistica e politica.

---

[139] Cf. J.B. METZ, «L'autorità ecclesiale», 62-111.
[140] J.B. METZ, *Un credo per l'uomo*, 53.
[141] Cf. J.B. METZ, «Dio. Contro il mito», 45-72.
[142] J.B. METZ, *Tempo di religiosi?*, 62.

## 3.2 La «mistica degli occhi aperti»

La testimonianza come stile di vita conforme a Cristo diventa in un tempo di religione senza Dio il luogo *scandaloso* per rendere presente la radicalità del Dio annunciato dal cristianesimo, il Dio di Abramo, di Isacco e di Giacobbe, il Dio di Gesù. Metz elabora attraverso il riferimento alle *beatitudini* i tratti della *spiritualità politica* del cristiano, ovvero di colui che media nella prassi il messaggio del *kerygma* per consentire alla forza terapeutico-liberatirice di Gesù di operare i miracoli della fede. La sua lettura è attenta a ripristinare il contesto originario della religiosità ebraica da cui esse scaturiscono con tutta la forza profetica di un appello che si alimenta di un'esperienza paradossale e dissonante di Dio rispetto all'ambiente circostante. Come per i consigli evangelici, che modulavano il senso di scelte fondamentali orientate alla sequela di Gesù, così per le beatitudini Metz sottolinea, attraverso un'ermeneutica critico-profetica, tutta la concretezza di una spiritualità che nasce dall'esperienza autentica del Dio biblico, mettendone in evidenza la differenza rispetto alla spiritualità delle altre tradizioni di fede, soprattutto quelle orientali.

Utilizza un'espressione originale per segnalare questa distinzione pur nella comune ricerca ed esperienza dell'assoluto: «mistica degli occhi aperti»[143], differenziandola da una «mistica degli occhi chiusi» che invece è tipica delle spiritualità dell'Estremo Oriente, specialmente di quella buddhista. Attraverso la riflessione sulla concezione dell'Io, egli mette in evidenza la traiettoria diversa dell'abbandono a Dio che accade quando l'uomo, nella percezione della sofferenza causata dal radicamento nel proprio egocentrismo, opera un trascendimento di sé come liberazione. Ma mentre nel buddhismo ciò implica «annullamento del Sé nel vuoto del Tutto privo di forma»[144], nel cristianesimo accade un crescente legame mistico tra Dio e l'uomo il quale non dissolve la responsabilità personale dell'uomo verso gli altri, ma la esige. Essa è mistica del *volto*, non mistica della natura o del cosmo, ma espressione peculiare della mistica del dolore delle tradizioni bibli-

---

[143] J.B. METZ, *Passione per Dio*, 36; cf. ID., *Mistica degli occhi aperti* è proprio il titolo della sua ultima opera, che si propone di delineare un profilo della spiritualità cristiana nel contesto dei modelli secolari attuali e nel confronto con le altre spiritualità contemporanee, nella prospettiva di una teologia fondamentale che vuole scardinare il dualismo tra fede e vita..

[144] J.B. METZ, *Memoria passionis*, 104.

che monoteiste[145]. In esse, ed in particolare nell'esperienza storica di Gesù, l'incontro con Dio è rinviato al contatto con il dolore altrui, come il primo *sguardo* di Gesù non diretto verso il peccato, ma verso il dolore degli altri[146]. Anzi, il peccato è proprio il rifiuto di prestare attenzione alla sofferenza dell'altro e un ripiegarsi dell'uomo su se stesso.

Il cristianesimo si origina come comunità di memoria e narrazione proprio a partire da questo *sguardo*, che determina la particolare sensibilità per il dolore altrui che dovrebbe contraddistinguere chi si mette alla sua sequela: «Chi riconosce "Dio" nel senso di Gesù, mette in conto che, tramite la sventura altrui, i propri supposti interessi possano venir lesi, come insinua la parabola del "buon Samaritano", con cui Gesù si è narrativamente addentrato nella rimemorazione del genere umano»[147].

Nella storia della teologia, però, la questione della sofferenza ingiusta venne tramutata indebitamente in quella della redenzione del colpevole, e la sofferenza venne assorbita nella colpa, compromettendo anche la domanda sulla teodicea. In questa lettura il cristianesimo si tramuta da religione sensibile al dolore a religione in primo luogo sensibile ai peccati. Non si tratta ovviamente di marginalizzare la rilevanza della colpa, che l'illusione di innocenza dell'attuale società già contribuisce ad attenuare, ma di restituire la corretta priorità tra peccato, colpa e sensibilità per il dolore, soprattutto nella prospettiva di un cristianesimo *dopo Auschwitz*.

Probabilmente nell'annuncio del messaggio cristiano della passione abbiamo estromesso il grido degli uomini custodito nelle storie di sofferenza del mondo, divenendo sordi di fronte alla *profezia* di questa sofferenza:

> Sono per il primato dell'esperienza della sofferenza, e sono dell'idea che si debba avvertire la propria colpa, quando si manca nei confronti della sofferenza degli altri. Conversione significa che quella colpevolezza, che ho avvertito di fronte al dolore dell'altro, mi cambia. Anche Gesù ha voluto questa stessa impostazione: ha voluto che vedessimo ciò che avveniva agli altri, e questo vedere è una premessa, poi, per il culto divino. Pensate alla parabola del buon samaritano: il sacerdote tira avanti dritto davanti al sofferente, vede eppure non vede; anche il levita va avanti, vede e non vede.

---

[145] Cf. J.B. METZ, «Il cristianesimo nel pluralismo», 266.
[146] Cf. J.B. METZ, *Memoria passionis*, 153; cf. ID., «Concupiscenza», 290-299; cf. ID., *Mistica degli occhi aperti*, 92-93.
[147] J.B. METZ, *Memoria passionis*, 153.

Gesù dice che il culto divino di queste due persone è inutile. Solo il samaritano, anche se poi non va al tempio, in quanto samaritano, è vicino a Dio. Si tratta di un annuncio enfatico della priorità del vedere, del riconoscere, del dolore di fronte alla colpa[148].

Gesù ha insegnato una mistica del rapporto con Dio fondata su una miglior *disponibilità percettiva*, una mistica che «vede di più»[149], e in questa *eccedenza* di percezione affina la sensibilità verso la sofferenza anche invisibile e scomoda. Egli insiste sulla possibilità di vedere la grazia che Dio opera, la sua presenza nella realtà quotidiana ed ordinaria, ed i Vangeli sono l'attestazione che altri hanno «visto ed udito» e ne rendono testimonianza. Questa particolare visione della fede si affina se il credente guarda il mondo con lo stesso sguardo di Gesù.

Attraverso questa *fenomenologia dello sguardo* Metz ritrova l'originaria intenzione di Gesù di sanare lo strappo operato dalla sofferenza nel cuore della finitezza di cui l'uomo fa continua esperienza, con modalità spesso disumane, che deturpano il volto della vittima ma anche del suo aguzzino.

Il cristianesimo deve essere «una scuola del vedere»[150], che sa guardare oltre, dove la fede è prerogativa degli uomini che hanno occhi vigili, occhi per gli altri, soprattutto se destinati ad essere invisibili. In questa prospettiva la fede cristiana non deve essere né sonnolente, come si racconta nella parabola delle vergini stolte (cf. Mt 25,1-13), né cadere nella trappola dell'attuale incantesimo dell'anima della postmodernità, ma assumere quello sguardo proprio della *mistica degli occhi aperti* che fonda una cultura della sensibilità e del riconoscimento degli altri, che sa resistere di fronte al volto sgradevole della povertà, che sa reggere lo sguardo di quegli «occhi senza sogni e senza desideri degli infelici»[151].

Questa purificazione ed acutezza dello sguardo risponde a due imperativi della tradizione biblica: «Svegliatevi, aprite gli occhi» e «Non devi crearti immagini»[152], i quali mettono in guardia contro la forza devastante dei *cliché* contemporanei, quelle immagini stereotipate, fonte di pregiudizi culturali e sociali, che impediscono di guardare l'altro nel

---

[148] J.B. METZ, «*Memoria passionis*, memoria sovversiva», 29-30.
[149] J.B. METZ, *Passione per Dio*, 37.
[150] J.B. METZ, «...escludere la logica del dominio», 149.
[151] J.B. METZ, «...escludere la logica del dominio», 150; cf. ID., «Con gli occhi di un teologo europeo», 120-127.
[152] Cf. J.B. METZ, *Mistica degli occhi aperti*, 54-61.

suo volto indigente, ma lo fissano come nemico, verso cui si nutrono sentimenti di ostilità e paura, provocando quella sofferenza del sentirsi straniero e dell'essere privati della propria dignità che si affianca alla sofferenza causata dalla povertà.

Si può parlare allora della mistica degli occhi aperti come *mistica della secolarità*, ovvero di quella testimonianza di Dio a cui non si può più accordare un'innocenza politica, poiché se deve essere resa *ad occhi aperti* essa si trova invischiata in storie di crocifissioni e torture, di odio e mancanza di amore. Pertanto, la *cultura della memoria* e la *cultura degli occhi aperti* vanno necessariamente assieme. Il rapporto con il dolore umano, che ci è noto attraverso le storie bibliche, non ci esorta solo a farne memoria, ma è anche un prendere atto di realtà che altrimenti non vediamo. Gesù non vuole un Dio a cui credere ad *occhi chiusi*. Non vuole un culto divino che oltrepassi il dolore degli altri. Il compito di rendere visibile il dolore dell'altro è un momento immanente alla *memoria passionis*.

### a) La dimensione politica della con-passione

La dimensione politica, quindi, non è estranea alla fede nel Dio di Gesù Cristo, la mistica che sottende la sequela non è personale ascesi di un'unione estatica ma privata, è invece radicata alla terra, una *mistica degli occhi aperti* che trasforma la quotidianità, l'ordinarietà dell'esistenza permettendo allo spirito di *con-passione* di modificare le relazioni con Dio, con gli altri e con il mondo. La sequela di Cristo nello spirito della *con-passione* ci riconduce all'esperienza del mistero pasquale, in quel grido sulla croce che raccoglie tutte le storie di passione dell'umanità e riassume la storia di passione di Israele, una sofferenza che invoca Dio e strappa così dall'abisso della dimenticanza i volti anonimi dei crocifissi. Una amnesia che innerva la cultura moderna, affetta dalla ricerca della felicità a tutti i costi, che costruisce il proprio futuro senza obbedire a quel comandamento di Gesù riportato da Mt 25,45: «In verità vi dico: ogni volta che non avete fatto queste cose a uno di questi miei fratelli più piccoli, non l'avete fatto a me».

Il grido verso Dio costituisce lo sfondo della mistica della *con-passione* e non sarà ammutolito fin quando non sarà estinta la fame e sete di giustizia. Esso chiama in causa l'inquietante domanda sulla giustizia del dolore innocente, una domanda che investe l'ambito della teodicea, la quale diventa nella modernità il pretesto dell'inaffidabilità di Dio, dove si annida la contestazione umanamente più autentica, un'eco della protesta giobica della tradizione biblica. Come fa notare

Metz, nella letteratura moderna la questione sollevata da Ivan Karamazov nel romanzo *I fratelli Karamazov* di Dostoevskij riassume la densità di questa inaccettabilità di Dio a partire dalla questione del dolore innocente:

> Finchè c'è tempo, voglio correre ai ripari e quindi rifiuto decisamente l'armonia superiore. Essa non vale le lacrime neanche di quella sola bambina torturata, che si batte il petto con il pugno piccino e prega in quel fetido stambugio, piangendo lacrime irriscattate al suo «buon Dio»! Non vale, perché quelle lacrime sono rimaste irriscattate [...]. Hanno fissato un prezzo troppo alto per l'armonia; non possiamo permetterci di pagare tanto per accedervi. Pertanto mi affretto a restituire il biglietto d'entrata[153].

Essa arriva fin nel cuore di *Auschwitz* addensandosi nell'interrogativo lacerante di E. Wiesel di fronte al bambino impiccato: «Dov'è il Buon Dio? Dov'è?»[154]. Il cristianesimo non può più tralasciare o emarginare la questione della minaccia che la storia umana di sofferenza rappresenta per la speranza che esso annuncia e per il Dio che testimonia.

Lo spostamento di accento che egli ha rilevato dallo *sguardo* di Gesù sulla sofferenza ingiusta verso la redenzione della colpa porta con sé delle conseguenze profonde sia sul piano del discorso su Dio che su quello della figura di responsabilità ad esso corrispondente: «quel Dio che ci si è reso vicino in Gesù non pare molto interessato a come noi Lo pensiamo, ma piuttosto a come ci comportiamo con gli altri. Ed è proprio dal modo di rapportarci agli altri che noi mostreremo quale siano la forma e il contenuto del nostro pensare Dio»[155].

Il ribaltamento della logica operato dallo spostamento di accento sul primato della sofferenza trasforma quest'ultima in *cifra* antropologica fondamentale entro cui ridisegnare i tratti di un *nuovo* umanesimo[156]. Questo è l'orientamento non più procrastinabile che Metz indica ad una teologia che vuole essere *politica*, ovvero che vuole mostrare l'efficacia e la rilevanza del cristianesimo per l'uomo contemporaneo, il quale vive ora l'esperienza della minaccia non solo nella sfera personale, ma anche in quella sociale, essendo quella attuale percepita come una *società del rischio*[157]. Egli mostra come un cristianesimo *dopo Auschwitz*

---

[153] F. DOSTOEVSKIJ, *I fratelli Karamazov*, 339-340.
[154] E. WIESEL, *La notte*, 66.
[155] J.B. METZ, *Povertà nello spirito*, 38.
[156] Cf. A. AUTIERO, «Su Metz», 287.
[157] Cf. U. BECK, *La società del rischio*, 13-21.

deve modificare l'ordine delle sue categorie e rimettere al centro dell'attenzione il problema del male e della sofferenza, che l'uomo ormai vive in una dimensione amplificata, planetaria. Alla questione esistenziale, che ha caratterizzato il cruccio della riflessione teologica del Novecento, bisogna sostituire la questione della teodicea nella sua versione politica: il discorso su Dio come grido per la salvezza degli altri, per le vittime e gli sconfitti della nostra storia.

Si comprende, allora, la necessità di ritornare nel cuore dell'esperienza biblica di Dio, ma soprattutto a quella grammatica elementare della fede narrata nell'originalità dello *stile* di vita di Gesù, perché qui si coglie la sua particolare sensibilità, dove si esprime non solo la solidarietà verso il bisognoso, ma anche quell'unità inseparabile di amore di Dio e amore del prossimo, che Metz meglio definisce «Passione di Dio come com-passione, come mistica della com-passione»[158], ovvero passione di Dio come disponibilità incondizionata alla *con-passione*. Essa esige la *conversione dello sguardo*, la disponibilità a considerare il mondo con gli occhi degli altri, dei sofferenti, solo così si intraprende quel cammino di spodestamento del proprio io che relativizza i nostri interessi e si lascia *interrompere* dalle storie di dolore che incontra. Questa spoliazione Metz la chiama *mistica*, in cui l'io dell'uomo non viene dissolto, come accade nelle mistiche orientali, ma viene moralmente interpellato.

La mistica della *con-passione* non è però una esperienza elitaria, non un atto di eroismo o di santità straordinaria, ma è mistica del quotidiano, accessibile a tutti, non riducibile solo alla sfera privata del credente, ma coinvolge la dimensione pubblica del suo vivere sociale e politico[159]. Ciò potrebbe facilitare la comunicazione tra mondi culturalmente diversi, potrebbe renderci più disponibili alla risoluzione dei conflitti non con altra violenza ma con processi di pace autentica. Bisogna fare attenzione alle tracce presenti nell'attuale mondo di vita, a quei progetti di *con-passione* che non eludono il dolore altrui, a quella disponibilità ferma a prendersi cura dell'ingiustizia, poiché si sottraggono al flusso di indifferenza e di apatia, oggi domi-

---

[158] J.B. METZ, *Povertà nello spirito*, 66. Cf. C. DOTOLO, *Un cristianesimo possibile*, 212 dove afferma: «Non sorprende, dunque, che nella narrazione neotestamentaria, l'attribuzione della compassione all'*éthos* cristologico non sia semplicemente funzionale alla presentazione di un modello di stile di vita particolare, ma mostri una condizione imprescindibile per l'ermeneutica della novità della rivelazione».

[159] Cf. A. TONIOLO, «Unità della famiglia umana», 87-90.

nante, e non celebrano la felicità e l'amore come «autoallestimenti narcisistici»[160].

La *con-passione*, intesa come «*cifra* dell'universale umano»[161], è, dunque, categoria fondante il progetto di mondo del cristianesimo nell'epoca della globalizzazione e se riesce ad ispirare la politica potrebbe dare un nuovo orientamento alla convivenza tra i popoli. Metz porta un esempio per dare concretezza alla sua proposta:

> In occasione di uno dei consueti sondaggi sui cambiamenti del secolo, mi hanno chiesto quale evento degli ultimi anni mi avesse particolarmente colpito. Io ho richiamato una scena dell'anno 1993 quando a Washington – alla presenza del presidente degli Stati Uniti – Rabin per Israele e Arafat per i Palestinesi si sono stretti la mano per la prima volta e si sono assicurati a vicenda che nel futuro avrebbero voluto guardare non solo alle proprie sofferenze, ma di essere pronti a guardare alle sofferenze dell'altro, di non dimenticare e di prendere in considerazione nella loro politica le sofferenze di coloro che fino a quel momento si consideravano nemici. Questo era per me l'approccio di una politica di pace a partire dalla *memoria passionis*, dal far proprio il dolore altrui[162].

L'imperativo della *con-passione* dovrebbe essere operativo tra i cristiani, soprattutto nell'Unione Europea, in modo tale da offrirsi come laboratorio di un nuovo scenario culturale dove far fiorire una politica che sa tessere prospettive di pace, che sa alimentare una politica del riconoscimento basata su rapporti asimmetrici, ovvero quei rapporti che spezzano la logica violenta dei mercati e che riconoscono come *partner* i popoli più emarginati e dimenticati. In questa asimmetria ritorna di prassi l'implicazione morale, che consentirebbe alla politica di fuggire l'ineluttabile ingerenza dell'economia e della tecnica, tornando ad operare in vista di processi umanizzanti, restituendo memoria alla moderna storia di libertà nell'orizzonte di un'*éthos* globale in cui tutti possano riconoscersi, perché tutti sottomessi all'unico principio *debole* dell'autorità dei sofferenti:

> Ora tutte le grandi religioni dell'umanità sono concentrate intorno ad una mistica del dolore. Essa potrebbe essere anche la base per una coalizione delle religioni per la salvezza e l'incremento della compassione sociale e politica del nostro mondo, nella comune resistenza contro le cause del do-

---

[160] J.B. METZ, *Memoria passionis*, 171.
[161] M. NICOLETTI, «Su Metz», 289.
[162] J.B. METZ, «Il cistianesimo nel pluralismo», 260.

lore ingiusto e innocente, ma anche contro la fredda alternativa di una società mondiale, nella quale l'«uomo» sempre più scompare nei sistemi vuoti di umanità dell'economia, della tecnica e dell'industria dell'informazione e della cultura. Questa ecumene della compassione sarebbe non solo un evento religioso ma anche politico[163].

*b) La responsabilità come* ermeneutica pratica *del Vangelo*

Questo spirito di *con-passione* è l'eredità più propria del messaggio cristiano, è ciò che di più autentico ha da dire agli uomini di oggi e deve diventare il programma mondiale del cristianesimo[164] nell'epoca della globalizzazione. La categoria della solidarietà come *memoria con-passionis* acquista la sua massima ampiezza solo se collocata in una prospettiva planetaria, dove la teologia e la chiesa sono chiamate ad abbandonare il punto di vista eurocentrico, che idealizza e falsifica l'idea dei bisogni, e ad assumere la globalità come prospettiva universale ma sempre contestuale, in cui il discorso sull'uguaglianza non è indifferente alle differenze sostanziali che connotano gli uomini nell'odierna società.

La chiesa come *comunità della con-passione*[165] è chiamata a sconfiggere questo tempo segnato dall'anonimato della globalizzazione, una presenza che si fa realmente globale se si sa rendere prossima ad ogni sventura disseminata nel mondo. Essa è tenuta a ricordare l'autorità universale dei sofferenti, che vincola eticamente prima di ogni accordo politico stipulato tra Stati basato sul consenso, capace di modificare anche quella politica assoggettata al potere del mercato. Essa dovrebbe stare dalla parte dei paesi poveri, difendere il loro diritto di parola nella politica mondiale, promuovere la parità dei diritti umani soprattutto quando vengono volontariamente estromessi dal sistema economico: «Che cosa accadrebbe se tutti i cristiani, nei loro più diversi mondi di vita, osassero l'esperimento di questa compassione»[166]?

Forse si comincerebbe a pensare in modo diverso ai problemi che affliggono oggi l'umana convivenza, a gettare nuova luce su questo mondo lacerato. In diverse occasioni Metz ricorda le urgenze e le sfide a cui la società attuale chiama il cristianesimo: la disuguaglianza nord-sud

---

[163] J.B. METZ, «Il cistianesimo nel pluralismo», 264-265; cf. ID., *Mistica degli occhi aperti*, 57.
[164] Cf. J.B. METZ, «Proposta di programma universale», 389-402.
[165] Cf. J.B. METZ, *Povertà nello spirito*, 72.
[166] J.B. METZ, *Povertà nello spirito*, 74.

del mondo, le guerre etniche, i fondamentalismi e il conflitto tra civiltà, la globalizzazione come forma di colonizzazione economica e culturale dei paesi ricchi su quelli poveri, il problema ecologico e la minaccia delle catastrofi a cui l'uomo, per la sua incuria, ha esposto il mondo.

La chiesa di fronte a tali scenari non può fuggire nell'autoprivatizzazione, ma nello spirito della *con-passione* deve confrontarsi con il mondo. Due sono, infatti, le modalità in cui oggi si concretizza l'autoprivattizzazione della chiesa di fronte alla sua responsabilità: la tendenza fondamentalistica del «piccolo gregge», dove si determina la propria identità in modo esclusivo; la tendenza liberale di una chiesa borghese, che si presta alla logica dei bisogni nell'ottica di una «chiesa-di-servizi».

Per descrivere questo andamento della chiesa nell'attuale ambito pubblico pluralista, egli usa la metafora dell'«elefante cattolico»[167], mettendo in evidenza errori ed opportunità: 1) come l'elefante, antica e voluminosa nella presenza numerica e globale, essa deve vivere le sfide che si presentano in zone circostanziate come chiesa mondiale e non considerarle come qualcosa di marginale e periferico. Una chiesa policentrica non ha più un centro e una periferia, ma ogni luogo del mondo la riguarda; 2) come la proverbiale memoria da elefante, la chiesa è una comunità di memoria, custodisce ciò che altrimenti andrebbe vanificato nell'attuale cultura dell'amnesia. La sua rimemorazione, oltre ad essere autocritica, è anche ricordo provocatorio verso questioni urgenti come la *biopolitica*, per cui è chiamata ad attivare una riserva di senso che contesta l'uomo ridotto ad esperimento, verso l'*europolitica*, per cui attinge dalla sua memoria biblica l'imperativo dell'uguaglianza di tutti gli uomini e la tutela dei deboli e sofferenti in vista di un *éthos* comune che sappia accogliere l'altro in quanto altro; 3) coriacea come un elefante, essa si ostina ad essere diffidente verso lo spirito del tempo, nonostante il monito di aggiornamento del Concilio Vaticano II. Ciò le conferisce un'andatura lenta ed affaticata di fronte alla modernizzazione, ma questo potrebbe essere anche una risorsa: esprimere la sua resistenza feconda verso le patologie del mondo secolare e post-secolare; 4) come la sensibilità attribuita all'elefante, la chiesa ha un'anima ricettiva, una sensibilità (*Sensibilität*) da cui essa potrebbe attingere la forza per il suo orientamento. Essa è la mistica politica della *con-passione*, una chiesa che esprime nel suo vissuto il suo coinvolgimento appassio-

---

[167] J.B. METZ, *Memoria passionis*, 173.

nato a Dio. In essa la *memoria passionis* è criterio ermeneutico fondamentale della sua riflessione e della sua prassi, memoria rischiosa per se stessa e per il mondo contemporaneo, che tiene insieme la rimemorazione di Dio e il grido dei sofferenti.

In un contesto pluralistico, lo spirito della *con-passione* rende l'autorità dei sofferenti l'ineludibile criterio per il dialogo culturale e religioso, permettendo al vangelo di fecondare le culture senza creare scontri di civiltà. Se l'esperimento *con-passione* assumesse l'estensione reale che la chiesa ha nel mondo, si potrebbe giungere in poco tempo ad un'ecumene della *con-passione* fra i cristiani ed orientare verso un'ecumene delle religioni, dove l'universalità della sofferenza diventerebbe appello e monito[168]. La realtà dolorosa che sale al cielo dalle diverse situazioni di emarginazione, povertà, conflitti, guerre, discriminazioni anche di intere popolazioni deve essere per la chiesa una questione decisiva, dove si misura la sua stessa affidabilità e il suo radicarsi nel mondo. Le situazioni di disumanità non possono riguardare solo la responsabilità degli Stati e dei governi, ma tocca il cuore stesso dell'essere chiesa, il suo essere incardinata nella tensione tra mistica e politica, la quale impone l'assunzione del peso della storia e delle storie, non solo come imperativo etico, ma soprattutto come monito escatologico, da cui attinge la forza, pur nella costitutiva fragilità, della propria solidale responsabilità[169].

La responsabilità è l'atteggiamento che proviene dal «peso» del Dio biblico, il quale non invita a frapporre la distanza tra sé e il vivere sociale e politico degli uomini, ma ad operare al fine di togliere l'odio e la violenza che regolano non raramente tali rapporti. Gesù con la parabola del buon samaritano indicava la direzione: per chi sono responsabile?

L'ambito di questa responsabilità è illimitato, poiché prossimo non è solo chi ammettiamo come tale, ma criterio dell'ampiezza è il dolore altrui. Sicuramente questa figura di responsabilità universale è da annoverare tra i *segni dei tempi* che la chiesa è chiamata a discernere. Il problema della nuova evangelizzazione, che ha assunto oggi la logica dell'emergenza, chiede di rievangelizzare prioritariamente il cosiddetto Primo Mondo, l'Europa e l'Occidente cristiano e opulento[170]. Se di nuova evangelizzazione si deve parlare, occorre osare vie nuove, ma soprattutto assumere come centrali problemi che in passato sono stati marginali.

---

[168] Cf. J.B. METZ, «Nel pluralismo dei mondi», 221.
[169] Cf. J.B. METZ, *Passione per Dio*, 52.
[170] Cf. SINODO DEI VESCOVI, *La Nuova evangelizzazione*, nn. 45-47.

Di fronte alla diaspora del cristianesimo in Europa e alla sua perdita di rilevanza vanno trovate per Metz «nuove figure di *vita communis*, dove trovi dimora la speranza escatologica»[171], l'unico orientamento possibile perché il cristianesimo torni ad essere significativo nei deserti delle metropoli europee, dove la presenza tradizionale della chiesa non risulta più efficace. Sia la chiesa che la teologia devono porsi in maniera critica di fronte ad una risposta politico-sociale sulla risoluzione di tali problemi, avendo come unico criterio la prassi solidaristica della sequela. Ciò significa che il cristianesimo dovrà avere come unica segnaletica la soggettualità solidale di tutti gli uomini davanti a Dio, senza sostituire l'idea del bisognoso al suo volto concreto. La presa in carico di questa opzione di solidarietà planetaria non è più procrastinabile per la chiesa, perché ne va della sua identità di *comunità eucaristica* in quanto segno d'unità escatologica già instaurato. Essa è la patria della speranza, della speranza nel Dio dei viventi e dei morti che chiama tutti gli uomini ad essere soggetti davanti a lui.

Questa nuova provocazione che ci viene dal processo di mondializzazione con tutti i suoi problemi, ma anche con le sue opportunità, conduce a ripensare i modelli di presenza ecclesiale, di annuncio, di riflessione teologica, di prassi solidaristica: inculturare, infatti, significa «riscoprire il mondo con gli occhi di Gesù»[172]. Un mutamento di prospettiva, dunque, che richiede una disponibilità a lasciarsi «interrompere» dal dolore altrui per assumere la prospettiva della «mistica degli occhi aperti», una spiritualità radicata alla terra e fondata sulla *memoria passionis*, la quale deve essere intesa come categoria base di una teologia nell'ambito pubblico pluralista[173].

Una mistica della *con-passione* come *mistica della secolarità* è lo *stile* che il cristianesimo è chiamato ad assumere per inaugurare una nuova prassi, in cui l'agire politico è imputabile ad ogni credente in quanto responsabile del futuro messianico. La sua riflessione, infatti, non si limita in modo unilaterale a porre la centralità della dimensione politica in ambito teologico, ma più profondamente ad assumere come punto di partenza, come metodo e come approdo l'unione mistica con Dio[174].

---

[171] J.B. METZ, *Passione per Dio*, 56.
[172] J.B. METZ, *Passione per Dio*, 48.
[173] Cf. J.B. METZ, *Memoria passionis*, 184.
[174] Cf. M. NICOLETTI, «Teologia, mistica e politica», 5.

CAPITOLO VIII

## *Conversio ad passionem*: un cristianesimo sensibile al dolore

*«Lo sfondo autobiografico [...] continua a segnare ancora oggi il mio lavoro teologico, in cui la categoria del pericolo vi ha, per esempio, un ruolo centrale e in cui non si vuol rinunciare alle metafore apocalittiche della storia della fede, si diffida di una escatologia dai toni idealistici. E soprattutto attraversa il mio lavoro teologico una particolare sensibilità per la teodicea, il problema di Dio di fronte alla storia delle sofferenze del mondo, del "suo" mondo. Quella che più tardi si chiamerà "teologia politica" ha qui le sue radici: il discorso su Dio nella* conversio ad passionem*»*[1].

### 1. Un inedito paradigma teologico

Lo sfondo autobiografico a cui allude Metz nella citazione posta in esergo rimanda ad un'esperienza dolorosa vissuta all'età di sedici anni nello scenario funesto della seconda guerra mondiale: una notte, su ordine del comandante della compagnia in cui era stato chiamato a svolgere il suo servizio militare, è inviato in missione come corriere. Tornato il mattino seguente, trovò i suoi compagni tutti morti a seguito di un attacco di cacciabombardieri. Il ricordo di quel giorno è segnato da «un grido soffocato»[2], che si è fatto più acuto e insopportabile al cospetto della tragedia della *Shoah*, a cui egli dà il nome paradigmatico di «Auschwitz» a significare più concretamente «una topografia dell'orrore»[3] da cui non si può fuggire.

---

[1] J.B. METZ, «Un cenno biografico», 226.
[2] J.B. METZ, *Mistica degli occhi aperti*, 98-99.
[3] J.B. METZ, «Toward a christology after Auschwitz», 103.

La sua teologia è profondamente segnata da questo grido inespresso, e tutta la sua riflessione è mossa dall'impellente domanda di come si possa continuare a nominare e pregare Dio dopo questa catastrofe, che diventa per la coscienza occidentale figlia della Modernità il luogo paradigmatico del male, di fronte al quale la teologia «non può volgere le spalle»[4].

Dire *dopo Auschwitz*, per Metz, non implica la riduzione di importanza delle altre situazioni di catastrofi ed ingiustizie presenti nella storia, ma significa sensibilizzare la teologia verso le storie di sofferenza e rendere più attento lo sguardo sulla fragilità che costituisce la situazione dell'umanità nel nostro mondo, anche se Auschwitz rimane in tutta la sua singolarità e gravità nella memoria del XX secolo[5]. Certo, la teologia non è rimasta indifferente alla questione e provocazione sollevata dalla domanda della *Shoah*[6], ma oltre all'attenzione probabilmente è mancata una riflessione seria sugli effetti determinanti le categorie del pensiero, le prospettive e gli orientamenti per una teologia che argomenta «a partire da Auschwitz».

Non possono non risuonare le vibranti parole pronunciate da Benedetto XVI, un Papa tedesco, in questo luogo di orrore: «In un luogo come questo vengono meno le parole, in fondo può restare soltanto uno sbigottito silenzio – silenzio che è un interiore grido verso Dio: Perché, Signore, hai taciuto? Perché hai potuto tollerare tutto questo?»[7].

A testimonianza che a distanza di anni non si estingue né si cancella la domanda inquietante sul dolore innocente, considerando, come afferma J. Moltmann, che «Davanti a Dio non ci sono prescrizioni»[8].

---

[4] J.B. METZ, «Da una mistica trascendentale» 106; cf. ID., *Dove si arrende la notte*, 17 dove in tono autobiografico afferma: «Come sempre accade anch'io mi sono accorto tardi, troppo tardi, dell'assenza in teologia di una riflessione su Auschwitz. Anche le esperienze del '68 consentirono un approccio diverso al passato della Germania e finalmente una coscienza più profonda dell'Olocausto. Così agli inizi degli anni Settanta, ho potuto chiedere al mio grande maestro e amico Karl Rahner perché nella teologia, anche nella sua, non era comparso mai Auschwitz. Rahner prese assolutamente sul serio la mia preoccupazione». Fa notare nella stessa intervista che fu il testo da lui preparato per il Sinodo tedesco *Un credo per l'uomo d'oggi* a contenere per la prima volta una presa di posizione della chiesa tedesca su Auschwitz con il paragrafo «Per un nuovo modo di porsi rispetto alla storia di fede del popolo ebraico» (pp. 59-60).

[5] Cf. Z. BAUMAN, *Modernità e Olocausto*, 17-19.

[6] I riferimenti bibliografici in questo ambito sono vasti, per un orientamento cf. P. STEFANI, «Pensare e credere dopo Auschwitz», 531-542. Cf. M. GIULIANI, *Cristianesimo e Shoà*. Cf. B. PETERSEN, *Theologie nach Aushwitz?*.

[7] BENEDETTO XVI, «In questo luogo di orrore», 7.

[8] J. MOLTMANN, *Dio nel progetto del mondo*, 166.

## CAP. VIII: *CONVERSIO AD PASSIONEM*

Che significa, allora, per la teologia riflettere davanti allo sterminio di milioni di ebrei? Perché questo buco nero prodotto nel cuore dell'Europa cristiana non ha avuto quella risonanza che pur merita all'interno della teologia? Quali sono gli effetti e le prospettive che si aprono per la teologia che si lascia inquietare dall'Olocausto? Quale cristianesimo dopo «la notte» di Auschwitz? Tener conto della *Shoah* significa operare una revisione della teologia cristiana e, in particolare, «una revisione teologica dell'immagine pubblica di Dio»[9].

Metz non rinuncia ad evidenziare un aspetto fondamentale del cristianesimo, da cui dipende la sua visione teologica: esso non è una religione delle idee, ma della *non-identità*[10]. Con questa espressione intende l'impossibilità di trovare una conciliazione per via speculativa ed argomentativa a quel dolore che interrompe qualsiasi discorso che, come per gli amici di Giobbe, tenta di parlare di Dio con un atto giustificativo ed assolutorio. Più volte egli ripete un'espressione di Th. W. Adorno «L'esigenza che il dolore venga fatto oggetto di discussione è condizione di ogni verità»[11], presupponendo la sensibilità verso la sofferenza come apriori per la credibilità di ogni discorso.

Ciò motiva la scelta di assumere come centrale nella sua riflessione teologica la questione della teodicea, soprattutto per una teologia come quella politica che si definisce *postidealistica*[12], nel senso che assume la storia come luogo, seppur costitutivamente minacciato, del ritrovamento teologico della verità e della sua testimonianza[13]. Essa, insieme alla teologia della liberazione, figura tra i tre paradigmi presenti nella teologia cattolica: il paradigma neoscolastico, caratterizzato da una risposta difensivo-tradizionalistica e perciò improduttiva rispetto alle sfide portate dalla Modernità, quello idealistico-trascendentale, che pur positivo per alcuni apporti fecondi rimane oggi impraticabile soprattutto di fronte alle sfide più recenti della postmodernità, e quello postidealistico. Tra questi, solo la prospettiva della teologia postidealistica è in grado di far fronte in modo significativo al contesto odierno, perché non spiega il mondo né dà la sua interpretazione dell'esistenza in un si-

---

[9] J. MOLTMANN, *Dio nel progetto del mondo*, 178.
[10] Cf. J.B. METZ, «*Memoria passionis*, memoria sovversiva», 27. Cf. D. TRACY, «Il ritorno di Dio», 70.
[11] TH.W. ADORNO, *Dialettica negativa*, 16-17.
[12] Cf. J.B. METZ, «Verso una teologia post-idealistica», 114-130; cf. ID., *Dove si arrende la notte*, 15.
[13] Cf. R. REPOLE, «Di Dio e della storia», 406.

stema chiuso ed estraneo alle reali situazioni di vita, ma assume come propria la logica della non-identità.

Egli ha delineato tre *interruzioni* o cesure, ovvero quelle esperienze di non-identità con cui la teologia ha dovuto fare i conti con la sua *perdita di innocenza* nel discorso su Dio: 1) il conflitto irrisolto con l'Illuminismo, in cui con l'emergere del primato della ragion pratica in ordine alle problematiche sociali ed etiche, determinate anche dalla critica marxista, la teologia si imbatte con il primato del soggetto, della prassi e dell'alterità; 2) la catastrofe di Auschwitz, che impone alla teologia di ripensare il discorso su Dio a partire dal grido delle vittime, senza incedere in sterili idealismi che ne obliano la memoria; 3) l'irruzione del Terzo mondo, che pone all'attenzione la conflittualità sociale tra Nord e Sud con il decentramento da una chiesa eurocentrica ad una chiesa mondiale culturalmente policentrica.

Alla prima e alla terza sfida la teologia politica, come abbiamo evidenziato nei precedenti capitoli, ha risposto con la proposta di una *ragione anamnestica*, né trascendentale né comunicativa, che con la sua «consapevolezza della perdita»[14], in quanto radicata nella *memoria passionis,* si fa interprete di una rinnovata connessione tra Illuminismo e teologia. Ricongiunge così *Atene* e *Gerusalemme* e, in un contesto post-secolare e post-metafisico, può orientare verso una *metafisica negativa*: la pretesa della verità della ragione nell'epoca del pluralismo, dove l'universalità è incardinata nell'autorità dei sofferenti, quell'*humanum* comune verso cui l'ecumene della *con-passione* si volge come programma universale del cristianesimo in un tempo di globalizzazione.

Ora rimangono da affrontare le implicazioni che la seconda sfida, la catastrofe di Auschwitz, produce per la teologia, soprattutto in ordine alla rilevanza del discorso su Dio nel contesto odierno.

### 1.1 *Auschwitz come segno-del-tempo*

Considerare Auschwitz come «segno-del-tempo (*Zeit-Zeichen*)»[15], riprendendo un'espressione cara al ConcilioVaticano II, non rientra certamente nella consuetudine della riflessione teologica. Questo implica un prendere posizione di fronte a ciò che è storicamente accaduto e in cui la fede cristiana è in qualche modo compromessa, sia per l'«ingenuità» politica con cui si è rapportata a questa catastrofe, sia per il «si-

---

[14] J.B. METZ, «"La fede, nella storia e nella società"», 183.
[15] J.B. METZ, *Memoria passionis*, 43.

lenzio» delle chiese mentre il regime nazionalsocialista infuriava[16]. Il suo carattere paradigmatico e provocatorio spinge ad assumerlo come monito per una nuova coscienza storica del cristianesimo che *dopo Auschwitz* deve attingere alla memoria delle vittime perché sostenga una prassi caratterizzata da una vigilanza politica su ogni disumanità ed abuso di potere. Ciò implica che la teologia in ogni suo discorso, soprattutto nel parlare di Dio, rifugga dal considerare la storia nella sua astrattezza, ma la colga «nella sua negatività, per così dire nella sua essenza catastrofica»[17].

Metz non vuole certo indulgere ad un senso esasperato del tragico, ma mobilitare la fede e la coscienza per un ricordo che non afferma solo ciò che si è realizzato positivamente, ma anche quello che in quella esperienza è andato distrutto, in modo da rendere attiva una *tradizione di senso* che influenzi l'attuale prassi di fede. Far leva su questa esperienza significa fornire degli orientamenti per modificare lo sguardo sulla storia contemporanea, significa imparare a riconoscere e stanare per tempo i meccanismi di sopraffazione e di misconoscimento del pluralismo e delle differenze culturali ed etniche, a solidarizzare con le vittime, ad attivare di volta in volta la responsabilità religiosa e politica, oltre che a guarire ferite dovute ad incomprensioni storiche con il popolo ebraico[18].

È l'esperienza dello sgomento e dell'orrore che Metz tenta di tener desto di fronte all'inumanità rivelatasi con Auschwitz, che l'attuale amnesia culturale cerca di risucchiare nel flusso anonimo del tempo. Uno sgomento che non può non interessare il *lógos* della teologia, la quale deve consentire l'ingresso della storia nel cuore del suo argomentare:

> Non dovrebbe essere convinta che le sia adesso definitivamente impedito di pensare l'identità del cristianesimo ancora una volta come le idee di Platone, in modo per così dire sacro-metafisico; oppure – con una virata alla

---

[16] Cf. J.B. METZ, *Al di là della religione borghese*, 25-26.

[17] J.B. METZ – J. KOHN, «Auschwitz», 45. Cf. M. PASTRELLO, «Le mutazioni dell'idea di peccato», 135 dove sottolinea: «A essersi trasformate sono innanzitutto le coordinate all'interno delle quali si è riflettuto e si riflette perché le esperienze di male, che per sineddoche chiamerò Auschwitz – definito in modo ossimorico da Jean-Luc Marion un "evento teorico" proprio per le sue ricadute sul pensiero –, hanno fatto emergere l'inadeguatezza di alcuni strumenti concettuali. Parafrasando quanto ha affermato Simona Forti a proposito del totalitarismo, si tratta di "[…] un evento catastrofico che scardina un mondo e che costringe a ripensare tutto da capo"».

[18] Cf. J.B. METZ, «Al cospetto degli ebrei», 50-65.

moda dalla storia alla psicologia – di pensarla come un mito di redenzione gnostico avulso dalla storia?[19].

Tra le cause che hanno determinato questo clima culturale, egli ne individua alcune: 1) la teologia cristiana ha usato sempre categorie «forti» per la sua concezione di storia, che hanno nascosto le ferite prodotte dai mali storici, nel tentativo di tutelare la parola di Dio. In questa operazione la causa originaria risiede nella riduzione di Israele ad una premessa storico-salvifica del cristianesimo, e nell'attingere ad un solo spirito, quello costituito dalla tradizione greca, prediligendo *Atene* a *Gerusalemme*; 2) è la scienza moderna oggi a presentarsi come colei che guarisce tutte le ferite; 3) la filosofia contemporanea ha sviluppato un concetto di ragione comunicativa che non tiene conto della ferita aperta da Auschwitz; 4) si è abbassata la soglia metafisica e morale della vergogna fra gli uomini e si è prodotto quell'adattamento opportunistico proprio di chi ha perso la fiducia nell'umanità dell'uomo, smentendo un'antropologia troppo ottimistica; 5) la religione cristiana ha smarrito il senso radicale del monoteismo biblico.

La catastrofe di Auschwitz va, dunque, al di là di un semplice bilancio storico, ma coinvolge il problema della verità e la questione dell'identità del cristianesimo, del suo volto storico, delle sue categorie teologiche, della sua incidenza nella società e nella politica, del suo futuro, perché si può procedere nella storia solo andando oltre questo orrore in compagnia delle sue vittime. Per questo egli sottolinea l'urgenza di recuperare la cultura anamnestica, che è propria dello spirito ebraico e che manca nella cultura europea, soprattutto in questo tempo postmoderno che ha innalzato l'oblìo a beatitudine sulla scia del pensiero di Nietzsche: «Beati coloro che dimenticano», pronunciata in contrapposizione a quella di Gesù di Nazareth «"Beati gli afflitti", che non riescono a superare il dolore del ricordo»[20].

Amnesia, nell'accezione utilizzata da Metz, significa proprio sopprimere il dolore del ricordo nella memoria culturale degli uomini, nel tentativo di perseguire quella felicità che può essere garantita solo dalla dimenticanza. Essa è l'effetto domino di un processo culturale che ha radici lontane ed agire in controtendenza significa attivare le risorse categoriali e spirituali che la teologia ha lungamente marginalizzato. Può la teologia continuare a discutere di Dio e dell'uomo come se nulla fos-

---

[19] J.B. METZ, *Memoria passionis*, 47.
[20] J.B. METZ, «Tra la memoria e l'oblìo», 54.

se successo, come se questa tragedia non avesse modificato la percezione che l'uomo ha di sé?

Essa non può assumere uno sguardo distaccato, oggettivamente neutro senza lasciarsi attraversare dall'interrogativo inquietante del perché di un simile accadimento, che interpella alla radice la fede cristiana sulla presenza e l'immagine del Dio che annuncia. I cristiani, in forza del canone della fede e del nucleo del credo sono rinviati alla storia, in cui si viene crocifissi, torturati. L'esperienza della non-identità trasforma il discorso su Dio in un discorso *sgomento rivolto a Dio*. È qui che la teologia politica sensibile alla teodicea recupera sia la tradizione biblica di un monoteismo sensibile al dolore, sia la tradizione della teologia negativa.

Occorre fare teologia a partire dalla categoria di «cognizione della perdita», entro quella *conoscenza della mancanza* per cui ogni concetto teologico deve essere riformulato con la consapevolezza di una *fragilità* teorica e scientifica che tiene conto dello sgomento e del grido delle vittime, ovvero dell'esperienza della non-identità, delle contraddizioni irriconciliate della creazione. È nell'*incipit* dell'Introduzione all'opera *Memoria passionis* che egli esprime l'urgenza di ripensare il cristianesimo attraverso il nodo problematico della teodicea:

> Nella comprensione della teologia come teodicea, il cristianesimo si fa conoscere come religione «col viso rivolto al mondo». Nella questione della teodicea, d'ispirazione biblica, si schiude infatti, per i mondi culturalmente e religiosamente pluralisti di oggi, la rimemorazione di Dio propria delle tradizioni bibliche, e tale rimemorazione si connette così con le esperienze e le domande che sempre di nuovo erompono dalla storia di sofferenza del genere umano[21].

Come si vedrà, il suo intento non è quello di dare delle risposte al problema del male e del dolore ingiusto, ma di rendere la questione della teodicea «non-dimenticabile per l'opinione pubblica pluralista»[22]. Un compito che la teologia politica pone al cristianesimo, alla Chiesa ed anche all'Europa di fronte alle sfide del mondo globalizzato.

1.2 *Una teologia che interpella: la teodicea*

Fare teologia *dopo Auschwitz* significa avere lo sguardo vigile sia sulla catastrofe della *Shoah*, a cui la riflessione teologica non ha presta-

---

[21] J.B. METZ, *Memoria passionis*, 9; cf. ID., «Theologie als Theodizee?», 103-118. Cf. S. MINIATI, «*Memoria passionis* di J.B. Metz», 520-523.
[22] J.B. METZ, *Memoria passionis*, 9.

to debita attenzione risparmiando «al suo discorso su Dio il dolore della memoria»[23], sia alle ferite dolorose che continuano a lacerare la chiesa e il mondo.

Parlare di Dio avendo sullo sfondo gli orrori delle catastrofi significa allora farlo in modo *politico*, implicando l'attenzione per la salvezza degli altri:

> Ogni pensiero deve essere interrotto dalla grande *contro-esperienza della sofferenza*, specialmente quella prodotta dai terrificanti mali storici la cui eco non può essere elusa da alcun pensatore serio. Elaborare oggi un *lógos* su *theós* – una teologia – è incominciare affrontando il male e la sofferenza. Elaborare oggi una teologia è rifiutare le teodicee moderne nelle loro forme moderne di soluzione puramente teoretiche che, seppur accuratamente messe a punto nelle argomentazioni e analiticamente precise nei concetti, sono in qualche modo non pertinenti – rispetto allo scopo di affrontare l'orrore con speranza, continuando anche solo a parlare e ad agire nominando e pensando il Dio della speranza genuina[24].

Significa rimettere al centro la grande promessa di giustizia della tradizione biblica, che contempla in sé non solo la sofferenza passata e presente, ma anche la rimemorazione salvifica per il futuro dell'uomo. Senza questa rammentazione si compie la morte dell'uomo e il suo futuro diventa precario, minacciato. Per questo il cristianesimo fa propria come consapevolezza pubblica questa domanda di salvezza per la sofferenza passata e per quella dei vivi che tuttora subiscono un'ingiustizia. Non ricordare significa far sprofondare questo dolore nell'insensatezza, non dargli futuro significa arrendersi all'ingiustizia che lo ha determinato, all'indifferenza che lo ha accompagnato, significa accettare che le riserve di senso si affievoliscano sempre di più ed accettare di convivere con una sensibilità impoverita. Questa resistenza cadrebbe nel vuoto se non si articolasse nel grido rivolto a Dio.

È qui che va rinvenuta la ragione profonda di una ripresa della questione della teodicea, che oggi vuole porsi in ascolto dello spirito d'Israele, profondamente sensibile alla domanda sul male. Di fronte alla precarietà della vita esso non ha attinto un senso compensatorio dai miti dei paesi vicini o dominanti, pur ricchi di interpretazioni appaganti del reale:

> La predisposizione di Israele per Dio, la sua capacità di Dio (se questa parola è qui permessa), si mostrò in una particolare forma di incapacità: nel-

---

[23] J.B. METZ, «Fra memoria e oblio», 165.
[24] D. TRACY, «Salvare dal male», 166.

## CAP. VIII: *CONVERSIO AD PASSIONEM*

l'incapacità a lasciarsi consolare da miti o idee lontani dalla storia. Rispetto alle culture superiori splendidamente fiorenti del suo tempo – in Egitto, in Persia, in Grecia – Israele rimase in definitiva un escatologico «paesaggio fatto di grida» (Nelly Sachs) un paesaggio della memoria e dell'attesa, come del resto anche la prima cristianità [...]25.

Israele offre come eredità la particolare propensione a leggere la sua passione per Dio in un tempo escatologicamente orientato. È ciò che Metz chiama anche «*povertà* in *spirito*»26, che definisce il suo modo di sperimentare il mondo, del suo essere inerte, debole, piccolo, vulnerabile, incapace, e dunque povero, nel distanziarsi dagli orrori della realtà, che porta trafitti nella sua storia così tormentata, incapace e, dunque, povero nel ricorrere a forme di ideologia rassicurante. La conoscenza che Israele fa di Dio sviluppa una mistica divina intesa come sofferenza *per* Dio che attraversa tutta la Bibbia e tramanda un senso di Dio che introduce nella storia la categoria del pericolo, della contingenza, della non conciliabilità della contraddizione, del lamento e del grido, impedendo qualsiasi logica evoluzionistica atta a stemperare la non-identità in un tempo eterno senza una fine27.

Alla luce di questa tradizione, che non si può trascurare né obliare, Metz dà un ordine nuovo ai temi antichi della teodicea: il problema del male come grido della creatura, il tempo determinato come luogo dell'attesa escatologico-apocalittica, una cristologia del Sabato santo, un Dio sensibile al dolore. Ma prima di entrare nel merito della singolarità di questa prospettiva, bisogna soffermarsi sulla sua interpretazione della teodicea classica28.

Egli individua sin dalle origini del cristianesimo la tendenza a risolvere dualisticamente due difficoltà presenti nella riflessione teologica: la questione della teodicea, con la domanda di come si possa confessare

---

[25] J.B. METZ, «Auschwitz: termine locale», 53-54. Cf. E. ZENGER, «"Sarò come colui che sarò"», 27-28.

[26] J.B. METZ, *Memoria passionis*, 69 (il corsivo è nel testo).

[27] Cf. D. TRACY, «Il ritorno di Dio», 68-72.

[28] Cf. A. MILANO, «Come in uno specchio», 267 dove ricorda come la questione che a partire da Leibniz prende il nome di teodicea ha ricevuto la formulazione classica già da Epicuro, la cui testimonianza viene tramandata da Lattanzio: «Dio i mali o li vuole eliminare e non può, o può e non vuole, o non vuole e non può: se vuole e non può, è impotente, ma ciò non può accadere a Dio; se può e non vuole, è invidioso, e questo neppure si addice a Dio; se né vuole né può, è invidioso e impotente, e perciò non è neanche Dio; se vuole e può, ed è questo soltanto ciò che conviene a Dio, donde allora vengono i mali e perché Dio non li elimina?».

un Dio creatore onnipotente e benevolo con la presenza della sofferenza e del male nel mondo, e il problema del differimento della *parusìa* con la difficoltà di mettere in relazione la salvezza promessa e la realtà del tempo storico. Di fronte a queste problematiche la prima risposta è stata quella gnostica di Marcione che, nel tentativo di distinguere la tradizione veterotestamentaria del Dio creatore dal messaggio di redenzione del Nuovo Testamento, ha affermato l'atemporalità della redenzione e l'irredimibilità del tempo. Le prime discussioni alla ricerca di un'identità dottrinale del cristianesimo portano, dunque, ad una tendenza antiebraica e antiescatologica.

Fu con Agostino che, in antitesi al dualismo gnostico, si riprese la questione della teodicea, spostando definitivamente il problema del male da Dio alla responsabilità dell'uomo radicato nel peccato e, quindi, trasformando la teodicea in antropodicea. Tentativo questo che serviva a salvaguardare l'innocenza del Dio creatore, ma paradossalmente amplificò l'autonomo agire dell'uomo, il quale nella sua libertà poteva esporsi fino alla rinuncia di Dio stesso. Agostino, pur riconoscendo la forza del male, voleva evitarne la sostanzializzazione, che avrebbe condotto al dualismo ontologico, e collocandolo nella sola volontà dell'uomo ne ridimensiona la drammaticità, interpretandolo come privazione di bene. Il suo contributo fu decisivo per la lettura successiva fino alla sua sistematizzazione nella teodicea di Leibniz[29].

La riduzione della salvezza a redenzione della colpa e l'attribuzione del male al peccato dell'uomo hanno causato nella Modernità la contestazione atea verso un Dio indifferente alle sofferenze degli innocenti e l'espulsione del sovrappeso della colpa dalla libertà finalmente e totalmente autonoma dell'uomo[30]. La postmodernità ha smascherato questo progressivo emanciparsi dell'uomo dalla sua responsabilità fino alla ricerca di gratificazione ed autocompensazione psicologica nei miti. Sembra quasi una rivolta silenziosa al moralismo esasperato in cui la chiesa ha ridotto l'annuncio di salvezza, togliendo qualsiasi gravità al grido interpellante che si innalza a Dio nel lamento e nella preghiera[31].

---

[29] Per una panoramica storico-teologica cf. H. HARING, *Il male nel mondo*, 137-247. Cf. C. GRECO, «Per una teodicea teologica», 251-266.

[30] Cf. A. TORRES QUEIRUGA, «Dalla "ponerologia" alla teodicea», 121-123 dove l'autore mette in evidenza il fallimento di una teodicea che ad una critica radicalmente secolare fornisce risposte pre-secolari. Cf. P. RICOEUR, *Il male*.

[31] Cf. C. CIANCIO, *Del male*, il quale a p. 12 afferma: «Sembra tuttavia che molto spesso la religione sia stata e continui ad essere una rapida scorciatoia verso la solu-

# CAP. VIII: *CONVERSIO AD PASSIONEM*

In questo breve *excursus* teologico-problematico, dove si evidenziano i limiti dell'impostazione della teodicea tradizionale, Metz si sofferma criticamente anche sulle soluzioni attuali nell'ambito della teologia trinitaria, la quale, discutendo sulla sofferenza di Dio[32], tenta di dare una risposta speculativa al problema della permanenza della sofferenza nonostante la fede nella salvezza di Dio operante nella storia. Sembra che essa paghi un tributo all'atmosfera del nostro mondo colorata di politeismo, allontanandosi dal monoteismo biblico: «Oggi una quantità di miei colleghi cattolici ed evangelici conosce più cose sulla vita interiore di Dio che su quella dei loro parenti più prossimi»[33].

Un tentativo di soluzione che, secondo Metz, non risolve il nodo teoretico della presenza e permissione del male nella creazione buona di Dio: è un'interpretazione che sminuisce il *pathos* cristiano della speranza in cui la sofferenza deve essere vissuta *per* Dio. Solo in questa forma negativa della speranza si mantiene quella *differenza escatologica* tra il nostro discorso su Dio e Dio stesso, dove il linguaggio povero dell'anelito, del grido e del lamento costituiscono quella «domanda di troppo»[34] inquietante ma salutare per l'attuale amnesia culturale. Questa visione del Dio sofferente, oltre a produrre il rischio di un'estetizzazione postmoderna della questione della sofferenza, tenta di riconciliar-

---

zione del problema e in fondo un'elusione della realtà del male. [...] la sofferenza e la morte sono considerate episodi dolorosi sì, ma in fondo già scavalcati e annullati dall'azione redentrice; e perfino il peccato, visto alla luce del perdono e del riscatto, può finire per perdere il suo spessore e la sua drammaticità».

[32] Cf. J.B. METZ, *Memoria passionis*, 28; cf. ID., *Dove si arrende la notte*, 53 dove afferma: «il discorso che oggi si fa su un Dio che soffre spesso vuole significare il rifiuto e la critica al Dio onnipotente della creazione. Non si osa più parlare dell'onnipotenza di Dio di fronte alle condizioni atroci nelle quali versa la sua creazione».

[33] J.B. METZ, «Il discorso su Dio», 237-238. Metz fa riferimento a Barth, Jüngel, Bonhoeffer, Moltmann, von Balthasar e P. Koslowski. La questione ha sollevato a suo tempo un ampio dibattito, come si evince dal testo collettaneo J. MOLTMANN – *al.*, *Sulla teologia della croce*. Ancora oggi le posizioni sono divergenti come afferma lo stesso J. MOLTMANN, *Dio nel progetto del mondo*, 179: «Un Dio che non potesse soffrire non potrebbe nemmeno amare. Chiunque ama e nel suo amore è in grado di soffrire varrebbe ben più di questo Dio» e nella nota 18 evidenzia la divergenza di Rahner, Metz e Küng che si fanno sostenitori del Dio impassibile ed onnipotente. Probabilmente questo aspetto meriterebbe ben altro approfondimento, ma è evidente che l'attributo di onnipotenza usato da Metz non è da intendere in modo tradizionale. Per una più accurata problematizzazione si rimanda allo studio di A. MINARDO, *La potenza di Dio*, e in particolare a p. 347 dove parla di «fraintendimento idolatrico sull'onnipotenza divina».

[34] J.B. METZ, *Memoria passionis*, 28.

si in modo speculativo con un'idea di Dio che finisce per essere gnostica, perché dimentica il *mistero negativo* che rifugge qualsiasi nominazione e che appella alla resistenza contro l'ingiustizia.

Secondo Metz, il discorso del soffrire in Dio opera una mitizzazione del soffrire, quasi una necessità logicamente presunta ed inevitabile che evoca il tentativo hegeliano di pensare la negatività nel movimento dello Spirito assoluto e, dunque, una sua sussunzione al concetto, privando così il soffrire degli uomini della sua importanza teologica. Se anche Dio soffre, la sofferenza non costituisce più un'obiezione contro Dio, togliendo così il dramma storico al linguaggio del lutto e della promessa presente nella tradizione biblica. Egli, definendo la sofferenza *mistero negativo*, le restituisce la gravità, la connaturale tendenza al nichilismo, a quel dolore che conduce al nulla se non è vissuto come sofferenza *per* Dio, come la storia di passione di Gesù rivela nella sua mistica dell'obbedienza[35]. Essa ha un profondo significato teo-logico, nel senso letterale di accesso ad un discorso su Dio che si colloca nell'ambito della teodicea, ovvero della giustificazione di Dio di fronte alla storia di sofferenza del mondo.

La teologia non può fornire una risposta a tale problema, ma può solo tenere aperta la domanda ed elaborare una speranza secondo cui Dio stesso nel suo giorno *si giustifica* di fronte al dolore sofferto. L'obbedienza di Gesù rivela il volto nascosto di Dio, per cui l'unico approccio possibile, per evitare una ricaduta gnostica, è quello della teologia negativa che, unitamente ad una teologia sensibile alla teodicea, tiene conto dell'apertura escatologica in cui è declinata la promessa della salvezza. Questa connotazione temporale produce due conseguenze fondamentali: la distinzione del tempo in tempo vuoto e in-terminato da quello de-terminato, e la conseguente temporalizzazione della metafisica, che Metz definisce come *metafisica negativa*, richiamando l'esigenza di riformulare ogni discorso metafisico a partire dalla rimemorazione storica della sofferenza.

L'attenzione all'«indice temporale (*Zeitindex*)»[36] in teologia dice anche la necessità di una rilettura di categorie come trascendenza ed

---

[35] Cf. J.B. METZ, *Tempo di religiosi?*, 53 dove afferma: «Il suo Sì, la sua adesione, la sua obbedienza si collocano nella situazione di una radicale assenza di speranza e nella massima contraddizione».

[36] J.B. METZ, *Memoria passionis*, 32, dove nella nota 36 sottolinea: «Il discorso dell'indice temporale (*Zeitindex*) di tutte le dichiarazioni salvifiche non corrisponde in alcun modo a una tendenza al rinvio o alla promessa consolatrice. Molto più appro-

immanenza di Dio, la sua presenza e vicinanza come la sua lontananza, il già del tempo salvifico e il suo non ancora, come gli stessi predicati di Dio che senza questa luce risulterebbero postici rispetto alle situazioni che gridano al cielo, le quali sono ampiamente attestate nella tradizione biblica sia vetero che neotestamentaria.

### a) L'esser-ci *di Dio nel grido*

La mistica della sofferenza *per* Dio contraddistingue l'esperienza biblica[37], la quale trova la sua massima espressione nel linguaggio orante, di lamento o di accusa presente soprattutto nei Salmi, nel libro di Giobbe, nel libro delle Lamentazioni, in alcuni libri profetici, come commenta A. Milano:

> Il grido talvolta sembra spegnersi senza trovare alcun'eco. E, tuttavia, con una sobrietà ed una compostezza ignote al mondo extra biblico, il definitivo affidarsi a Dio impedisce che l'infelicità dell'orante si trasformi in muta disperazione, la notte del dolore sia privata dall'intravista o comunque vagheggiata alba della liberazione. Il male può essere in qualche modo sondato, ma rimane pur sempre un abisso da scrutare senza miti e illusioni nell'intrepida fiducia della fede. Nel chiaroscuro di questa fede si percepisce e si accetta che Dio è e resta sempre Dio[38].

Dio è esperito in modo così prossimo che nel grido si esprime proprio la consapevolezza della sua presenza, anche se apparentemente sembra evocare la drammaticità della sua assenza: «In questo grido egli li ha visitati nella sua divinità, in questo grido si compie per essi ciò che la teologia chiama "escatologia presentica", evento di Dio nel presente, esser-ci di Dio»[39].

È un linguaggio della crisi e della protesta che non esige primariamente una risposta consolatoria alla sofferenza provata, ma è una forma di interpellanza appassionata colma di attesa, che arriva fino al grido della croce di Gesù, un grido di abbandono che nasce da una vita di passione per Dio. In questo grido egli esprime un Dio che è più e altro dalle risposte alle nostre domande, è un Dio «non-confacentesi», diver-

---

priato sarebbe domandarsi: Come deve venire in generale pensato un tempo che, rendendo possibile un senso di responsabilità di fronte ai sofferenti e alle vittime, rompa l'incantesimo dell'amnesia culturale?».

[37] Cf. D. SCAIOLA, «Il tema del male/sofferenza», 70-90.
[38] A. MILANO, «Come in uno specchio», 275.
[39] J.B. METZ, «Auschwitz: termine locale», 54.

so dall'idolo in cui ogni esperienza e linguaggio umani tentano sempre di racchiuderlo, nonostante il veto «non farti immagine» che attraversa tutta la Scrittura.

La consolazione che invoca questo grido è ben altra rispetto a quella desiderata e ancora richiesta dall'attuale mondo secolarizzato, che non ha dismesso il desiderio struggente di consolazione, anzi, lo cerca nei miti e nelle favole postmoderne. Ma qual è il senso più autentico del Dio consolatore della tradizione biblica? Non è certo colui che dispensa un'armonia senza più tensioni, una vita felice senza la contraddittorietà storica della contingenza, che pur c'è nel dolore e nelle diverse esperienze di lutto, non elargisce una consolazione che ci rassicura in un regno mitico di riconciliazione allontanandoci da ogni coinvolgimento della realtà:

> Raccontare Dio significa, in chiave biblica, raccontare la sofferenza degli uomini e il loro grido rivolto a Dio e soprattutto il fatto che il vero Dio dimostra il suo essere-dio nel sostegno alle vittime dei potenti. Chi vuole parlare di Dio nella tradizione biblica, deve innanzitutto parlare delle sofferenze dei sofferenti e delle loro grida. Solo dopo, ovvero in questo contesto di vita, si può comprendere in che senso la Bibbia parli dell'essere di Dio e prima che lasci parlare lui stesso, presta la propria voce ai sofferenti[40].

La stessa rivelazione del Nome a Mosè in Es 3,1-15 è anticipata dalla narrazione del gemito degli israeliti ridotti in schiavitù e non si comprende se non contestualizzata in quei versetti in cui Dio ode il grido e se ne prende cura (cf. Es 2,23-25). L'autodefinizione di Dio si esprime nell'autovincolamento del suo esser-Dio in soccorso dei sofferenti. L'espressione enigmatica *ähjäh aschär ähjäh* (sarò come colui che sarò; io sarò fra voi come Colui che è per voi) implica almeno tre aspetti: l'aspetto della storia, quello della fedeltà e quello della trascendenza. Sta di fatto che Dio si lega alla promessa della fine della storia di sofferenza. Il metro della giustizia diventa il criterio per misurare la divinità di Dio, come attesta anche il Salmo 82, dove l'assolutezza sbandierata dagli déi dei popoli viene sdivinazzata da JHWH perché incapace ed indifferente alla miseria dei poveri e dei deboli[41]. Anche le beatitudini pronunciate da Gesù esprimono ben altro senso di consolazione, richiamano la *povertà di spirito* che non è priva dell'irrequietezza

---

[40] E. ZENGER, «"Sarò come colui che sarò"», 29.
[41] Cf. E. ZENGER, «"Sarò come colui che sarò"», 32-38. Cf. J. WERBICK, *Un Dio coinvolgente*, 30-32.

dell'interpellanza, ma radica l'esperienza del dolore e del pianto nella rimemorazione di Dio.

L'interpellanza così compresa non è espressa solo per sé, ma anche per gli altri, per gli innocenti, per quelli che subiscono ingiustizie e dischiude una teodicea che assume il peso del lamento del dolore altrui e rende inquieta la religiosità, spingendo alla prassi solidaristica della *con-passione*. Solo questa risposta può essere adeguata al Dio «non-confacentesi», al di là di quello che costituirà l'approdo teologico della inconoscibilità del suo mistero. L'interpellanza, consapevole della «conoscenza della mancanza», si inserisce in quella dialettica propria della ragione anamnestica tesa tra il ricordare e il dimenticare che nella *memoria passionis* trasforma il discorso su Dio in «un discorso interpellante sul Dio disperso»[42], che consente di approdare ad una teologia negativa, la quale rifiuta l'attuale tentazione postmoderna.

Questa è una teologia che fa proprie le istanze di una teodicea sensibile al dolore tipica della tradizione profetico-apocalittica della Scrittura e si oppone sia ad un approccio giustificatorio portato avanti dalla filosofia fino a Kant[43], sia a quello speculativo presente in certa tradizione teologica che non tiene conto della drammaticità del grido dei sofferenti[44]. Certo, anche nella tradizione biblica è presente tutto un filone interpretativo che si pone nella logica del male come punizione per un agire peccaminoso, ma la vicenda di Giobbe contraddice e smentisce questa lettura, interrompendo il nesso dolore-peccato-colpa e instaurando la legittimità del grido del giusto sofferente, che incontra Dio proprio nell'incomprensibilità del suo dolore[45]:

> Giobbe non inaugura una teologia come parlare *di* Dio, un parlare attorno a un ente per quanto sia un ente sommo. Tutta la teologia nella sua generalità, nel suo assetto tradizionale, è ancora questo *parlare di Dio*. Ma con Giobbe essa risulta impossibile. Attraverso il suo potentissimo grido si spalanca questa stupefatta possibilità di una teologia non più come *parlare di Dio*, ma come *parlare a Dio* [...]. Allora con Giobbe, la teologia finisce in quanto storia della ricerca di un fondamento, di una spiegazione, di una disvelatezza, e si apre un discorso assolutamente arrischiato[46].

---

[42] J.B. METZ, *Memoria passionis*, 37.
[43] Cf. I. KAJON, «Teologia negativa», 625-644.
[44] Cf. G. MORETTO, «Teodicea», 266-267.
[45] Cf. J.B. METZ, «Dio e i mali», 17-18.
[46] M. CACCIARI, «Giobbe nella cultura», 65-66 (il corsivo è nel testo).

La figura di Giobbe pone la questione di una nuova interpretazione della fede come obbedienza di fronte ad una nuova immagine di Dio che nella sua autorivelazione eccede qualsiasi formula o schema definitorio della sua identità, una fede che porta le stigmate di una fiducia data «per niente» (cf. Gb 1,9), nella gratuità e nella libertà. Nell'A.T., come fa notare A. Milano, è presente, infatti, una pluralità di modelli di teodicee dove si possono distinguere una *teodicea storica*, propria delle tradizioni genesiache, in cui al male viene rifiutato di riconoscere una propria consistenza ontologica e gli si attribuisce una origine storico-antropologica; la *teodicea sapienziale*, con la dottrina della retribuzione secondo lo schema delitto/castigo; una *teodicea come espiazione vicaria*, espressa dalla figura del giusto sofferente che si fa carico dei peccati dei molti; una *teodicea profetica* dove si appella ad una pedagogia divina e al suo giudizio; una *teodicea come purificazione della fede* presente nella tradizione deuteronomista, espressione della cura di Dio per il suo popolo; una *teodicea come invocazione* propria dei Salmi che nel grido sperimenta il silenzio di Dio; la *teodicea giobica* che mette in crisi i modelli consolidati. A ragione egli commenta:

> Ciò che davvero conta è allora non tanto il darsi quanto il non potersi dare della risposta e perciò lo sbocco nella tenebra è insieme la conferma della fede. Al di là di qualsiasi tentativo di arrogante imperio della ragione, resta quell'imperfetto vedere che fin dall'inizio costituisce la fede e ne aguzza pure lo sguardo a scrutare l'abisso, consapevole però del suo percepire le cose come in un fluttuante specchio e tormentoso enigma[47].

La storia del pensiero ci ha mostrato che ogni tentativo di addomesticare il male in ragione di un Dio onnipotente, onnisciente e benevolo porta con sé la controfigura atea, la quale contesta legittimamente ogni forma di ragionevolezza della sofferenza ingiusta, che la vuole sottrarre alla provocazione della negatività. Il «faccia a faccia con Dio» esige anche l'incontestata dignità di tutti gli uomini al suo cospetto, e, dunque, l'affermazione dell'autorità dei sofferenti[48].

La questione della giustizia non viene allora *rin-facciata* a Dio, ma diventa il cuore di una teologia e di una prassi della *con-passione*. È più propriamente un discorso su Dio di tipo critico, che, a differenza di quello riconciliatorio che si esprime nelle categorie della fiducia e della

---

[47] A. MILANO, «Come in uno specchio», 281.
[48] Cf. J.B. METZ, «Plädoyer für mehr Theodizee», 107-159. Cf. A. RUSSO, «L'autorità dei sofferenti», 664-675.

gioia, si affida alle categorie della vita minacciata, proprie della teodicea biblicamente ispirata:

> Questo pensiero sensibile alla teodicea, che non conosce quella fiducia nell'esistenza che viene implorata nella smemoratezza del dolore e nei sogni dei miti, sarebbe da reintrodurre nel *lógos* della teologia. Esso mira, analogamente al divieto veterotestamentario delle immagini, a una cultura della mancanza, e sarebbe propriamente l'*órganon* di una teologia che, come teodicea, cerchi di mettere a confronto la nostra conoscenza avanzatissima col lamento (*Klage*) e l'accusa (*Anklage*) di ciò che è accaduto, in essa sistematicamente dimenticati. Per essa la conoscenza si radica in una forma di mancanza, senza cui non soltanto la fede, ma anche l'uomo verrebbe inaridito nella sua conoscenza della libertà e nel suo senso di giustizia. Soltanto laddove la teologia professi questa conoscenza della mancanza e le sue forme d'espressione, può, secondo me, conquistare quell'universalità che cerca e rivendica nel suo lavoro di riflessione[49].

L'orizzonte della «conoscenza della mancanza» e il primato teologico di un'escatologia apocalittica indicano che nei confronti di Dio manca sempre qualcosa: è quell'assenza che ci restituisce la curiosità di indagare ancora, di non rassegnarsi, di rischiare.

### b) Progresso o apocalisse?

La sensibilità al dolore che la tradizione biblica porta con sé induce ad una maggiore e più attenta sensibilità alla storia, a leggere il tempo nelle sue cesure ed interruzioni causate dalla singolarità della contingenza, che non è accessoria rispetto all'esperienza che l'uomo fa di Dio[50]. Smarrire la percezione della sofferenza del mondo significa perdere anche la sensibilità verso il tempo, che la tradizione biblica ci tramanda come tempo de-terminato con un finale, contro il tempo eterno, inteso come fluire in-terminato, presente nell'attuale contesto postmoderno. Togliere l'inquietudine data dalla questione della fine del tempo, significa rinunciare al dramma salvifico tra Dio e la storia, significa ammettere una certa predilezione per la lettura gnostica della redenzione, che non tiene conto della connotazione temporale delle affermazio-

---

[49] J.B. METZ, *Memoria passionis*, 40.
[50] La riflessione sul tempo è presente già in J.B. METZ, *La fede*, 164-174 e in particolare a p. 82 spiega la novità e la necessità di recuperare l'impronta apocalittica nella teologia politica. Il tema verrà approfondito in J.B. METZ, «La lotta per il tempo perduto», 87-89 e in ID., «Temporalizzazione dell'ontologia», 173-176. Per un approfondimento critico cf. P. GRASSI, «Teologia a impronta apocalittica», 97-116.

ni ed immagini bibliche su Dio, significa rinunciare a quella rimemorazione della salvezza di Dio che si lega alle storie della sofferenza, a quell'annuncio di liberazione che si concede agli eventi della storia. La domanda che accompagna le narrazioni bibliche è la medesima che risuona anche agli inizi del cristianesimo: «per quanto ancora?».

L'invocazione della fine e la lettura di ciò che accade come inserito in una visione del tempo de-terminato è tipica dell'ebraismo e plasma di sé tutta la cultura occidentale:

> Nello spazio culturale europeo esso diventa radice della comprensione del mondo come storia e preludio di quella coscienza storica che in seguito forgerà in modo duraturo lo spirito della modernità europea – e certo anche se questa modernità da lungo tempo si volge, in modo secolarizzato e critico verso la religione, contro i contenuti teologici e metafisici di questo pensiero di tempo, e cerca, nella sua comprensione razionale, di sottrarsi sempre più alla dialettica tra ricordare e dimenticare[51].

Metz individua alla radice della crisi del cristianesimo una frattura spirituale determinata dal mutamento del pensiero sul tempo avvenuto con Nietzsche, che sostituì la sua particolare visione del mondo a quella prima speculativa e poi politica di Hegel e Marx, dove la storia rappresentava il palcoscenico drammatico della trasformazione dell'uomo e del suo mondo di vita. Intravede nella cultura attuale postmoderna la compresenza di due visioni: il messaggio apocalittico della fine del tempo proveniente dalla tradizione biblica, che innerva la Modernità, e il messaggio del tempo in-terminato o senza un finale, presente prima nella grecità come mito dell'eterno ritorno dell'uguale e ripresentato in chiave postmoderna da Nietzsche con una corrispondente visione di uomo. Quest'ultimo caratterizza l'attuale comune sentirsi spaesati, senza direzione né scopo, calamitati quasi per incantesimo in una dimensione dove la quotidianità è scandita dall'indistinzione degli attimi, un monopolio del tempo fuggevole che ci espone ad una spinta anonima di accelerazione senza un orientamento, la quale viene chiamata evoluzione e progresso, in cui ciò che accade al momento risulta più importante dell'atto finale:

> Dov'è che ci muoviamo noi? Via da tutti i soli? Non è il nostro un eterno precipitare? E all'indietro, di fianco, in avanti, da tutti i lati? Esiste ancora un alto e un basso? Non stiamo forse vagando come attraverso un infinito nulla? Non alita su di noi lo spazio vuoto? – Non si è fatto più freddo? Non

---

[51] J.B. METZ, *Memoria passionis*, 119-120.

seguita a venire notte, sempre più notte? Non dobbiamo accendere lanterne la mattina?[52].

Questa mobilità temporale senza scopo viene riproposta da Nietzsche attraverso il pensiero dell'eterno ritorno dell'identico, che oggi, al di là ed oltre il richiamo all'origine greca, si fa sentire nell'opinione comune con i sogni di reincarnazione e con l'idea ricorrente della metempsicosi, come se questi fossero interpretazioni attendibili per darsi un'identità[53] o per compensare un timore radicale che tutto sia smembrato in un tempo senza volto né pietà, che rende tutto indifferente di fronte al nulla della fine.

Con la morte di Dio sentenziata da Nietzsche nel cuore della Modernità occidentale Dio non è più «la fine che porta alla fine»[54], l'essere è de-temporalizzato, alla tensione escatologica viene sostituito un divenire indistinto, la memoria che concede senso alle cose vissute cede il posto alla dimenticanza, il mondo di vita si sfilaccia e tutto perde i contorni, la particolarità e la definitività:

> L'egemonia del tempo sterminato, che continuamente matura nell'indefinito, non ha soltanto reso impensabile Dio e aiutato l'assenza-di-Dio del tutto non patica della nostra tarda modernità a manifestarsi. Essa annulla sempre più anche la sostanza di un pensiero storico, di ciò che chiamiamo tempo storico, e l'ermeneutica ad esso ordinata. Niente di ciò che era dev'essere in definitiva salvato al cospetto della sua in-differenza spietata[55].

È questo il motivo della fine delle grandi visioni e dell'appiattimento delle utopie al *mondo amministrato* per usare un'espressione cara a Th.W. Adorno, nonché del culto dell'apatia tipica della nostra Modernità, della de-responsabilizzazione storico-politica di fronte ai problemi emergenti, di quella rassegnazione che abita nell'anima di chi non attende nulla, come è narrato esemplarmente nel dramma *Aspettando Godot*[56] dove è assente la capacità dell'attesa, la percezione della qualità del tempo storico e conseguentemente di Dio. Questo tempo senza grido apocalittico conduce alla estinzione del soggetto, alla morte dell'uomo.

---

[52] F. NIETZSCHE, *La gaia scienza*, 163.
[53] Cf. J.B. METZ, «Tempo senza un finale?», 166-176. Cf. K. LÖWITH, *Nietzsche*.
[54] J.B. METZ, *Dove si arrende la notte*, 49.
[55] J.B. METZ, *Memoria passionis*, 127.
[56] S. BECKETT, *Aspettando Godot*. Cf. J.B. METZ, «Tempo senza un finale?», 175-176.

Il messaggio biblico, invece, è un messaggio della fine del tempo, de-terminato da un Dio che salva ed indica la via, da un «Dio che "è" nel venire»[57], che dà senso all'attesa che si fa imminente all'esperienza umana, come attestato dal Nuovo Testamento dove il tempo non è semplice transizione, né anticamera che svaluta il presente, ma orizzonte determinante l'agire, in cui l'«adesso» diventa irrevocabile[58]. Certo è che l'apocalittica ed il senso del tempo in essa narrato è stata subito estromessa dalla riflessione teologica e sostituita da una escatologia più morbida ed adattabile allo spirito della Modernità[59]. Ma l'apocalittica oggi è diventata oltremodo attuale, sia per la sua presenza in alcune sètte, sia per il tono catastrofico che assumono molte previsioni sul futuro imminente. Era piuttosto viva anche al tempo di Gesù, la cui vicenda risulterebbe incomprensibile senza il riferimento alla percezione immaginativa della realtà da essa simbolicamente e drammaticamente espressa. Sorta come genere letterario in un contesto di persecuzioni e sofferenze del popolo ebraico, si caratterizza per la scansione temporale, che include oltre alla storia biografica anche quella cosmica dove Dio rappresenta il mistero del tempo non ancora svelato, e per lo smascheramento della sofferenza e del male che ottunde il mondo e la storia, rendendo invisibili e inudibili le vittime[60].

Rimemorazione di Dio e rimemorazione della storia di sofferenza costituiscono l'anima apocalittica di cui il cristianesimo deve riappropriarsi come sua propria eredità, con la sensibilità al dolore che fa luce sulle ambiguità della storia: «Lo sguardo apocalittico cerca le tracce di Dio nel volto degli uomini sofferenti, per dare al loro grido un ricordo (*Gedächtnis*) e al loro tempo un termine»[61].

La sua identità si è originata con una percezione molto acuta della minaccia e del pericolo, dell'inquietudine e della tribolazione, entro cui è maturata la consapevolezza e la sequela per il Cristo, di fronte al quale tutte le categorie religiose del tempo rimanevano inadeguate. Se il

---

[57] J.B. METZ, *Memoria passionis*, 124.

[58] Teologicamente rilevante nel N.T. è l'espressione avverbiale *nŷn* (ora), ricorrente circa 150 volte come riporta A. MARANGON, «Tempo», 1519-1532. Cf. J. MOLTMANN, «Dall'inizio dei tempi», 88-92. Cf. C. DOTOLO, «*Eschaton e historia salutis*», 14-22.

[59] Cf. D. TRACY, «Forma e frammento», 264-266.

[60] Cf. W. SCHMITHALS, *L'apocalittica*, 137-170. Cf. U. VANNI, «Apocalittica», 105-106.

[61] J.B. METZ, *Memoria passionis*, 132. Cf. G. TAXACHER, «Dio», 86-87.

cristianesimo diventa sempre più domiciliato e perde di vista l'orizzonte del pericolo e dell'attesa dove esso si è plasmato, il suo futuro messianico risulta debole, poco incisivo, non provocatorio, né promettente. Per Metz è inscindibile la chiamata di Gesù a seguirlo dal grido dei cristiani «Vieni, Signore Gesù!» (Ap. 22,20): «Sequela nell'attesa imminente: questa è la coscienza apocalittica che non causa dolore, ma assume di sé il dolore, sfidando sia l'apatia che l'odio»[62].

Il cristianesimo aperto al futuro deve, dunque, riappropriarsi delle immagini della crisi, che parlano della fine, delle interruzioni della storia, per potersi affidare alle immagini della speranza. Qui Dio incombe come la fine del tempo, come sua interruzione salvifica, non come al di là del tempo. Un cristianesimo apocalitticamente ispirato si erge critico verso la Modernità, verso la sua immagine di uomo privo di mistero e incardinato nei suoi successi e nella sua noia, verso l'immagine di un tempo senza storia, ridotto alle sue ovvietà, di cui non ci si può liberare perché il consenso ne debilita la percezione di assurdità, verso l'attrattiva del mito gnostico di autoredenzione avulso dal peso della storia e delle sue vittime.

È ciò che evidenzia bene S. Quinzio:

> Quando si sprofonda al di sotto del limite di ogni speranza umanamente sperabile si può solo pensare apocalitticamente. Quando ogni senso scompare, l'ultima possibilità di senso è l'apocalisse, che è la possibilità di senso della catastrofe. Non è in nostro potere credere o non credere all'apocalisse, ma è nostro dovere sapere che non c'è nessun'altra possibilità di pensare la nostra attuale condizione. Non poterla pensare, significa abbandonarsi ad essa passivamente [...]. Pensare apocalitticamente è l'unico modo di pensare davvero l'orrore del mondo dal quale Dio è assente, orrore che invece eludiamo nel momento in cui non osiamo confrontarci con la possibilità di una vera alternativa, l'unica nella sua tragicità, ad esso adeguata. Se non lo pensiamo, l'orrore si placa automaticamente nell'assuefazione, diventa disponibile alla «catarsi» dell'arte che lo rappresenta, e infine, subito prima del nulla, alle divagazioni di linguaggi sempre più raffinati e inconcludenti[63].

Attraverso i testi apocalittici, il cristianesimo può attivare un'ermeneutica dialettica della crisi e dell'interruzione che smaschera le false illusioni e i miti in cui si incanta la nostra Modernità; è la memoria depositaria di quel potenziale semantico che provoca ad un pensare differente,

---

[62] J.B. METZ, «La lotta per il tempo perduto», 179.
[63] D. BIDUSSA, «La strana compagnia», 71.

di cui Metz ha più volte richiamato la ricchezza e la necessità. Un cristianesimo apocalitticamente ispirato provoca anche la teologia soprattutto quando dimentica o emargina dal proprio discorso la matrice politica dell'apocalittica orientata alla liberazione dell'uomo nel qui ed ora della sua situazione storica, con la tentazione costante di retrocedere verso una gnosi accomodante che assorbe il tempo della salvezza alla sua dimensione biografica al di là del suo radicamento cosmico e mondano. Egli definisce questa tentazione «il ferimento gnostico della concezione biblica di Dio»[64], a significare che il tempo e la sua percezione non sono irrilevanti nell'orizzonte di un cristianesimo «col volto rivolto al mondo».

La crisi della comprensione del tempo si è insinuata già a partire dai dibattiti cristologici e trinitari del IV secolo ed ha prodotto un costante rischio di detemporalizzazione che perdura fino ad oggi con l'assunzione di modelli che la teologia non pensa in proprio ma prende a prestito da altri contesti culturali. Si pensi al tempo ciclico, a quello cosmico, o lineare-teleologico, a quello continuo-evolutivo offerto dal mito del progresso che matura a vuoto nell'infinito, al tempo biografico esistenziale, che ha perso i riferimenti con il tempo cosmico e naturale, permettendo al tempo sterminato di costituire l'unico orizzonte di orientamento.

Il processo di privatizzazione, che Metz considera «la malattia mortale» della teologia contemporanea, per parafrasare un'espressione di Kierkegaard, ha destituito il tempo della sua consistenza inducendo ad un facile dualismo per cui le sorti dell'al di qua sono decise solo dalla relazione biografico-individuale che si instaura con Dio, togliendo qualsiasi peso e rilevanza alla dimensione storica e pubblica della vita di fede, tradendo con ciò il Dio del monoteismo biblico. Tendenza originata da un fraintendimento teologico che ha modificato l'attesa imminente in un'attesa continua, interpretandola come «esistenziale atemporale».

Egli ne parla come *imbroglio semantico* perpetrato ai danni della costituzione temporale del cristianesimo, in cui la dimensione apocalittica viene liquidata come una sorta di escatologia mitica e al suo posto viene assunto uno schema evoluzionistico del tempo, dove la figura del Regno di Dio avanza in relazione con il progresso, smorzando il senso dell'urgenza dei processi di liberazione. Ciò che sottolinea è la necessità di distinguere tra coscienza temporale escatologica e coscienza temporale evolutiva[65].

---

[64] J.B. METZ, *Memoria passionis*, 142. Cf. G. MUCCI, «Il "nuovo" ateismo», 24-25.
[65] Cf. J.B. METZ, «La lotta per il tempo perduto», 174.

L'apocalittica, allora, intesa come «programma di temporalizzazione, come principio di scansione temporale del mondo nell'orizzonte del tempo limitato»[66] permette di uscire dal dualismo distorto del tempo individuale sconnesso dal tempo del mondo e libera quest'ultimo da un andamento verso il vuoto di un'evoluzione anonima e indefinita in cui, a causa della dichiarata assenza di Dio, inesorabilmente è avvolto[67]. Ma consente anche di tener desta «una forma di giustificazione finale»[68] a cui la memoria sensibile alla sofferenza si appella, una giustificazione della fede che tiene conto nei suoi concetti fondamentali della dimensione del tempo, in cui *ultimo* non vuol dire trascendentale ma *finale*.

## 2. La cristologia *oltre* l'assenza di Dio

La riflessione sul tempo conduce Metz a liberare il cristianesimo da un'ingenuità ermeneutica che si è insinuata insieme ad un senso di minorità che il cristiano prova rispetto alla Modernità. Pensare Dio e il tempo significa dare credibilità al contesto apocalittico ed escatologico di cui è portatore l'Israele biblico ed il contesto neotestamentario, attraverso le sue figure ed espressioni così pregnanti da creare scandalo rispetto ad una coscienza credente che ha estinto queste coordinate attraverso categorie atemporali. Il richiamo all'ermeneutica porta con sé il sospetto di ridimensionare la provocazione del discorso biblico su Dio e della predicazione di Gesù. Questa operazione di sgravio ermeneutico accade quando si riconduce tutto all'immagine del mondo che soggiace dietro un contesto storico-culturale passato, per cui molte affermazioni che meriterebbero una riflessione ed un'attenzione maggiore vengono ridotte a residuo arcaico di un tempo mitico non più compatibile con il mondo moderno.

È questo il caso dell'apocalittica e della teodicea, la cui immagine del mondo risulterebbe accessoria rispetto all'idea di Dio che essa tramanda. Questa precomprensione, attribuibile ad una ermeneutica demitizzante di bultmanniana memoria, è criticata da Metz nel momento in cui insieme all'epurazione di elementi considerati arcaici favorisce anche la tendenza gnostica dell' «intemporalità della salvezza»[69], che sembra tornare di

---

[66] J.B. METZ, «Temporalizzazione dell'ontologia», 175 nota 7.
[67] Cf. J. RATZINGER, «La fine del tempo», 43-44 dove commenta: «Dal sì o dal no verso Dio, dalla maniera di guardare a Dio, dipende come noi possiamo comprendere il tempo. E da ciò non dipende soltanto come comprendiamo il tempo, ma anche come possiamo accoglierlo nella nostra azione oppure come possiamo abusare di esso».
[68] J.B. METZ, «Temporalizzazione dell'ontologia», 175.
[69] J.B. METZ, «Dio. Contro il mito», 56.

moda nella contrazione del tempo cosmico al tempo individuale biografico, scindendo così il Dio creatore dal Dio redentore, ma anche la storia di sofferenza personale da quella degli altri con la costitutiva domanda di giustizia nei confronti dell'innocente e di liberazione da situazioni di oppressione sociale. Si perde la percezione del *pericolo* come categoria fondamentale per accedere alla persona di Gesù, come anche alla chiesa primitiva. La stessa figura del Regno non sarebbe comprensibile senza la consapevolezza dell'urgenza, della vigilanza e dell'imminenza dell'avvento della salvezza come possibilità storica già attuale. Nell'evento Cristo qualcosa di definitivo ed irrevocabile è accaduto e di questa definitiva presenza salvifica un'ermeneutica attenta dovrebbe dare conto, soprattutto nel guardare Gesù come il «gaio apocalittico»[70].

Il confronto con questa eredità costituisce motivo di credibilità[71] per un cristianesimo ed una chiesa del nostro tempo, perché rende più acuto il problema della memoria dell'uomo nell'epoca della sua dimenticanza, favorisce l'opera della pace fra gli uomini in un mondo minacciato, converge verso la compassione sociale e politica l'attenzione delle diverse fedi in una comune resistenza contro la sofferenza ingiusta, il razzismo, l'inimicizia verso l'altro, le guerre e la violenza di ogni genere. Ma soprattutto richiama di nuovo l'attenzione sull'immagine di Dio, il Dio dei vivi e dei morti, su quello che Nietzsche definisce «miserevole Dio del monotono-teismo cristiano»[72], quel monoteismo biblico che oggi subisce aspre critiche, perché su di esso pesa ancora la connivenza con un patriarcalismo pre-democratico in cui l'idea di sovranità e unicità ha legittimato una società gerarchica e feudale, ma anche l'idea di universalità ha generato logiche esclusiviste e totalitarie[73]. Certo, siamo lontani ormai, almeno in Occidente, da una simile identificazione, ma il principio monoteistico ha bisogno anche oggi di essere legittimato rispetto ad un acceso dissenso, soprattutto in ordine al confronto con una cultura pluralista e multireligiosa, ad una società postmoderna avvolta da un'atmosfera politeistica e polimitica, ma soprattutto ad un ritorno agguerrito del fondamentalismo:

> Dopo gli eventi dell'11 settembre del 2001 sono sorte altre questioni importanti: la fede monoteistica non starà provocando fanatismi e fondamen-

---

[70] J.B. METZ, *Memoria passionis*, 125 nota 202.
[71] Cf. J.B. METZ, «Dio. Contro il mito», 58.
[72] J.B. METZ, *Passione per Dio*, 26 nota 13. Cf. F. NIETZSCHE, *L'Anticristo*, 46.
[73] Cf. CH. DUQUOC, «Monoteismo e ideologia unitaria», 88-97.

talismi che sono, a loro volta, generatori di violenza attraverso tutto il pianeta? Le religioni monoteistiche non saranno fonte di esclusione e, di conseguenza, di violenza e intolleranza? Più ancora: il Dio che le cosiddette religioni monoteistiche adorano e proclamano avrà proprio una logica tanto escludente e distruttiva?[74].

## 2.1 *La contestazione della* religio

Il monoteismo biblico, rettamente inteso «non è un sistema, bensì un evento escatologico. E come tale è un monoteismo non della politica del potere ma piuttosto "patico", con un fianco escatologico dolorosamente aperto»[75].

In una tale accezione la questione di Dio può diventare tema per l'intera umanità[76]. Nel ribadire la necessità, in un tempo segnato dalla crisi di Dio, di riappropriarsi del senso autentico del monoteismo biblico Metz esprime l'urgenza di ripensarne l'universalità non in virtù di un concetto filosoficamente astratto e metastorico, che raccolga il consenso tra le fedi, ma in relazione all'universalità della sofferenza che invoca una liberazione universale. L'asserto da cui egli prende le mosse e che costantemente tiene presente lungo tutta la sua riflessione è che nell'annuncio di Dio la chiesa non può scindere l'idea dogmatica di Dio dalla sofferenza che grida al cielo. Memoria di Dio e dolore innocente devono sprigionare la possibilità e la speranza della consolazione che costituisce l'essenza delle promesse bibliche[77].

Nel parlare del Dio di Abramo, di Isacco e di Giacobbe, che è anche il Dio di Gesù bisogna tener conto di due considerazioni: esso è espressione di un monoteismo «debole, vulnerabile, empatico»[78], un Dio sensibile al dolore, che certo contiene anche in sé un monoteismo arcaico, il quale si lega ad immagini di violenza, ma conosce sempre un divieto delle immagini, una purificazione di ogni discorso su questo Dio commisto indebitamente a linguaggi e categorie improprie, istituendo una sorta di dialettica critica tra storia e rivelazione[79].

---

[74] M.C. BINGEMER – E. BORGMAN – A. TORRES QUEIRUGA, «Editoriale», 14. Particolarmente interessante è il saggio di P. GIBERT, «I problemi filosofici», 17-25.

[75] J.B. METZ, *Passione per Dio*, 26 nota 13; cf. ID., *Memoria passionis*, 71.

[76] Cf. J.B. METZ, *Mistica degli occhi aperti*, 39-41.

[77] Cf. J.B. METZ, «Nel pluralismo dei mondi», 214-224.

[78] J.B. METZ, *Memoria passionis*, 151.

[79] Cf. CTI, *Dio Trinità*, n. 27 parla di «*riconfigurazione* della memoria» da intendersi come rielaborazione retrospettiva dell'esperienza per un processo di purificazio-

È ciò che si verifica nell'esistenza di Gesù, l'immagine di Dio che si rivela attraverso la povertà della sua obbedienza nell'abbandono al Padre, non è certo l'immagine di un tiranno né di un sovrano che esercita in modo autoritario il suo potere sugli uomini, così come succede per i sovrani terreni. Ma è «la luminosa immagine di Dio, che solleva e libera, che restituisce ai colpevoli e umiliati un nuovo futuro pieno di promesse e si fa loro incontro con le braccia spalancate della sua misericordia»[80].

Questa immagine di Dio fonda la speranza cristiana che lega il nome di Dio alle esperienze più dilanianti ed assurde dell'umana esistenza, dove in Gesù Dio si è impegnato nella passione del suo Spirito a sanare e consolare le ferite più dolorose[81]. Inoltre, il discorso su Dio delle tradizioni bibliche è infranto dalla questione della teodicea, del dolore presente nella creazione buona di Dio, che pone ad ogni immagine di Dio una domanda di troppo, che trova il senso universale se si radica nell'esperienza del dolore non solo dei vicini ma anche del dolore del nemico.

In questo senso la questione dell'universalità si coniuga con quella della *significatività* per tutti gli uomini, risultando di per sé capace di pluralismo. La scommessa per questo monoteismo risulta necessaria nell'attuale congiuntura storica, smentendo la tesi, la quale sembra diffusa e condivisa soprattutto in ambito sociologico, che il principio monoteistico sia costitutivamente foriero di conflitti e violenze tra i popoli[82]. È una posizione che si basa su un falso concetto di tolleranza e sull'ipoteca ideologica illuministica per cui le religioni storiche sono di per sé fonte di divisione, nonché su una lettura pregiudiziale che fa del monoteismo un principio esclusivo e del politeismo un principio inclusivo, come risulta dalla recente cultura postmoderna e neopagana dove alle lodi del politeismo, come espressione festosa e libera dei desideri dell'uomo, si aggiunge l'idea della sua connaturale tolleranza della pluralità[83].

---

ne della fede nella parola di Dio storicamente connotata a partire dal primato teologale dell'amore.

[80] J.B. METZ, *Un credo per l'uomo*, 52. Cf. W. KASPER, *Misericordia*, 94-126.

[81] Cf. A. TORRES QUEIRUGA, «Monoteismo e violenza», 89-90 dove invita ad adottare un'ermeneutica corretta, criticamente orientata, della Bibbia proprio al fine di evitare improprie strumentalizzazioni del concetto di Dio come supporto di ideologie politiche o religiose.

[82] Cf. U. BECK, *Il Dio personale*.

[83] Cf. A. TORRES QUEIRUGA, «Monoteismo e violenza», 83-86. Cf. A. MANARANCHE, *Il monoteismo cristiano*, 166-173. Cf. Y. CONGAR, «Il monoteismo politico», 56-65.

Si tratta invece di invocare e ripristinare i tratti salienti del monoteismo biblico[84], attivando la vigilanza ermeneutica sui tradimenti storici dell'assioma fondamentale per cui la rimemorazione di Dio è legata alla rammentazione del dolore altrui. Rimanere fedeli a questa tradizione significa far risuonare la promessa del libro dell'*Apocalisse* in cui Dio tergerà tutte le lacrime (cf. Ap. 7,17; 21,4):

> Tutta la storia dei popoli monoteisti è la storia della ricerca di questa pace, di questo *shālôm*, che non è l'illusione d'una tranquillità senza conflitti, bensì la ricerca costante d'una pace dinamica, sempre perduta e sempre ritrovata, ma sempre donata senza sosta e in più desiderata dal Dio che si autocomprende come autore e fonte della vita, clemente e misericordioso, amore agapico e oblativo, che è grazia e dispensa gratuitamente i suoi doni sopra le creature e sopra la creazione [85].

Un allievo di Metz, T.R. Peters, ha definito la sua teologia come «*Theologie des vermissten Gottes*»[86], una teologia del Dio «mancante» o di cui si sente la mancanza, la nostalgia, di un «Dio disperso», in riferimento all'esperienza di quelle storie di fede in cui Dio viene proclamato e invocato proprio nella sua assenza, nel suo smarrimento, ne implorano la presenza redentrice là dove sembra palesarsi il suo fallimento e il suo scacco, ovvero nelle situazione di dolore e di ingiustizia. La storia indica che Dio non ha ancora esaudito il nostro desiderio profondo di liberazione e consolazione, e la *kenosi* del Figlio attesta che Dio ha accettato le condizioni in cui la salvezza divina non è mai inequivocabilmente realizzata né manifesta secondo la logica delle nostre attese.

È importante allora tener presente che fare memoria della passione di Gesù significa tenere il «fianco escatologico dolorosamente aperto» tra la nostra storia concreta e la santità liberatrice del Nome di Dio. Si comprende, così, perché sia urgente per Metz collocare l'attuale discorso su Dio nell'ambito della teodicea ed interpretare quest'ultima non come giustificazione assolutoria di Dio, ma come grido che nell'invocazione lo rende presente.

## 2.2 *Il paradosso ermeneutico del* sabato santo

Con questa sensibilità e nella cornice di una teologia che si rende attenta al grido dei sofferenti si può riformulare la fede in Gesù Cristo

---

[84] Cf. G. BARBAGLIO, *Dio violento?*.
[85] M.C. LUCCHETTI BINGEMER, «Violenza e religione», 142.
[86] Cf. T.R. PETERS, *Johann Baptist Metz*.

guardando in faccia *Auschwitz*, ovvero tutti i luoghi del dolore dove il Nome di Dio viene dimenticato o negato e dove l'uomo viene annichilito. Il faccia a faccia con la sofferenza non solleva solo la questione della colpa e del perdono, ma prioritariamente il problema della salvezza delle vittime, della giustizia degli innocenti che soffrono, il problema della passione del mondo di fronte alla quale spesso i cristiani sono e sono stati indifferenti[87].

Considerare il paradigma di *Auschwitz* significa, dunque, prendere sul serio «il grido del Figlio che soffre per Dio»[88], senza scappatoie trionfalistiche né tentativi di degradare la sofferenza nella sfera profana, come se fosse estranea alla sacralità di Dio. Ciò implica ripensare il modo di interpretare e di parlare di Gesù Cristo in ambito teologico, cercando di stare in guardia contro un pericoloso trionfalismo storico-salvifico, che sembra preservare i cristiani in ordine alla certezza della loro salvezza, come se non dovessero attendere o temere alcunché, come se non valesse veramente anche per loro l'attesa del *giorno messianico* del Signore.

Fiducia messianica non vuol dire alimentarsi di quella euforia che rasenta l'insensibilità di fronte ai mali della storia, ma possedere quella sapienza che educa a percepire i pericoli e i naufragi, le interruzioni e le catastrofi, preservandoci da quell'ottimismo di senso che addomestica e neutralizza questa capacità di percezione, facendoci adattare alla realtà, senza opporre resistenza. Metz mette in evidenza come nel tempo si sia verificato una sorta di *peccato di origine*, ovvero un'inversione di tendenza verso l'interiorizzazione e l'individualizzazione della salvezza messianica proclamata da Gesù, che ha facilitato ai cristiani la conciliazione acritica con la situazione politica che di volta in volta si trovavano a vivere, registrando nel cristianesimo «una deficienza sbalorditiva di storia d'opposizione politica»[89], mentre non è stato così per il popolo ebraico.

Contro questa privatizzazione della fede, la teologia politica ricorda che la prassi messianica della sequela di Gesù ha una connotazione mistica e politica e ci rende responsabili non solo di quello che facciamo,

---

[87] Cf. FRANCESCO, «Chiedo perdono per l'indifferenza», 406 dove afferma: «In questo mondo della globalizzazione siamo caduti nella globalizzazione dell'indifferenza. Ci siamo abituati alla sofferenza dell'altro, non ci riguarda, non ci interessa, non è affare nostro! Ritorna la figura dell'Innominato di Manzoni. La globalizzazione dell'indifferenza ci rende tutti "innominati", responsabili senza nome e senza volto».

[88] J.B. METZ, *Al di là della religione borghese*, 32. Cf. J.-H. TÜCK, *Christologie und Theodizee*.

[89] J.B. METZ, *Al di là della religione borghese*, 34.

ma anche di quello che permettiamo che si faccia. *Auschwitz*, dunque, rappresenta per Metz il luogo critico per una rivisitazione della cristologia, che deve essere collocata all'interno della teodicea, nell'ambito del monoteismo biblico sensibile al dolore, con il retroterra apocalittico della fede d'Israele, da cui non può prescindere.

Egli individua tre prospettive di rilettura per una cristologia *dopo Auschwitz: una cristologia sensibile alla teodicea, una cristologia con coscienza apocalittica, una cristologia nel paradigma sinottico*[90]. Optare per una *cristologia sensibile* alla teodicea significa considerare come prioritaria la domanda sulla sofferenza e non sul peccato, ripristinare un corretto equilibrio tra soteriologia e teodicea. Ciò non significa svuotare il significato redentivo della passione e della croce di Gesù, ma ridare spazio all'interpellanza apocalittica del grido per l'insensatezza della sofferenza nel mondo:

> Senza dubbio il messaggio di Gesù [...] non ammette che per la sua storia di sofferenza dimentichiamo l'anonima storia di sofferenza del mondo; esso non ammette che per la sua croce noi trascuriamo le molte croci presenti nel mondo, che, accanto alla sua passione, passino sotto silenzio i molti tormenti, le innumerevoli rovine senza nome, la sofferenza soffocata nel silenzio, la persecuzione di innumerevoli uomini [...]. Non abbiamo invece, nella storia della nostra chiesa e del cristianesimo, troppo innalzato il suo dolore che dà speranza al di sopra dell'unica storia di sofferenza del genere umano? Non abbiamo, attraverso l'esclusivo rapporto dell'idea cristiana di sofferenza con la sua croce e con noi, suoi seguaci, mancato di creare interstizi nel nostro mondo per il dolore non tutelato degli altri? Non siamo stati noi cristiani, di fronte a tale sofferenza, apatici e indifferenti, spesso in modo spaventoso? Non l'abbiamo cacciata nella «sfera puramente profana» – come se non avessimo mai sentito che colui, cui la nostra speranza guarda, ci viene incontro proprio da questa storia «profana» di sofferenza, e mette alla prova la serietà della nostra speranza: «Signore, quando ti avremmo visto che soffrivi? [...]. In verità vi dico, quanto non avete fatto ad uno di questi più piccoli, non l'avete fatto a me» (Mt 25). Solo laddove noi cristiani porgiamo orecchio all'oscura profezia di questa sofferenza, e ci volgiamo disponibili ad essa, ascoltiamo e professiamo a buon diritto il messaggio pieno di speranza del suo dolore[91].

---

[90] Cf. J.B. METZ, «Toward a christology after Auschwitz», 105-106; cf. ID., *Annäherungen an eine Christologie*, 1-19.

[91] J.B. METZ, «La nostra speranza», 130-131; cf. ID., *Povertà nello spirito*, 62-63 dove commenta: «Conosco una chiesetta ai margini della foresta di Teutoburgo. La cripta di questa chiesa è dotata di immagini della *via crucis* nelle quali la passione di

Guardare la passione degli uomini dentro la passione di Gesù significa restituire dignità messianica alle esperienze di dolore. Questa sensibilità per il dolore altrui, che ha contraddistinto lo *stile* di Gesù, deve tornare centrale nella cristologia perché sia percepibile anche la sua *con-passione*, nel senso di assunzione partecipante della sofferenza altrui, una reale presa in carico del dolore considerato nella sua serietà e profondità.

Solo di fronte al *Venerdì santo* si può parlare veramente di sequela nello spirito della compassione, perché si è disposti ad accogliere pienamente quel grido del Cristo crocifisso sulla croce in cui si raccoglie la storia di passione dell'intera umanità e che esprime l'accettazione dell'esperienza di una sofferenza che rimanda a Dio, strappandola così dall'abisso della disperazione e del non senso.

Da queste riflessioni si comprende l'esigenza di ripristinare l'*istanza apocalittica* nella cristologia, per evitare di cadere in una teologia trionfalistica della storia che, in nome della vittoria di Cristo nella risurrezione, toglie il senso della negatività della storia con le sue contraddizioni ed interruzioni, rischiando di tradurre la cristologia in ideologia. Là dove si tenta di formulare una cristologia svincolata dal suo retroterra biblico e dall'attesa apocalittica si rischia di scivolare in una nuova mitologia, che nel suo essere avulsa dalla storia concreta può cadere nelle due tentazioni sempre in agguato, ovvero di un messaggio implicitamente antisemitico e tendenzialmente gnostico. Tenere presente sempre il retroterra culturale e religioso di Gesù, con il contesto apocalittico che gli era proprio, significa riqualificare la concezione del tempo e della storia ivi narrata, scongiurando il dualismo gnostico di dividere il tempo della redenzione in al di qua e al di là, salvando Dio dall'interpellanza sul dolore ancora presente: «questo pensiero del tempo e della storia reso acuto dalla contingenza, dovrebbe essere reintrodotto nel *Lógos* di una cristo-logia "dopo Auschwitz"»[92].

Questo rinnovato ascolto della sapienza apocalittica, la cui mancata valorizzazione è forse dovuta all'opposizione tra giudaismo e cristianesimo sedimentatasi nel corso dei secoli, non è il calcolo curioso dell'accadimento della fine, come una certa apocalittica millenaristica

---

Cristo è inserita nella storia di passione degli uomini, in questo caso soprattutto nella storia di passione delle vittime del regime nazista: il Cristo crocifisso in mezzo ai molti crocifissi senza nome lungo le strade della nostra storia, la Passione di Cristo in mezzo alle anonime storie di sofferenza degli uomini».

[92] J.B. METZ, *Memoria passionis*, 64.

di alcune sètte contemporanee arditamente rincorre, ma la percezione del mondo alla luce della conoscenza della sua fine. La perdita di questa eredità, svenduta per essere all'altezza della Modernità, è forse la causa di una attenuazione nella cristologia della sua duplice tensione interna: il dramma del *sabato santo*[93], che la testimonianza biblica e in particolare sinottica ci tramanda con tanta intensità, e l'attesa della seconda Venuta del Cristo, profondamente radicata nella figura del Figlio dell'uomo[94] pure attestata nella storia della passione dei vangeli.

Fare «troppa cristologia della domenica di Pasqua»[95], come evidenzia Metz, significa non considerare l'esperienza del cammino di fede che contraddistingue ciascun discepolo, ognuno con il suo tempo di comprensione e di riconoscimento dell'evento del Risorto. Si può parlare della salvezza e della vita del Risorto solo all'interno della storia messianica della sofferenza, che è storia di fallimenti e di riprovazione, mentre la tentazione dell'uomo è quella di pensarla nei termini e nelle categorie della vittoria, come fa Pietro di fronte all'annuncio della passione di Gesù (cf. Mc 8,31-33) e come conferma con il suo rinnegamento di fronte al sofferente (cf. Mc 14,66-72). La fede di Pietro viene posta dalla comunità delle origini nella sua dimensione paradigmatica, come costante pericolo che la mentalità naturalmente umana insinui troppo tenacemente nella comprensione dell'evento Cristo una lettura accomodante secondo la logica del mondo che è logica dei vincitori:

> Noi cioè siamo sempre più vittime di una generale incomprensione nei confronti della passione. Nutriti dall'illusione di una società completamente libera dalla sofferenza, noi siamo in un atteggiamento di fuga di fronte alla passione [...]. Per fare un passo in avanti verso il Figlio dell'Uomo sofferente noi dobbiamo prima di tutto infrangere nelle nostre società «progredite» il divieto di soffrire, appeso non si sa da chi, – e ciò non con un astratto contro-culto della sofferenza, ma per abilitare noi stessi, con la nostra capacità di soffrire, a prendere parte alla passione degli altri e avvicinarci così al mistero della sua passione[96].

È necessario, allora, il *paradigma sinottico* in cristologia, nel quale è presente l'esperienza di fede davanti a Gesù nelle sue forme plurali, nella consapevolezza di essere per via, di trovarsi in viaggio, di percorrere un

---

[93] Cf. J.B. METZ, *Toward a christology after Auschwitz*, 106; cf. ID., *Mistica degli occhi aperti*, 184-187.
[94] Cf. J. MOLTMANN, «La passione del Figlio», 9-34.
[95] J.B. METZ, *Dove si arrende la notte*, 52.
[96] J.B. METZ, «Storia messianica», 42.

cammino senza una destinazione certa, ma anche nella consapevolezza che ciò che cerchiamo ci è dato nella forma della sottrazione e della mancanza, stando sempre alla presenza del *sabato santo*. La sequela è l'unico modo che ha il discepolo di conoscere la verità che è Gesù: «Cristo non può mai essere pensato in modo da essere solo pensato»[97].

In questa cristologia della sequela assumono pertinenza le categorie della memoria e della narrazione e il considerare il cristianesimo primariamente come comunità narrante radicata nella *memoria passionis*. Una cristologia iscritta nel paradigma sinottico non si sviluppa in prima istanza come un sistema asoggettivo fatto di concetti e categorie (che presterebbe il fianco alla tentazione gnostica), ma in storie di sequela. È entro tale contesto che bisogna reinterpretare le formulazioni dogmatiche, le quali per la loro stessa origine risentono dell'influsso categoriale della metafisica ellenistica, e rendere accessibile quella memoria salvifica che in esse la chiesa attesta all'interno delle categorie dell'esodo e della resistenza, ovvero di quelle storie della sequela di Gesù che vivono il dramma della sofferenza e il rischio della fede. L'immagine che si staglia sull'orizzonte di queste considerazioni è quella dei primi discepoli che, forti dell'esperienza della risurrezione e nella speranza della sua Venuta vivono la sequela come un'esistenza di passione politica, senza cioè indietreggiare davanti alle ostilità e ai conflitti politici del tempo, osannando una innocenza politica che non può legittimarsi per chi vive il messaggio del Regno messianico, in cui si attende la manifestazione gloriosa del Figlio dell'Uomo.

La domanda che deve risuonare per il cristiano che vive oggi nelle ostilità pubbliche del mondo è: dove conduce la sequela? Nel ripiegamento su se stessi, dietro le porte chiuse di un *cenacolo postmoderno*, oppure in un'esistenza di passione politica, pronti ad intervenire di fronte alle sofferenze della storia attuale, evitando di essere spettatori impauriti o peggio indifferenti allo scenario di questo mondo?

Nell'annuncio della passione del Figlio dell'uomo, nella croce annunciata per la sua passione si apre la storia anonima della passione del mondo «delle molte croci accanto alla croce, dei molti tormenti accanto alla passione, delle innumerevoli sciagure senza nome, delle sofferenze subite senza parola, dei bambini perseguitati dai tempi di Erode fino ad Auschwitz e al Vietnam»[98].

---

[97] J.B. METZ, *Memoria passionis*, 65.
[98] J.B. METZ, «Storia messianica», 53-54.

Un'ecumene della passione di fronte alla quale non si può rimanere in silenzio.

### 3. Il *dis-velamento* teologico della teodicea

C'è oggi, forse in relazione alla percezione sempre più amplificata di vivere in una società del rischio e della vita minacciata, un rinnovato confronto con la «topica del male»[99] ed una ripresa della teodicea, nel tentativo di superare i luoghi classici e ormai divenuti problematici[100].

A ragione il filosofo Marco M. Olivetti scriveva: «D'autre part, les récentes catastrophes mondiales/occidentales ont amené aussi bien au refus d'une justification de l'existant à partir de Dieu, qu'au refus d'une justification de Dieu à partir de l'existant»[101].

All'antica domanda che accompagnava la teodicea classica «*unde malum?*», si sostituisce quella escatologico-apocalittica «fino a quando?». In questo spostamento d'accento, nell'interpellanza escatologica rivolta a Dio e nello sguardo alla storia di sofferenza prima ancora che ai mali e ai peccati di questo mondo, Metz prospetta il luogo odierno per riconsiderare il discorso su Dio: «la questione della teodicea esprime la preoccupazione di quanto poco si attenda ciò che ancora di non avvenuto e di non detto è presente nel cristianesimo, quanto poco si sia curiosi di ciò, e dunque quanto poco si sia curiosi di Dio»[102].

La crisi di Dio del nostro tempo postmoderno, che paradossalmente vive una religiosità diffusa e spiritualmente con-fusa, rappresenta la cifra fondamentale per operare un profondo discernimento in ambito teologico e verificare quale istanze e categorie possono essere più significative per operare quella critica costruttiva che costituisce il movente della teologia politica affinché la fede cristiana possa essere rilevante per il suo tempo. Secondo Metz, la teodicea come interpellanza escatologica rivolta a Dio produce quella feconda *inattualità* del Vangelo che rende Dio ancora attuale, ovvero provoca quello scandalo o rottura con il già noto capace di suscitare quella *curiosità* che solo l'attesa di ciò che manca tiene viva.

---

[99] P. GIUSTINIANI, «Figure del male», 310.
[100] Cf. A. KREINER, *Dio nel dolore*. Cf. H. HÄRING, *Il male nel mondo*. Cf. G. GRESHAKE, *Perché l'amore di Dio*.
[101] M.M. OLIVETTI, «Prefazione», 11.
[102] J.B. METZ, «Dio, la colpa e la sofferenza», 80.

La mutata sensibilità del tempo presente esige una comprensione diversa di Dio rispetto ai modi tradizionali di riferirsi a lui, non perché hanno perso la loro verità, ma perché hanno bisogno di essere riformulati in relazione alla loro significatività ed incidenza rispetto ad una cultura e ad una società in cui i luoghi dove poter sperimentare la sua presenza hanno subito una radicale *dislocazione*[103]. Ma più che trovare immagini eloquenti o alla moda, deve tornare ad incuriosire quell'interrogativo che è a fondamento del teologare: l'irrequietezza dell'ineffabile, quello che Metz ama chiamare il Dio «non confacentesi», ovvero quel Dio che viene invocato là dove si percepisce la sua mancanza:

> oggi si pongono delle domande a una teologia, che si trova posta di fronte più al fallimento e alla lontananza di Dio che non al suo successo e alla sua potenza definitiva. Tali domande non sono poste soltanto davanti al *forum* della chiesa, bensì anche davanti al *forum* di una società tecnologicamente orientata, plurale dal punto di vista della visione del mondo e che non vuole nello stesso tempo arrendersi all'ingiustizia imperante[104].

### 3.1 *L'aporia linguistica del «Dio disperso»*.

L'esperienza negativa di Dio o la sua negazione non devono condurre ad addomesticare Dio in un linguaggio sentimentale, come si rischia di fare oggi in ossequio ad una religiosità postmoderna che si lascia sedurre dall'incantesimo di una compensazione psicologica della trascendenza e dal miraggio estetizzante dell'esperienza religiosa, o in un linguaggio concettuale astratto come si faceva ieri per compiacere la Modernità illuminata. Il Dio della tradizione biblica è restio a qualsiasi accomodamento, ed è nel suo sottrarsi che rivela la sua presenza, nel suo essere quel Dio «non confacentesi» che si concede più nella domanda che nelle risposte.

---

[103] Cf. A. TORRES QUEIRUGA, «Ateismo e immagine», 55-56. Cf. G. MORETTO, «Teodicea», 249 dove commenta: «l'uomo moderno, più che dalla meraviglia provocata dalla contemplazione del cosmo, è sintomaticamente chiamato dallo stupore suscitato dal fatto e dal modo in cui, nella storia, l'umanità si risolleva sempre di nuovo dalle sconfitte e dalle catastrofi, e riprende daccapo il proprio cammino con rinnovata fiducia». Sulla stessa linea interpretativa F.P. FIORENZA, «Il pensiero di J.B. Metz», 164. Cf. CH. DUQUOC, «La dislocazione della questione», 13-24.

[104] H. HÄRING, «Sull'attualità della teologia», 188. Cf. Ch. SCHWÖBEL, «L'incontro interreligioso», 154 dove afferma: «La testimonianza alla verità del vangelo rimane vincolata al contesto del vangelo come messaggio di liberazione e consolazione per coloro che sono affaticati e il cui giogo è pesante (Mt 11,28)».

Questa dimensione paradossale ed agonica cara alla tradizione della teologia negativa torna nella riflessione di Metz non come un'opportunità tra le altre, ma come l'*unica dimensione* in cui si dà oggi la possibilità di parlare di Dio senza ammutolire[105]. Forse nella tradizione cristiana questa particolare forma di teologia è stata frettolosamente etichettata come un caso limite del discorso mistico su Dio, quindi appartenente ad un'espressione elitaria dell'esperienza spirituale, più prossima alla testimonianza singolare non facilmente condivisibile né comunicabile.

Se andiamo a ritroso nella storia del pensiero credente troviamo in Dionigi Areopagita[106] una figura di riferimento, come abbiamo già accennato nella riflessione su I. Mancini. Espressione classica della teologia negativa è il suo trattato *La teologia mistica*[107], dove affermazione e negazione sono momenti interni al discorso teologico, che funzionano l'uno come principio regolatore dell'altro, fino alla contemplazione nella tenebra divina, che egli definisce come stadio teo-patico, il quale è dono e non conquista. Come giustamente chiarisce G. Gusmini la teologia negativa si incarica di ricordare alla teologia positiva il limite delle sue enunciazioni e il primato dell'ascolto sulla speculazione, del racconto sul concetto, dello spirito sulla lettera[108]. Forse l'immagine più consona di questa prospettiva teologica la troviamo in De Lubac:

> Lo spirito, che si sforza di «comprendere» Dio, non è paragonabile all'*avaro*, che ammucchia una quantità di oro – una somma di verità – sempre più considerevole. E neppure rassomiglia all'*artista*, che riprende sempre da capo un abbozzo per renderlo ogni volta meno imperfetto e per riposarsi finalmente nel godimento estetico della sua opera. È piuttosto come il *nuotatore*, che, per tenersi sui flutti, avanza nell'oceano costretto a respingere una nuova onda a ogni bracciata. Esso scarta, scarta incessantemente, le rappresentazioni che si riformano sempre, ben sapendo che lo sostengono, ma che arrestarsi significherebbe perire[109].

---

[105] Cf. L. BOEVE, «The Rediscovery of Negative Theology», 446-447 dove menziona Metz come uno dei maggiori rappresentanti della teologia contemporanea a cui viene riconosciuta la riscoperta della teologia negativa nell'attuale contesto postmoderno.

[106] Cf. G. TAVOLARO, «Il contributo dello Pseudo-Dionigi», 82-87. Cf. S. LILLA, «Introduzione allo studio», 533-577. Cf. E. BELLINI, «Saggio introduttivo», 33-73. Cf. A. GHISALBERTI, *Medioevo teologico*, 23-42.

[107] DIONIGI L'AREOPAGITA, *Gerarchia celeste*, 91-113.

[108] Cf. G. GUSMINI, «L' "unica e semplice verità"», 218.

[109] H. DE LUBAC, *Sulle vie di Dio*, 125.

La teologia negativa si configura come un percorso di elevazione dell'intelligenza oltre se stessa ed anela alla contemplazione adorante, alla comunione mistica con colui che è radicale alterità rispetto al mondo in un ideale di purezza che è in dissonanza con l'esperienza che oggi l'uomo ha di Dio e del divino. L'architettura del pensiero di Dionigi, di stampo neoplatonico, è perfettamente orientata a Dio, il quale pur presentandosi nei segni del mistero, è comunque una realtà esperita e desiderata, la certezza della sua presenza non è mai dubitata, ma ad incrinarsi, in questo movimento spirituale di ascesa e purificazione, è il pensiero e il linguaggio[110]. L'esperienza primigenia che muove la sua ricerca è il Dio distante e trascendente, non il Dio assente. L'immagine del mondo dionisiano fortemente incastonato in un ordine cosmico e gerarchico non è più proponibile nel mutamento epocale contemporaneo[111], ma sicuramente nella sua lezione risiede la consapevolezza che la teologia inizia con la scoperta fondamentale che ogni discorso razionale su Dio è destinato a scoprire la limitatezza della propria logica[112].

L'istanza del Dio nascosto ed incomprensibile apre l'uomo alla dimensione del mistero che, lungi dal significare limite ad ogni procedimento conoscitivo, è, come lo ha definito K. Rahner, realtà originaria, mistero santo che è condizione di possibilità di ogni conoscenza[113]. Inseriti nel *mysterion* (concretezza dell'agire storico di Dio, nel senso paolino) si recupera la dimensione orante e contemplativa della riflessione credente, liberando la teologia dall'ipoteca intellettualistica, e Dio non è più uno sconosciuto, ma è incomprensibile[114].

Seppur distante dal linguaggio rahneriano, Metz ne condivide la necessità di elaborare una traduzione adeguata per l'uomo di oggi. Sta qui l'esigenza di trovare un nuovo paradigma teologico che contrasti le aporie e i fallimenti dei modelli ancora contemporanei (paradigma neoscolastico e il paradigma idealistico-trascendentale), che abbia la capacità di rispondere alla crisi attuale senza misconoscere la tradizione, che sappia fronteggiare la complessità senza riduzioni, che sia disponibile

---

[110] Cf. H.U. VON BALTHASAR, *Gloria*, 175-176.

[111] Cf. A. MATTEO, «Che tempo che fa», 185-191. Interessante rimane la storia degli effetti della teologia negativa non solo sul pensiero teologico ma anche filosofico contemporaneo, come per esempio in J. Derrida e J.L. Marion. Esemplificative le riflessioni di I. SANNA, «L'indebolimento della concezione di Dio», 431-438.

[112] Cf. CTI, *Teologia oggi*, nn. 96-97.

[113] Cf. K. RAHNER, «Sul concetto di mistero», 435.

[114] Cf. R. FISICHELLA, «Che cos'è la teologia», 99-115.

al confronto dialogico tra prassi e teologia «perché il *lógos* della teologia mira sempre a una forma di sapere come forma di vita»[115].

La sua opzione per il paradigma post-idealistico implica la sensibilità per la teodicea e l'istanza della teologia negativa[116]. Questo approdo è facilmente intuibile se si considera il paradigma di *Auschwitz* che deve sottendere ogni teologare, perché, stando alla riflessione di Th. Adorno:

> L'impressione che, dopo Auschwitz, si ribella ad ogni affermazione di positività dell'esistenza come consolazione a poco prezzo, ingiustizia nei confronti delle vittime, resistenza contro la possibilità di spremere dal loro destino un qualche senso per quanto esiguo, ha un suo momento oggettivo dopo eventi che ridicolizzano la costruzione di un senso dell'immanenza, irraggiato dalla trascendenza posta affermativamente[117].

È sempre quel grido, che risuona senza voce nella sua biografia di vita, a segnalare una sorta di attenzione vigile verso la teologia affermativa[118] che non contempla in sé l'interpellanza e la domanda che nascono dalle situazioni concrete. È sintomo di un cristianesimo invecchiato e senescente, incapace di rispondere a ciò che muta, il quale ha smarrito il primo sguardo di Gesù rivolto alla sofferenza. Nel grido del dolore Dio si rivela come il Dio nascosto, di cui l'uomo nella sua esperienza ferita non riesce a riconoscere i connotati, i tratti di quell'identità indagati da una ragione riconciliata e perciò sconosciuti a colui che nell'interpellanza sperimenta la fragilità di questi nomi, la non adeguatezza rispetto a quell'*esser-ci* di Dio così paradossale. È questo il luogo dove bisogna sostare, il limite della creatura che pur tuttavia lo invoca.

Questo spazio aperto dalla preghiera può essere detto solo attraverso l'approccio della teologia negativa, che nella custodia della distanza preserva il discorso su Dio dalla gnosi, oggi come ieri presente come alternativa sempre possibile, dall'ateismo come rivolta ad un'immagine di Dio tappabuchi contraddetto dall'ingiustizia della storia, da un idealismo teologico che svuota Dio della sua passione per il mondo. Tutti gli attributi di Dio presenti nelle tradizioni bibliche, dall'autodefinizione nel libro dell'Esodo fino all'affermazione «Dio è amore» nel

---

[115] J.B. METZ, «Verso una teologia post-idealistica (1985)», 116 nota n. 3.
[116] Cf. J.B. METZ, «Lob der negativen Theologie», 304-310.
[117] TH.W. ADORNO, *Dialettica negativa*, 326.
[118] Cf. J.B. METZ, «Redenzione ed emancipazione», 176 dove questa cautela verso la teologia affermativa o argomentativa viene già esplicitata in ordine alla sua «apologia della narrazione», la quale si legittima sul piano epistemologico se la si colloca nel contesto di una opzione per la teologia negativa.

vangelo di Giovanni, contengono un segno di promessa che obbliga la teologia a parlare della potenza creatrice e liberatrice di Dio nella forma della teologia negativa, perché tutte le possibili nominazioni di Dio hanno una connotazione temporale e, dunque, attendono compiutezza. Questo induce a rivedere l'escatologia attuale che, secondo Metz, formula la tensione del «già» e «non ancora» come dislocata nel tempo e non come connaturale al tempo. Il «già» nella tensione escatologica contiene il «non ancora», il tempo presente annuncia nei suoi segni il *kairos* di Dio, non c'è un'attesa che si trascina nell'al di là, ma Dio è sperimentato nel suo avvento:

> Proprio perché credono in un senso finale della storia, i cristiani possono osare una coscienza storica: lo sguardo nell'abisso; proprio per questo possono osare una memoria che richiama non solo le conquiste, ma le distruzioni, non solo le realizzazioni, ma gli scacchi e che in tal modo – come memoria pericolosa – si volge contro l'identificazione di senso e verità, con la certezza della vittoria di quanto è avvenuto e di quanto esiste. La teologia, in cui ricorre questa memoria, non è una teologia di puri concetti sistematici, ma una teologia di concetti relativi a soggetti con un fondamento pratico[119].

Il puro concetto di Dio è lo stenogramma di storie in relazione alle quali la teologia deve continuamente decifrare e rivedere i suoi concetti. Il carattere narrativo-pratico non è, quindi, imposto arbitrariamente a una teologia post-idealistica, ma fa parte del suo fondamento[120]. In questa prospettiva va rivisto, dunque, il linguaggio teologico, il quale deve essere capace di contenere l'abisso della creatura che anela la sua liberazione come accade nel *linguaggio orante*[121]. Risiede qui un'altra scelta di campo a cui Metz dà un'importanza decisiva nella prospettiva di una teologia che, memore del mistero del negativo e, quindi, nel paradigma di *Auschwitz*, vuole ancora pronunciare il Nome di Dio. Teologia negativa e linguaggio orante costituiscono per lui due opzioni imprescindibili.

### 3.2 *Implorare Dio per Dio: il linguaggio orante*

«Ogni discorso su Dio proviene da un discorso con Dio»[122]: egli riconosce al linguaggio della preghiera una precedenza epistemologica

---

[119] J.B. METZ, «Verso una teologia post-idealistica (1985)», 124; cf. ID., *Avvento di Dio*; cf. ID., «L'uomo del futuro», 303-320.
[120] Cf. J.B. METZ, «Verso una teologia post-idealistica (1985)», 120-121 nota n. 7.
[121] Cf. J.B. METZ, «Il discorso su Dio», 239-240.
[122] J.B. METZ, *Dove si arrende la notte*, 36.

che istituisce il linguaggio propriamente teologico, un'origine che dice la specificità o specialità di un linguaggio che nel suo porsi esprime la consapevolezza di ciò che è ancora senza risposta e rispetto a cui la teologia costituirebbe il suo momento riflessivo. Questo luogo fondativo lo individua in modo peculiare là dove si tramanda la preghiera, nella tradizione biblica delle storie di passione per Dio, in cui il linguaggio orante si fa espressione della profondità del mistero dell'esistenza umana e della sua problematicità rispetto a Dio, il quale, anche nel combattimento «corpo a corpo» come testimonia l'episodio della lotta di Giacobbe con l'angelo (cf. Gn 32,25-33), rimane sconosciuto. Per il suo legame con le storie di vita custodisce più di ogni altro il carattere di drammaticità che caratterizza l'esistenza, èaperto al rischio, è sovversivo perché non rispetta le regole del linguaggio misurato della teologia, ma quello eccedente dell'esperienza, in cui «si può dire tutto a Dio»[123].

In questa libertà espressiva, che conosce l'impietosità che a volte la vita riserva, non si cerca il consenso che regola ogni argomentazione, perché spesso la preghiera è un lamento, un sospiro, un grido. Questo linguaggio interrotto, spezzato, apparentemente in-concludente e contraddittorio, è quello che esprime meglio la consapevolezza che, quando si tratta di Dio, per noi rimane sempre qualcosa di irrisolto, di mancante, e ciò istituisce il primato dell'escatologia in teologia con la particolare sensibilità per la teodicea, ovvero la sensibilità di custodire le domande come controdomande a Dio, di non dimenticare il lamento dietro e sotto ogni affermazione teologicamente assertiva, di non considerare nella verità solo le risposte, ma anche l'inquietudine di non avere alcuna risposta.

Il linguaggio orante, infatti, in quanto linguaggio dell'interpellanza sconfortante proviene dal dolore e non è, quindi, in primo luogo un linguaggio dell'acquietamento consolatorio. Forse rimane l'unico linguaggio in cui «l'uomo gesticola ancora come uomo!»[124].

Questa dignità soggettuale, secondo Metz, la può conferire solo la religione, perché in essa il linguaggio appartiene in prima istanza a coloro che soffrono. È in particolare il cristianesimo ad invitare a percorrere questo mutamento di approccio, dove la domanda iniziale non è di sapere chi parla, ma chi soffre. In questa attenzione alla soggettualità concreta l'uomo viene salvato, restituito a se stesso, non dimenticato

---

[123] J.B. METZ, *Dove si arrende la notte*, 49.
[124] J.B. METZ, *Memoria passionis*, 89.

neanche con la morte. I cristiani hanno una grande responsabilità: non ridimensionare il cristianesimo alla sua funzione meramente assistenziale, né essere semplici fruitori di un messaggio di speranza, ma essere degli autentici propugnatori della *rimemorazione* di Dio, prestando attenzione all'esperienza di fede, al suo linguaggio e alle sue storie, in modo da creare un'opposizione produttiva verso la stanchezza contemporanea del soggetto, evitando le derive fondamentaliste, la variante pneumatico-carismatica oggi fiorente e lo scivolamento nella subcultura postmoderna.

In questo linguaggio dei semplici credenti, che si distingue da quello più affinato dei pastori o dei teologi, può giungere ad espressione la permeabilità di tradizione ed esperienza, di storia della fede e storia della vita, che può rivitalizzare la chiesa in un tempo di detradizionalizzazione della società. Il linguaggio rimemorativo attraversato dalla biografia di vita si radica nel linguaggio orante, e quindi ogni autentico discorso su Dio è radicato in una domanda a Dio. Anche Gesù ha consegnato ai discepoli la preghiera per eccellenza, il *Padre nostro* (cf. Lc 11,1-4; Mt 6,9-13), una supplica orante che si colloca nella promessa della prossimità di Dio al nostro domandare, dell'assicurazione che: «Implorare Dio, implorarlo per lo Spirito Santo, implorarlo dunque per se stesso, dunque implorare Dio per Dio è il ragguaglio che Gesù ci dà sulla preghiera, e con cui ci assicura che noi oranti non parliamo a vuoto»[125].

Implorare Dio per Dio, questo inesprimibile *essere-rivolto-a-qualcuno*, prima e originariamente ad ogni formula precostituita, nel testimoniare la peculiarità universale del linguaggio umano di sofferenza, patrimonio di tutte le culture, attesta che il linguaggio delle preghiere si radica nell'interpellanza a Dio come grido, passione per lui e compassione per gli altri. Questo linguaggio sorgivo, portando iscritta la propria biografia, si pone in modo provocatorio di fronte a qualsiasi teologia idealistica che nel suo argomentare cerca di conciliarsi con la Modernità, togliendo lo sconcerto per la non-identità che costituisce l'esperienza del mondo. Ma si pone in modo provocatorio anche contro la Modernità che disconosce la dignità di discorso alla preghiera, relegandola nella forma arcaica propria di una umanità minorenne, non ancora assisa «sulla poltrona della riflessione»[126], chiusa «nella bella stanza

---

[125] J.B. METZ, *Memoria passionis*, 95.
[126] J.B. METZ, «Incoraggiamento alla preghiera», 10.

della pura teoria»[127] nella quale tutto è conosciuto. La preghiera, soprattutto quella spezzata dal grido, solidarizza con la storia sommersa della sofferenza per la quale non c'è linguaggio né ricordo nell'attuale società, e costituisce una tradizione che non può essere liquidata, perché in essa si iscrivono simboli e speranze, che non sono a buon mercato né esprimono una remissione consolatoria. Nel grido la preghiera contempla anche la possibilità dell'incredulità e della rivolta[128], nella sua indigenza essa rimane la fonte del non farsi immagine propria della teologia negativa:

> Il linguaggio delle preghiere [...] rimane la fonte della teologia negativa, resta divieto pratico di farsi immagini, permane inerme rifiuto di lasciarsi consolare da idee o miti, resta passione per Dio, molto spesso null'altro che un grido della creatura che impotente ammutolisce. Tale grido è soprattutto espressione drammatica di quella conoscenza della mancanza che nell'ambito della questione della teodicea è stata esaurientemente discussa[129].

In questo *essere-rivolto*, però, si esprime una particolare esperienza dell'*essere-prossimi*, si concretizza una direzione, si dà voce ad un'istanza: il volto di Dio nascosto nel silenzio. Si schiude nella preghiera lo spazio di Dio, una prossimità di cui non si dà alcun equivalente del mondo umano, e per questa sua peculiarità si distingue dalle consuete forme di comunicazione che non si *ad-dicono* al mistero della sua presenza.

Risiede qui, per Metz, la rivalutazione della teologia negativa e con essa l'attenzione a valorizzare un linguaggio che esprime la consapevolezza racchiusa nell'espressione *Si comprehendis non est Deus,* cara alla tradizione agostiniana. Ed insieme avanza la necessità di una rivisitazione della figura dell'analogia, la quale se ben compresa preserva da ogni gesto rinunciatario di fronte alla nominazione di Dio:

> Essa piuttosto fa comprendere dialetticamente la prossimità di Dio come prossimità determinata dell'irraggiungibile, ed è dunque essa stessa un correttivo critico contro ogni discorso su Dio che, misconoscendo la propria

---

[127] J.B. METZ, «Incoraggiamento alla preghiera», 10; cf. ID., *Mistica degli occhi aperti*, 172-174.

[128] Cf. G. RAVASI, «Prefazione», il quale a p. 9 commenta: «L'invocazione sarebbe dunque alla radice stessa dell'esistenza umana, rivelandosi quasi come un respiro dello spirito [...]. Il pregare non è, allora, un'attività solo liturgica, non sboccia solo dal grembo della fede, ma affiora dall'Adamo universale, dal suo stesso esistere e pensare».

[129] J.B. METZ, *Memoria passionis*, 97. Cf. J. MOLTMANN, *Esperienze di pensiero*, 157-160.

necessaria struttura antropomorfica, cela a se stessa la radicale differenza dalla realtà escatologica di Dio stesso[130].

Ciò che allerta l'implorare Dio per Dio nella preghiera è proprio la verifica delle nostre immagini di Dio, la consistenza della nostra esperienza di lui, la consapevolezza che invocando nella preghiera la sua divinità si percepisce il *páthos* della distanza, ovvero della mancanza di Dio, del Dio «non-confacentesi». Il linguaggio orante è, dunque, un linguaggio povero, indigente, che nell'invocazione tiene aperta la differenza tra la necessità dell'espressione e la sua inadeguatezza, tra l'esperienza umana di Dio e la sua incomprensibilità, tra il *non-poter-sapere* e tuttavia l'*essere-rivolto* a qualcuno, ma soprattutto dice che ogni discorso con/a Dio riguarda tutti, nonostante l'attuale percezione della sua «mancanza»:

> Anzi credo che oggi ci sono molte persone che fanno proprio questa esperienza della mancanza di Dio e che la esprimono in questo o in un altro linguaggio o non l'esprimono affatto. Anche e soprattutto per costoro vorrei praticare la teologia, per coloro che non hanno un concetto di speranza integro e incorrotto, per coloro i cui sogni d'infanzia si sono infranti [...]. Ma è importante dare voce a queste domande al centro del discorso su Dio[131].

Bisogna cogliere l'approdo alla teologia negativa e la valorizzazione del linguaggio orante, inteso come luogo originario e originante ogni altro linguaggio, non come epilogo semplicistico di una inaffidabilità della conoscenza umana di Dio che non ha altra alternativa che il silenzio, ma come processo critico, primariamente *antideologico* e *antidolatrico*, che deve essere attivato all'interno di ogni nominazione di Dio che rispetti il suo *esser-ci* come «la fine che porta alla fine»[132], attributo che ne qualifica il carattere escatologico. A differenza della sua forma classica[133], in questa prospettiva la teologia negativa non costituisce il vertice di un processo conoscitivo, in cui l'origine e l'orizzonte sono dati e attesi, ma rappresenta l'inizio di un possibile argomentare che non si vanta di alcuna sicurezza, in cui anche l'esperienza di Dio è consegnata nel segno del nascondimento e della dispersione[134]:

---

[130] J.B. METZ, *Memoria passionis*, 99 nota 160.
[131] J.B. METZ, *Dove si arrende la notte*, 51.
[132] J.B. METZ, *Dove si arrende la notte*, 49.
[133] Cf. G. ZUANAZZI, *Pensare l'assente*, 88-111.
[134] Cf. CH. SCHWÖBEL, «L'incontro interreligioso», 155.

la teologia apofatico-negativa caratterizzerà l'esordio di ogni pensiero e prassi cristiana; essa criticherà tutti gli idoli che si arrogheranno il diritto di rimpiazzare gli dèi, di colmare il vuoto. La teologia dovrà perfino difendere e custodire gli spazi vuoti, la nullità di ogni pretesa di senso definitivo, di ogni desiderio di determinare un significato [...]. A questo punto si apre forse lo spiraglio per una terza via, che non sarebbe né il silenzio né l'asserzione, ma l'invocazione creaturale del mistero, la costituzione di un'interiorità estatica, toccata, provocata e invocante[135].

Un Dio, dunque, che sarebbe il *punto debole* di qualsiasi sistema e pensiero o meglio di qualsiasi pensiero che si fa sistema. In fondo è la stessa dinamica della rivelazione biblica ad indicarci la grammatica del mistero, mai pienamente dato, sempre reticente ad ogni presa, sfuggente ad ogni immagine o idea, sempre altrove rispetto all'esperienza che l'uomo tenta di nominare, compagno di viaggio discreto, che pur si concede ma nei segni della sua assenza. Tutta la storia della rivelazione si può leggere anche sotto il segno della sottrazione di Dio, oltre che della sua manifestazione. Non dimentichiamo che lo stesso termine latino *re-velatio* significa «togliere il velo», ma anche velare di nuovo, indice di una dialettica dove nel comunicarsi Dio si nasconde, esigendo una più profonda e sempre rinnovantesi ricerca del suo volto misterioso. Il senso di questa dialettica si è ulteriormente affievolito con l'uso della parola tedesca *Offenbarung*, che significa apertura totale, disvelamento, implicante una esibizione o dispiegamento della verità, la quale ha avuto una decisiva storia degli effetti nella teologia moderna, prevalentemente pensata in tedesco, che in Hegel trova il suo interprete eminente[136].

Una lettura unilaterale che ha dimenticato anche l'originaria parola greca di *apokalyptein* che nella Settanta traduce il termine ebraico *galah*, manifestare, rendere visibile ed udibile, una delle varianti terminologiche in cui l'A.T. esprime la complessità della rivelazione storica di Dio[137], ma che troviamo anche nel N.T. con una risonanza cristologica e, dunque, con un accrescimento di significato che orienta all'attesa parusiaca. Il N.T. ci attesta, infatti, la paradossalità di questa rivelazione nella figura singolare e pur compiuta di Gesù di Nazareth, dove in vario modo convergono le attese dell'antica alleanza, quasi condensate nei

---

[135] E. SALMANN, *Presenza di Spirito*, 353-556.
[136] Cf. B. FORTE, *La sfida di Dio*, 10-11.
[137] Cf. F. TESTAFERRI, *«Il tuo volto Signore»*, 104. Cf. C. GRECO, *La rivelazione*, 29-34.

titoli cristologici, i quali nel segno della croce ritessono una diversa ermeneutica della salvezza.

Quella della rivelazione di Dio esige, dunque, una rilettura che tenga conto delle riduzioni operate nella Modernità sia filosofica che teologica, dove l'aspetto noetico-conoscitivo è stato dominante a scapito di quello testimoniale e dossologico[138], e rimetta in circolazione la densità esperienziale narrata nella Scrittura, dove i codici linguistici per dire la dinamica rivelativa di Dio sono molteplici. Il cambiamento di paradigma storico-salvifico avvenuto con il Vaticano II nella costituzione dogmatica *Dei Verbum* esplicita ed impone tale necessità ermeneutica[139].

Un differente *sguardo teoretico* che colloca la rivelazione all'interno di un orizzonte semantico più ricco e più corrispondente alla contestualità biblica[140] è ciò che richiede lo stesso Metz, il quale assume il paradigma cristologico come centrale ed imprescindibile per dire il Dio di Abramo, di Isacco e di Giacobbe, quello stesso Dio che nella mistica dell'obbedienza propria di Gesù esprime in modo singolare la sua eccedenza simbolica, un *esser-ci* che fa della compassione la trama della sua essenza, non compiutamente comprensibile se non nella corresponsabile passione dell'uomo per Dio. La declinazione cristologica e l'assunzione della categoria relazionale[141] all'interno del concetto di rivelazione sostiene l'emergenza etica iscritta nella prossimità al volto dell'altro che il Nome di Dio come compassione e misericordia porta con sé:

> In effetti dovremmo tacere su Dio, se non sapessimo annunciare di nuovo agli uomini immersi in tanta miseria fisica e spirituale il messaggio della sua misericordia. Dopo tutte le terribili esperienze del XX secolo e dopo quelle dell'appena iniziato XXI secolo la questione della misericordia di Dio e degli uomini misericordiosi è oggi più urgente che mai[142].

---

[138] Cf. J. WERBICK, *Un Dio coinvolgente*, 42 .

[139] Cf. F. TESTAFERRI, «Premessa», 8. La constatazione di una crisi del concetto di rivelazione e la necessità oggi avvertita di un suo ripensamento critico è espressa anche da C. DOTOLO, «L'autocomunicazione di Dio», 37-42.

[140] Cf. S. FREYNE, «Dio come esperienza», 101-115. Cf. F. TESTAFERRI, «Elementi per una teologia», 129 dove afferma: «Il nome di Dio in Es 3,14 pertanto cambia radicalmente i propri connotati e diviene "cifra" e "riserva". Questi termini esprimono molto bene la dialettica irrinunciabile fra presenza e assenza, fra presente e futuro, fra conoscenza e permanente mistero».

[141] Cf. W. JEANROND, «Rivelazione e concetto», 162.

[142] W. KASPER, *Misericordia*, 14.

Lo stesso Cardinal Kasper riconosce a Metz il merito di aver rimesso al centro della teologia la compassione, non certo come approccio sentimentale e buonista, ma come categoria primaria da cui ripartire per ogni discorso adeguato e sensato su Dio perché esprime il cuore della rivelazione biblica[143].

Del resto, una disamina della Scrittura conferma che l'incomprensibilità di Dio risiede proprio nella rivelazione della sua trascendenza come prossimità compassionevole e perdonante che suscita nell'uomo lo sconcerto dell'inaudito e la necessità di una conversione delle sue categorie. La sovrabbondanza semantica legata a questa categoria attesta il dato incontrovertibile della sua peculiarità[144], soprattutto se ne vediamo il compimento nella figura di Gesù, in quello sguardo compassionevole[145] in cui si traduce la prossimità salvifica del Nome di Dio. In questo *sguardo messianico* si recupera l'incontro con il volto dell'altro, dell'indigente, del misero che invoca salvezza. La figura di Gesù si fa allora icona della presenza divina che non disprezza l'impuro e il peccatore, ma li rende destinatari privilegiati della sua parola sanante, traccia possibile dell'immagine originaria di Dio presente in ogni uomo, al di là di qualsiasi logica della purezza legale e cultuale.

È la ricerca di questo amore compassionevole, grazia originaria ed originante, a segnalare il luogo di una *ri-conoscenza* di Dio. Ogni discorso su e con Dio, in quanto avviene nella condizione della finitudine, corre sempre il rischio dell'equivocità e dell'incomprensibilità:

> Forse la teologia dovrebbe prendere le mosse dall'equivocità di questa voce, dalla fessura simbolica tra il messaggio divino e le pretese e i pretesti dell'uomo, dalla sproporzione tra il Verbo divino e parole terrestri, tra la forza del destino, segnato dall'autodifesa e dalla potenza umana, e l'impotenza dell'amore divino, tra la Croce, il non-luogo del naufragio della rivelazione, e la Resurrezione, il luogo utopico della sua virtù e presenza[146].

Non è un caso che Metz definisce con il termine *mistica* la traduzione nella prassi del messaggio di Gesù. Non certo ad intendere il vertice

---

[143] Cf. W. KASPER, *Misericordia*, 33-34.

[144] Cf. M. CIMOSA, «Il linguaggio biblico», 197-213. Importante lo studio dei termini nel passaggio dei codici linguistici ebraico, greco e latino: *hesed, éleos, misericordia*.

[145] Cf. G. SEGALLA, «Il mondo affettivo», il quale ricostruisce l'affettività di Gesù, mostrando a p. 96 come «La compassione è dunque il sentimento che nei Sinottici caratterizza maggiormente il mondo affettivo di Gesù nella sua missione salvifica di annunciare e portare il Regno di Dio con la sua parola e la sua attività taumaturgica».

[146] E. SALMANN, *Presenza di Spirito*, 328.

della conoscenza che in Dio si fa contemplazione orante, come aveva inteso Dionigi, ma, secondo la prospettiva e le categorie della sua teologia politica, un'esistenza che nella *con-passione* testimonia la passione di Dio per il mondo. Questa esperienza concreta è mistica perché è espressione vivente della fede in Dio, è incardinata nella fede di Gesù ed è mossa dalla stessa spiritualità messianica, la quale nel suo *vedere di più* affina la sensibilità verso la sofferenza a volte invisibile dell'altro per alleggerirne il peso. Non un processo ascensivo, ma *discensivo*, dove il culmine è rappresentato dalla *con-passione* per le storie di sofferenza, dall'abitare i luoghi della marginalità e dell'insensatezza.

Una mistica del quotidiano, dunque, radicata alla terra in cui la *con-passione* si fa linguaggio, preghiera, non come colloquio intimo chiuso nella sfera della propria esistenza, ma come discorso *su* e *a* Dio in quanto resistenza, protesta e provocazione in un mondo segnato dall'indifferenza. Nella ripresa della teologia negativa c'è il riconoscimento di una ricca tradizione che esprime il paradosso costitutivo ma lacerante di ogni conoscenza di Dio, uno iato che ora si insinua, oltre che nel linguaggio, anche nella ferialità della vita, fino alla dispersione del Nome, per cui Dio non è semplicemente anonimo o inesistente, ma irrilevante.

In un contesto postmoderno come il nostro la distanza non è più tra il concetto e Dio, ma tra l'uomo ed una possibile esperienza di Dio dove la logica del paradosso richiama il mistero della *kenosi*, dell'amore crocifisso:

> Presupponendo la sua morte, inabitando la *rupture instauratrice* del Sabato Santo, tra morte e risurrezione, ossia partendo da una teologia negativo-apofatica che è la nostra realtà, potremmo forse rintracciare le orme deboli di una teologia positiva e katabatica, scoprire l'umiltà accondiscendente di un Dio presente nella contingenza[147].

È ciò che Metz ha voluto affermare nel proporre una *cristologia del Sabato Santo* come criteriologia possibile per un approccio adeguato al «Dio non confacentesi», che l'uomo di oggi trova non al di là della vita ma in mezzo ad essa, nelle periferie dell'esistenza. È per questo che alle due vie della negazione e dell'asserzione, egli intravede come possibilità quella dell'invocazione creaturale del mistero. La lode, il lamento e la domanda custodiscono la distanza pur attraversando le ferite dell'esistenza e le lacerazioni di una realtà non facilmente ricomponibile.

---

[147] E. SALMANN, *Presenza di Spirito*, 354.

Compito della teologia è, dunque, il farsi garante di questa tensione tra la *memoria Jesu*, che è memoria del Nome del Dio compassionevole, e il mistero del negativo, che non è semplicemente il male morale e il peccato individuale, ma più profondamente la possibilità sempre in agguato della distruzione, dell'annichilimento, dell'alienazione dell'umano e della creazione. La *con-passione* offre una prospettiva ermeneutica capace di rileggere in modo nuovo concetti e questioni teologiche, le quali altrimenti rischierebbero di cadere in prescrizione per l'uomo e la donna di oggi, ma soprattutto bandisce la neutralità come possibile *passepartout* per il mondo contemporaneo.

Ad essa, infatti, viene opposta la ricerca della *qualità* della relazione, di un *essere-per-l'altro* che, prima di connotare l'opportunità etica per un *éthos* globale aperto al futuro, è lo *stile* proprio del Dio compassionevole rivelatosi in Gesù Cristo:

> Affermare che Dio è soggetto di compassione significa mostrare che la presenza di Dio nella storia è fondamento della liberazione dell'uomo, perché nella sua cura per noi è possibile cogliere creativamente nuove possibilità di futuro e di vita. La stessa vicenda di Gesù, il suo itinerario di sofferenza, vulnerabilità e impotenza fino alla morte, non contraddicono la sua forza messianica, ma la situano nelle condizioni di una com-passione che anticipa la resurrezione come evento della vita e reale percorrimento della giustizia e dell'amore[148].

Qui sta l'originalità e l'apporto teoreticamente rilevante del pensiero di Metz che, nella prospettiva di una verifica critica della Teologia fondamentale nel tempo presente, offre la possibilità di pensare un cristianesimo «con il volto rivolto al mondo» capace di aprirsi al futuro come orizzonte umanizzante, dove la compassione diventa luogo teologico per individuare «un possibile *modello cognitivo della realtà* che non giustifica nessuna deroga dinanzi al compito di liberazione e di costruzione della felicità»[149].

---

[148] C. DOTOLO, «Ambiguità e forza», 45.
[149] C. DOTOLO, *Un cristianesimo possibile*, 215.

# CONCLUSIONE

«*Il ruolo salutare della teologia consiste proprio nel liberare queste immagini radicate di Dio dalle loro incrostazioni e nel far sperimentare di nuovo la domanda su Dio come una domanda aperta*»[1].

Il tema della crisi, che ha fatto da sfondo a queste riflessioni, ha rilevato la particolare curvatura della spiritualità contemporanea: le immagini e i luoghi consueti di narrare l'esperienza di Dio si sono modificati, hanno perso la loro capacità simbolico-evocativa e, dunque, la loro ovvietà. Lo slittamento semantico subìto dal linguaggio nell'incontro con nuove forme di religiosità rivela una trasformazione della sensibilità dell'uomo odierno, per cui diventa legittimo parlare di *metamorfosi* di alcune forme culturali con cui nel tempo si è pensata la relazione Dio-uomo-mondo, di tramonto di alcune figure di mediazione tra fede e cultura.

La domanda sul futuro del cristianesimo non si pone allora sulla sua persistenza, ma sulla sua *nuova configurazione*[2], sulla forma che dovrà assumere nell'incontro della fede con la postmodernità:

> Si tratterebbe di *immaginare* una forma di fede cristiana che, proprio a partire dalle crepe della postmodernità e anche dai suoi aspetti più ambigui, imparasse a purificare se stessa e, nel ritorno all'evento dell'incarnazione di Dio e della sua «discesa» sulla Croce, potesse purificare anche l'immagine di Dio, i cui tratti rimangono spesso oscuri e poco rispondenti a quelli del Dio di Gesù Cristo svelatoci nei Vangeli[3].

I motivi, le idee, le categorie, le domande che il passaggio dalla Modernità alla postmodernità ha ridisegnato non costituiscono semplice-

---

[1] A.W.J. HOUTEPEN, *Dio, una domanda aperta*, 410-411.
[2] Cf. G. FERRETTI, *Essere cristiani oggi*, 6.
[3] F. COSENTINO, *Immaginare Dio*, 54. Cf. T. RADCLIFFE, *Immaginazione cristiana*, 57.

mente uno scenario, ma sono il *contesto* con cui la teologia è chiamata a dialogare ed a riformulare il proprio discorso su Dio, consapevole di trovarsi in un dibattito pubblico in cui altri discorsi parimenti presentano le proprie credenziali veritative:

> Da quanto detto, emerge una paradossale e precaria configurazione della contemporaneità, in quanto sta alla congiuntura di una inedita parabola teoretica: da un lato, registra l'*impasse* della modernità nelle sue conquiste dichiarate irreversibili, quali la soggettività e la razionalità; dall'altro, evidenzia come la postmodernità non sembra fuoriuscire dalla *pars destruens* del suo progetto, troppo attaccato al compito di metamorfosi indefinita. In più, proprio ciò che caratterizzava (o sembrava farlo) la genesi della modernità, cioè il distacco dai teoremi del cristianesimo e della religione, è quanto pervade il panorama della postmodernità che si compone della presenza del simbolico, del mitico e del religioso[4].

La riflessione sulla secolarizzazione ci ha condotto a rivedere alcune linee interpretative sul rapporto religione-società-modernità e ad acquisire la consapevolezza che l'attuale spazio pubblico può essere diversamente abitato dalle tradizioni religiose, perchè comprese come comunità di memoria e depositarie di senso. Questo riconoscimento ha portato a demitizzare alcune roccaforti di un secolarismo esasperato[5] ed a riformulare in modo più inclusivo il concetto di laicità[6], su cui gravava una precomprensione culturalmente ideologizzata, legata ad una concezione illuministica anche'essa finalmente smascherata nella sua univocità.

L'opzione per una laicità capace di passare dalla neutralità al riconoscimento[7] delle tradizioni religiose, garante del pluralismo e in ascolto delle differenze, chiama in causa la responsabilità comune per una costruzione pacifica della futura società globalizzata, ma ci avverte anche del bisogno urgente di rivedere il significato di alcune categorie che non riescono più ad orientare l'esistenza perché risentono ancora di

---

[4] C. DOTOLO, *La teologia fondamentale*, 416.
[5] Cf. R. FISICHELLA, *Quando la fede pensa*, 83-97.
[6] Cf. C. TORCIVIA, «Laicità e chiesa», 147-155.
[7] Cf. S. ZAMAGNI, «La questione della laicità», 10 dove fa notare come oggi la disputa si gioca sulla scelta di due diverse semantiche, quella della *laicità moderna* e quella della *laicità dopo moderna*. Cf. G. PALUMBO, «Il cuore sospeso della laicità», 96 chiama questi due paradigmi *laicità dell'emancipazione* e *laicità della riconoscenza*. Cf. P. GRASSI, «Itinerari della laicità», 171-192. Cf. J. MACLURE – CH. TAYLOR, *La scommessa del laico*, 115-121. Cf. E. BIANCHI, *La differenza cristiana*, 9-38.

passate ipoteche culturali. D'altra parte, la seria attenzione al pluralismo religioso, anche nella sua modulazione postmoderna con la particolare curvatura gnostica e mistica, esige di seguire le attuali traiettorie della ricerca di senso, e di vigilare sia sui cambiamenti semantici apportati dal processo di *de-differenziazione* in atto, come ha segnalato S. Martelli, sia sulla conseguente *de-localizzazione* della domanda su Dio, come ha sottolineato Ch. Duquoc. Sta di fatto che l'apertura alla dimensione pubblica delle religioni, che connota originalmente l'attuale società post-secolare, chiama il cristianesimo ad una *rinnovata ermeneutica della fede*, la quale deve tener conto dell'istanza *politica* non solo come ambito di interesse, ma soprattutto come *stile interpretativo* che investe il senso delle categorie teologiche[8].

È qui che va accolta la pro-vocazione fondamentale della lezione di I. Mancini e di J.B. Metz, dove il *politico* contribuisce a quell'incremento di significatività e rilevanza di cui l'ambito veritativo oggi necessita. La loro critica ad un'impostazione teologica non più funzionale, ancora legata a modelli influenzati da un metodo deduttivo avulso dalla storia, non esprime una contrarietà di principio all'istanza metafisica, ma l'indicazione ad assumere un modello ermeneutico ed una progettualità teologica che tenesse conto dell'efficacia pratica della verità, di una reale presa in carico del vissuto storico nella prospettiva di una responsabilità pubblica della fede. Questo non certo per accondiscendere alle mode del momento, ma per la fedeltà alla Rivelazione del Dio di Gesù Cristo.

La restituzione alla Rivelazione della sua centralità e priorità, che entrambi ribadiscono sulla scia del Vaticano II, capovolge l'itinerario teologico, che non va più dal naturale al soprannaturale, comprendendolo come preambolare alla comprensione di Dio, ma dall'indisponibilità e gratuità della Parola rivelante di Dio al mondo, incontrandolo nelle sue ferite, nelle sue domande e nelle sue potenzialità. Questo cambiamento di prospettiva opera evidentemente delle modifiche ai paradigmi con cui ad oggi si sono affrontate le questioni teologiche, le quali necessitano di uno sguardo rinnovato:

> si tratta di enunciare come compito fondamentale per la teologia cristiana nel nostro tempo la necessità di dare una svolta radicale al suo modo di concepire il rapporto di Dio con noi. Una concezione non sempre del tutto cosciente, ma profondamente insediata nell'immaginario religioso. S'im-

---

[8] Cf. G. COCCOLINI, «La dimensione pubblica», 197-202.

pone, in effetti, un'autentica *conversione*, una *Kehre* radicale, che inverta tutto il movimento dell'esperienza e, in qualche modo, rovesci il senso di molti decisivi concetti teologici. In realtà, si tratta di qualcosa che è essenziale proprio perché elementare: *prendere sul serio l'assoluto primato del Dio che ci ha creati e sta creandoci per amore; unicamente ed esclusivamente per amore*[9].

La consapevolezza di trovarsi in un tempo opportuno, che nel *kairós* esprime anche il pungolo apocalittico dell'urgenza che l'*historia salutis* imprime al tempo[10], è ormai considerazione condivisa nella teologia contemporanea, anche per l'incalzare della questione sulla *nuova evangelizzazione* la quale nel recente Magistero ha assunto i termini dell'emergenza[11]. Ciò esige, assumendo le indicazioni dei nostri autori, che la proposta qualificante del cristianesimo non va pensata in polemica con altre visioni del mondo, ma in una mediazione produttiva tra fede e cultura che rivaluti la priorità di un dialogo all'insegna dell'ascolto attento delle istanze veritative presenti nell' Areopago contemporaneo[12]. Una parola questa cara a I. Mancini per indicare non solo la complessità presente nell'attuale *forum* delle ragioni, ma anche lo *stile*[13] con cui abitarlo, richiamando il riferimento paradigmatico alla figura di san Paolo:

> La sua preoccupazione non era persuadere i pagani ateniesi con ragionamenti apologetici, ma creare una sorta di fusione degli orizzonti, conquistando per la predicazione cristiana un riconoscimento di legittimità nella vita pubblica. Il suo Discorso non voleva convertire immediatamente i cuori alla fede cristiana, ma inserire il vangelo nel dinamismo della cultura plurale ellenistica[14].

Incontrare l'uomo là dove si discute il senso dell'esistere è nella logica stessa del *kerygma* in virtù della visione del mondo di cui è portatore, ma anche creare uno spazio dove si possa tornare a dialogare su Dio.

*Atene* e *Gerusalemme* tornano a contendersi la verità, non nella logica dell'esclusione, ma del reciproco apprendimento, senza obnubilare

---

[9] A. TORRES QUEIRUGA, *Quale futuro per la fede?*, 8 (il corsivo è nel testo). Cf. C. DOTOLO, «Con quale cristianesimo?», 650.

[10] Cf. C. DOTOLO, «*Éschaton* e *historia salutis*», 14-19.

[11] Cf. E. BIEMMI, «La nuova evangelizzazione», 7-21.

[12] Cf. G. FERRETTI, *Il "grande compito"*, 139-153.

[13] Cf. F. COSENTINO, «Immaginare Dio», 231. Cf. P. CODA, «Tra profezia e diaconia», 520-521.

[14] P. BOSCHINI, «Areopago», 42.

lo specifico di cui il cristianesimo è depositario e senza scadere nell'accomodamento del consenso. È un metodo ermeneutico quello proposto nella figura dell'Areopago, che indica nella fede cristiana la possibilità di nominare ciò che per l'altro è sconosciuto, un *invito* a ridisegnare lo spazio e il tempo tenendo aperta l'istanza di una Parola altra. In questo possibile si dischiudono i sentieri di un confronto fecondo e finalmente alla pari, sapendo che il passaggio dalla possibilità alla plausibilità del proprio discorso è ciò che compete propriamente alla teologia, e in particolare alla Teologia fondamentale, la quale, pertanto, deve operare un salutare aggiornamento.

Su questo terreno Mancini e Metz hanno offerto la loro lettura: la sottolineatura della differenza qualitativa del messaggio evangelico e la messa in circolazione del senso originario e liberante del *dialetto di Canaan* consente al cristianesimo di essere *rivolto al mondo*. Metz ha tradotto questa esigenza con la categoria della *memoria passionis*, che restituisce alla *memoria Jesu* la sua capacità di trasformare la storia, legando l'assoluto indisponibile di Dio con l'esperienza biografica dell'uomo. Questa particolare curvatura interpretativa pone la questione della plausibilità come significatività e rilevanza che la fede ha per l'uomo che abita l'Areopago postmoderno, rispondendo prima di tutto alla domanda di coniugare mondo di vita ed orizzonte di senso che la fede propone nell'ordine di un linguaggio più sensibile alle storie di dolore.

Il riconoscimento della centralità della figura del Regno di Dio come *novum* della predicazione e dell'evento di Gesù di Nazareth sta a segnalare una lungimiranza di entrambi nel restituire alla sua storia il tratto originale che le spetta, ma anche nel conferire alla teologia quella dimensione *politica* di cura per le traiettorie della storia, in quanto afferiscono alla stessa rivelazione di Dio. Dare la corretta rilevanza a tale figura implica ridefinire la prospettiva con cui si guarda al cristianesimo: non più ripiegato su se stesso, come un formulario per accedere al cielo, ma un messaggio dirompente le logiche intimistiche e aperto a promuovere orizzonti umanizzanti dove il futuro appartiene a questo mondo trasformato dalla fede nell'avvento di Dio. Si tratta di recuperare nell'annuncio ecclesiale la dimensione escatologica e pubblica, ridestare il sapore apocalittico del messaggio di Gesù nell'attuazione di un mondo differente, ridire il senso del suo messianismo e quindi dare la giusta forma alla sequela[15]. È qui che la teologia si fa profezia.

---

[15] Cf. G. RUGGIERI, «Il significato storico-teologico», 493.

Va da sé che l'originarietà del *dialetto di Canaan* e la *memoria Jesu* come *memoria passionis* trovano articolazione in alcuni indicatori fondamentali che qui riassumiamo: la necessità di una mediazione tra cultura e fede nella ricerca di un *ethos* globale; l'attenzione ad una figura storica di cristianesimo rivolto al mondo e chiamato ad abitare la secolarità; l'esigenza di una teologia che sappia tradurre il linguaggio della fede in un contesto post-metafisico, recuperando il potenziale veritativo e trasformativo della *memoria Jesu* e la dimensione storico-concreta in cui il vissuto si modula; l'opzione verso una spiritualità ancorata al Vangelo capace di informare la vita del suo potenziale messianico; il recupero di una dimensione veritativa che tenga conto delle lacerazioni del male e delle ferite di una umanità ancora impreparata di fronte alla sofferenza e all'ingiustizia, ma anche certa della promessa del bene. È evidente che la revisione delle categorie entro cui si articola il discorso teologico non può essere fatta senza la presa in carico della loro efficacia storica, tenendo conto che il deposito di senso implicato nella Rivelazione del Dio biblico impone di operare una *conversio ad passionem*.

La prima operazione che questa conversione esige è la «guarigione dell'immagine di Dio»[16]. Il recente documento della Commissione Teologica Internazionale, *Dio trinità, unità degli uomini* ha messo debitamente in rilievo i non pochi motivi di fraintendimento sul cristianesimo tali da oscurare «l'autentico pensiero cristiano dell'unico Dio»[17], dovuti essenzialmente ad una «semplificazione culturale»[18] che attribuisce indebitamente al monoteismo una carica di violenza e al politeismo uno spirito tollerante rispetto alle altre forme culturali e religiose[19]. Un fraintendimento che, paradossalmente, in un tempo di pluralismo non tiene conto delle varianti interne a ciascun monoteismo e, dunque, alla pluralità di tradizioni con cui si dà l'esperienza dell'unico Dio[20]. Ma un fraintendimento che si radica in un contesto culturale che I. Mancini con profonda lungimiranza chiamava pensiero dell'*asignificanza*, della frantumazione del senso, il quale minacciava la ragione nella sua ricerca della verità, e che con J.B. Metz assume contorni più ambigui di un

---

[16] F. COSENTINO, *Immaginare Dio*, 80. Cf. A. NOLAN, «Essere cristiani oggi», 62.
[17] CTI, *Dio Trinità*, 70.
[18] CTI, *Dio Trinità*, 71.
[19] Cf. M. PAGANO, «Politeismo», 69. Cf. P. GRASSI, «Le religioni fonte di pace», 12-17.
[20] Cf. J. MOLTMANN, «Nessun monoteismo», 319-320.

pensiero della *dimenticanza*, un'amnesia pervasiva che si fa strutturale fino ad intaccare il senso dell'umano.

Nell'esigenza di una *nuova narrazione* di Dio[21] ci sembrano illuminanti le categorie di *paradosso* e di *con-passione*, attraverso cui i nostri autori hanno offerto la loro prospettiva teologica, rimettendo in circolazione linee interpretative del mistero di Dio capaci di interloquire con il clima postmoderno del nostro tempo.

Mancini approda alla categoria di paradosso, dopo aver visto fallire i tentativi di una comprensione di Dio a partire da una ragione moderna, che non riesce a pensare la differenza senza assorbirla. L'esclusione del modulo liberale e l'assunzione del modulo dialettico gli consentono di guardare al mistero di Dio nella sua assoluta alterità ed incoordinabilità, come Parola *di Dio*, non il Dio dei filosofi, ma il Dio di Gesù di Nazareth, quindi parola kerygmatica con un forte potenziale storico-salvifico, una parola che altera i parametri troppo umani liberandoli dalle strettoie mortifere del male. Il ritorno alla matrice biblica del termine δόξα lo conduce ad evidenziare una duplice componente paradossale della rivelazione: il suo carattere dialettico, teso tra svelamento e nascondimento, in cui il paradosso si dà nell'inaudito e sorprendente farsi prossimo di Dio nella storia, dove le categorie predisposte dalla conoscenza umana subiscono un'incrinatura, e il carattere *kenotico* della rivelazione neotestamentaria, che rifugge il linguaggio del prodigioso o dell'evidente, ma si concede nelle umili vesti del λόγος σάρξ, di cui l'evento della croce costituisce la chiave ermeneutica fondamentale. Questa antinomia della rivelazione, ampiamente attestata dalla Scrittura, induce sia a tener insieme le due dimensioni del *Deus absconditus* e del *Deus revelatus*, indice che la rivelazione, nella sua eccedenza di senso, non coincide semplicemente con la sua manifestazione[22], sia ad una *conversione epistemologica* del carattere antinomico con cui si dà la verità dell'evento kerygmatico. La paradossalità della rivelazione esige quella che Mancini chiama la *logica dei doppi pensieri*[23], la quale esprime la consapevolezza che nessun sistema di pensiero può cogliere

---

[21] Cf. A. STAGLIANÒ, «Narrare Dio all'uomo», 400. Cf. G. FERRETTI, *Il "grande compito"*, 69-87.

[22] Cf. J. PETERS, «Dare un nome», 100.

[23] Cf. S. ROSTAGNO, «Paradossale umanesimo», 36 dove esprime una considerazione affine: «In un primo momento il *proprium* della teologia sta nel mantenere aperto un paradosso *significante*, che può essere considerato irrazionale, ma non privo di senso. La teologia vuole tenere insieme opposizioni interessanti».

la totalità del vero se non in un rimando *simbolico-evocativo-invocativo*, che fa riferimento alla relazione produttiva tra rivelazione, storia e cultura. Ciò implica importanti spostamenti categoriali:

1. La *dimensione escatologica* in cui si dà la rivelazione nella storia non consente una presa concettuale della verità, ma il riconoscimento del suo darsi simbolico, che ammette nella *rincorsa utopica* l'apporto mediativo dell'ermeneutica. Non l'impossibilità della conoscenza, ma una ricerca sempre rinnovantesi del vero che la rivelazione di Dio in quanto δόξα porta con sé. Nello scarto tra positività del *revelatum* e possibilità del *novum* si impone l'assunzione di una circolarità interpretativa che assume come referente anche il contesto della prassi, nella convinzione che non si dà religione se non come offerta di liberazione, e, dunque, vitalmente compromessa con la contingenza. In questo spazio tra l'evento della rivelazione e l'esperienza frammentaria e spaesante della storicità si dà il tempo della libertà dell'uomo, in cui la tessitura del senso gli consente di poter stare *tra i tempi*, ulteriore paradosso tra attesa e compimento. Ciò che consente all'uomo di orientarsi e di non smarrirsi nel paradiso perduto, dove la verità si scopre a tentoni, è proprio l'antecedenza del dono della rivelazione, l'originaria *notitia Dei* che informa l'esistente[24].

Di fronte al dato religioso, che egli ama chiamare non senza risonanze *Oggetto immenso*, non è richiesta la logica dell'evidenza e della dimostrazione, ma la ricerca del *significato* per l'esistenza, perché il *kerygma* ha una forte connotazione soteriologica e non solo dottrinale. È per questo che richiede la fede come risposta capace di abitare nella libertà del consenso e della responsabilità quello spazio lasciato aperto dalla grazia di Dio. Essa sola è capace di quell'esercizio ermeneutico adatto alla complessità e alla logica della gratuità che presiede le scelte di vita, a sostare di fronte al dubbio, ad abitare le contraddizioni della finitudine senza perdere la speranza[25].

---

[24] Con particolare consonanza anche GIOVANNI PAOLO II, *Fides et ratio*, n. 15: «La rivelazione cristiana è la vera stella di orientamento per l'uomo che avanza tra i condizionamenti della mentalità immanentistica e le strettoie di una logica tecnocratica; è l'ultima possibilità che viene offerta da Dio per ritrovare in pienezza il progetto originario di amore, iniziato con la creazione. All'uomo desideroso di conoscere il vero, se ancora è capace di guardare oltre se stesso e di innalzare lo sguardo al di là dei propri progetti, è data la possibilità di recuperare il genuino rapporto con la sua vita, seguendo la strada della verità».

[25] Cf. C. DOTOLO, *La fede*, 67-71.

2. In questo spazio tra reale e possibile assume dignità teoretica l'*invocazione* come linguaggio che segnala lo scacco ma anche la speranza tra il discorso su Dio e il suo adempimento futuro. La preghiera assume i contorni di una *via a Dio* che non liquida le fatiche della ragione, ma restituisce alla presa umana il suo limite d'azione e la sua condizione di *indigenza* nei confronti della trascendenza. La via dossologica rivela una dimensione della verità non alternativa ma altra, più legata all'esperienza di vita, più attenta ad ascoltare le ferite della storia, più pronta nella denuncia del male e del dolore. Una verità che si fa carico della carne della storia recupera l'anima ebraica con cui si dà la grammatica della fede, ma attesta anche quel volto misterioso di Dio che nessuna analogia può esaurire.

3. La dossologia dice, pertanto, l'esigenza della *via negativa*, non come ombra nichilista, ma come antidoto salutare ad una risoluzione frettolosamente idolatrica della ragione che non tiene insieme il darsi antinomico della verità, e come antidoto contro un linguaggio che non sa custodire la distanza tra la Parola di Dio e le parole umane:

> Quale teologia allora? Quale linguaggio a servizio di una nuova immagine di Dio? Certamente una teologia apofatica, ma anche una teologia che sappia riscoprire un linguaggio metaforico, analogico e poetico che potrebbe favorire un accesso più leggero e invitante alla ricchezza della fede cristiana e al Vangelo ed essere attento a quelle dimensioni dell'umano difficilmente catturabili da concetti e linguaggi razionali[26].

La ripresa della teologia negativa, oltre a valorizzare l'aspetto esperienziale e spirituale dell'incontro con Dio, dice anche la necessità di demanipolare ogni tentativo di asservimento ideologico e idolatrico del divino, come ha dimostrato l'itinerario della ragione moderna e come accade oggi con lo sdoganamento postmoderno del politeismo: «Uno dei problemi più scottanti e urgenti è il tentativo di appropriazione umana e idolatrica del divino, il parlare a sproposito a nome di Dio, il credere di possedere il divino»[27].

L'istanza della teologia negativa e la via orante costituiscono per Mancini la possibilità di pervenire alle soglie del mistero dove il parlare *di* Dio si tramuta più adeguatamente nel parlare *a* Dio, preservando la consapevolezza della sua incomprensibilità. Questo spostamento di ac-

---

[26] F. COSENTINO, *Immaginare Dio*, 113. Cf. F. TOSCANI, «Filosofia e teologia», 111.

[27] F. TOSCANI, «Il divino e l'idolatria», 575. Cf. G. COCCOLINI, «*Homo capax Dei*», 215-216.

cento non è marginale per la teologia: essa è pensata come teologia *in ginocchio*, capace di chiedere là dove riconosce il limite creaturale dell'umana ragione; è una teologia dell'*esodo*, capace di abitare la provvisorietà del vero, di transitare da forme ormai consunte e inadeguate a forme che possano interpretare il *passaggio* di Dio nel mondo; è una teologia *di sinistra*, ovvero radicale e contestatrice verso tentativi ideologici di oscuramento del Vangelo.

Nonostante Mancini non si sia mai dichiarato apertamente teologo[28], la sua proposta teoretica si colloca indubbiamente nell'ambito della Teologia fondamentale, come opportunamente rileva A. Milano:

> egli si è collocato, a proprio modo, in quell'ambito disciplinare che oggi si chiama «teologia fondamentale», dove ci si interessa alla tematica della rivelazione, alla sua possibilità come alla sua credibilità, in quel solco che nella vecchia «apologetica» si definiva *demonstratio religiosa* e *demonstratio christiana*[29].

La provocazione che ci proviene dalla sua riflessione è quella di assumere la valenza di *dirompenza* e *antinomia* del paradosso, esplicitandone gli effetti non solo a livello epistemologico, ma anche nei diversi ambiti del sapere teologico. G. Lorizio ne sintetizza il significato in questi termini:

> Analogamente al «miracolo» il paradosso significa una irruzione del totalmente Altro, che risponde al fondamentale carattere della gratuità e quindi della imprevedibilità, non lasciandosi ricondurre ad alcuna programmazione o previsione meramente umana. A differenza del miracolo, che accade nella natura e nella storia, sovvertendone l'ordine, il paradosso interpella e coinvolge precipuamente il pensiero, la ragione e le sue istanze[30].

---

[28] Cf. I. MANCINI, «Teologia dei doppi pensieri», 84 dove, nel dichiarare più volte che non è un teologo, si apostrofa come un «teologo mancato».

[29] A. MILANO, «Il teologo e il filosofo», 6 (il corsivo è nel testo); cf. ID., «Italo Mancini», 388. Cf. F. MOLINARO, «La filosofia della religione», 120 dove riconosce a Mancini già nel 1976 il suo contributo aggiornato ed innovativo allo statuto epistemologico della teologia e la sua capacità di dialogo con le scienze moderne.

[30] G. LORIZIO, *La logica del paradosso*, 18-19. Interessante anche quanto afferma V. MELCHIORRE, «Analogia e paradosso», 71: «la contrarietà del prefisso [*para*, contro] può valere anche come disposizione a un'alternativa di senso, a una opposizione che dispone e provoca un inconsueto volto della verità [...]. Possiamo dire allora che nella dizione di un paradosso può anche disporsi il percorso d'una verità inconsueta». Cf. M. GRILLI, *«Paradosso» e «mistero»*, 11.

Non dimentichiamo l'etimo di ispirazione ebraica del termine paradosso che implica la *dóxa* (= *kabod* = peso), la quale secondo la linea interpretativa che assume Mancini richiama la dialettica rivelativa del totalmente Altro, che trova nella Bibbia non solo la sua provenienza originaria ma anche la sua legittimità[31].

La grande tentazione del discorso teologico è quella di operare anche filosoficamente la riduzione della paradossalità, incoordinabilità, straordinarietà e totale apriorità del *kerygma*: senza la categoria di paradosso si cadrebbe nella riduzione della religione figlia della Parola ad una filosofia religiosa addomesticata dalla ragione, ad una metafisica che parla di un Dio muto, ad una speranza che trapassa in etica o ad un individualismo sentimentale con forme surrogatorie di trascendenza. E come afferma Mancini «Tutto questo non è un vero incontro con Dio come *Dio* (e il corsivo vuol indicare l'eccedenza inoggettivabile)»[32].

Il carattere paradossale del cristianesimo, nonostante abbia costituito una concezione minoritaria, è stato sempre presente nella teologia rappresentandone un'istanza fondamentale, come ha ben messo in rilievo il filosofo e teologo urbinate (ma al suo elenco potrebbero essere aggiunti a buon diritto H. de Lubac e H.U. von Balthasar). Del resto gli studi recenti sia in filosofia che in teologia attestano la fecondità teoretica del tema del paradosso[33] e la sua funzione in Teologia fondamentale può essere di particolare rilievo, soprattutto in ordine alla figura della rivelazione e al conseguente rapporto tra fede e ragione[34]. Ciò richiederebbe, come prima istanza, l'assunzione di paradigmi differenti per pensare la loro dialogia nella cultura postmoderna e consentirebbe di uscire dalle strettoie di un razionalismo esasperato e di una logica oppositiva ed esclusiva[35]. Produrrebbe una più pensosa frequentazione della tradizione biblica, matrice

---

[31] Cf. M.C. LAURENZI, «Aspetti della funzione teologica», 190. Cf. G. LORIZIO, «Teologia della rivelazione», 199-213.

[32] I. MANCINI, «Teologia dei doppi pensieri», 83.

[33] Senza nessuna pretesa di esaustività bibliografica rimandiamo agli studi di C. CIANCIO, *Il paradosso della verità*; L. GHISLERI, ed., *Pensare l'Assoluto*; M. NICOLETTI e G. PENZO, ed., *Kierkegaard*; S. GIVONE, ed., *Sul pensiero simbolico*; G. LUNGHINI, *Il paradosso della diversità*; C. GRECO – S. MURATORE, ed., *La conoscenza simbolica*.

[34] Cf. C. DOTOLO, *Abitare i confini*, 101 dove afferma: «Per questo, la fede è *passione del paradosso* e congedo dalla presunzione della ragione misura della realtà». Cf. G. LORIZIO, *Fede e ragione*, 95-108.207-214.

[35] Cf. F. COSENTINO, *Il Dio in cammino*, 49-54. Cf. C. DOTOLO, «Il discorso della fede», 59-63.

spirituale della nostra fede, attivando un'ermeneutica più attenta a far dialogare *Atene* e *Gerusalemme* in ordine al problema della verità, attualmente sbilanciata sulla componente greca della tradizione occidentale. Consentirebbe, inoltre, di rivedere con sguardo disincantato alcuni luoghi critici che hanno costruito il rapporto tra filosofia e teologia nella Modernità e che ancora perpetuano i loro effetti nel dibattito pubblico odierno, determinando quella che Mancini definiva *denutrizione teologica* della cultura a motivo della marginalità e minorità in cui versa il sapere credente[36]. Produrrebbe allora una rivisitazione del modello di teologia, passando da quella che definiva con disappunto *teologia del concetto*, ad una *teologia simbolica*, a cui approda dopo essersi confrontato seriamente con tutte le aporie della Modernità.

Il simbolico acquista un'evidenza veritativa più aderente all'oggetto che non il concetto a motivo della singolarità dell'esperienza religiosa:

> L'esperienza religiosa è presente nella storia con la sua inalterabile potenzialità provocativa, paradosso di una rivelazione che decentra il soggetto liberandolo ad una logica diversa: quella di mettersi sulle tracce di un'Alterità che non soccombe facilmente alla volontà di rappresentazione umana, in una feconda rottura della realtà che dischiude o sottintende un trascendente che differisce dall'esperienza comune[37].

È l'assenza o l'assente a promuovere la virtualità conoscitiva implicata nel simbolo che consente di ri-conoscere il non-conosciuto e il non conoscibile totalmente[38]. Questa potenza del rinvio ad altro evocandone la traccia e portandone la memoria indica anche la possibilità di anticiparne il profilo altrimenti sconosciuto. Ciò che appare evidente nel discorso manciniano è la necessità di pensare l'eccedenza di senso quando si parla della *persona Dei*. L'affermazione dell'incomprensibilità di Dio in virtù del suo nascondimento, non come limite della nostra conoscenza, ma come inizio per annunciare Dio in quanto Dio[39], consenti-

---

[36] Non è un caso che Mancini abbia insistito e ottenuto il reinserimento dell'Istituto di Scienze religiose all'interno dell'Università statale urbinate, unico caso in Italia dopo l'esclusione del 1872.

[37] C. DOTOLO, «Con quale cristianesimo?», 657.

[38] Cf. M.C. BARTOLOMEI, «Simbolo e analogia», 64. Cf P. GILBERT, «Analogia e simbolo», 48-50.

[39] Cf. D. TRACY, «La ri-nominazione postmoderna», 11; cf. ID., «Forma e frammento», 266 dove afferma: «Di fatto, la concezione del nascondimento divino [...] può riemergere oggi come una delle denominazioni di Dio di cui ha bisogno la nostra epoca».

rebbe di operare in teologia quella *rivoluzione copernicana*, per usare un'espressione a lui cara, ovvero un rovesciamento di prospettiva capace sia di dialogare con la cultura postmoderna, attenta alla dimensione mistica e spirituale, sia di orientare ad una convergenza tra fede ed esistenza. La categoria del paradosso, con tutta la problematica legata al linguaggio simbolico-evocativo-invocativo che porta con sé, non coinvolge solo l'ambito teoretico, ma anche la dimensione testimoniale della fede, indicando nel *cristianesimo paradossale* lo *stile* adeguato per un cristianesimo capace di abitare il mondo senza incedere a falsi accomodamenti, ma attivando tutto il suo potenziale profetico nel promuovere forme di liberazione dell'umano che oggi il tempo richiede. È un cristianesimo *kenotico*, non trionfalistico, che dissente dalle mediazioni culturali troppo facili, ma che non rifugge la necessità di trovare luoghi e linguaggi per promuovere convergenze etiche.

Come efficacemente rileva C. Dotolo:

> Che senso può avere l'affermare che Gesù Cristo mostra, rivela una condizione dell'essere Dio attraverso un'alterazione della sua idea, uno svuotamento di paradigmi consueti con cui si interpreta l'esserci di Dio, quasi dichiarando inensata e presunta quella familiarità psicologica con l'idea di Dio che attiene alla figura dell'*homo religiosus*? Non è la kenosi la rottura di una rap-presentazione di Dio, un sopraggiungere dell'idea di Dio al di fuori dei nostri schemi? O è troppo pensare e delineare nell'evento della kenosi una diversità e originalità del Dio rivelato e rappresentato dall'«insopportabile paradosso della professione di fede cristologica»?[40].

È in vista di una capacità di futuro del cristianesimo che Mancini ha ritenuto necessario quell'*aggiornamento della trascendenza* che delocalizza lo sguardo dall'*alto* all'*altro*[41], da un Dio *zeusico* al Dio biblico che ascolta il grido dell'umana sofferenza, esigenza che troviamo ben rappresentata dalla categoria di *con-passione* di J.B. Metz.

Un termine questo, ereditato dalla tradizione biblica, ma non estraneo alla tradizione filosofica[42], che condensa il *programma* di un cri-

---

[40] C. DOTOLO, «Kenosi e secolarizzazione», 324.

[41] Commenta P. SEQUERI, *Intorno a Dio*, 11: «La nostra mentalità occidentale è plasmata da una trascendenza di Dio che sta "dietro le spalle". È in quel modo che pensiamo, in generale, la spiegazione delle cose, le ragioni dei fatti [...]. Ed è sempre in quella cornice che pensiamo, anche quando pensiamo Dio: qualcosa che sta prima, all'inizio di tutto, da cui tutto dipende. Lo pensiamo anche "sopra le nostre teste", certo: Dio è in alto, in cielo [...]. Un Dio che sta "a fianco" lo pensiamo molto poco».

[42] Cf. R. MANCINI, «La fragilità forte», 7-23.

stianesimo capace di essere una presenza critico-profetica nella società postsecolare, rompendo lo scenario di un cristianesimo domiciliato, addomesticato che spegne quel grido in grado ancora di custodire la domanda su Dio nell'esperienza attuale della sua *mancanza*: «[La compassione] riguarda non solo il nostro ambito di vita privato, ma anche la vita pubblica, politica. Essa rimanda al fronte dei conflitti politici, sociali e culturali nel nostro mondo odierno. Lo spirito della compassione racchiude ad ogni modo un'offerta di pace per il mondo globalizzato»[43].

Nella revisione teologica dell'immagine pubblica di Dio oggi richiesta egli evidenzia tre interruzioni operatesi all'interno della storia e della cultura da cui bisogna ripartire: 1) il confronto con l'Illuminismo, che con il primato della ragion pratica pone il problema dell'alterità; 2) la catastrofe di Auschwitz, che impone alla teologia di ripensare il discorso su Dio a partire dal grido delle vittime; 3) l'irruzione del Terzo mondo, che pone all'attenzione il passaggio da una chiesa eurocentrica ad una chiesa mondiale culturalmente policentrica. Queste tre cesure avvertono la teologia che siamo entrati in un tempo post-metafisico, post-idealistico e post-secolare, per cui si esige un cambiamento di registro.

Attraverso la categoria della *con-passione* Metz propone un'*ermeneutica del riconoscimento dell'altro* dove le coordinate tradizionali della riflessione teologica subiscono una diversa modulazione:

1. La *figura della ragione*: la *con-passione*, legata all'esperienza dell'indigenza e della vulnerabilità, dice l'esigenza di rimettere al centro una ragione non pura né paga di sé, ma capace di assumere nella sua dialogìa con il mondo l'autorità dei sofferenti. Questo decentramento, che definisce universalismo negativo, opera una critica verso quella figura di razionalità tecnica e procedurale che domina l'Occidente a favore di un recupero dello spirito ebraico, il quale si apre all'ascolto, alla memoria di senso depositato e tramandato, al lato irrisolto della storia, al bisogno di riconciliazione e di giustizia. Una ragione che si lascia attraversare dal grido dell'altro è una *ragione anamnestica*, che allarga i confini dell'ospitalità, lasciandosi guidare dalla *memoria Jesu* la quale sovverte i narcisismi culturali e sociali. Una ragione che disloca piuttosto che stabilizzare, che inquieta piuttosto che appagare, che scombina piuttosto che ordinare, che proietta verso il futuro piuttosto che tranquillizzare sul presente. Una ragione, dunque, che si lascia incrinare dal nega-

---

[43] J.B. METZ, «Con il volto rivolto», 23.

tivo irrisolto e invoca la sua redenzione. L'istanza etica si radica in questa ragione non come frutto di consenso o di ragionamento, ma come appello alla responsabilità di fronte alla vulnerabilità del volto dell'altro.

Questa particolare configurazione di ragione contempla la possibilità di diversi linguaggi, ma quello che gli è connaturale è il *linguaggio orante*, la preghiera come luogo originario dell'interpellanza, perché la *con-passione* è presente là dove si sperimenta una *mancanza*, e la preghiera più di ogni altro linguaggio è attraversata dall'invocazione della presenza di Dio pur nell'esperienza della sua assenza. È un linguaggio che porta il segno del paradosso, e proprio per questo riesce a dire ciò che al linguaggio argomentativo normalmente sfugge, a significare, pur nella sospensione dell'attesa, il mistero dell'avvento di Dio[44]. L'opzione per i linguaggi divenuti marginali attestano la riabilitazione teoretica della figura della narrazione: «Narrare è percepire nella trama degli eventi una sporgenza di senso che apre alla ricerca della verità, perché affida alla memoria la custodia di quanto il tempo cancellerebbe oltre l'evocazione *hic et nunc*»[45].

Si apre la possibilità di una comprensione del mondo, dell'uomo e di Dio che pone delle sollecitazioni nuove in ordine al problema della verità. Soprattutto, chiede un cambiamento epistemologico nel far cadere vecchi pregiudizi e nel riconsiderare il rapporto ragione-storia-verità tenendo conto anche dell'altra anima del cristianesimo, quella ebraica, che provoca il senso attraverso una diversa semantica del mistero.

2. *La figura di Dio*: nella categoria di *con-passione* come capacità di pensare e patire con l'altro ci viene incontro il recupero del *Dio biblico*, ripresentato in quello sguardo messianico di Gesù verso il dolore che doverebbe essere al centro di ogni teologare. In quello sguardo, prima ancora che in ogni gesto e parola, è condensato il mistero della prossimità salvifica di Dio. Se pensiamo Dio attraverso questo sguardo allora siamo in grado di scorgere i tratti di quel Nome tanto misterioso depositato nella Scrittura, che custodisce al vertice della storia il suo disvelamento, ma che pone nell'oggi il segno dell'interpellanza e della responsabilità. La passione per il Dio di Gesù Cristo porta con sé l'istanza etica come coinvolgimento compassionevole. Non ci può essere preghiera a Dio che non sia interrotta dalla domanda sulla sofferenza dell'indigente e dell'innocente.

---

[44] Cf. J. WERBICK, *Un Dio coinvolgente*, 17.
[45] C. DOTOLO, «Cristianesimo e filosofia», 507.

L'istanza della teodicea chiama qui in causa la teologia negativa: il dolore non può non evocare il volto nascosto e misterioso di Dio, che rimane per Metz come una ferita aperta, luogo del continuo domandare piuttosto che delle risposte preconfezionate. È il luogo dell'attesa e della speranza che tutte le lacrime saranno asciugate: il futuro escatologico sprigiona il movimento della storia non secondo il modulo del progresso, ma con il *pathos* apocalittico di una fine che è anche svelamento della giustizia. La *con-passione* rivela l'essere di Dio all'uomo come colui che ascolta il grido e se ne prende cura e l'essere dell'uomo come *essere-per* l'altro, apertura che crea lo spazio per l'agire. Non ci può essere fede autentica senza l'apporto e la traduzione nella prassi: questa dimensione *politica*, che si esprime nella circolarità ermeneutica di fede e storia, impedisce alla teologia di chiudersi nell'astrattezza di una dottrina e consente al discorso teologico di presenziare alle decisioni della vita:

> mi sono distanziato sempre più da una modalità di discorso su Dio e sul suo Cristo senza soggetto e disancorata dalla storia. Così per me la teologia si è maggiormente aperta al mondo ed è divenuta in questo senso anche più politica. Con la disponibilità a correre il rischio della storia, la storia della passione degli uomini è penetrata nel mio discorso teologico della storia della salvezza dell'umanità. La teologia non sfocia soltanto in canti, ma anche in grida[46].

Due mi sembrano le provocazioni per la teologia: rimettere al centro la spiritualità come luogo operativo per una coniugazione tra Vangelo e cultura; recuperare la dimensione memorativo-narrante che sappia trasmettere il depositito di senso della rivelazione biblica all'uomo post-moderno, allergico ai dogmatismi e affetto da una profonda amnesia culturale. I due aspetti sono di per sé correlati: solo una fede incardinata nella *memoria Jesu* può tradursi in una spiritualità *mistico-politica*, capace di trasmettere il potenziale profetico-messianico del messaggio del Regno di Dio in questo tempo. Non è un caso che la recente opera di Metz, *La mistica degli occhi aperti*, è dedicata a tratteggiare proprio questa spiritualità, in un tempo in cui il pullulare della religiosità postmoderna sfuma i contorni del volto esigente e compassionevole di Dio, smorza il grido che proviene dal fondo della storia, dimentica i luoghi oscuri che portano il nome di Auschwitz, obnubila il volto dell'altro in una devozione del Sé.

---

[46] J.B. METZ, «Con il volto rivolto», 24.

Ma la teologia potrà essere efficace se il suo linguaggio riesce a toccare le situazioni di vita dell'uomo contemporaneo. È ciò che ribadisce con vigore Papa Francesco ai teologi e agli studenti di discipline teologiche:

> Questa è una delle sfide del nostro tempo: trasmettere il sapere e offrirne una chiave di comprensione vitale, non un cumulo di nozioni non collegate tra loro. C'è bisogno di una vera ermeneutica evangelica per capire meglio la vita, il mondo, gli uomini, non di una sintesi ma di una atmosfera spirituale di ricerca e certezza basata sulle verità di ragione e di fede. La filosofia e la teologia permettono di acquisire le convinzioni che strutturano e fortificano l'intelligenza e illuminano la volontà... ma tutto questo è fecondo solo se lo si fa con la mente aperta e in ginocchio. Il teologo che si compiace del suo pensiero completo e concluso è un mediocre. Il buon teologo e filosofo ha un pensiero aperto, cioè incompleto, sempre aperto al *maius* di Dio e della verità, sempre in sviluppo, secondo quella legge che san Vincenzo di Lerins descrive così: «*annis consolidetur, dilatetur tempore, sublimetur aetate*» (*Commonitorium primum*, 23: *PL* 50, 668): si consolida con gli anni, si dilata col tempo, si approfondisce con l'età. Questo è il teologo che ha la mente aperta. E il teologo che non prega e che non adora Dio finisce affondato nel più disgustoso narcisismo[47].

Senza una presa in carico dell'esistenza il messaggio di salvezza scivola sulle ferite della storia, lo sguardo di Gesù non riesce a perforare i muri dell'incomunicabilità, dell'indifferenza e i luoghi del non senso, che si vanno sempre più amplificando e differenziando in una società globalizzata. Si comprende pienamente la necessità del recupero del linguaggio narrativo, perché ci rimette in sintonia con il racconto originario delle Scritture[48], dove palpita il cuore del Dio compassionevole, non nella semplice logica della ripetizione, ma nel rispetto del capovolgimento epistemologico che tiene conto del paradosso kenotico del *Dio disperso*, di quella *conoscenza della mancanza* che interrompe la linearità e la sicurezza del discorso argomentativo. Ci sembra interessante la consonanza con quanto afferma A. Staglianò:

> Appare allora anzitutto necessaria una «controversia culturale» allo scopo di dare *dignità ontologica e comunicativa al racconto*. Raccontare non è entrare nel vortice ermeneutico di interpretazioni delle interpretazioni, in un rimando infinito che non approdi mai a un contatto con il reale, con una

---

[47] FRANCESCO, *Discorso alla comunità della PUG*.
[48] Cf. J.-P. SONNET, *L'alleanza della lettura*, 289-307.

esperienza vitale: un nominalismo così radicale coinvolgerebbe gli uomini in un gioco di «perle di vetro», senza possibilità di incontro[49].

Egli parla di storie di santità come ermeneutica attualizzante la *memoria Jesu*: ogni storia di *con-passione* è narrazione della passione di Dio per il mondo, riformulazione sempre nuova della storia di salvezza, riattualizzazione della Parola sanante di Gesù che nello Spirito continua ad operare il miracolo di una esistenza differente.

Il racconto riconfigura la realtà e le esperienze umane e le rende comunicabili. Le storie di santità aiutano a simbolizzare, a rendere visibile la presenza di Dio nella vita dell'uomo, presenza che si fa *kairos* della salvezza, mostrano come la storia dell'uomo non è solo un susseguirsi caotico di avvenimenti, ma storia della libertà che si sa trascendente rispetto ai condizionamenti storico-culturali. Raccontare la propria storia di santità ha un significato teologico, è un nuovo *Magnificat*, uno sguardo di fede gettato sull'esistenza. Il racconto di una vita diventa *epifanico*. Non solo la storia generale è orientata verso la pienezza, ma anche ogni storia personale. La testimonianza è in grado per la sua particolare configurazione simbolica di narrare Dio nella vita dell'uomo di oggi, attesta che dentro l'ordinaria vicenda umana si può sperimentare la rivelazione facendo esplodere la figura cristica, come forma e stile di mediazione della grazia e di percezione del Vangelo.

Lo spostamento di accento sulla componente memorante-narrativa del cristianesimo riesce a correlare vissuto e tradizione di fede, a rendere operativa quella *dogmatica del vissuto storico*, di cui parlava Metz, che consente ad ogni formulazione di fede di transitare tra il racconto fondativo e le storie di passione iscritte nel tempo della testimonianza della comunità credente, in modo da poter comunicare il potenziale di liberazione in esse racchiuso e di rendere familiare l'esperienza di fede del passato con quella di oggi. La fede così viene a costituire lo spazio per un cristianesimo capace di futuro, in quanto in essa la *memoria di Dio* diventa possibilità di riserva critica contro la morte dell'uomo e la banalità del male, perché nel suo processo interpretativo individua itinerari di senso per la ricerca della verità, mettendo in questione mode culturali e linguaggi tradizionali: l'istanza *politica* della Teologia fondamentale si inserisce in quel compito inesauribile di essere apologia di

---

[49] A. STAGLIANÒ, «Narrare Dio all'uomo», 404 (il corsivo è nel testo). Sulla dignità teologica della narrazione nella prospettiva di una revisione della ragione teologica si è espresso anche CH. THEOBALD, *Il cristianesimo come stile*, 397-416.

una speranza dentro i progetti interpretativi dell'uomo, poichè non si accontenta di accertare l'evidenza, ma scorge la possibilità del nuovo intorno al quale contribuire ad edificare la città dell'uomo. La *memoria con-passionis*, dunque, restituisce alla teologia l'istanza ortopratica e memorante-narrativa, in virtù dell'ingresso della coscienza storica nella comprensione teoretica della teologia:

> Tale «circolo ermeneutico» lascia intuire la sorprendente singolarità del «mistero» nella cui orbita abita la «verità». Ed è una verità che eccede l'umano e il mondano, legata alla dinamica della Rivelazione come disvelamento, *aletheia*, in una posizione «asimmetrica» rispetto a qualsiasi tentativo di sequestro concettuale definitivo[50].

In questa solidarietà tra verità e storia si esplicita quell'*ermeneutica della rilevanza*[51] che si pone costitutivamente in dialogìa con l'ambito pubblico in cui si esprime oggi l'umano dal quale riceve sempre nuovi interrogativi, senza i quali la teologia sarebbe puro esercizio accademico. La questione della rilevanza si colloca, infatti, in quel profilo delineato di un cristianesimo *differente* che pone la cultura come *luogo interrogante* per la teologia sottoponendola al rigore dell'efficacia del suo discorso. Acquisito che il secolare è l'ambito non estraneo né accidentale al cristianesimo, ma l'espressione specifica di una fede che da sempre vive ed opera nel e per il mondo, allora l'interrogativo sulla rilevanza non ci sembra un semplice corallario di adattamento, ma questione intrinseca e vitale per un cristianesimo rivolto al mondo. Questo spostamento dello sguardo *ad extra* implica l'accentuazione di un pensiero aperto all'*alterità del divino*, che ci abitua alla logica della sorpresa e della meraviglia di ciò che giunge inaspettato e gratuito, di fronte al quale attivare la disponibilità all'ascolto piuttosto che la presa del concetto; un pensiero aperto a leggere la *storicità*, non come scenario del passaggio della vita, ma nella tensione escatologica, in cui imparare a discernere e ad attendere il compimento della verità nella logica della provvisorietà e del possibile[52]; un pensiero informato dalla *ragione anamnestica* e *indigente*, come luogo rammemorante la dimensione creaturale dell'umano, che, nel disdire ogni logica autoreferenziale, apre il proprio spazio alla comprensione e alla condivisione dell'altro.

---

[50] C. DOTOLO, «"Considerazioni inattuali"», 341-342.
[51] Cf. C. GRECO, *Rivelazione di Dio*, 48-49.
[52] Cf. G. LAFONT, «Orientamenti per la teologia», 49-70.

In questo quadro di riferimento, occorre che la Teologia fondamentale maturi un *nuovo modello di credibilità* del cristianesimo che tenga conto di queste varianti e dei paradigmi mutati nel passaggio dalla Modernità alla postmodernità[53]. L'ermeneutica della rilevanza potrebbe favorire l'attenzione alla categoria della significatività[54] piuttosto che a quella della legittimazione, che ha segnato l'apologetica nel corso della Modernità.

Ciò consentirebbe di evidenziare l'*originalità* del cristianesimo nel contesto delle culture e delle religioni[55], un differente sguardo sul mondo che nella proposta di un senso per l'esistenza fa saltare le logiche troppo anguste ed alienanti, promuovendo percorsi di riabilitazione dell'umano dove l'incontro con il mistero salvifico di Dio è un'opportunità di crescita non di limitazione. L'attenzione all'immagine di Dio non è marginale: abbiamo evidenziato attraverso le categorie di *paradosso* e *con-passione* come si modifica l'assetto epistemologico e dunque la grammatica della fede e la possibilità dell'assenso. Una rivelazione indisponibile, la quale cambia i connotati alla nostra attesa, un Nome che indica anche un'opzione etica vincolante che nella biografia di vita si fa stile e testimonianza, non sono certo indifferenti per delineare la figura di un cristianesimo coinvolgente ed affascinante.

In un contesto culturale segnato dalla *biografia della scelta* non bisogna sottovalutare la dimensione della motivazione e dell'interesse, del coinvolgimento personale, che si attiva se la visione religiosa tocca l'esperienza e tiene conto della qualità della vita, intercettandone la simbolica immaginativa[56]. È opportuno, dunque, partire da nuovi presupposti preambolari, senza la pretesa dell'esaustività, ma nella supposizione di *itinerari possibili*, aprendosi ad altri linguaggi, come quello poetico ed artistico, dove rinvenire con un fare mistagogico quell'eccedenza in cui l'oltre si sporge sull'esistenza. Del resto anche i nostri autori si sono lasciati interrogare dall'arte e dalla letteratura, hanno lascia-

---

[53] Cf. R. SCHREITER, «La teologia postmoderna», 387. Cf. M. ANTONELLI – M. EPIS, «Rilievi conclusivi», 540.

[54] Cf. A. DARTIGUES, «Sulla credibilità», 382. Cf. A. RUSSO, «Per una fede sempre più convinta», 195-198. Cf. M. TORA, «La credibilità della rivelazione», 279-280. Cf. R. FISICHELLA, «Credibilità», 228.

[55] Cf. C. GEFFRÉ, *Le christianisme comme religion*, 9.

[56] Cf. M.P. GALLAGHER, «Ricupero dell'immaginazione», 174-175. Cf. F. COSENTINO, *Un Dio possibile*, 279-361 dove, tenendo conto della dimensione immaginativa, propone cinque vie «alternative» per una nuova apologetica.

to transitare nel *lógos* della teologia parole provenienti da altri processi conoscitivi, in un'ottica di «democraticità» tra i saperi, che non significa indifferenza in ordine alla verità, ma attenzione a tutti gli ambiti in cui essa si dà in quanto evento nella storia.

L'interrogativo che dovrebbe ritornare ad essere centrale non verte semplicemente sulle condizioni di possibilità della fede, ma su *quale cristianesimo* vogliamo trasmettere per il futuro e che abbia un futuro:

> Non si può archiviare la capacità di futuro del Cristianesimo, che gli compete in virtù del *principio della risurrezione* come affermazione della vita. A maggior ragione, in un tempo come il nostro in cui l'accresciuta ricerca di autenticità e la domanda di una spiritualità critica richiedono nuove forme di solidarietà e convivialità nella lotta per il futuro di tutti e di ognuno. Al di là di un certo narcisismo culturale e di un nichilismo che eccede nella svalutazione di ogni valore, il Cristianesimo è traccia di una possibile trasformazione che sa andare anche controtendenza. La logica della compassione nei riguardi di chi soffre, il patire delle vittime e degli emarginati, l'indicazione della cura della relazione e degli affetti nel dono di sé, la fede come evento di libertà e modello conoscitivo sono alcuni segni e valori che possono fendere l'apatia e la depressione contemporanea[57].

Un'ermeneutica della rilevanza non può non tener conto del volto storico del cristianesimo che pratichiamo e confessiamo[58]. La domanda che si poneva I. Mancini su quale forma di cristianesimo per la contemporaneità è di estrema attualità: spinge ad operare un discernimento non occasionale ma *costitutivo* ogni progetto teologico che non voglia travisare l'intenzione salvifica della rivelazione di Dio. Ad un cristianesimo della presenza e della mediazione, egli sostituiva un cristianesimo paradossale, radicale ed incoordinabile indirizzato ad un «uomo che mangia, beve e veste panni», immerso nella quotidianità e precarietà del vivere, a cui interessa un Dio che fa vivere, che libera, che sovverte un ordine ingiusto, con cui parlare e da invocare. La fedeltà alle origini del *kerygma* non deve dimenticare l'altro versante, quello della mediazione con la cultura odierna, che Metz ha chiamato in modo programmatico un cristianesimo rivolto al mondo.

Questa *polarità* produce un cambiamento di stile che deve informare la teologia oltre che la prassi ecclesiale, così come emblematicamente espresso nelle parole di Ch. Duquoc:

---

[57] C. DOTOLO, «Con quale cristianesimo?», 659.
[58] Cf. K.H. NEUFELD, «Credibilità oggi», 422.

Differenziarsi senza disprezzare, profetizzare senza condannare, aprire uno spazio originale senza chiudere quello che permette lo scambio democratico, mettersi all'ascolto rispettoso delle figure singolari e spesso tragiche della sofferenza e dell'ingiustizia, guardarsi da una visione globale o da una spiegazione totalitaria, designare l'incompiutezza del desiderio e il vuoto nel cuore dell'esistenza non come dati negativi, bensì come incitamenti alla creazione, può essere questo il compito della teologia: essa non pretende di sostituirsi alla filosofia incerta, bensì di nutrire nello scambio con essa la propria limitazione. La teologia si rafforza nella frequentazione degli approcci esistenziali che romanzi, poesie e arti diverse mettono a disposizione; si fa umile nella vicinanza dei «buchi neri» della miseria; non si esonera dal pessimismo ambientale al quale condanna la violenza della nostra storia; si stupisce della bellezza del mondo e ammira i successi umani; riprende vigore a contatto con le donne e gli uomini di coraggio, cristiani o no, che non si lasciano andare alla fatalità[59].

Solo una Teologia fondamentale che si autocomprende come *sperimentale*[60], alla ricerca di *itinerari* possibili che sappiano essere invitanti e promettenti, è capace non solo di quel *contagio storico* di liberazione di cui il cristianesimo è portatore nell'annuncio messianico, ma anche di una fede credibile, caratterizzata dalla passione per Dio come *con-passione* che sa risvegliare il desiderio di un nuovo umanesimo.

---

[59] Ch. Duquoc, *La teologia in esilio*, 98.
[60] Cf. J.B. Metz, «Editoriale», 15-17.

# SIGLE E ABBREVIAZIONI

| | |
|---|---|
| *AAS* | *Acta Apostolicae Sedis,* Roma 1939ss |
| aa. vv. | autori vari |
| *AF* | *Archivio di Filosofia* |
| *Afil* | *Annuario Filosofico* |
| *AggSoc* | *Aggiornamenti Sociali* |
| AISFET | Associazione Italiana per gli Studi di Filosofia e Teologia |
| *al.* | altri autori |
| *Anton* | *Antonianum* |
| *Aq* | *Aquinas* |
| *ASRe* | *Annali di Studi Religiosi* |
| *Asp* | *Asprenas* |
| AT | Antico Testamento |
| ATI | Associazione Teologica Italiana |
| *AuA* | *Aut-Aut* |
| *August* | *Augustinianum* |
| *Av* | *Avvenire* |
| *BSFI* | *Bollettino della Società Filosofica Italiana* |
| *Bz* | *Bozze* |
| Cap. | Capitolo/i |
| CEI | Conferenza Episcopale Italiana |
| *CeF* | *Cultura e Fede* |
| Cf. | *confer*/confronta |
| *CFF* | H.M. BAUMGARTNER – H. KRINGS – CH. WILD, ed., *Concetti fondamentali di filosofia*, I-III, Brescia 1982. |
| *CFT* | P. EICHER, ed., *I concetti fondamentali della teologia*, I-IV, Brescia 2008. |
| cit. | citazione |
| *CivCat* | *La Civiltà Cattolica* |
| *Com(I)* | *Communio* (edizione italiana) |
| *Conc(I)* | *Concilium* (edizione italiana) |
| *Contr* | *Con-tratto* |
| *Conv* | *Convivium* |

| | |
|---|---|
| *ConvAs* | *Convivium Assisiense* |
| *CorT* | *Corriere del Ticino* |
| *CredOg* | *Credere Oggi* |
| *CTF* | W. KERN – H.J. POTTMEYER – M. SECKLER, ed., *Corso di teologia fondamentale*, I-IV, Brescia 1990. |
| CTI | Commissione Teologica Internazionale |
| *CuPo* | *Cultura e Politica* |
| *DCT* | P. CODA, ed., *Dizionario critico di Teologia*, Roma 2005. |
| *DE* | G. CALABRESE – P. GROYERET – O.F. PIAZZA, ed., *Dizionario di Ecclesiologia*, Roma 2010. |
| *DFR* | F. NIEWÖHNER – Y. LABBÉ, *Dizionario dei filosofi della religione*, Città del Vaticano 2001. |
| *DQRNT* | U. RUH – D. SEEBER – R. WALTER, ed., *Dizionario delle questioni religiose del nostro tempo*, Brescia 1992. |
| *DS* | H. DENZINGER – A. SCHÖNMETZER, *Enchiridion symbolorum, definitionum et declarationum de rebus fidei et morum*, ed. P. Hünermann, Bologna 2009. |
| *DSSRN* | A. MELLONI, ed., *Dizionario del sapere storico-religioso del Novecento*, I-II, Bologna 2010. |
| *DT* | H. FRIES, ed., *Dizionario Teologico*, I-III, Brescia 1972. |
| *DTF* | R. LATOURELLE – R. FISICHELLA, ed., *Dizionario di Teologia Fondamentale*, Assisi 1990. |
| *DTI* | L. PACOMIO, ed., *Dizionario Teologico Interdisciplinare*, I-III, Genova 1977-1978. |
| *ECEI* | *Enchiridion CEI, decreti, dichiarazioni, documenti pastorali per la Chiesa italiana*, I-VIII, Bologna 1985ss. |
| ed. | *edidit, editerunt* (editore/curatore). |
| ed. it. | editore/curatore italiano |
| *EE* | *Enchiridion delle Encicliche*, I-VIII, Bologna 1994ss. |
| *EuDoc* | *Euntes Docete* |
| *EV* | *Enchiridion Vaticanum. Documenti ufficiali della Santa Sede*, voll. 28+8, Bologna 1976ss. |
| *FilTeo* | *Filosofia e Teologia* |
| *Greg* | *Gregorianum* |
| *Herm* | *Hermeneutica* |
| *HTh* | *Ho Theologos* |
| *Hum* | *Humanitas* |
| ID. | IDEM (stesso autore) |
| *IF* | *Informazione Filosofica* |
| *IL* | *Il Leopardi* |
| *InCul* | *Incontri culturali* |
| *JPTh* | *Jahrbuch Politische Theologie* |
| *Mar* | *Il Margine* |
| *MM* | *MicroMega* |

| | |
|---|---|
| *MySal* | J. FREINER – M. LÖRER, ed., *Mysterium Salutis. Nuovo corso di dogmatica come teologia della storia della salvezza*, I-VI, Brescia 1967-1978. |
| n./nn. | numero/i |
| NDT | G. BARBAGLIO – S. DIANICH, ed., *Nuovo Dizionario di Teologia*, Alba 1977. |
| NDTB | P. ROSSANO – G. RAVASI – A. GIRLANDA, ed., *Nuovo Dizionario di Teologia Biblica*, Cinisello Balsamo (MI) 1988. |
| NL | *Il Nuovo Leopardi* |
| NT | Nuovo Testamento |
| orig. | originale |
| orig. ted. | originale tedesco |
| orig. ing. | originale inglese |
| p. | pagina/e |
| par. | paragrafo |
| *Parad* | *Paradigmi* |
| *Path* | *Pontificia Academia Theologiae* |
| PCC | Pontificio Consiglio della Cultura |
| PCDI | Pontificio Consiglio per il Dialogo Interreligioso |
| *PeT* | *Parola e Tempo* |
| PUG | Pontificia Università Gregoriana |
| *QSR* | *Quaderni di Scienze Religiose* |
| *Rc* | *Rocca* |
| *RdT* | *Rassegna di teologia* |
| *RegDoc* | *Il Regno Documenti* |
| *RegAt* | *Il Regno Attualità* |
| *ReS* | *Religione e Scuola* |
| *ReSetM* | *Religioni e Sette nel Mondo* |
| *ReSo* | *Religioni e Società* |
| *RFNS* | *Rivista di Filosofia neo-scolastica* |
| *Rinas* | *Rinascita* |
| rist. | ristampa |
| *RT* | *Ricerche Teologiche* |
| *RTE* | *Rivista di Teologia dell'Evangelizzazione* |
| *RTM* | *Rivista di Teologia Morale* |
| *RSRe* | *Rivista di Scienze Religiose* |
| *ScCatt* | *La Scuola Cattolica* |
| *Serv* | *Servitium* |
| SM | K. RAHNER, ed., *Sacramentum Mundi. Enciclopedia Teologica*, I-VIII, Brescia 1974-1977. |
| *Soc* | *La Società* |
| *StFil* | *Studi filosofici* |
| *StPat* | *Studia Patavina* |
| *StS* | *Studi di Sociologia* |

| | |
|---|---|
| *StZ* | *Stimmen der Zeit* |
| *SüZ* | *Süddeutsche Zeitung* |
| *Te* | *Il Tetto* |
| *Teol* | *Teologia* |
| *Test* | *Testimonianze* |
| *ThD* | *Theology Digest* |
| *ThL* | *Theologica Leoniana* |
| tit. orig. | titolo originale |
| *TM* | *Testimoni nel mondo* |
| trad. | traduzione |
| trad. it. | traduzione italiana |
| *ViHo* | *Vivens Homo* |
| vol./voll. | volume/i |
| *VP* | *Vita e Pensiero* |

\* Per le sigle e abbreviazioni delle citazioni bibliche cf. CEI, ed., *La Bibbia di Gerusalemme*, Bologna 1985[6].

# BIBLIOGRAFIA

## 1. Opere di I. Mancini

MANCINI, I., «Adesso, la pace», *Bz 82* 1 (1982) 29-36.

———, «Aggiornamento sulla trascendenza. Alla ricerca del nome di Dio», in R. TONELLI, ed., *Essere cristiani oggi. Per una ridefinizione del progetto cristiano*, Roma 1986, 21-34.

———, «Apertura insonne a una prassi costruttiva», *Rc* 5 (1989) 32-35.

———, «Appunti per una lettura critica delle lettere dal carcere», Introduzione a D. BONHOEFFER, *Resistenza e resa*, Milano 1969, 5-48; orig. ted. *Widerstand und Ergebung*, München 1951.

———, «Ateismo e laicità», *Bz 79* 2 (1979) 109-142.

———, *Bonhoeffer*, Firenze 1969; Brescia 1995².

———, «Catastrofe e pensiero religioso», *Herm* 3 (1984) 25-40.

———, «Che fare?», *Te* n. 73-74 (1976) 5-19.

———, «Chiesa di popolo», Introduzione a D. BONHOEFFER, *Sanctorum communio. Una ricerca dogmatica sulla sociologia della Chiesa*, Brescia 1972, VII-LVIII; orig. ted. *Sanctorum Communio. Eine dogmatiche Untersuchung zur Sociologie der Kirche*, München 1969.

———, «Ciò che è vivo e ciò che è morto nell'*Etica* di Bonhoeffer», Introduzione a D. BONHOEFFER, *Etica*, Milano 1969, V-XXXIV; orig. ted. *Ethik*, München 1949.

———, *Come continuare a credere*, Milano 1980.

———, *Come leggere Maritain*, Brescia 1993.

———, *Con quale comunismo*, Vicenza 1976.

———, *Con quale cristianesimo*, Roma 1978.

———, «Cristianesimo tra memoria e creatività», *Rc* 1 (1976) 30-35.

———, *Cristianesimo e culture*, Intervista di L. LESTINGI, Lecce 1984.

MANCINI, I., «Criteriologia della testimonianza», in *Testimonianza religiosa e forme espressive*, I, Perugia 1989, 63-95.

———, «Cultura della riconciliazione», *NL* 14 (1984).

———, «Deduzione filosofica della secolarità teologica», *InCul* 1-2 (1973) 31-39.

———, «Demitizzazione», *NDT,* 294-306.

———, «*De profundis* per la dialettica», in *Metafisica e dialettica*, Genova 1988, 153-214.

———, *Dietrich Bonhoeffer. Un resistente che ha continuato a credere*, Urbino 1988.

———, «Dio II», *NDT*, 311-336.

———, *ΔΟΞΑ. Debolezza e forza di Dio,* in E. GUERRIERO – A. TARZIA, ed., *L'ombra di Dio. L'ineffabile e i suoi nomi,* Cinisello Balsamo 1991, 141-183.

———, «Ermeneutica», *NDT*, 370-382.

———, «Ermeneutica della violenza. Editoriale», *Herm* 4 (1984) 5-6.

———, «Ermeneutica e religione», in M. MICHELETTI – A. SAVIGNANO, ed., *Filosofia della religione. Indagini storiche e riflessioni critiche*, Genova 1993, 145-161.

———, «Ernst Bloch. I. Teoria della speranza», *RFNS* 3 (1973) 423-470.

———, «Ernst Bloch. II. Filosofia della religione», *RFNS* 4 (1973) 662-710.

———, *Ethos dell'Occidente*, Genova 1990; rist. in ID., *Opere scelte*, V, ed. M. Cangiotti, Brescia 2015.

———, «Evangelizzazione e cultura, adesso», *NL* 19 (1987) 7-28.

———, «"Far professione dei due contrari": intervista a Italo Mancini», di DINI S. – V. DEL NERO, *Test* 8-9 (1978) 507-515.

——— – RUGGERI, G., *Fede e cultura*, Torino 1979.

———, «Fermenti di speranza nella cultura contemporanea», *TM* 5 (1989) 6-12.

———, *Filosofi esistenzialisti,* Urbino 1964.

———, *Filosofia della religione*, Roma 1968, 1978²; Genova 1986³; rist. in ID., *Opere scelte*, I, ed. P. Grassi, Brescia 2007.

———, «Filosofia della religione», *Conc(I)* 6 (1980) 127-135.

———, *Filosofia della prassi,* Brescia 1986.

———, «Filosofia della prassi: questioni poste alla teologia», in S. SORRENTINO, ed., *Teologia e Secolarizzazione*, Napoli 1991, 117-134.

———, «Filosofia e preghiera», in G. MORETTO, ed., *Preghiera e filosofia*, Brescia 1991, 75-116.

MANCINI, I., «Filosofia religiosa e filosofia della religione», in *Filosofia e religione* (Atti del XXV Convegno Centro Studi filosofici, Gallarate) Brescia 1971, 106-115.

———, «Fondazione teologica del pluralismo», in B. BELLERATE, ed., *Pluralismo culturale ed educazione*, Roma 1979, 174-179.

———, «Forme antropologiche e nuova teologia», *VP* 6 (1973) 61-70.

———, «Forme di cristianesimo», *NL* 12 (1984) 3-37.

———, *Frammento su Dio*, ed. A. Aguti, Brescia 2000.

———, *Futuro dell'uomo e spazio per l'invocazione*, Ancona 1975.

———, *Guida alla Critica della ragion pura*, I, Urbino 1982.

———, *Guida alla Critica della ragion pura*, II, Urbino 1988.

———, «Gustavo Bontadini: il primato della metafisica», *BSFI* 140 (1990) 23-30.

———, «Ha senso un'ermeneutica infallibile?», *AF* 2-3 (1970) 529-535.

———, «Idea di Dio. Le pagine estreme di Kant», *Com(I)* 4 (1975) 39-49.

———, «Il contributo teologico e filosofico alla preparazione remota del Concilio Vaticano II», in *Come si è giunti al Concilio*, Milano 1988, 111-125.

———, «Il limite dell'utopia», *Rc* XXXI (1972) 89-90.

———, «Il male radicale in Kant», in G. FERRETTI, ed., *La ragione e il male*, Genova 1988, 53-72.

———, «Il marxismo e l'escatologia», *Bz 89* 5 (1989) 57-74.

———, «Il mio itinerario ermeneutico», *Herm* (1995) 205-225; già pubblicato come «Ermeneutica e religione», in M. MICHELETTI – A. SAVIGNANO, ed., *Filosofia della religione. Indagini storiche e riflessioni critiche*, Genova 1993.

———, «Il pensiero di Dietrich Bonhoeffer», in *Problemi religiosi e filosofia*, Padova 1975, 225-261.

———, «Il pensiero teologico di Barth e il suo sviluppo», Introduzione a K. BARTH, *Dogmatica ecclesiale*, Bologna 1969, VII-CXXIV; orig. ted. *Kirchliche Dogmatik*, Frankfurt 1957.

———, *Il pensiero negativo e la nuova destra*, Milano 1983.

———, «Il teologo come testimone», Intervista di A. RIA, *CorT* (27 febbraio 1987) 43.

———, «Interpretazione non religiosa di Dio», *AF* 2-3 (1969) 423-439.

———, «Intervista a Italo Mancini sulla teologia contemporanea», ed. P. Grassi, *NL* 35 (1992) 3-46.

———, *Kant e la teologia*, Assisi 1975.

MANCINI, I., *Kerygma,* Urbino 1970.

———, «La critica della religione come condizione della fede», *VP* 16 (1969) 225-249.

———, «La fede ardita di Bonhoeffer», *Rc* 19 (1969) 27-34.

———, «La grande età del cristianesimo borghese e la sua irrealizzazione», Introduzione a K. BARTH, *La teologia protestante nel XIX secolo,* Milano 1979, 9-60; orig. ted. *Die protestantische Theologie im 19. Jahrhundert,* Zollikon – Zürich 1947.

———, «La metareligione di Ernst Bloch e il conflitto delle teologie», in *Filosofia e teologia della speranza,* Padova 1973, 11-16.

———, «La Neoscolastica», in *Studio e insegnamento della filosofia,* II, Roma 1966, 111-152.

———, «La ragione contro il sacro», in G. VATTIMO, ed., *Filosofia al presente. Conversazioni di G. Vattimo con aa. vv.,* Milano 1990.

———, «La rivoluzione "molecolare"», *Rc* 20 (1978) 35-40.

———, «La secolarizzazione: Dietrich Bonhoeffer», in G. COLOMBO, ed., *Lezioni del corso di aggiornamento teologico,* Rho 1971, 61-80.

———, «La sfida della storia», *Rc* 18 (1973) 28-31.

———, «La trascendenza come significato politico», *Com(I)* 30 (1976) 31-58.

———, «La via dei doppi pensieri», in J. JACOBELLI, ed., *Crisi e fede,* Roma-Bari 1989, 95-103.

———, «L'ermeneutica come fondamento della libertà religiosa», *AF* 2-3 (1968) 533-551.

———, ed., *L'essere. Problema, teoria, storia,* Roma 1967.

———, «L'essenza del fatto religioso: tesi per una sintesi», in A. COLOMBO, ed., *Religione Istituzione Liberazione. Studi sul fatto religioso,* Roma 1983, 17-39.

———, *Linguaggio e salvezza,* Milano 1964.

———, «Linguaggi della teologia secondo Kant», *Parad* 7 (1985) 51-75.

———, «L'orazione di Kant», *Av* (24 giugno 1990) 13.

———, «Lukács e Bloch. La differenza che non è infinita», in D. LOSURDO – P. SALVUCCI – L. SICHIROLLO, *G. Lukács nel centenario della nascita,* Urbino 1986, 33-48.

———, «L'utopia della filosofia della religione», *AF* (1977) 369-385.

———, «Ma ad Auschwitz c'era Dio?», *Av* (4 marzo 1995).

———, «Ma l'altro ci chiama», Intervista di M. CECCHETTI, *Av* (26 febbraio 1989) 13.

———, «Messianismi secolarizzati», *Herm* 4 (1984) 277-295.

MANCINI, I., «Metafisica e violenza ermeneutica (cinque tesi)», *Herm* 5 (1985) 41-44.

———, *Novecento teologico*, Firenze 1977; rist. in ID., *Opere scelte*, II, ed. A. Aguti, Brescia 2009.

———, «Nuovo inizio teologico», *Herm* (1994) 7-17.

———, «Oltre Bultmann», Introduzione a R. BULTMANN, *Nuovo Testamento e mitologia. Il manifesto della demitizzazione*, Brescia 1970, 9-100; orig. ted. *Neues Testament und Mythologie*, Hamburg – Bergstedt 1948.

———, *Ontologia fondamentale*, Brescia 1958.

———, «Pensar Dio. Sulla teologia di Kant», in *Studi di filosofia in onore di Gustavo Bontadini*, Milano 1975, 3-52.

———, «Perché i filosofi non parlano più di Dio», intervista di S. IMBARRATO, *Rc* 14 (1973) 18-20.

———, «Per un itinerario alla fede», *Av* (11 marzo 1976) 5.

———, «Prefazione», in *Opere scelte*, II, *Novecento teologico*, ed. A. Aguti, Brescia 2009, 23-30.

———, «Presentazione.Teologia dei doppi pensieri», in F. CASTELLANA, *Simone Weil. La discesa di Dio*, Napoli 1985, 7-13.

———, «Presenza, mediazione, paradosso», *Herm* (1981) 249-255.

———, «Profilo di un'ermeneutica integrale», *AF* 1-2 (1963) 147-172.

———, «Progetto puro per la cristianità di domani», *Hum* 11 (1976) 867-873.

———, «Proposte per un cristianesimo senza religione: da Bonhoeffer a Kolakowski», in P. PRINI, ed., *Il cristianesimo nella società di domani*, Roma 1968, 123-151.

———, «Religione II», *NDT*, 1263-1281.

———, «Ricerca di Dio», in *Studi di filosofia e di storia della filosofia in onore di Francesco Olgiati*, Milano 1962, 18-66.

———, «Riconciliazione», *IL* 1 (1975) 9.

———, *Scritti cristiani. Per una teologia del paradosso*, Genova 1991.

———, «Secolarità e secolarismo», *CuPo* 14 (1969) 53-70.

———, «Sognare ad occhi aperti», *Bz 81* 3-4 (1981) 73-98.

———, «Su Bloch "teologo"», *AuA* 173-174 (1979) 107-124.

———, «*Sufficiens inductivum ad credendum*. Proposte per una filosofia della fede», *AF* 2-3 (1966) 497-515.

———, «Sulla cristologia di Rudolf Bultmann», Introduzione a R. BULTMANN, *Gesù*, Brescia 1972, 7-93; orig. ted. *Jesus*, Tübingen 1926.

MANCINI, I., «Tecniche ermeneutiche e fondamento della religione», *AF* 1-2 (1964) 337-351.

———, «Teologia e filosofia nel pensiero protestante. Aspetti e rischi di un confronto», in R. CANTALAMESSA, ed., *Il cristianesimo e le filosofie*, Milano 1971, 102-168.

———, «Teologia dei doppi pensieri», in L. SARTORI, ed., *Essere teologi oggi. Dieci storie*, Casale Monferrato 1986, 81-95.

———, «Teologia della croce», in D. AMALFITANO – *al.*, *La croce speranza del cristiano*, Milano 1972, 26-39.

———, «Teologia di sinistra?», *Herm* 7 (1987) 5-8.

———, *Teologia ideologia utopia*, Brescia 1974; 1978$^2$; rist. in *Opere scelte*, III, ed. G. Ripanti, Brescia 2010.

———, «Tommaso d'Aquino e le forme attuali di teologia», *Asp* 4 (1974) 347-388; rist. in *Asp* 1 (2003) 79-121.

———, *Tornino i volti*, Genova 1989.

———, «Tra la Bibbia e il giornale», intervista di D. TROMBADORI, *Rinas* 48 (1986) 21.

———, *Tre follie*, Milano 1986; Troina [En] 2005.

———, «Un itinerario che non deve morire», in M.C. LAURENZI, *Esperienza e rivelazione. La ricerca del giovane Barth (1909-1921)*, Casale Monferrato 1983, IX-XIII.

———, «Violenza dell'ermeneutica. Editoriale», *Herm* 5 (1985) 5-6.

## 2. Opere di J.B. Metz

METZ, J.B., «Al cospetto degli ebrei. La teologia cristiana dopo Auschwitz», *Conc(I)* 5 (1984) 50-65.

———, *Al di là della religione borghese. Discorsi sul futuro del cristianesimo*, Brescia 1981; orig. ted. *Jenseits bürgerlicher Religion. Renden über die Zukunft des Christentums*, München 1980.

———, «Anamnetische Vernunft. Anmerkungen eines Theologen zur Krise der Geisteswissenschaften», in A. HONNETH – *al.*, *Zwischenbetrachtungen im Prozeß der Aufklärung*, Fs. J. Habermas, Frankfurt 1989, 733-738.

———, *Annäherungen an eine Christologie nach Auschwitz*, Münster 2005.

———, «Apologetica», *SM*, I, 346-356.

———, «Aspetti di una teologia fondamentale della Chiesa», *Conc(I)* 6 (1971) 17-24.

———, «Auschwitz: termine locale irrinunciabile di un discorso cristiano su Dio», in BENEDETTO XVI – *al.*, *Dove era Dio? Il discorso di Ausch-*

*witz*, Brescia 2007, 45-60; orig. ted. *Wo war Gott? Die Rede in Auschwitz*, Freiburg 2006.

METZ, J.B. – KOHN, J., «Auschwitz», *DQRNT*, 42-46.

———, *Avvento di Dio*, Brescia 1966; orig. ted. *Advent Gottes*, München 1959.

———, «Breve apologia del narrare», *Conc(I)* 5 (1973) 80-98.

——— – KAUFMANN, F.-X., *Capacità di futuro. Movimenti di ricerca nel cristianesimo*, Brescia 1988, 89-164; orig. ted. *Zukunftsfähigkeit. Suchbewegungen im Christentum, Unterbrechungen. Theologischpolitische Perspektiven und Profile*, Freiburg im Breisgau 1987.

———, «Chiesa e popolo ovvero il prezzo dell'ortodossia», in K. FÜSSEL – al., *Ancora sulla 'teologia politica': il dibattito continua*, ed. R. Gibellini, Brescia 1975, 175-202.

———, «Chi risponde delle vittime?», Intervista di H. KLINGEN, *RegAt* 16 (2008) 519-522.

———, «"Con il volto rivolto verso il mondo". Una notizia teologico-biografica», *ASRe* 10 (2009) 15-24.

———, «Con gli occhi di un teologo europeo», *Conc(I)* 6 (1990) 120-127.

———, «Concupiscenza», *DT*, I, 290-299.

———, «Da una mistica trascendentale a una mistica politica del cristianesimo (1982)», in ID., *Sul concetto della nuova teologia politica (1967-1997)*, Brescia 1998, 105-113.

———, «Di fronte ad un mondo lacerato», *Conc(I)* 10 (1983) 59-64.

———, «Dio e i mali di questo mondo. Teodicea dimenticata e indimenticabile», *Conc(I)* 5 (1997) 17-24.

———, «Dio. Contro il mito dell'eternità del tempo», in T.R. PETERS – C. URBAN, ed., *La provocazione del discorso su Dio*, Brescia 2005, 45-72; orig. ted. *Ende der Zeit? Die Provokation der Rede von Gott*, Mainz 1999.

——— – RATZINGER, J., «Dio, la colpa e la sofferenza. Colloquio», in T.R. PETERS – C. URBAN, ed., *La provocazione del discorso su Dio*, Brescia 2005, 73-80.

——— – WIESEL, E., *Dove si arrende la notte. Un ebreo e un cristiano in dialogo dopo Auschwitz*, ed. M. Caporale, Soveria Mannelli 2011, 5-58; orig. ted. *Trotzdem Hoffen*, Mainz 1993.

———, «Editoriale. Della difficoltà a dire sì», *Conc(I)* 5 (1974) 15-21.

———, «…escludere la logica del dominio o dell'assimilazione nell'esperimento multiculturale del cristianesimo» (1992), in ID., *Sul concetto della nuova teologia politica*, Brescia 1998, 147-155.

METZ, J.B., «Fra memoria e oblio: la *sho'ah* nell'era dell'amnesia culturale (1997)», in ID., *Sul concetto di nuova teologia politica (1967-1997)*, Brescia 1998, 162-169.

———, «Futuro dalla memoria della passione. Una forma attuale della responsabilità della fede», *Conc* 6 (1972) 15-34.

———, «Gli ultimi universalisti (1994-1996)», in ID., *Sul concetto della nuova teologia politica*, Brescia 1998, 170-173.

———, «Il cristianesimo e il soggetto dell' illuminismo», *FilTeo* 3 (1989) 459-466.

———, «Il cristianesimo nel pluralismo delle religioni e delle culture», *StPat* 2 (2001) 255-268.

———, «Il discorso su Dio di fronte alla sofferenza del mondo», *Contr* 1-2 (1995) 231-241.

———, «Il problema di una "Teologia politica" (1967)», in ID., *Sul concetto della nuova teologia politica (1967-1997)*, Brescia 1998, 9-34.

———, «Il problema di una "teologia politica" e la Chiesa come istituzione di libertà critica nei confronti della società», *Conc(I)* 6 (1968) 13-31.

———, «Incoraggiamento alla preghiera», in J.B. METZ – K. RAHNER, *Invito alla preghiera*, Brescia 1979, 7-27; orig. ted. *Ermutigung zum Gebet*, Freiburg im Breisgau 1977.

———, «I rapporti tra la chiesa e il mondo alla luce di una teologia politica», in R. AUBERT– al., *Teologia del rinnovamento. Mete, problemi e prospettive della teologia contemporanea*, Assisi 1969, 267-282; orig. ing. *Theology of Renewal*, Montréal 1969.

———, «Karl Rahners Ringen um die theologische Ehre des Menschen», *StZ* 6 (1994) 383-392.

———, «La Chiesa e il mondo», in T. PATRICK BURKE, ed., *La parola nella storia*, Brescia 1968, 73-88; orig. ing. *The Word in History*, New York 1966.

———, *La fede, nella storia e nella società*, Brescia 1978; orig. ted. *Glaube in Geschichte und Gesellschaft. Studien zu einer praktischen-Fundamentaltheologie*, Mainz 1977.

———, «"La fede, nella storia e nella società", oggi (1992)», in ID., *Sul concetto di nuova teologia politica (1967-1997)*, Brescia 1998, 181-188.

———, «La libertà come problema-limite tra teologia e filosofia», in J.B. METZ – al., *Orizzonti attuali della teologia*, I, Roma 1966, 213-254; orig. ted. *Gott in Welt*, Fs. K. Rahner, I-II, Freiburg 1964.

———, «La lotta per il tempo perduto. Tesi inattuali sull'apocalittica», in R. PANATTONI – G. SOLLA, ed., *Teologia politica*, I: *Teologie estreme?*, Genova – Milano 2004, 87-99.

METZ, J.B., «La lotta per il tempo perduto. Tesi inattuali sull'apocalittica», in G. COCCOLINI, *Johann Baptist Metz*, Brescia 2007, 167-183.

———, «La nostra speranza: la forza del vangelo per la formazione del futuro», *Conc(I)* 9 (1975) 124-148.

———, «La Nuova Europa: sfida al cristianesimo e alla teologia», *Mar* 3 (1994) 16-23.

——— – al., *La risposta dei teologi*, Brescia 1969, 59-84.

———, «La teologia e la fine del moderno», *Conc(I)* 1 (1984) 38-47.

———, «La "teologia politica" in discussione (1969)», in ID., *Sul concetto della nuova teologia politica (1967-1997)*, Brescia 1998, 35-66.

———, «La 'teologia politica' in discussione», in H. PEUKERT, ed., *Dibattito sulla 'teologia politica'*, ed. G. Ruggieri, Brescia 1971; orig. ted. *Diskussion zur "politischen Theologie"*, München 1969, 231-276.

———, «L'autorità ecclesiale di fronte alle esigenze della storia della libertà», in J.B. METZ – J. MOLTMANN – W. OELMÜLLER, *Una nuova teologia politica*, Assisi 1971, 62-111; orig. ted. *Kirche im Prozess der Aufklärung. Aspekte einer neuen "politichen Theologie"*, München 1970.

———, «Libertà solidale. Lo spirito europeo: crisi e compiti», *Conc(I)* 2 (1992) 138-147.

———, «L'incredulità come problema teologico», *Conc(I)* 3 (1965) 72-92.

———, «Lob der negativen Theologie. Aus einem Interview zur Gottesfrage», in M. LUTZ – BACHMANN, ed., *Und dennoch ist von Gott zu redden*, Fs. H. Vorgrimler, Freiburg 1994, 304-310.

———, «L'uomo del futuro e il Dio che ha da venire», in H.J. SCHULTZ, ed., *Ma chi è questo Dio?*, Roma 1970, 303-320; orig. ted. *Wer ist das eigentlich-Gott?*, München 1969.

———, «Memoria», *CFF*, II, 1229-1243.

———, «*Memoria passionis*, memoria sovversiva», *Mar* 3 (1994) 24-30.

———, «*Memoria passionis*. Un incoraggiamento alla responsabilità universale», in D. MIETH – E. SCHILLEBEECKX – H. SNIJDEWIND, ed., *Cammino e visione. Universalità e regionalità della teologia nel XX secolo*, Fs. Rosino Gibellini, ed. it. G. Francesconi – V. Gatti, Brescia 1996, 279-284; orig. ted. *Aufbruch und Vision. Universalität und Regionalität der Theologie im 20. Jahrhundert*, Brescia 1996.

———, *Memoria Passionis. Un ricordo provocatorio nella società pluralista*, Brescia 2009; orig. ted. *Memoria Passionis. Ein provozierendes Gedächtnis in pluralistischer Gesellschaft*, Freiburg im Breisgau 2006.

METZ, J.B., *Mistica degli occhi aperti. Per una spiritualità concreta e responsabile*, ed. J. Reikenrstorfer, Brescia 2013; orig. ted. *Mystik der offenen Augen. Wenn Spiritualität aufbricht*, Freiburg im Breisgau 2011.

———, «Mit der Autorität der Leidenden. Compassion – Vorschlag zu einem Weltprogramm des Christentums», *SüZ* (24-12-1997).

———, «Mit der Autorität der Leidenden. Compassion – Vorschlag zu einem Weltprogramm des Christentums», in J.B. METZ – L. KULD – A. WEISBROD, ed., *Compassion. Weltprogramm des Christentums. Soziale Verantwortung lernen*, Freiburg – Basel – Wien 2000, 9-18.

———, «Nel pluralismo dei mondi religiosi e culturali. Considerazioni di un programma mondiale teologico-politico (1997)», in ID., *Sul concetto della nuova teologia politica (1967-1997)*, Brescia 1998, 214-224.

———, «Nella crisi dello spirito europeo (1992)», in ID., *Sul concetto della nuova teologia politica (1967-1997)*, Brescia 1998, 155-162.

———, «Pasqua come esperienza. Brevi osservazioni su testi neotestamentari», in F. KAMPHAUS – J.B. METZ – E. ZENGER, *Dio dei vivi e dei morti. Tre conversazioni*, Brescia 1977, 19-29; orig. ted. *Gott der Lebenden und der Toten. Drei Ansprachen*, Mainz 1976.

———, «Per una chiesa rinnovata prima di un nuovo concilio. Un progetto in quattro tesi», in G. ALBERIGO, ed., *Verso la chiesa del terzo millennio*, Brescia 1979, 123-134.

———, «Per una teologia aperta all'interdisciplinarietà e fondata su basi biconfessionali: primi elementi orientativi in riferimento ad un processo concreto», in J.B METZ – T. RENDTORFF, ed., *La teologia nella ricerca interdisciplinare*, Brescia 1974, 11-46; orig. ted. *Die Theologie in der interdisziplinären Forschung*, Düsseldorf 1971.

———, «Plädoyer für mehr Theodizee-Empfindlichkeit in der Theologie», in W. OELMÜLLER, ed., *Worüber man nicht schweigen kann. Neue Diskussionen zur Theodizeefrage*, München 1994, 107-159.

———, *Povertà nello spirito-Passione e passioni*, Brescia 2007; orig. ted. *Armut im Geiste. Passion und Passionen*, Münster 2007.

———, «Proposta di programma universale del cristianesimo nell'età della globalizzazione», in R. GIBELLINI, ed., *Prospettive teologiche per il XXI secolo*, Brescia 2003, 389-402.

———, «Prospettive antropologiche e teologiche della secolarizzazione», in S. SORRENTINO, ed., *Teologia e secolarizzazione*, Napoli 1991, 27-45.

———, «Redenzione ed emancipazione», in J.B. METZ – J. RATZINGER – *al.*, ed., *Redenzione ed emancipazione*, Brescia 1975, 152-177; orig. ted. *Erlösung und Emanzipation*, Freiburg im Breisgau 1973.

METZ, J.B., «Religione e politica alla fine dell'età moderna. Tentativo di una nuova determinazione (1995-1997)», in ID., *Sul concetto della nuova teologia politica (1967-1997)*, Brescia 1998, 189-209.

———, «Religione sì – Dio no», in J.B. METZ – T.R. PETERS, *Passione per Dio. Vivere da religiosi oggi*, Brescia 1992, 9-63; orig. ted. *Gottespassion. Zur Ordensexistenz heute*, Freiburg im Breisgau 1991.

———, «Religion und Politik in Zeiten der Globalisierung», in A. RAFFELT, ed., *Weg und Weite*, Fs. K. Lehmann, Freiburg – Basel – Wien 2001, 479-484.

———, *Riforma e controriforma, oggi. Due tesi sulla situazione ecumenica delle Chiese*, Brescia 1970; orig. ted. *Reform und Gegenreformation heute*, Mainz 1969.

———, «Semantica e concetto della teologia politica», *Herm* (2002) 7-17.

———, «Spirito d'Europa – Spirito del cristianesimo», in G. FERRETTI, ed., *Filosofia e teologia nel futuro dell'Europa*, Genova 1992, 19-28.

———, «Storia messianica in quanto storia della passione», in J. MOLTMANN – J.B. METZ, *Storia della passione. Due meditazioni su Marco 8,31-38*, Brescia 1974; 1990², 35-56; orig. ted. *Leidensgeschichte. Zwei Meditationen zu Markus 8,31-38*, Freiburg im Breisgau 1974.

———, *Sul concetto della nuova teologia politica (1967-1997)*, Brescia 1998; orig. ted. *Zum Begriff der neuen Politischen Theologie: 1967-1997*, Mainz 1997.

———, *Sulla teologia del mondo*, Brescia 1969; orig. ted. *Zur Theologie der Welt*, Mainz – München 1968.

———, *Tempo di religiosi? Mistica e politica della sequela*, Brescia 1978; orig. ted. *Zeit der Orden? Zur Mystik und Politik der Nachfolge*, Freiburg im Breisgau 1977.

———, «Tempo senza un finale? Sullo sfondo del dibattito su "risurrezione o reincarnazione"?», *Conc(I)* 5 (1993) 166-176.

———, «Temporalizzazione dell'ontologia e della metafisica (1996)», in ID., *Sul concetto di nuova teologia politica (1967-1997)*, Brescia 1998, 173-176.

———, «Teologia come biografia. Una tesi e un paradigma», *Conc(I)* 5 (1976) 76-87.

——— – JOSSUA, J.-P., «Teologia e letteratura. Editoriale», *Conc(I)* 5 (1976) 13-19.

———, «'Teologia politica': questioni scelte e prospettive», in K. FÜSSEL – al., *Ancora sulla 'teologia politica': il dibattito continua*, ed. R. Gibellini, Brescia 1975, 51-66.

———, «Teologia Politica», *SM*, VIII, 307-317.

METZ, J.B., «Theologie als Theodizee?», in W. OELMÜLLER, ed., *Theodizee – Gott vor Gericht?*, München 1990, 103-118.

———, «Toward a christology after Auschwitz», *ThD* 2 (2001) 103-106.

———, «Tra la memoria e l'oblio. La Shoah nell'epoca dell'amnesia culturale», in E. BACCARINI – L. THORSON, ed., *Il bene e il male dopo Auschwitz. Implicazioni etico-teologiche per l'oggi*, Milano 1998, 52-61.

———, «Un cenno biografico. "Come sono cambiato" (1996)», in ID., *Sul concetto di nuova teologia politica (1967-1997)*, Brescia 1998, 225-229 = J. MOLTMANN, ed., *Biografia e teologia. Itinerari di teologi*, Brescia 1998, 39-44.

———, *Un credo per l'uomo di oggi. La nostra speranza*, Brescia 1976; orig. ted. *Synode Credo*, 1976.

———, «Unità e pluralità. Problemi e prospettive dell'inculturazione», *Conc(I)* 4 (1989) 102-113.

———, «Verso una teologia post-idealistica (1985)», in ID., *Sul concetto di nuova teologia politica (1967-1997)*, Brescia 1998, 114-130.

———, «Voce enciclopedica "teologia politica" (1969)», in ID., *Sul concetto di nuova teologia politica*, Brescia 1998, 28-34.

———, «Zukunft gegen jenseits?», in E. KELLER, ed., *Christentum und Marxismus – Heute* (Gespräche der Paulus-Gesellschaft), Wien – Frankufurt – Zürich 1966, 218-228.

## 3. Altri autori

ADORNO, TH.W., *Thesen über Tradition*, in *Ohne Leibild*, Frankfurt 1967.

———, *Dialettica negativa*, Torino 1982³.

———, *Minima moralia. Meditazioni della vita offesa*, Torino 2005.

AGOSTINO d'IPPONA, *Le Confessioni*, ed. A. Landi, Milano 1987⁵.

———, *De Trinitate Dei*, ed. A. Trapè, Roma 1973.

AGUIRRE, R., «Le molteplici eredità della cristianità: Gerusalemme contro Atene?», *Conc(I)* 2 (2009) 24-35.

AGUTI, A., «Nota editoriale», in I. MANCINI, *Frammento su Dio*, Brescia 2000, 11-18.

———, «Dire Dio, necessario e impossibile», *RegAt* 16 (2003) 551-555.

———, «*Il* Frammento su Dio», *Asp* 1 (2003) 51-62.

———, «Italo Mancini. La filosofia della religione tra metafisica ed ermeneutica», in G. MICHELI – C. SCILIRONI, ed., *Filosofi italiani contemporanei*, Padova 2004, 95-133.

———, «La teologia evangelica in Mancini», *Herm* (2004) 99-119.

AGUTI, A., «"Un resistente che ha continuato a credere". Bonhoeffer nell'interpretazione di Italo Mancini», *FilTeo* 3 (2005) 555-569.

———, «Autonomia razionale della religione», *RegAt* 14 (2008) 462-464.

———, «L'ultimo Dio. Note sul confronto di Mancini con Martin Heidegger», *Hum* 2 (2014) 217-223.

ALBARELLO, D., «Una maniera di abitare il pluralismo. Il Cristianesimo come ospitalità e apprendimento secondo C. Theobald», in G. LINGUA, ed., *Religioni e ragione pubblica. Percorsi nella società post-secolare*, Pisa 2010, 163-194.

ALETTI, M. – al., *La religione postmoderna*, Milano 2003.

ALFIERI, L., «Italo Mancini e il "Dio dei filosofi". Parole e tempi di salvezza», *Herm* (2012) 289-314.

ALICI, L., «Agostino in Mancini», *Herm* (2004) 65-84.

———, «Differenza senza differenza. L'idolatria nell'epoca post-secolare», *Herm* (2012) 9-36.

AMANDO ROBLES, J., «La religione, mappa per la salvezza? Cambiamenti epistemologici», *Conc(I)* 1 (2007) 106-116.

ANGELINI, C., ed., *Filosofi della religione*, Genova 1999.

ANGELINI, G., «Il racconto-base di Gesù: esigenza superata? La funzione regolativa della narrazione elementare dell'evento, in vista dell'appello alla fede nella contemporaneità», in G. ANGELINI – al., *Fede, ragione, narrazione. La figura di Gesù e la forma del racconto*, Milano 2006, 15-45.

———, «Fare teologia nella postmodernità, ma anche contro di essa», *Teol* 32 (2007) 352-369.

ANGELINI, G. – MACCHI, S., ed., *La teologia del Novecento. Momenti maggiori e questioni aperte*, Milano 2008.

ANGELINI, G. – al., *Cristianesimo e Occidente: quale futuro immaginare?*, Milano 2011.

ANSELMO, SANT', *Proslogion I*, in *Opere filosofiche*, ed. S. Vanni Rovighi, Bari 1969.

ANTHONY, D. – ROBBINS, TH. – SCHWART, P., «I movimenti religiosi contemporanei e la premessa della secolarizzazione», *Conc(I)* 1(1983) 19-34.

ANTONELLI, M., «L'autocoscienza del cristianesimo tra fede e religione», in ATI, *Cristianesimo, religione, religioni. Unità e pluralismo dell'esperienza di Dio alle soglie del terzo millennio*, ed. M. Aliotta, Cinisello Balsamo (MI) 1999, 93-124.

ANTONELLI, M. – EPIS, M., «Rilievi conclusivi», *ScCatt* 125 (1997) 539-558.

ARAMINI, M., *1500 grammi di cenere: cremazione e fede cristiana*, Milano 2006.

ARENS, E., ed., *Habermas e la teologia*, Brescia 1992.

———, «Nuovi sviluppi della teologia politica», in R. GIBELLINI, ed., *Prospettive teologiche per il XXI secolo,* Brescia 2003, 73-92.

———, «Teologia Politica», *DSSRN*, II, 1671-1681.

ARENS, E. – JOHN, O. – ROTTLÄNDER, P., *Erinnerung, Befreiung, Solidarität: Benjamin, Marcuse, Habermas und die politische Theologie*, Düsseldorf 1991.

ARENS, E. – MANEMANN, J., «Wie sollen wir zusammenleben? Zur Diskussion um den Kommunitarismus», *JPTh* 1 (1996) 155-171.

ASCIONE, A., «Il cristianesimo del paradosso», *Asp* 1 (2003) 63-77.

———, «Tommaso in Mancini», *Herm* (2004) 85-97.

———, *La ragione e l'assoluto. L'itinerario filosofico e teologico di I. Mancini*, Tesi di Dottorato - Estratti, Napoli 2007.

———, «La filosofia della religione di I. Mancini», *Asp* 55 (2008) 469-500.

ATI, *Cristianesimo, religione, religioni. Unità e pluralismo dell'esperienza di Dio alle soglie del terzo millennio*, ed. M. Aliotta, Cinisello Balsamo 1999.

AUDINET, J., *Il tempo del meticciato*, Brescia 2001.

AUTIERO, A., «Su Metz: riflessioni etico-teologiche», *StPat* 2 (2001) 285-287.

BABOLIN, A., «Prospettive e orientamenti di filosofia della religione in Italia, oggi», *RFNS* (1973) 592-605.

———, *Il metodo della filosofia della religione*, I-II, Padova 1975.

BALDINI, M., *Il linguaggio dei mistici*, Brescia 1986.

BALTHASAR, H.U. von, *Gloria. Un'estetica teologica.* II. *Stili ecclesiastici*, Milano 1971.

———, «*Mysterium Paschale*», *MySal*, VI, 171-412.

BARBAGLIO, G., *Dio violento? Lettura delle Scritture ebraiche e cristiane*, Assisi 1991.

BARTH, K., *L'Epistola ai Romani*, Milano 1962.

———, «La parola di Dio come compito della teologia», in J. MOLTMANN, ed., *Le origini della teologia dialettica*, Brescia 1976, 236-258.

———, «Domande, criteri e prospettive bibliche»,», in J. MOLTMANN, ed., *Le origini della teologia dialettica*, Brescia 1976, 77-105.

———, *La teologia protestante del XIX secolo*, Milano 1979.

BARTOLOMEI, M.C., «Simbolo e analogia», in GHISLERI L., ed., *Pensare l'Assoluto. Analogia, simbolo e paradosso tra metafisica ed ermeneutica*, Roma 2014, 51-69.

BAUM, G., «L'olocausto e la teologia politica», *Conc(I)* 5 (1984) 66-83.

———, «La modernità. Una prospettiva sociologica», *Conc(I)* 6 (1992) 17-27.

BAUMAN, Z., *Modernità e Olocausto*, Bologna 1992.

———, «La società della gratificazione istantanea in culture differenti: Europa e Nord America», *Conc(I)* 34 (1999) 19-35.

———, *Dentro la globalizzazione. Le conseguenze sulle persone*, Roma – Bari 2001.

———, *La società individualizzata. Come cambia la nostra esperienza*, Bologna 2002.

———, «La modernità liquida rivisitata. Prefazione», in Z. BAUMAN, *Modernità liquida*, Roma-Bari 2011, V-XX.

BECK, U., *La società del rischio. Verso una seconda modernità*, Roma 2000.

———, *Conditio humana. Il rischio nell'età globale*, Roma – Bari 2008.

———, *Il Dio personale. La nascita della religiosità secolare*, Roma – Bari 2009.

BECKETT, S., *Aspettando Godot*, Torino 1997.

BEIERWALTES, W., *Identità e Differenza*, Milano 1989.

BELLET, M., *Il cristianesimo sta morendo?*, Città di Castello (PG) 2001.

BELLINI, E., «Saggio introduttivo», in DIONIGI AREOPAGITA, *Tutte le opere*, Milano 2009, 33-73.

BENEDETTO XVI, «In questo luogo di orrore», in BENEDETTO XVI – al., *Dove era Dio? Il discorso di Auschwitz*, Brescia 2007, 7-15.

———, Esortazione apostolica postsinodale sulla parola di Dio nella vita e nella missione della Chiesa *Verbum Domini* (30-09-2010), *EV*/26, nn. 2218-2433.

———, Lettera apostolica in forma di motu proprio *Porta fidei* (11-10-2011), *EV*/27, nn. 750-780.

BENJAMIN, W., *Tesi di filosofia della storia*, in ID., *Angelus Novus. Saggi e frammenti*, Torino 1981, 75-86.

———, *Sul concetto di storia*, ed. G. Bonola – M. Ranchetti, Torino 1997.

BERGER, P.L., *Il brusio degli angeli*, Bologna 1970.

———, *L'imperativo eretico. Possibilità contemporanee di affermazione religiosa*, Leumann (TO) 1987.

———, *Una gloria remota. Avere fede nell'epoca del pluralismo*, Bologna 1994.

BERGER, P.L., *Questioni di fede. Una professione scettica del cristianesimo*, Bologna 2005.

BERGER, P.L. – LUCKMANN, T., *Lo smarrimento dell'uomo moderno*, Bologna 2010.

BERNARD, CH., *Teologia simbolica*, Roma 1984.

BERTI, E., «Metafisica debole?», *Herm* (2005) 39-52.

BERTULETTI, A., «L'approccio stilistico e la teoria della fede», *Teol* 32 (2007) 304-309.

BIANCHI, E., *La differenza cristiana*, Torino 2006.

BIDUSSA, D., «La strana compagnia. Sergio Quinzio e "Tempo presente" (1956-1968)», in G. TROTTA, ed., *S. Quinzio. Apocalittica e modernità*, Melzo (MI) 1998, 71-121.

BIEMMI, E., «La nuova evangelizzazione», *CredOg* 5 (2012) 7-21.

BINGEMER, M.C., «Il cristianesimo: una religione?», *Conc(I)* 4 (2010) 68-83.

BINGEMER, M.C. – BORGMAN, E. – TORRES QUEIRUGA, A., «Editoriale. "Non avrai altri dèi all'infuori di me" (Dt 5,7). L'unità di Dio in un mondo plurale», *Conc(I)* 4 (2009) 13-16.

BLOCH, E., *Ateismo nel cristianesimo. Per una religione dell'Esodo e del Regno,* Milano 1971.

———, *Spirito dell'Utopia*, Firenze 1980.

BLUMENBERG, H., *La legittimità dell'età moderna*, Genova 1992.

BODEI, R., «Elogio del relativismo etico», *MM* 2 (1995) 146-155.

BÖCKENFÖRDE, E.-W., *La formazione dello Stato come processo di secolarizzazione*, Brescia 2006.

———, *Cristianesimo, libertà, democrazia*, Brescia 2007.

———, «Libertà religiosa e diritto: lo stato secolarizzato e i suoi valori», *RegAt* 18 (2007) 639-648.

BOEVE, L., «The Rediscovery of Negative Theology Today. The Narrow Gulf between Theology and Phylosophy», *AF* 1-3 (2002) 443-459.

BOF, G., «Dio e il mistero cristiano», *Herm* (1994) 143-171.

BOFF, L., *I sacramenti della vita*, Roma 1979.

BONHOEFFER, D., *Sequela*, Brescia 1971.

———, *Resistenza e Resa*, Milano 1969; Cinisello Balsamo (MI) 1989².

BORGMAN, E., «Teologia negativa come discorso postmoderno su Dio», *Conc(I)* 2 (1995) 148-160.

———, «La verità come concetto religioso», *Conc(I)* 1 (2006) 98-110.

BORGMAN, E., «Una visione nuova: liberazione senza esclusione, identità senza ideologia», *Conc(I)* 4 (2009) 123-130.

BOSCO, N., «Quale filosofia/Quale teologia», *FilTeo* 1 (1993) 9-17.

BOSCHINI, P., «Areopago. Una metafora cristiana del rapporto tra filosofia e teologia», *FilTeo* 1 (2013) 39-53.

BOSIN, F., «Per una teologia politica della Com/passione», in G. GIORGIO – M. PASTRELLO, ed., *Credo la remissione dei peccati*, Bologna 2011, 159-196.

BOTTONI, G., ed., *Fine della cristianità? Il cristianesimo tra religione civile e testimonianza evangelica*, Bologna 2002.

BOUILLARD, H., *Fede o paradosso? Per una critica della ragione teologica*, Fossano 1973.

BOZZETTI, M., «Hölderlin nei doppi pensieri», *Hum* 2 (2014) 234-239.

BRENA, G.L., «Metafisica o post-metafisica? La questione del realismo a partire da Habermas», *Herm* (2005) 259-275.

BRESSAN, L., «La prospettiva dell'*engendrement* come stimolo alla teologia pratica», *Teol* 32 (2007) 382-391.

BUBER, M., *L'eclissi di Dio. Considerazioni sul rapporto tra religione e filosofia*, Milano 1990.

———, «Prefazione», in ID., *I Racconti dei Chassidim*, Parma 1992, VII-XIII.

BULTMANN, R., *Storia ed escatologia*, Milano 1962.

———, *Nuovo Testamento e mitologia. Il manifesto della demitizzazione*, Brescia 1970.

———, *Gesù*, Brescia 1972, 1984³.

CACCIARI, M., «Giobbe nella cultura contemporanea», in M. CIAMPA, ed., *Domande a Giobbe. Interviste sul problema del male*, Roma 1989, 64-69.

———, «Il destino dell'analogia», *Hum* 3 (1999) 350-353.

———, «Briciole filosofiche intorno al *Frammento su Dio*», *Herm* (2004) 135-141.

CALTAGIRONE, C., «La laicità come esito del cristianesimo e crisi della cristianità», *RT* 1 (2012) 9-54.

CANOBBIO, G., «Dio può soffrire?», in G. SCALMANA – *al.*, *Il male, la sofferenza, il peccato*, Brescia 2004, 153-205.

CANOBBIO, G. – CODA, P., ed., *La Teologia del XX secolo. Un bilancio*, Roma 2003.

CAMERA, F., «Mistero dell'essere e dimensione religiosa in Heidegger», in C. ANGELINO, ed., *Filosofi della religione*, Genova 1999, 325-361.

CARACCIOLO, A., *Religione ed eticità*, Genova 1999.

―――, «L'esperienza religiosa nell'esistenza umana», in C. ANGELINI, ed., *Filosofi della religione,* Genova 1999, 13-18.

CARLETTO, S., «Il post-secolare: un equivoco che dà a pensare», in G. LINGUA, ed., *Religioni e ragione pubblica. Percorsi nella società postsecolare*, Pisa 2010, 29-44.

CASANOVA, J., *Oltre la secolarizzazione. Le religioni alla riconquista della sfera pubblica*, Bologna 2000.

CASTELLI, E., ed., *Prospettive sul sacro*, Roma 1974.

CASTELLI, F., *I volti di Gesù nella letteratura contemporanea*, I-III, Cinisello Balsamo 1987-1995.

―――, *Se ci fosse un Dio: scrittori alla ricerca del senso della vita*, Milano 2008.

―――, *All'uscita del tunnel: panoramiche religiose dell'odierna letteratura*, Città del Vaticano 2009.

CATTIN, Y., «La regola cristiana dell'esperienza mistica», *Conc(I)* 4 (1994) 18-39.

―――, «La metafora di Dio», *Conc(I)* 4 (1992) 85-104.

CATTORINI, P., *Un buon racconto. Etica, teologia, narrazione,* Bologna 2007.

―――, «Dio come racconto. Cifre personali e simboli narrativi nella nominazione teologica», *FilTeo* 1(2008) 177-192.

CAVADI, A., «Per un Dio laico. Tra pensiero della differenza e cristianesimo», *FilTeo* 3 (1993) 549-563.

CECCHI, E., «Il Dio dei filosofi e il Dio dei teologi in Italo Mancini», *PeT* 12 (2013) 170-181.

CEI, *Comunicare il Vangelo in un mondo che cambia. Orientamenti pastorali dell'episcopato italiano per il primo decennio del 2000* (29-06-2001), *ECEI*/7, nn. 139-265.

―――, Nota pastorale dell'episcopato italiano *Il volto missionario delle parrocchie in un mondo che cambia* (30-05-2004), *ECEI*/7, nn. 1404-1505.

―――, *In Gesù Cristo il nuovo umanesimo: una traccia per il cammino verso il 5° Convegno ecclesiale nazionale*, Bologna 2014.

CEPPA, L., «Disincantamento e trascendenza in J. Habermas», *Parad* 48 (1998) 515-534.

CHAUVET, L.-M., *Linguaggio e simbolo. Saggio sui sacramenti*, Leumann (TO) 1988.

CHENU, M.-D., «Lettera», in J.-P. JOSSUA – J.B. METZ, «Teologia e letteratura. Editoriale», *Conc(I)* 5 (1976) 18-19.

CHIARUZZI, G., *Il postmoderno. Il pensiero nella società della comunicazione*, Torino 1999.

CIAMPA, M., ed., *Domande a Giobbe. Interviste sul problema del male*, Roma 1989.

CIANCIO, C., *Il paradosso della verità*, Torino 1999.

———, «Cristianesimo e nichilismo», *FilTeo* 3 (2003) 415-425.

———, *Del male e di Dio*, Brescia 2006.

———, «Ateismo del credente e fideismo dell'ateo», *Herm* (2012) 55-72.

CIGLIA, F.P., «Crisi del senso e preghiera nel pensiero di E. Lévinas», in G. MORETTO, ed., *Preghiera e filosofia*, Brescia 1991, 285-311.

———, «Tra l'Uno e gli altri. Il pensiero neoebraico», *Herm* (2000) 309-344.

CIMOSA, M., «Il linguaggio biblico (ebraico, greco e latino) dell'amore e della misericordia divina», in M. MARIN – M. MANTOVANI, ed., *Eleos: «L'affanno della ragione» fra compassione e misericordia*, Roma 2002, 197-213.

COCCOLINI, G., «*Homo capax Dei*. Note sulla collocazione della *Gottesfrage* nell'epoca presente tra secolarizzazione e silenzio di Dio», *Contr* 1-2 (1995) 199-218.

———, *Johann Baptist Metz*, Brescia 2007.

———, «Johann Baptist Metz e una teologia politica illuministica», *Herm* (2010) 249-264.

———, «Il ritorno della teologia politica», *RTM* 165 (2010) 45-55.

———, *Modernità problematica. Confronti filosofici-teologici*, Bologna 2010.

———, «La dimensione pubblica della fede cristiana», *RTM* 182 (2014) 197-202.

CODA, P., ed., *L'unico e i molti. La salvezza in Gesù Cristo e la sfida del pluralismo*, Roma 1997.

———, «Ragione ermeneutica e teologia», *FilTeo* 1 (1993) 18-25.

———, «Tra profezia e diaconia. Il cristianesimo come stile alla luce di papa Francesco», *RegAt* 14 (2014) 520-524.

COLOMBO, G., «La ragione teologica», in G. COLOMBO, ed., *L'evidenza e la fede*, Milano 1988, 7-17.

COLZANI, G. – GIUSTINIANI, P. – SALMANN, E., *Le ragioni della fede. Come credere oggi*, Casale Monferrato (AL) 1997.

CONGAR, Y., «Il monoteismo politico dell'antichità e il Dio-Trinità», *Conc(I)* 3 (1981) 56-65.

COSENTINO, F., *Un Dio possibile. Cristianesimo immaginazione e "morte di Dio"*, Assisi 2009.

COSENTINO, F., *Immaginare Dio. Provocazioni postmoderne al Cristianesimo*, Assisi 2010.

———, *Il Dio in cammino. La rivelazione di Dio tra dono e chiamata*, Todi (PG) 2011.

———, «Immaginare Dio. Uno stile per essere cristiani nel tempo della nuova evangelizzazione», *RTE* 31 (2012) 227-241.

COSTA, F., «Critica e riflessione in teologia», *FilTeo* 1 (1987) 15-27.

———, «Attualità della teodicea?», *FilTeo* 2 (1993) 223-250.

COX, H.G., *La città secolare*, Firenze 1968.

———, *Fire from heaven: the rise of pentecostal spirituality and the reshaping of religion in the twenty-first century*, Reading (MA) 1995.

CRINELLA, G., «Religione come esperienza», in P. GRASSI, ed., *Filosofia della religione. Storia e problemi*, Brescia 1988, 157-193.

———, «L'incidenza teoretica dell'utopia», *Herm* (1995) 187-204.

———, ed., *I. Mancini. Dalla teoresi classica alla modernità come problema*, Roma 2000.

CTI, *Teologia oggi: prospettive, principi e criteri*, *RegDoc* 9 (2012) 269-289.

———, *Dio Trinità, unità degli uomini. Il monoteismo cristiano contro la violenza*, *RegDoc* 3 (2014) 70-93.

CUNICO, G., «J. Habermas. La religione oltre i limiti della ragione comunicativa», in G. PENZO – R. GIBELLINI, ed., *Dio nella filosofia del Novecento*, Brescia 1993, 439-448.

———, *Lettura di Habermas. Filosofia e religione nella società post-secolare*, Brescia 2009.

DARTIGUES, A., «Sulla credibilità del cristianesimo», *ScCatt* 125 (1997) 381-402.

DE LUBAC, H., *Sulle vie di Dio*, in *Opera Omnia*, I, Milano 2008.

DELUMEAU, J., *Il cristianesimo sta per morire?*, Torino 1978.

———, *Scrutando l'Aurora. Un cristianesimo per domani*, Padova 2005.

DE VITIIS, P., «Prassi e speculazione in teologia politica: J.B. Metz e W. Pannenberg», *AF* (1982) 281-326.

———, «Considerazioni sulla nuova teologia politica», *FilTeo* 3 (1988) 131-140.

———, «H. Blumenberg e il dibattito sulla secolarizzazione», *FilTeo* 3 (1995) 529-542.

———, «Secolarizzazione e idea del tramonto», *Herm* (1999) 99-122.

———, «La postmodernità e il ritorno della religione», *Hum* 62 (2/2007) 314-323.

DE VITIIS, P., *Filosofia della religione tra ermeneutica e postmodernità*, Brescia 2010.

DEVOTI, D., «*"Spiritus Dei ferebatur super aquas"*: religione e spiritualità tra 'indeterminazione' ed evanescenza nel post-moderno», in G. GIORDAN, ed., *Tra religione e spiritualità. Il rapporto con il sacro nell'epoca del pluralismo*, Milano 2006, 110-139.

DIANIN, G., ed., *L'Europa e le religioni. Identità religiose e progetto di Costituzione europea*, Padova 2003.

DIBITONTO, D., «L'ambito pubblico della nuova teologia politica di Metz e Moltmann. Dalla deprivatizzazione all'ermeneutica della speranza», *FilTeo* 1 (2009) 66-80.

DILTHEY, W., *Il problema della religione*, in G. MORRA, ed., *Ermeneutica e religione*, Bologna 1970.

DI NICOLA, G.P., «Simon Weil (1909-1943). Vocazione e provocazione», in G. PENZO – R. GIBELLINI, ed., *Dio nella filosofia del Novecento*, Brescia 1993, 385-406.

DIONIGI l'AREOPAGITA, *Tutte le opere*, ed. P. Scazzoso, Milano 1983.

———, *Gerarchia celeste, Teologia mistica, Lettere*, ed. S. Lilla, Roma 1986.

DONATI, P., «Universalità, particolarità, neutralità del fenomeno religioso: è possibile una sfera pubblica religiosamente qualificata?», in R. DE VITA – F. BERTI, ed., *La religione nella società dell'incertezza*, Milano 2001, 61-106.

DOSTOEVSKIJ, F., *I fratelli Karamazov*, I, Milano 1992.

———, *L'Idiota*, Milano 1990².

DOTOLO, C., «"Considerazioni inattuali" sulla teologia politica nel pensiero di J.B. Metz», *RT* 2 (1991) 317-348.

———, «Teologia e secolarizzazione. In margine ad alcune recenti pubblicazioni», *RT* 5 (1994) 141-163.

———, «Sul Sacro. Per un percorso bibliografico», in ID., ed., *Teologia e sacro. Prospettive a confronto*, Bologna 1995, 187-254.

———, «Il discorso della fede tra verità e significatività», *CredOg* 4 (1996) 53-70.

———, *La teologia fondamentale davanti alle sfide del «pensiero debole» di G. Vattimo*, Roma 1999.

———, «*Éschaton* e *historia salutis*. Per una lettura teologica del tempo», *FilTeo* 1 (2000) 9-24.

———, «La relazione tra teologia e post-modernità: problemi e prospettive», *Anton* 76 (2001) 651-685.

DOTOLO, C., «Cristianesimo e filosofia nella riflessione di J.B. Metz», *FilTeo* 3 (2002) 495-509.

———, «L'autocomunicazione di Dio tra universalità e singolarità cristologica. Rivelazione e rivelazioni», *EuDoc* 2 (2002) 37-57.

———, «Dio Padre? Riflessioni intorno ad alcuni percorsi sulla domanda di Dio nella teologia contemporanea», in G. GIORGIO, ed., *Dio padre creatore. L'inizio della fede*, Bologna 2003, 133-152.

———, «Il futuro del cristianesimo. Una questione teologica», in C. APARICIO VALLS – C. DOTOLO – G. PASQUALE, ed., *Sapere teologico e unità della fede*, Fs. J. Wicks, Roma 2004, 248-272.

———, «L'alterità del vangelo, profezia di senso in un mondo che cambia», in U. SARTORIO, ed., *Annunciare il vangelo oggi: è possibile?*, Padova 2004, 43-90.

———, «Kenosi e secolarizzazione nella riflessione teologica del Novecento», in A. ALES BELLO – L. MESSINESE – A. MOLINARO, ed., *Fondamento e fondamentalismi filosofia teologia religioni*, Roma 2004, 323-349.

———, «La dinamica culturale della fede», in CEI, ed., *A quarant'anni dal Concilio: VI Forum del Progetto Culturale*, Bologna 2005, 247-254.

———, «Pensare l'eccezione. Tra filosofia e teologia», in L. MESSINESE – CH. GÖBEL, ed., *Verità e responsabilità: studi in onore di Aniceto Molinaro*, Roma 2006, 609-618.

———, *Un cristianesimo possibile. Tra postmodernità e ricerca religiosa*, Brescia 2007.

———, «Ambiguità e forza della categoria di "compassio" in teologia e mariologia», in E.M. TONIOLO, ed., *La categoria teologica della compassione. Presenza e incidenza nella riflessione su Maria di Nazaret*, Roma 2007, 25-45.

——— – VATTIMO, G., *Dio: la possibilità buona. Un colloquio sulla soglia tra filosofia e teologia*, ed. G. Giorgio, Soveria Mannelli 2009.

———, «Modernità e religione: un approccio filosofico», *CredOg* 2 (2010) 19-28.

———, «Religiosità», *DE*, 1192-1198.

———, «La questione del senso religioso e la proposta della fede cristiana», in G. PASQUALE – C. DOTOLO, ed., *Amore e Verità. Sintesi prospettica di Teologia Fondamentale. Studi in onore di Rino Fisichella*, Città del Vaticano 2011, 261-272.

———,«Teologia ed evangelizzazione. Note di metodo», in C. DOTOLO – L. MEDDI, *Evangelizzare la vita cristiana. Teologia e pratiche di nuova evangelizzazione*, Assisi 2012, 13-77.

DOTOLO, C., «Tra ateismo e monoteismo», *Herm* (2012) 229-252.

——, «Modernità e religione. Oltre il disincanto», in CH. TAYLOR – C. DOTOLO, *Una religione «disincantata». Il cristianesimo oltre la modernità*, Padova 2012, 53-76.

——, «Con quale cristianesimo? In ascolto dei segni del tempo postmoderno», *Anton* 4 (2012) 646-659.

——, *La fede, incontro di libertà. A chi crede di non poter credere*, Padova 2012.

DUMAS, A., «La nuova seduzione del neopaganesimo. Fenomeno o epifenomeno: politico, culturale e spirituale», *Conc(I)* 1 (1985) 113-124.

DUQUOC, CH., «Monoteismo e ideologia unitaria», *Conc(I)* 1 (1985) 88-97.

——, «La dislocazione della questione dell'identità di Dio e il problema della sua localizzazione», *Conc(I)* 4 (1992) 13-24.

——, «Fede cristiana e amnesia culturale», *Conc(I)* 1(1999) 155-162.

——, *Cristianesimo, memoria per il futuro*, Brescia 2002.

——, *La teologia in esilio. La sfida della sua sopravvivenza nella cultura contemporanea*, Brescia 2004.

EISENSTADT, S.N., *Modernità modernizzazione e oltre*, Roma 1997.

——, *Paradossi della democrazia: verso democrazie illiberali?*, Bologna 2002.

EPIS, M., «Johan Baptist Metz: un'apologetica dell'identità pratico-politica della fede», in ID., *Teologia fondamentale. La* ratio *della fede cristiana*, Brescia 2009, 285-299.

FABRIS, A., *Teologia e Filosofia*, Brescia 2005.

——, «La filosofia della religione oggi, nell'epoca dell'indifferenza e dei fondamentalismi», *AF* 1-2 (2007) 287-302.

——, «Questioni epistemologiche in filosofia della religione, tra indifferenza e ritorno dei miti», *AF* 2 (2011) 185-197.

——, «"Quale e quanta filosofia può sopportare il kerygma cristiano" (Italo Mancini)», *ViHo* 1 (2012) 11-21.

FADINI, G., «*Memoria Passionis*. Una riproposizione della teologia politica di J.B. Metz», *StPat* 56 (2009) 687-695.

FERRARA, A., ed., *Religione e politica nella società post-secolare*, Roma 2009.

FERRARIS, M., *Tracce. Nichilismo, moderno e postmoderno*, Milano 1983.

FERRETTI, G., ed., *Il tempo della memoria. La questione della verità nell'epoca della frammentazione*, Torino 1987.

——, «Italo Mancini: filosofo della religione e interprete del cristianesimo», *FilTeo* 3 (1993) 629-665.

FERRETTI, G., «Il reciproco avvicinamento teoretico di filosofia e teologia», *FilTeo* 1 (1993) 26-37.

———, «Quale filosofia? Quale rivelazione? Appunti per una "ermeneutica critica" della rivelazione», *AF* (1994) 633-652.

———, «Filosofia della religione come ermeneutica della rivelazione», *Herm* (1995) 87-104.

———, «Filosofia della religione come ermeneutica della rivelazione in Italo Mancini», in ID., *Filosofia e teologia cristiana. Saggi di epistemologia ermeneutica. II. Figure*, Napoli 2002, 77-116.

———, «La teologia cristiana di fronte al postmoderno», in ID., *Filosofia e teologia cristiana. Saggi di epistemologia ermeneutica. I. Questioni*, Napoli 2002, 231-267.

———, «Filosofia e preghiera», in ID., *Filosofia e teologia cristiana. Saggi di epistemologia ermeneutica. I. Questioni*, Napoli 2002, 215-248.

———, «Filosofia come ermeneutica dell'esperienza religiosa in L. Pareyson», in ID., *Filosofia e Teologia cristiana. Saggi di epistemologia ermeneutica. II. Figure*, Napoli 2002, 117-150.

———, «Tramonto o trasfigurazione del cristianesimo?», *FilTeo* 3 (2003) 407-413.

———, «A proposito di "Tramonto o trasfigurazione del cristianesimo?". Riflessione per una scelta ineludibile, *FilTeo* 2 (2008) 351-373.

———, «"Filosofia e Teologia" oggi», *FilTeo* 2 (2008) 255-260.

———, *Dialogare oggi. Tra fede e pensiero*, Trapani 2010.

———, *Essere cristiani oggi. Il «nostro» cristianesimo nel mondo secolare*, Leumann (TO) 2011.

———, *Il "grande compito". Tradurre la fede nello spazio pubblico secolare*, Assisi 2013.

FESTA, F.S., «Modernità e gnosi», *FilTeo* 2 (1993) 317-333.

FEUERBACH, L., *L'essenza del cristianesimo*, Milano 1994.

FIASCHI, G., «Pensando il pluralismo. Riflessioni filosofico-politiche», *StPat* 2 (2001) 275-284.

FIGL, G., «Il divino in una società atea», *Conc(I)* 2 (1995) 161-171.

FIGL, J., «Secolarizzazione», *CFT*, IV, 90-99.

FILORAMO, G., «Concezioni della salvezza nei nuovi movimenti religiosi», *ReSo* 6 (1988) 27-41.

———, *Il risveglio della gnosi, ovvero diventare dio*, Roma – Bari 1990.

———, *Figure del sacro. Saggi di storia religiosa*, Brescia 1993.

———, *Le vie del sacro. Modernità e religione*, Torino 1994.

FILORAMO, G., «Fondamentalismo e modernità», *FilTeo* 3 (1995) 512-528.

———, «Religioni e mutamento contemporaneo», *Hum* 3 (1998) 439-456.

———, «La gnosi ieri e oggi», *CredOg* 3 (2007) 21-35.

———, «Religione/i tra secolarizzazione e globalizzazione», *Hum* 2-3 (2011) 185-200.

FIORENZA, F.P., «Il pensiero di J.B. Metz: origine, posizioni e sviluppi», in J.B. METZ, *Sulla teologia del mondo*, Brescia 1969, 159- 166.

FIORIO, M., «Il recupero del discorso religioso in J. Habermas. Aperture e limiti di una proposta postmetafisica», in G. LINGUA, ed., *Religioni e ragione pubblica. Percorsi nella società post-secolare*, Pisa 2010, 45-69.

FISICHELLA, R., *La rivelazione: evento e credibilità. Saggio di teologia fondamentale,* Bologna 1985.

———, «Credibiltà», *DTF*, 212-230.

———, *Quando la fede pensa*, Casale Monferrato (AL) 1997.

———, «Che cos'è la teologia», in R. FISICHELLA – G. POZZO – G. LAFONT, *La teologia tra rivelazione e storia*, Bologna 1997, 11-164.

———, «Metafisica e rivelazione: la prospettiva di *Fides et Ratio*», *Path* 5 (2006) 271-283.

FIZZOTTI, E., ed., *Religione o terapia?: il potenziale terapeutico dei nuovi movimenti religiosi*, Roma 1994.

FORMENTI, C., *Piccole apocalissi. Tracce della divinità nell'ateismo contemporaneo*, Milano 1991.

FORNERO, G., «Postmoderno e filosofia», in N. ABBAGNANO, ed., *Storia della filosofia*, IV/2, Torino 1994, 389-434.

FORTE, B., «Che senso ha parlare di Dio oggi? La parola cristiana fra postmoderno e rovescio della storia», in *Teologia in discussione*, Napoli 1986, 29-55.

———, *In ascolto dell'altro. Filosofia e rivelazione*, Brescia 1998².

———, *Il silenzio di Tommaso*, Casale Monferrato (AL) 1998.

———, *Dove va il cristianesimo?*, Brescia 2000.

———, «O Dio o il nulla», *MM* 2 (2000) 85-96.

———, *La sfida di Dio. Dove fede e ragione si incontrano*, Milano 2001.

———, «L'*Ethos* del futuro. Italo Mancini e le memorie dell'Occidente», *Asp* 1 (2003) 35-50.

———, «Secolarizzazione e secolarismo», *CeF* 4 (2007) 342-345.

———, «"Modernità liquida", globalizzazione e teologia», *AF* 2 (2011) 125-130.

———, «La "doppia teologia" di don Italo», *Av* (29 maggio 2013) 22.

FORTIN-MELKEVIK, A., «I metodi in teologia. Il pensiero interdisciplinare in teologia», *Conc(I)* 6 (1994) 146-160.

FRANCESCO, Esortazione apostolica sull'annuncio del Vangelo nel mondo *Evangelii gaudium*, Città del Vaticano 2013.

———, *Omelia*, S. Messa per la Giornata dei Catechisti (29-09-2013), https://w2.vatican.va/content/francesco/it/homilies/2013/documents/papa-francesco_20130929_giornata-catechisti.html.

———, «Chiedo perdono per l'indifferenza», *Omelia* nella Messa presso il campo sportivo di Lampedusa, *RegDoc* (13/2013) 405-406.

———, *Discorso alla comunità della Pontificia Università Gregoriana e ai Consociati del Pontificio Istituto Biblico e del Pontificio Istituto Orientale* (10-04-2014), https://w2.vatican.va/content/francesco/it/speeches/2014/april/documents/papa-francesco_20140410_ universita-consortium-gregorianum.html.

FRANZINI, E., «Metafisica dell'Illuminismo», *Hum* 66 (6/2011) 986-1000.

FREYNE, S., «Dio come esperienza e mistero: la comprensione cristiana delle origini», *Conc(I)* 1 (2001) 101-115.

FUSS, M., «*New Age*: la sfida di una nova religione mondiale», in E. FIZZOTTI, ed., *La dolce seduzione dell'acquario. New Age tra psicologia de benessere e ideologia religiosa*, Roma 1996, 41-51.

FÜSSELL, K., «Il programma di "teologia politica" di J.B. Metz», in K. FÜSSEL – J.B. METZ – J. MOLTMANN – *al.*, *Ancora sulla 'Teologia Politica': il dibattito continua*, ed. R. Gibellini, Brescia 1975, 11-28.

———, *Johann Babtist Metz*, *MySal*, XII, 782-789.

FÜSSEL, K., – *al.*, *Ancora sulla 'Teologia Politica': il dibattito continua*, ed. R. Gibellini, Brescia 1975.

GADAMER, H.G., *Verità e metodo*, Milano 1983.

———, *I sentieri di Heidegger*, Genova 1987.

———, *L'ultimo dio*, Roma 2002.

GALIMBERTI, U., *Gli equivoci dell'anima*, Milano 1992$^7$.

———, «Nessun Dio ci può salvare», *MM* 2 (2000) 187-198.

———, *Orme del sacro. Il cristianesimo e la desacralizzazione del sacro*, Milano 2000.

GALLAGHER, M.P., *Fede e cultura. Un rapporto cruciale e conflittuale*, Milano 1999.

———, «Ricupero dell'immaginazione e guarigione delle ferite culturali», in U. SARTORIO, ed., *Annunciare il Vangelo oggi: è possibile?*, Padova 2005, 157-175.

GALLAGHER, M.P., «La critica di Charles Taylor alla secolarizzazione», *CivCat* (2008) IV 249-259.

GALLIZIOLI, M., *Un'utopia mistica. Quale etica e quale politica nel pensiero New Age*, Roma 1999.

GAMBASSI, G., «Periferie, misericordia...Il vocabolario di Francesco», *Av* (13 marzo 2014), www.avvenire.it/Chiesa/Pagine/Un-anno-con-il-papa-2.aspx.

GAMBERINI, P., «Kenosi e universalità del cristianesimo», *FilTeo* 3 (2003) 426-434.

GARELLI, F., «Credenze ed esperienza religiosa», in V. CESAREO – al., *La religiosità in Italia*, Milano 1995, 19-67.

———, «L'Occidente e il cristianesimo. Una svolta?», *Herm* (1999) 7-26.

———, «Religione e ricerca di senso», in R. DE VITA – F. BERTI, ed., *La religione nella società dell'incertezza. Per una convivenza solidale in una società multireligiosa*, Milano 2001, 141-150.

———, *Religione all'italiana. L'anima del paese messa a nudo*, Bologna 2011.

GAUCHET, M., *Il disincanto del mondo*, Torino 1992.

———, *Un mondo disincantato? Tra laicismo e riflusso clericale*, Bari 2008.

———, *La religione nella democrazia*, Bari 2009.

GEFFRÉ, C., «Il destino della fede cristiana in un mondo di indifferenza», *Conc(I)* 19 (1983) 112-130.

———, «La singolarità del cristianesimo nell'età del pluralismo religioso», *FilTeo* 6 (1992) 38-58.

———, «La crisi dell'identità cristiana nell'era del pluralismo religioso», *Conc(I)* 3 (2005) 23-38.

———, «L'Europa: un progetto per il futuro a partire da un'eredità plurale», *Conc(I)* 2 (2009) 36-54.

———, *Le christianisme comme religion de l'Evangile*, Paris 2012.

GEFFRÉ, C. – JOSSA, J.-P., «Editoriale. Per un'interpretazione teologica della modernità», *Conc(I)* 6 (1992) 11-16.

GEYER, H.-G. – al., *Sulla teologia della croce*, Brescia 1974; 1992².

GHISALBERTI, A., *Medioevo teologico. Categorie della teologia razionale nel medioevo*, Roma – Bari 1990.

GHISLERI, L., «Analogia, simbolo e doppi pensieri. Riflessioni sulla filosofia dell'ultimo Mancini», in ID., ed., *Pensare l'Assoluto. Analogia, simbolo e paradosso tra metafisica ed ermeneutica*, Roma 2014, 109-138.

GHISLERI, L., ed., *Pensare l'Assoluto. Analogia, simbolo e paradosso tra metafisica ed ermeneutica*, Roma 2014.

GIBELLINI, R., «Dalla modernità alla solidarietà. Oltre la teologia della secolarizzazione», *RdT* 30 (1989) 121-144.

─────, «Dio nella teologia del Novecento. Panorama», in PENZO G. – GIBELLINI R., ed., *Dio nella filosofia del Novecento*, Brescia 1993, 543-561.

─────, *La teologia del XX secolo*, Brescia 1996.

─────, ed., *Prospettive teologiche per il XXI secolo*, Brescia 2003.

─────, «Secolarizzazione e rinascita religiosa nel dibattito teologico contemporaneo», *RdT* 50 (2009) 533-543.

GIBERT, P., «I problemi filosofici, politici, etici relativi a unità e pluralismo, monoteismo e politeismo. Una visione d'insieme per introdurre la discussione», *Conc(I)* 4 (2009) 17-25.

GIDDENS, A., *Le conseguenze della modernità. Fiducia e rischio, sicurezza e pericolo*, Bologna 1994.

GILBERT, P., «Analogia e simbolo», in L. GHISLERI, ed., *Pensare l'Assoluto. Analogia, simbolo e paradosso tra metafisica ed ermeneutica*, Roma 2014, 27-50.

GIORDAN, G., «Dall'osservanza religiosa alla ricerca spirituale», in ID., *Tra religione e spiritualità. Il rapporto con il sacro nell'epoca del pluralismo*, Milano 2006, 13-140.

─────, «La spiritualità come nuova legittimazione del sacro», *Teol* 35 (2010) 9-30.

─────, «Dentro e oltre la secolarizzazione. La religione nell'epoca postsecolare», *CredOg* 2 (2010) 7-18.

GIOVANNI PAOLO II, Lettera enciclica circa i rapporti tra fede e ragione *Fides et ratio*, *EV*/17, nn.117-1399.

─────, Esortazione apostolica post-sinodale *Ecclesia in Europa* su Gesù Cristo vivente nella sua Chiesa, sorgente di speranza in Europa, *EV*/ 22, nn. 413-589.

GIULIANI, M., *Cristianesimo e Shoà. Riflessioni teologiche*, Brescia 2000.

GIUSTINIANI, P., «Figure del male. Nuovi confronti filosofico-teologici», *FilTeo* 2 (2003) 310-323.

GIUSTOZZI, G., «Enrico Castelli Gattinara di Zubiena», *FilTeo* 2 (2003) 365-379.

GIVONE, S., ed., *Sul pensiero simbolico*, Padova 1996.

GOGARTEN, F., *Destino e speranza dell'epoca moderna: la secolarizzazione come problema teologico*, Brescia 1972.

GOGARTEN, F., «Fra i tempi», in J. MOLTMANN, ed., *Le origini della teologia dialettica*, Brescia 1976, 502-508.

GONZÁLEZ FAUS, J.I., «Crisi di credibilità nel cristianesimo», *Conc(I)* 3 (2005) 53-63.

GRAMPA, G., «Due orientamenti per la filosofia della religione», *StPat* 1 (1991) 15-29.

GRASSI, P., *La svolta politica della teologia*, Urbino 1983.

———, «Teologia e impronta apocalittica: J.B. Metz», *Herm* 3 (1984) 97-116.

———, «La riduzione illuministico liberale», in ID., ed., *Filosofia della religione. Storia e problemi*, Brescia 1988, 41-86.

———, «Intervista a Italo Mancini sulla teologia contemporanea», *NL* 35 (1992) 3-46.

———, «Mutamenti nella teologia del Novecento», *Hum* 3 (1998) 471-488.

———, «L'idea di religione», in G. CRINELLA, ed., *I. Mancini. Dalla teoresi classica alla modernità come problema*, Roma 2000, 27-38.

———, «Italo Mancini. Gesù Cristo nella storia degli uomini», in S. ZUCAL, ed., *Cristo nella filosofia contemporanea. II. Il Novecento*, Cinisello Balsamo 2002, 1089-1109.

———, «Mancini nel panorama filosofico-teologico del Novecento», *Asp* 1 (2003) 7-24.

———, «Secolarizzazione controversa», *AF* 1-2 (2007) 413-423.

———, «Itinerari della laicità», in S. ZAMAGNI – A. GUARNIERI, ed., *Laicità e relativismo nella società post-secolare*, Bologna 2009, 171-192.

———, «Sull'illuminismo», *Herm* (2010) 3-8.

———, «Italo Mancini», *FilTeo* 1 (2011) 168-178.

———, *Trascendenza fra i tempi. Dimensioni dell'esperienza religiosa*, Brescia 2011.

———, «Le religioni fonte di pace o di conflitto?», *CredOg* 1 (2015) 7-18.

———, «Rivelazione e verità», *FilTeo* 1 (1990) 3-12.

———, «Per una teodicea teologica e cristiana. Osservazioni teologico-fondamentali in margine alla crisi della teodicea», *FilTeo* 2 (1993) 251-266.

GRECO, C., *La rivelazione. Fenomenologia, dottrina e credibilità*, Cinisello Balsamo (MI) 2000.

———, *Rivelazione di Dio e ragioni della fede. Un percorso di teologia fondamentale*, Cinisello Balsamo (MI) 2012.

GRECO, C. – MURATORE, S., *La conoscenza simbolica*, Cinisello Balsamo (MI) 1998.

GREELEY, A.M., *L'uomo non secolare. La persistenza della religione*, Brescia 1975.
GRESHAKE, G., *Perché l'amore di Dio ci lascia soffrire?*, Brescia 2008².
GRILLI, M., *«Paradosso» e «mistero». Il Vangelo di Marco*, Bologna 2012.
GROSSI, S., «Sintesi del convegno», *ViHo* 1 (2012) 7-10.
GROSSO, F., *Teologia e biografia: un dialogo aperto. Stili e criteri per una proposta teologica esistentivo-testimoniale*, Padova 2012.
GUARDINI, R., *La fine dell'epoca moderna*, Brescia 1960.
———, *Diario. Appunti e testi dal 1942 al 1964*, Brescia 1983.
———, *Fede-Religione-Esperienza. Saggi teologici*, Brescia 1995².
GUSMINI, G., «L' "*unica e semplice verità*": la nominazione di Dio tra Dionigi Areopagita e Niccolò Cusano», *Teol* 37 (2012) 198-239.
GUTIÉRREZ, G., *Teologia della liberazione. Prospettive*, Brescia 1972.
———, «I limiti della teologia moderna. Un testo di Bonhoeffer», *Conc(I)* 5 (1979) 74-90.
———, *Parlare di Dio a partire dalla sofferenza dell'innocente. Una riflessione sul libro di Giobbe*, Brescia 1986.
———, «Come parlare di Dio a partire da Ayacucho?», *Conc(I)* 1(1990) 120-131.
———, «Situazione e compiti della teologia della liberazione», in R. GIBELLINI, ed., *Prospettive teologiche per il XXI secolo*, Brescia 2003, 93-111.
HABERMAS, J., *Il discorso filosofico della modernità*, Roma – Bari 1987.
———, *Il futuro della natura umana. I rischi di una genetica liberale*, Torino 2002.
———, «Fede e sapere», in ID., *Il futuro della natura umana. I rischi di una genetica liberale*, Torino 2002, 99-112.
———, «Israele o Atene? A chi appartiene la ragione anamnestica», in ID., *Tempo di passaggi*, Milano 2004, 149-159.
———, *Tempo di passaggi*, Milano 2004.
———, «Quel che il filosofo laico concede a Dio (più di Rawls)», in J. HABERMAS – J. RATZINGER, *Ragione e fede in dialogo*, Venezia 2005, 41-63.
———, «La religione nella sfera pubblica. Presupposti cognitivi dell' "uso pubblico della ragione" da parte dei cittadini credenti e laicizzati», in ID., *Tra scienza e fede*, Roma-Bari 2006, 19-50.
———, «La coscienza di ciò che manca. Su fede e ragione e il disfattismo della ragione moderna», in K. WENZEL, ed., *Le religioni e la ragione. Il dibattito sul discorso del Papa a Ratisbona*, Brescia 2008, 57-86.

HABERMAS, J., *Dall'impressione sensibile all'espressione simbolica. Saggi filosofici*, Roma – Bari 2009.

——, «La rinascita della religione: una sfida per l'autocomprensione laica della modernità?», in A. FERRARA, ed., *Religione e politica nella società post-secolare*, Roma 2009, 24-41.

HABERMAS, J. – RATZINGER, J., *Ragione e fede in dialogo*, Venezia 2005.

HABERMAS, J. – MENDIEDA, E., «Un nuovo interesse della filosofia per la religione? La questione filosofica della coscienza postsecolare e della società globale multiculturale», ed. G. Giorgio, *RT* 1 (2011) 177-196.

HALBFAS, H., *Religione*, Brescia 1983.

HAKER, H., «"Compassione" come programma mondiale del cristianesimo?», *Conc(I)* 4 (2001) 77-97.

HÄRING, H., «Sull'attualità della teologia negativa», *Conc(I)* 1(2001) 185-201.

——, *Il male nel mondo. Potenza o impotenza di Dio?*, Brescia 2001.

HARVEY, D., *La crisi della modernità*, Milano 1993.

HEELAS, P., *La New Age. Celebrazione del sé e sacralizzazione della modernità*, Roma 1999.

——, *The spiritual revolution: why religion is giving way to spirituality*, Malden (Mass), Oxford (UK), Victoria (Australia) 2005.

HEGEL, G.W.F., *Primi scritti critici*, Milano 1971.

——, *Fenomenologia dello spirito*, I, Firenze 1973.

——, *Lezioni sulla filosofia della religione*, Bari 1983.

HEIDEGGER, M., *Ormai solo un Dio ci può salvare,* Parma 1987.

——, *L'autoaffermazione dell'università tedesca*, Genova 1988.

——, «Interpretazioni fenomenologiche di Aristotele», *FilTeo* 4 (1990) 496-532.

HERIBERT, M., *La mutabilità di Dio*, Brescia 1974.

HERVIEU-LÈGER, D., «Tendenze e contraddizioni della modernità europea», in D. HERVIEU-LÈGER – al., *La religione degli Europei: fede, cultura religiosa e modernità in Francia, Italia, Spagna, Gran Bretagna e Ungheria*, Torino 1992, 1-9.

——, *Il pellegrino e il convertito. La religione in movimento*, Bologna 2003.

——, «La religione nella formazione del legame sociale europeo», in K. MICHALSKI – N. zu FÜRSTENBERG, ed., *Europa laica e puzzle religioso. Dieci risposte su quel che tiene insieme l'unione*, Venezia 2005, 47-69.

HORKHEIMER, M., *La nostalgia del totalmente Altro*, Brescia 1982[3].

HORKHEIMER, M. – ADORNO, TH., *Dialettica dell'illuminismo*, Torino 1966.

HOUTEPEN, A.W.J., *Dio, una domanda aperta. Pensare Dio nell'era della dimenticanza di Dio*, Brescia 2001.

I PADRI APOSTOLICI, *A Diogneto*, ed. C. Dell'Osso, Roma 2011, 342-354.

ILLECITO, M., «Italo Mancini. Un pensatore contro il nulla», *RSRe* 1 (2004) 55-95.

IMBACH, J., *Dio nella letteratura contemporanea*, Roma 1975; 1981³.

———, *Gesù nella letteratura contemporanea*, Roma 1983.

INTROVIGNE, M., *Il ritorno dello gnosticismo*, Milano 1993.

———, *Il sacro postmoderno. Chiesa, relativismo e nuovi movimenti religiosi*, Milano 1996.

JEANROND, W., «Tra prassi e teoria: la teologia in una crisi di orientamento», *Conc(I)* 6 (1992) 76-85.

———, «Rivelazione e concetto trinitario di Dio: idee principali del pensiero teologico?», *Conc(I)* 1 (2001) 157-171.

JOEST, W. – PANNENBERG, W., ed., *Dogma und Denkstrutturen*, Fs. E. Schlink, Göttingen 1963, 96-115.

JONAS, H., *La filosofia alle soglie del Duemila. Una diagnosi e una prognosi*, Genova 1994.

JÜNGEL, E., *Dio mistero del mondo. Per una fondazione della teologia del Crocifisso nella disputa fra teismo e ateismo*, Brescia 1982.

———, *L'avventura di pensare Dio*, Torino 2007.

JÜNGEL, E. – P. RICOEUR, *Dire Dio. Per un'ermeneutica del linguaggio religioso*, Brescia 1978; 2005⁴.

JUNKER-KENNY, M., «Chiesa, modernità e postmoderno», *Conc(I)* 1 (1999) 145-154.

———, «Testimonianza o mutua traduzione? La religione e le esigenze della ragione», *Conc(I)* 1 (2011) 136-148.

KAJON, I., «Teologia negativa e nascondimento di Dio nell'interpretazione kantiana del libro di Giobbe», *AF* 1-3 (2002) 625-644.

KANT, I., *Opus postumum. Passaggio dai principi metafisici della scienza della natura alla fisica*, Bologna 1963.

———, *La religione entro i limiti della sola ragione*, Bari 1980.

———, *Che cos'è l'illuminismo? Riflessione filosofica e pratica politica*, Roma 1987.

KASPER, W., *Il Dio di Gesù Cristo*, Brescia 1984.

———, *Il futuro dalla forza del concilio. Sinodo straordinario dei vescovi 1985*, Brescia 1986.

KASPER, W., «Il futuro della fede e della chiesa nella nostra società pluralista», in S. SORRENTINO, ed., *Teologia e secolarizzazione*, Napoli 1991, 97-116.

———, *Misericordia. Concetto fondamentale del vangelo-Chiave della vita cristiana*, Brescia 2013³.

KAUFMANN, F.-X., *Quale futuro per il cristianesimo?*, Brescia 2002.

———, «La Chiesa Cattolica e le sfide della postmodernità», in R. CIPRIANI – G. MURA, ed., *Il fenomeno religioso oggi. Tradizione, mutamento, negazione*, Città del Vaticano 2002, 39-51.

KAUFMANN, F.-X. – METZ, J.B., *Capacità di futuro. Movimenti di ricerca nel cristianesimo*, Brescia 1988, 7-87.

KELLNER, E., ed., *Schöpfertum und Freiheit in einer humanen Gesellschaft. Marienbader Protokolle*, Wien 1969.

KERN, W., «La filosofia come fermento della teologia fondamentale in alcuni modelli recenti della teologia tedesca», in W. KERN – al., *Istanze della Teologia fondamentale oggi*, Bologna 1982, 13-47.

KIERKEGAARD, S., *Briciole filosofiche*, Brescia 1987.

KITAMORI, K., *Teologia del dolore di Dio*, Brescia 1975.

KOCH, K., *Quale futuro per i cristiani? Sfide e opportunità*, Magnano (BI) 2010.

KREINER, A., *Dio nel dolore. Sulla validità degli argomenti della teodicea*, Brescia 2000.

KREUTZER, K., *Transzendentales versus hermeneutisches Denken. Zur Genese des religionsphilosophiscen Ansatzes bei Karl Rahner und seiner Rezeption durch Johann Baptist Metzt*, Freiburg i. Br., 2001.

———, «La Parola e i suoi uditori. Il rapporto teologico tra K. Rahner e J.B. Metz», *RegAt* 22 (2001) 747-749.

KÜNG, H., «Riscoprire Dio», *Conc(I)* 1 (1990) 101-119.

KÜNG, H. – JENS, W., *Poesia e religione*, Genova 1989.

KURTZ, L.R. *Le religioni nell'era della globalizzazione*, Bologna 2000.

LAFONT, G., *Dio, il tempo e l'essere*, Casale Monferrato (AL) 1992.

———, *Storia teologica della Chiesa. Itinerario e forme della teologia*, Milano 1997.

———, «Orientamenti per la teologia del terzo millennio», *Herm* (1999) 49-70.

LANZETTI, C., «Tra innovazione e conservazione: alcune questioni di fondo», in V. CESAREO – al., *La religiosità in Italia*, Milano 1995, 265-290.

LA POTTERIE, I. DE, «Verità», *NDTB*, 1655-1659.

LA POTTERIE, I. DE, «Storia e verità», in R. LATOURELLE – G. O'COLLINS, ed., *Problemi e prospettive di Teologia Fondamentale*, Brescia 1982², 115-139.

LATOURELLE, R., *Teologia della rivelazione*, Assisi 1964.

———, «Letteratura», *DTF*, 631-633.

LAURENZI, M.C., «Aspetti della funzione teologica del paradosso», *RdT* 31 (1990) 163-191.

LEFEBVRE, S., «Secolarizzazione e secolarismo», *DTF*, 1102-1107.

LEHMANN, K., «La 'teologia politica': legittimazione teologica e aporia presente», in H. PEUKERT, ed., *Dibattito sulla "Teologia politica"*, Brescia 1971, 95-136.

———, «Radici del pluralismo e uscita dall'esilio pubblico della fede», in A. GIORDANO, ed., *Religione: fatto privato e realtà pubblica. La Chiesa nella società pluralista*, Bologna 1997, 59-76.

LENOIR, F., *Le metamorfosi di Dio. La nuova spiritualità occidentale*, Milano 2005.

LÉONARD, A., «Tipologia dei rapporti tra la problematica filosofica e la pratica teologica contemporanea», *FilTeo* 1 (1987) 61-72.

LÉVINAS, E., *Totalità e infinito. Saggio sull'esteriorità*, Milano 1986².

———, «Educazione e preghiera», in ID., *Difficile libertà. Saggi sul giudaismo*, Brescia 1986, 125-130.

———, «Della preghiera senza domanda. Nota su una modalità dell'ebraismo», in G. MORETTO, ed., *Filosofia, Religione, Nichilismo. Studi in onore di Alberto Caracciolo*, Napoli 1988, 57-65.

LILLA, S., «Introduzione allo studio dello Ps. Dionigi l'Areopagita», *August* 22 (1982) 533-577.

LINGUA, G., ed., *Religioni e ragione pubblica. Percorsi nella società post-secolare*, Pisa 2010.

LYON, D., *Gesù a Disneyland. La religione nell'era postmoderna*, Roma 2002.

LYOTARD, J.-F., *La Condizione postmoderna. Rapporto sul sapere*, Milano 1981, 2010²⁰.

LONERGAN, B., *Ragione e fede di fronte a Dio*, Brescia 1977.

LORIZIO, G., *Rivelazione cristiana Modernità Post-modernità*, Cinisello Balsamo 1999.

———, *La logica del paradosso*, Roma 2001.

———, *La logica della fede. Itinerari di teologia fondamentale*, Cinisello Balsamo (MI) 2002.

———, *Fede e ragione. Due ali verso il vero*, Milano 2003.

LORIZIO, G., «Quale metafisica *per, dalla, nella* teologia?», *Herm* (2005) 191-230.

———, «Teologia della rivelazione ed elementi di cristologia fondamentale», in ID., ed., *La teologia fondamentale. II. Fondamenti*, Roma 2005, 7-234.

———, «Dire il sacro – dire il bello. Teologia e letteratura», in F. MORLACCHI, ed., *Fede e bellezza, Cristianesimo, arte e letteratura nella scuola*, Città del Vaticano 2011, 135-144.

LÖWITH, K., *La mia vita in Germania, prima e dopo il 1933*, Milano 1988.

———, *Nietzsche e l'eterno ritorno*, Roma 2003.

LUCCHETTI BINGEMER, M.C., «Violenza e religione. Il male al centro della fede monoteista», *Conc(I)* 1 (2009) 133-144.

LUCKMANN, TH., *La religione invisibile*, Bologna 1969.

———, «Religiosità individuale e forme sociali di religione», *ReSo* 1 (1986) 31-39.

———, «Trasformazioni superficiali o radicali della religione e della moralità nel mondo moderno», in R. CIPRIANI – G. MURA, ed., *Il fenomeno religioso oggi. Tradizioni, mutamento, negazione*, Roma 2002, 52-65.

LUNGHINI, G., *Il paradosso della diversità di Dio in Emil Brunner. Un tema fondamentale nella teologia del XX secolo*, estratto di tesi di Dottorato, Facoltà di Teologia – Pontificia Universitas Urbaniana, Roma 2005.

MACLURE, J. – TAYLOR, CH., *La scommessa del laico*, Roma-Bari 2013.

MAGRIS, A., «Sul senso del "mito" nell'antichità e nella modernità», *Herm* (2011) 11-54.

MANARANCHE, A., *Il monoteismo cristiano*, Brescia 1988.

MANCINI, R., «La fragilità forte. Compassione e misericordia nella filosofia contemporanea», in E.M. TONIOLO, ed., *La categoria della compassione. Presenza e incidenza nella riflessione su Maria di Nazaret*, Roma 2007, 7-23.

MANEMANN, J., «La permanenza della teologia politica. Opportunità e pericoli per il cristianesimo nella attuale crisi della democrazia», *Conc(I)* 3 (2005) 65-79.

MARANGON, A., «Tempo», *NDTB*, 1519-1532.

MARCHISIO, R., «Forme di spiritualità mistiche e contesto culturale contemporaneo», *CredOg* 3 (2000) 77-89.

———, *La religione nella società degli individui. Forme di individualismo e dinamiche del religioso*, Milano 2010.

MARDONES, J.M., «Religione e Teoria Critica. Il potenziale critico della religione di fronte al progetto di J. Habermas», *FilTeo* 3 (1992) 415-427.

MARITAIN, J., *Distinguer pour unir ou les degrés du savoir*, Paris 1948; trad. it. *Distinguere per unire. I gradi del sapere*, Brescia 2012.

MARRAMAO, G., *Cielo e terra. Genealogia della secolarizzazione*, Roma – Bari 1994.

MARTELLI, S., *La religione nella società post-moderna tra secolarizzazione e de-secolarizzazione*, Bologna 1990.

―――, «De-secolarizzazione», *FilTeo* 3 (1995) 554-570.

―――, «Tra Roma e Gerusalemme. Il dialogo inter-religioso nei mass-media in occasione dei pellegrinaggi di Giovanni Paolo II nell'anno giubilare», in R. DE VITA – F. BERTI, ed., *La religione nella società dell'incertezza*, Milano 2001, 217-243.

―――, «Secolarizzazione come rinascita della religione», in S. BELARDINELLI – L. ALLODI – L. GATTAMORTA, ed., *Verso una società post-secolare?*, Soveria Mannelli 2009, 239-256.

MATASSI, E., «Lukács e Bloch in Mancini», *Herm* (2004) 121-134.

MATTEO, A., *Come forestieri: perché il cristianesimo è divenuto estraneo agli uomini e donne del nostro tempo*, Soneria Mannelli (CZ) 2008.

―――, «Che tempo che fa», in E. SALMANN, *Memorie italiane. Impressioni e impronte di un cammino teologico*, ed. G. De Candia – A. Matteo, Assisi 2012, 181-196.

MELCHIORRE, V., «Filosofia e teologia: una circolarità dialettica», *FilTeo* 1 (1987) 35-41.

―――, *La via analogica*, Milano 1996.

―――, «Il paradosso come passione del pensiero. Saggio su Kierkegaard», in M. NICOLETTI – G. PENZO, ed., *Kierkegaard. Filosofia e teologia del paradosso*, Brescia 1999, 69-90.

―――, «Analogia e paradosso», in L. GHISLERI, ed., *Pensare l'Assoluto. Analogia, simbolo e paradosso tra metafisica ed ermeneutica*, Roma 2014, 70-85.

MIEGGE, G., «Formazione e significato dell'opera di K. Barth», *StFil* 10 (1949) 81-103.

MIEGGE, M., «L'apertura alle nuove teologie», in P. ROSSI – C.A. VIANO, ed., *Filosofia italiana e filosofie straniere nel dopoguerra*, Bologna 1991, 231-252.

―――, «Don Italo e la teologia del Novecento», *IF* 11 (1993) 5-7.

MIETH, D., «Teologia narrativa», *DCT*, 905-906.

―――, «La possibilità di raccontare il futuro. Riflessioni sulla teologia narrativa sotto la guida di R. Musil e Th. Mann», in D. MIETH – E. SCHILLEBEECKX – H. SNIJDEWIND, ed., *Cammino e visione. Universalità e regionalità della teologia nel XX secolo*, Fs. R. Gibellini, Brescia 1996, 163-184.

MIETH, D. – THEOBALD, CH., «Di chi è Dio? La prospettiva delle vittime», *Conc(I)* 1 (1999) 65-69.

MILANO, A., «Filosofia della religione come ermeneutica del kerygma», in A. COLOMBO, ed., *Religione istituzione liberazione. Studi sul fatto religioso*, Roma 1983, 73-103.

———, *Rivelazione ed ermeneutica. K. Barth, R. Bultmann, I. Mancini*, Urbino 1988.

———, «Italo Mancini. L'ermeneutica della rivelazione», in P. GRASSI, ed., *Filosofia della religione. Storia e problemi*, Brescia 1988, 363-394.

———, «*Alétheia*. La "concentrazione cristologica" della verità», *FilTeo* 1 (1990) 13-45.

———, «Teologia, verità, metodo», *FilTeo* 1 (1993) 38-47.

———, «Come in uno specchio e nell'enigma. Teodicea e cristologia», *FilTeo* 2 (1993) 267-300.

———, «Dio, uomo e mondo nel tempo del nichilismo compiuto», *FilTeo* 3 (1993) 499-517.

———, *Quale verità. Per una critica della ragione teologica*, Bologna 1999.

———, «Il teologo e filosofo dei "doppi pensieri"», *Herm* (2004) 33-63.

MILBANK, J., «La fine dell'illuminismo. Postmoderno o postsecolare?», *Conc(I)* 6 (1992) 62-75.

MINARDO, A., *La potenza di Dio*, Assisi 2011.

MINIATI, S., «*Memoria passionis* di Johann Baptist Metz. Nuova teologia politica e teologia politica classica», *FilTeo* 2 (2008) 520-533.

MINIATI, S., «Nota all'edizione italiana», in J.B. METZ, *Memoria passionis. Un ricordo provocatorio nella società pluralista*, Brescia 2009, 5-8.

MOINGT, J., «Immagini, icone e idoli di Dio. La questione della verità nella teologia cristiana», *Conc(I)* 1(2001) 172-184.

———, *Dio che viene all'uomo. Dal lutto allo svelamento di Dio*, Brescia 2005.

MOLINARO, A., «Filosofare-secolarizzare. Modernità e postmodernità», *FilTeo* 3 (1995) 501-511.

———, «Cristianesimo e filosofie», *FilTeo* 3 (2002) 427-429.

———, «Post-metafisica e morte di Dio», *Hum* 62 (2/2007) 380-386.

MOLINARO, F., «La filosofia della religione di I. Mancini», *StPat* 23 (1976) 114-125.

MOLTMANN, J., *Teologia della speranza. Ricerche sui fondamenti e sulle implicazioni di una escatologia cristiana*, Brescia 1970, 2008[8].

———, *Il Dio crocifisso*, Brescia 1973.

———, «La passione del Figlio dell'Uomo e l'invito alla sequela», in J. MOLTMANN – J.B. METZ, *Storia della passione. Due meditazioni su Marco 8,31-38*, Brescia 1974; 1990[2], 9-34.

———, ed., *Le origini della teologia dialettica*, Brescia 1976.

———, *Trinità e regno di Dio. La dottrina su Dio*, Brescia 1983.

———, «La società moderna ha un futuro?», *Conc(I)* 1 (1990) 63-73.

———, «Fondamentalismo e modernità», *Conc(I)* 3 (1992) 149-159.

———, ed., *Biografia e teologia. Itinerari di teologi*, Brescia 1998.

———, *Dio nel progetto del mondo moderno. Contributi per una rilevanza pubblica della teologia*, Brescia 1999.

———, *Esperienze di pensiero teologico. Vie e forme della teologia cristiana*, Brescia 2001.

———, «Nessun monoteismo è uguale all'altro. Critica di un concetto inadeguato», *FilTeo* 2 (2004) 319-332.

———, «Dall'inizio dei tempi alla presenza di Dio», in T.R. PETERS – C. URBAN, ed., *La provocazione del discorso su Dio,* Brescia 2005, 88-92.

MOLTMANN, J. – al., *Sulla teologia della croce*, Brescia 1974.

MOREIRA, A., «La memoria pericolosa di Gesù Cristo in una società post-tradizionale», *Conc(I)* 4 (1999) 60-72.

MORETTO, G., «Teodicea, storia e jobismo», *AF* 1-3 (1988) 245-271.

———, ed., *Preghiera e filosofia*, Brescia 1991.

———, *Filosofia umana. Itinerario di A. Caracciolo*, Brescia 1992.

MUCCI, G., «La postmodernità buona», *CivCat* (1995) I 435-443.

———, «La diffusione dell'individualismo e lo sgretolamento della solidarietà sociale», *CivCat* (1997) III 468-477.

———, «L'attuale ambiguo interesse per la mistica», *CivCat* (1997) IV 432-441.

———, «La periodica invocazione dei Lumi», *CivCat* (2008) IV 592-597.

———, «Il "nuovo" ateismo in Italia», *CredOg* 1(2012) 19-26.

MURA, G., ed., *Una «rilettura» di Dio nella cultura contemporanea*, Roma 1995.

NATOLI, S., *I Nuovi Pagani. Neopaganesimo: una nuova etica per forzare le inerzie del tempo*, Milano 1995.

———, *Dio e il divino. Confronto con il cristianesimo*, Brescia 1999.

NAVONE, J., «Teologia narrativa: una rassegna delle sue applicazioni», *RdT* 26 (1985) 401-421.

NERI, M., «Accolta singolarità. La teologia della rivelazione nell'opera di Christoph Theobald», *RegAt* 2 (2007) 27-30.

NEUFELD, K.H., «Credibilità oggi», *ScCatt* 125 (1997) 417-436.

NEUHAUS, R.J., «Secolarizzazione, per Usa ed Europa destini diversi», *VP* 2 (2009) 69-79.

NICOLETTI, M., «Teologia, mistica e politica», *Mar* 3 (1994) 3-5.

——, «Su Metz: compassione e potere», *StPat* 2 (2001) 289-292.

NICOLETTI, M. – PENZO, G., ed., *Kierkegaard. Filosofia e teologia del paradosso*, Brescia 1999.

NIETZSCHE, F., *L'Anticristo. Maledizione del cristianesimo*, Milano1982.

——, *La gaia scienza*, Milano 1995.

NIJK, A.J., *Secolarizzazione*, Brescia 1973.

NOLAN, A., «Essere cristiani oggi», *Conc (I)* 2 (2011) 62-73.

NOUWEN, H. – McNEILL, D. – MORRISON, D.A., *Compassione, una riflessione sulla vita cristiana*, Brescia 2004.

O'DONNELL, J., «Teologia politica», *DTF*, 1276-1280.

OELMÜLLER, W., «Teologia negativa. Un tentativo di parlare filosoficamente dell'unico Dio degli ebrei, dei cristiani e dei musulmani», in R. PANATTONI, ed., *La comunità. La sua legge, la sua giustizia*, Padova 2000, 75-96.

OLIVETTI, M.M., «Prefazione», *AF* 1-3 (1988) 11-12.

——, «Considerazioni introduttive sul tema: *postmodernità senza Dio?*», *Hum* 62 (2/2007) 230-233.

OTT, H., *Martin Heidegger: sentieri biografici*, Milano 1988.

PACE, E., «Secolarizzazione e ritorno del sacro», *StS* 3-4 (1988) 467-468.

——, «La tentazione del fondamentalismo religioso nella società odierna», *CredOg* 2 (2010) 81-91.

PACE, E., «*Accende lumen sensibus*. Introduzione al pentecostalismo contemporaneo», *CredOg* 6 (2011) 7-15.

PACE, E. – GIORDAN, G., «La religione come comunicazione nell'era digitale», *Hum* 65 (5-6/2010) 761-781.

PAGANO, M., «Politeismo, monoteismo, pluralismo religioso», *AF* 1 (2011) 69-81.

PALMISANO, S., «Il Dio delle piccole cose? Tra cattolicesimo e spiritualità alternativa», in F. GARELLI, *Religione all'italiana. L'anima del paese messa a nudo*, Bologna 2011, 135-159.

PALUMBO, G., «Etica del finito ed economia della salvezza», *FilTeo* 2 (2010) 279-297.

———, «Il cuore sospeso della laicità», *FilTeo* 1 (2010) 91-113.

PANIKKAR, R., *La realtà cosmoteandrica. Dio-uomo-mondo*, Milano 2004.

PANNENBERG, W., *Il Dio della speranza: Dio come futuro*, Bologna 1969.

———, *La rivelazione come storia*, Bologna 1969.

———, «Analogia e dossologia», in ID., *Questioni fondamentali di teologia sistematica,* Brescia 1975, 205-227.

———, «Che cos'è la verità», in ID., *Questioni fondamentali di teologia sistematica,* Brescia 1975, 228-250.

———, *Metafisica e idea di Dio*, Piemme 1991.

———, *Storia e problemi della teologia evangelica contemporanea in Germania*, Brescia 2000.

PAREYSON, L., «Filosofia ed esperienza religiosa», *Afil* 1 (1985) 7-52.

———, *Heidegger: la libertà e il nulla,* Napoli 1990.

———, *Dostoevskij. Filosofia, romanzo ed esperienza religiosa*, Torino 1993.

PASCAL, B., *Pensieri*, Cinisello Balsamo 1987.

PASQUALE, G., «Il rientro della postmodernità. Virtualità cristiane della secolarizzazione nel mondo postsecolare», *RT* 2 (2005) 239-257.

———, «Linee di confine tra fede e ragione. Una messa a punto del concetto di "laicità"», *RT* 1 (2012) 55-79.

PASQUALE, G. – DOTOLO, C., «Introduzione», in ID., ed., *Amore e verità. Sintesi prospettica di Teologia Fondamentale*, Fs. R. Fisichella, Città del Vaticano 2011, 11-16.

PASTRELLO, M., «Le mutazioni dell'idea di peccato», in G. GIORGIO – M. PASTRELLO, ed., *Credo la remissione dei peccati*, Bologna 2011, 133-155.

PCC E PCDI, *Gesù Cristo portatore dell'acqua viva. Una riflesione cristiana sul "New Age"*, Città del Vaticano 2003.

PELLECCHIA, F. – RAZZINO, G., «Le ragioni del simbolo. Un colloquio tra filosofi e teologi», *FilTeo* 3 (1991) 331-366.

PENATI, G., «Italo Mancini. La filosofia della religione come convergenza di sapere critico e fede che salva», *Hum* 2 (1994) 521-532.

PENZO, G., «M. Heidegger. Il divino come il non-detto», in G. PENZO – R. GIBELLINI, ed., *Dio nella filosofia del Novecento*, Brescia 1993, 256-269.

PENZO, G. – GIBELLINI, R., ed., *Dio nella filosofia del Novecento*, Brescia 1993.

PERONE, U., «Benjamin e il tempo della memoria», *Afil* 1 (1985) 241-272.

———, «Filosofia e religione nel tempo della modernità», *FilTeo* 1 (1987) 43-51.

———, «Memoria, tempo e storia in Walter Benjamin», in G. FERRETTI, ed., *Il tempo della memoria. La questione della verità nell'epoca della frammentazione*, Torino 1987, 253-284.

———, *Modernità e memoria. La memoria è il luogo in cui in modo finito si deposita il senso interrotto del tutto*, Torino 1987.

———, «Per un'ontologia del finito», *FilTeo* 1 (1993) 48-54.

———, «W. Benjamin. Modernità e redenzione», in G. PENZO – R. GIBELLINI, ed., *Dio nella filosofia del Novecento*, Brescia 1993, 278-286.

———, «Limite e soglia», *FilTeo* 1 (2004) 7-15.

———, «L'illuminismo come categoria ermeneutica», *Herm* (2010) 29-46.

———, «Secolarizzazione e religione civile», *FilTeo* 3 (2011) 443-456.

PERONE, U. – SAVERIANO, M., ed., *D. Bonhoeffer. Eredità cristiana e modernità*, Torino 2006.

PETERS, J., «Dare un nome all'innominabile», *Conc(I)* 3 (1977) 97-109.

PETERS, T.R., «Consigli evangelici – consigli terapeutici», in J.B. METZ – T.R. PETERS, *Passione per Dio. Vivere da religiosi oggi*, Brescia 1992, 66-109.

———, *Johann Baptist Metz. Theologie des vermissten Gottes*, Mainz 1998.

PETERS, T. – PRÖPPER, T. – STEINKAMP, H., ed., *Erinnern und Erkennen-Denkanstösse aus der Theologie vom Johann B. Metz*, Düsseldorf 1993.

PETERSEN, B., *Theologie nach Auschwitz? Jüdische und christliche Verruche einer Antwort, Institut Kirche und Judentum*, Berlin 1996.

PETRICOLA, M., «La *mobilità storica* tra filosofia e teologia. H.G. Gadamer e W. Pannenberg sull'ontologia del vero», *RT* 2 (2011) 349-375.

PETRUCCIANI, S., «L'illuminismo "autocritico" di Jürgen Habermas», *Herm* (2010) 47-66.

PEUKERT, H., ed., *Dibattito sulla 'Teologia Politica'*, Brescia 1971.

———, «Critica filosofica della modernità», *Conc(I)* 6 (1992) 37-38.

———, «Agire comunicativo, sistemi di accrescimento del potere, e illuminismo e teologia come progetti incompiuti», in E. ARENS, ed., *Habermas e la teologia*, Brescia 1992, 53-85.

PIANA, G., «"Figure" di un'etica della responsabilità», *Herm* (2001) 125-151.

———, «Etica tra fondazione e impegno», *Herm* (2004) 143-168.

PIEPMEIER, R., «Il concetto di memoria in Nietzsche», in G. FERRETTI, ed., *Il tempo della memoria. La questione della verità nell'epoca della frammentazione*, Torino 1987, 149-177.

PIERETTI, A., «Il 'Dio della metafisica' secondo Heidegger», *Herm* (1994) 41-65.

———, «Il "progetto puro" o del cristianesimo radicale», *Herm* (1995) 115-146.

———, ed., *Giobbe: il problema del male nel pensiero contemporaneo*, Assisi 1999².

———, «Epistemologia contemporanea e problema del fondamento», *Herm* (2005) 153-166.

PORCARELLI, A., «Il New Age: una forma di gnosticismo moderno», *ReSetM* 2 (1996) 51-77.

POSSENTI, V., *Dio e il male*, Torino 1995.

———, «Riformare il paradigma "liberale" su religione e politica. Per una ripresa post-secolare del tema teologico-politico», in A. FERRARA, ed., *Religione e politica nella società post-secolare*, Roma 2009, 239-260.

———, «Fede e società postsecolare», *Soc* 3 (2009) 392-400.

———, «Religione e laicità nelle società postsecolari. Oltre il paradigma liberale privatizzante», *Hum* 65 (2/2010) 209-227.

POULAT, G., «Cattolicesimo e modernità. Un processo di reciproca esclusione», *Conc(I)* 6 (1992) 28-35.

POUPARD, P., ed., *Parlare di Dio all'uomo postmoderno. Linee di discussione*, Roma 1994.

PRINI, P., *Storia dell'esistenzialismo. Da Kierkegaard a oggi*, Roma 1989.

———, *Filosofia cattolica italiana del Novecento*, Roma – Bari 1996.

PROVENCHER, N., «La fede cristiana alla prova della modernità. Dal Modernismo ad oggi», in R. FISICHELLA, ed., *Gesù Rivelatore. Teologia Fondamentale*, Casale Monferrato (AL) 1988, 241-254.

RADCLIFFE, T., «Immaginazione cristiana. Per un annuncio coinvolgente l'immaginario dei contemporanei», in A. MATTEO – T. RADCLIFFE, *Sguardi sul cristianesimo. Da dove veniamo e dove andiamo*, Padova 2013, 57-80.

RAHNER, K., «Sacerdote e poeta», in ID., *La fede in mezzo al mondo*, Alba 1963.

———, «Sul concetto di mistero nella teologia cattolica», in ID., *Saggi teologici*, Roma 1965, 391-495.

———, *Uditori della parola*, Torino 1967.

———, *Corso fondamentale sulla fede. Introduzione al concetto di cristianesimo*, Cinisello Balsamo (MI) 1990⁵.

RAHNER, K., «Dialogo con Gwendoline Jarczyk (1983)», in ID., *Dimensioni politiche del cristianesimo,* Roma 1992.

RATTI, A., «Tra fede e cultura: l'immaginazione e il linguaggio simbolico e narrativo», *CredOg* 6 (2004) 45-59.

RATZINGER, J., «La verità cattolica», *MM* 2 (2000) 41-64.

———, *Giubileo dei catechisti e dei docenti di religione* (10-12-2000), in http://www.vatican.va/roman_curia/congregations/cfaith/documents/ rc_con_cfaith_doc_20001210_jubilcatechists-ratzinger_it.html.

———, *Dio e il mondo. In colloquio con Peter Seewald,* Cinisello Balsamo 2001.

———, «Europa. I suoi fondamenti spirituali ieri, oggi e domani», *CredOg* 3 (2004) 125-140.

———, «La fine del tempo», in T.R. PETERS – C. URBAN, ed., *La provocazione del discorso su Dio,* Brescia 2005; 2010, 15-44.

RATZINGER, J. – HABERMAS, J., *Etica, religione e Stato liberale,* Brescia 2005.

RATZINGER, J. – METZ, J.B., «Dio, la colpa e la sofferenza. Colloquio», in T.R. PETERS – C. URBAN, ed., *La provocazione del discorso su Dio,* Brescia 2005; 2010, 73-80.

RAVASI, G., «Prefazione», in C.M. MARTINI – al., *La preghiera di chi non crede,* Milano 1994, 9-13.

REIKERSTORFER, J., «Il Dio dei cristiani e la frammentazione del mondo postmoderno», *Conc(I)* 3 (1997) 37-46.

REPOLE, R., «Di Dio e della storia nella proposta teologica di J. Moltmann e di J.B. Metz», *Greg* 92, 2 (2011) 395-414.

RICOEUR, P., *La metafora viva. Dalla retorica alla poetica: per un linguaggio di rivelazione,* Milano 1978; 2010.

———, *Il male. Una sfida alla filosofia e alla teologia,* Brescia 1993.

———, «Dalla morale all'etica e alle etiche», *Herm* (2001) 5-16.

RICOEUR, P. – JÜNGEL, E., *Dire Dio. Per un'ermeneutica del linguaggio religioso,* Brescia 1978.

RIGOBELLO, A., «Trascendentalità ed ermeneutica», in G. CRINELLA, ed., *I. Mancini. Dalla teoresi classica alla modernità come problema,* Roma 2000, 1-11.

RINALDI, F., *La teologia politica di E. Schillebeeckx,* Dissertazione dottorale, PUG, Roma 2012.

RIPANTI, G., «Ermeneutica della fede e filosofia della religione», in P. GRASSI, ed., *Filosofia della religione. Storia e problemi,* Brescia 1988, 9-40.

———, «Ontologia e linguaggio», *Herm* (1995) 51-65.

RIPANTI, G., «Ermeneutica come metodologia», in G. CRINELLA, ed., *I. Mancini dalla teoresi classica alla modernità come problema*, Roma 2000, 39-43.

———, «Prefazione», in I. MANCINI, *Frammento su Dio*, Brescia 2000, 7-10.

———, «Dall'ontologia all'ermeneutica», *Asp* 1 (2003) 25-33.

———, «La doppia fedeltà: Italo Mancini», *Serv* 179 (2008) 63-70.

RIZZI, A., «Cristianesimo e filosofia della storia. La secolarizzazione come categoria interpretativa del moderno», *FilTeo* 2 (1988) 40-65.

———, «Sull'Esodo come paradigma teologico-politico», *FilTeo* 3 (1988) 33-44.

———, «Religione atto primo. Filosofia (e teologia) come atto secondo», *FilTeo* 1 (1993) 55-61.

———, «Narrazione e verità», *FilTeo* 1 (2003) 7-16.

———, *Teologia del Novecento e il mondo moderno*, Villa Verrucchio (RN) 2009.

ROCCHETTA, C., «Teologia narrativa. Una nuova figura di teologia?», *RT* 2 (1991) 153-180.

———, «Teologia narrativa II. Per una rilettura della nozione teologica di efficacia sacramentale», *RT* 2 (1992) 235-274.

———, «Teologia narrativa», *DTF*, 1272-1276.

ROGNINI, G., «La crisi della ragione in Italo Mancini», *Hum* (1982) 569-591.

ROLANDO, R., «Italo Mancini e il libero sguardo sul mondo», *QSR* 20 (2003) 72-93.

ROSSEAU, H., «La letteratura: qual è il suo potere teologico?», *Conc(I)* 5 (1976) 23-35.

ROSSI, F., «I convegni internazionali di filosofia della religione in Italia 1974-1986», *RFNS* 2 (1986) 284-290.

ROSSI, P. – VIANO, C.A, ed., *Le città filosofiche. Per una geografia della cultura filosofica del Novecento*, Bologna 2004.

ROSTAGNO, S., «Quel che della religione non si risolve in filosofia», *FilTeo* 1 (1993) 62-71.

———, «Paradossale umanesimo in filosofia e teologia», *FilTeo* 1 (2013) 25-37.

RUGGENINI, M., «Finitezza e alterità. La filosofia, la fede, il paradosso», *FilTeo* 1 (1993) 85-108.

———, «La mancanza di Dio e la rivelazione del mistero del mondo», *FilTeo* 3 (1993) 518-547.

RUGGIERI, G., «Il futuro della Teologia fondamentale», in R. FISICHELLA, ed., *La Teologia Fondamentale. Convergenze per il terzo millennio*, Casale Monferrato 1997, 261-280.

———, «La traducibilità del linguaggio di fede. Appunti sulla natura della riflessione teologico-fondamentale», *ScCatt* 125 (1997) 437-455.

———, «La teologia dei 'segni dei tempi': acquisizioni e compiti», in ATI, *Teologia e storia: l'eredità del '900*, ed. G. Canobbio, Cinisello Balsamo 2002, 33-77.

———, «Una religione civile europea?», *Conc(I)* 2 (2004) 123-127.

———, «Il significato storico-teologico della nuova teologia politica di J.B. Metz», *Hum* 67 (3/2012) 483-496.

RUSSINO, G., «Il *logos* del misticismo. Ellenismo e teologia cristiana nello pseudo-Dionigi Areopagita», *FilTeo* 3 (1993) 581-593.

RUSSO, A., «Per una fede più convinta e convincente. Quarant'anni di teologia fondamentale», *Asp* 2-4 (2003) 177-204.

———, «L'autorità dei sofferenti», *RdT* 4 (2011) 664-675.

SABETTA, A., *Teologia della modernità. Percorsi e figure*, Cinisello Balsamo 2002.

SALATIELLO, G., «Introduzione all'edizione italiana», *DFR*, 23-17.

SALMANN, E., «Letteratura e teologia. Incroci fra vita, poesia e fede», *CredOg* 5 (1994) 5-16.

———, *Contro Severino. Incanto e incubo del credere*, Casale Monferrato (AL) 1996.

———, *Presenza di Spirito. Il cristianesimo come gesto e pensiero*, Padova 2000; Assisi 2011.

———, *La teologia è un romanzo. Un approccio dialettico a questioni cruciali*, Milano 2000.

———, *Passi e passaggi nel cristianesimo. Piccola mistagogia verso il mondo della fede*, Assisi 2009.

———, «Spigolature di un viandante tra tempi e mondi», in ID., *Memorie italiane. Impressioni e impronte di un cammino teologico*, ed. G. De Candia – A. Matteo, Assisi 2012, 13-95.

SALMERI, G., «Dialettica dell'eresia. Come la fede ha trasformato gli errori in verità», *AF* 1 (2011) 177-192.

SALVARANI, B., «"Alla ricerca di ciò che la teologia concettuale non sa dire". Letteratura e teologia», *RegAt* 10 (1992) 324-326.

———, *In principio era il racconto. Verso una teologia narrativa*, Bologna 2004.

SAMONÀ, L., «Un'altra salvezza», *FilTeo* 2 (2010) 264-278.

SAMONÀ, L., «Filosofia e fede di fronte a Dio», *FilTeo* 3 (1993) 564-580.

———, «Morte e resurrezione del cristianesimo», *FilTeo* 3 (2003) 435-447.

SANNA, I., «L'indebolimento della concezione di Dio nel postmoderno», in ID., ed., *Gesù Cristo speranza del mondo. Miscellanea in onore di Marcello Bordoni*, Roma 2000, 423-152.

SARTORI, L., recensione di I. MANCINI, *Filosofia della religione* [Roma 1968], *StPat* 1 (1971) 223-225.

———, «La letteratura come "luogo teologico"», *ReS* 2 (1990) 30-32.

———, «Il rapporto tra fede cristiana e culture nella teologia conciliare e postconciliare», *CredOg* 1 (2000) 29-50.

———, «Compassione: religioni e politica. Considerazioni teologiche», *StPat* 2 (2001) 269-274.

SARTORI, L. – NICOLETTI, M., ed., *Teologia politica*, Bologna 1991.

SARTORIO, U., «Eclissi del luogo e crisi delle radici della fede. Per una lettura del contesto contemporaneo dell'annuncio evangelico», in ID., ed., *Annunciare il Vangelo oggi: è possibile?*, Padova 2004, 113-156.

———, ed., *Annunciare il Vangelo oggi: è possibile?*, Padova 2005.

———, *Fare la differenza. Un cristianesimo per la vita buona*, Assisi 2011.

SAVERIANO, M., «Aspetti della ricezione di Bonhoeffer in Italia (1969-2005)», *FilTeo* 3 (2005) 570-581.

SCAIOLA, D., «Il tema del male/sofferenza nella sacra Scrittura: diversi modelli interpretativi», in G. TANGORRA – D. POMPILI, ed., *Il male e i suoi volti*, Reggio Emilia 2003, 70-90.

SCALZO, D., «La penultima parola. Heidegger nel *Frammento su Dio* di Mancini», *Hum* 2 (2014) 224-233.

SCHILLEBEECKX, E., *Gesù. La storia di un vivente*, Brescia 1976.

———, *Cristo, la storia di una nuova prassi*, Brescia 1980.

SCHLEIERMACHER, F.D.E., *Sulla religione*, Brescia 1989.

SCHMIDT, T. – WENZEL, K., ed., *Moderne Religion? Theologische und religionsphilosophische Reaktionen auf Jürgen Habermas*, Freiburg 2009.

SCHMITHALS, W., *L'apocalittica. Introduzione e interpretazione*, Brescia 1976.

SCHREITER, R., «La teologia postmoderna e oltre in una Chiesa mondiale», in R. GIBELLINI, ed., *Prospettive teologiche per il XXI secolo*, Brescia 2003, 371-388.

SCHÜSSLER FIORENZA, F., «La Chiesa come comunità dell'interpretazione. La teologia politica fra etica discorsiva e ricostruzione ermeneutica», in E. ARENS, ed., *Habermas e la teologia. Contributi per la ricezione, discussione e critica teologica della teoria dell'agire comunicativo*, Brescia 1992, 87-124.

SCHWÖBEL, CH., «L'incontro interreligioso e l'esperienza frammentaria di Dio», *Conc(I)* 1 (2001) 140-156.

SCILIRONI, C., *Possibilità e fondamento della fede*, Padova 1988.

———, *Versus reciproco tra teologia fondamentale e filosofia della religione*, StPat 38 (1991) 43-48.

———, «Preghiera e filosofia», *StPat* 1(1995) 117-135.

———, «La filosofia laica italiana interprete del cristianesimo», *StPat* 2 (1997) 31-60.

———, «Modelli di filosofia della religione nel pensiero italiano contemporaneo», *Herm* (2000) 245-283.

———, «L'esperienza dell'incontro tra filosofi e teologi in Italia», *CredOg* 1 (2001) 35-52.

SCOLA, A., «Le religioni nel futuro dell'Europa, *StPat* 1 (2003) 7-23

———, «Fine della modernità: eclissi e ritorno di Dio», in *Dio oggi*, Siena 2010, 81-151.

SECKLER, M. – KESSLER, M., «La critica della rivelazione», *CTF*, II, 28-65.

SECONDIN, B., «Possibilità e compiti della spiritualità nell'epoca moderna», *CredOg* 3 (2000) 91-104.

———, «Nuovi desideri di spiritualità. Tra nostalgia e nuovi paradigmi», in B. SECONDIN – *al.*, *Nessun idolo. Cultura contemporanea e spiritualità cristiana*, Milano 2010, 3-31.

SEGALLA, G., «Il mondo affettivo di Gesù e la sua identità personale», *StPat* 1 (2007) 89-133.

SEMPLICI, S., «L'histoire des Colloques Castelli dans l' "Archivio di Filosofia"», *AF* 2 (2011) 23-32.

SEQUERI, P., «Analogia», *DTI*, I, 341-351.

———, «L'immagine della teologia secondo la filosofia della religione. Nota retrospettiva in occasione del *Novecento teologico* di I. Mancini», *Teol* 3 (1978) 3-12.

———, «Evidenza simbolica e ragione teologia: congetture e confutazioni», *FilTeo* 1 (1987) 29-34.

———, «La ragione teologica e la cultura della modernità», *Teol* 13 (1988) 219-231.

———, «Idee per la rifondazione della teologia fondamentale», *StPat* 38 (1991) 5-14.

———, «La spiritualità nel postmoderno», *RegAt* 18 (1998) 637-643.

———, *Il Dio affidabile. Saggio di teologia fondamentale*, Brescia 2000.

SEQUERI, P., «Il sentimento del sacro: una nuova sapienza psicoreligiosa?», in M. ALETTI – al., *La religione postmoderna*, Milano 2003, 55-97.

―――, «Cristianesimo e stile», *Teol* 32 (2007) 273-279.

―――, «Devozione e secolarizzazione. Il sacro, la religione, la teologia spirituale», *Teol* 35 (2010) 31-44.

―――, *Intorno a Dio*, intervista di I. GUANZINI, Brescia 2011.

SICILIANI BARRAZA, J.M., *Especificidad de la teologia narrativa latinoamericana con respecto a la europea: la influencia del Documento de Medellín en su desarollo* [accesso: 24.02.2015], http: // www.missiologia.org.br/?p=31&t=p.

SINODO DEI VESCOVI, *La Nuova evangelizzazione per la trasmissione della Fede cristiana*, Città del Vaticano 2012.

SINA, M., «La facoltà filosofica dell'Università Cattolica», in P. ROSSI – C.A. VIANO, ed., *Le città filosofiche. Per una geografia della cultura filosofica del Novecento*, Bologna 2004, 105-137.

SOBRINO, J., «Umanizzare una civiltà malata», *Conc(I)* 1 (2009) 93-105.

―――, «Crisi e Dio», *Conc(I)* 3 (2005) 152-164.

SOBRINO, J. – WILFRED, F., «Editoriale», *Conc(I)* 3 (2005) 15-22.

SÖLLE, D., *Teologia politica. Discussione con R. Bultmann*, Brescia 1973.

SOMMAVILLA, G., *Uomo diavolo e Dio nella letteratura contemporanea*, Cinisello Balsamo (MI) 1993.

SORRENTINO, S., «Il problema critico-trascendentale della verità», *FilTeo* 1 (1990) 46-57.

―――, «La ragione filosofica e il problema della teodicea. Libertà di Dio ed esperienza religiosa», *FilTeo* 2 (1993) 301-315.

SPADARO, A., «Il contributo di K. Rahner per una teologia della letteratura», *RdT* 5 (2000) 661-676.

―――, *A che cosa serve la letteratura*, Torino 2002.

―――, *La grazia della parola. K. Rahner e la poesia*, Milano 2006.

―――, *L'esperienza della letteratura*, Milano 2008-2009.

―――, *Cyberteologia. Pensare il cristianesimo al tempo della rete*, Milano 2012.

―――, «"Svegliate il mondo!" Colloquio di Papa Francesco con i Superiori Generali», *CivCat* (2014) I 3-17.

STAGLIANÒ, A., «Narrare Dio all'uomo della postmodernità», in G. PASQUALE – C. DOTOLO, ed., *Amore e verità. Sintesi prospettica di Teologia Fondamentale*, Fs. R. Fisichella, Città del Vaticano 2011, 391-439.

STEFANI, P., «Pensare e credere dopo Auschwitz. Panorama», in G. PENZO – R. GIBELLINI, ed., *Dio nella filosofia del Novecento*, Brescia 1993, 531-542.

STEIN, E., *Vie della conoscenza di Dio*, Padova 1983.

STOCKMEIER, P., *La Chiesa di fronte alle sfide della storia*, CTF, III, 136-172.

SUDBRACK, J., *La nuova religiosità. Una sfida per i cristiani*, Brescia 1988.

TAVOLARO, G., «Il contributo dello pseudo-Dionigi alla teologia cristiana», *Asp* 58 (2011) 69-92.

TAYLOR, CH., «Ambivalenza della religione e identità politica», in K. MICHALSKI – N. zu FÜRSTENBERG, ed., *Europa laica e puzzle religioso. Dieci risposte su quel che tiene insieme l'unione*, Venezia 2005, 97-115.

———, *L'età secolare*, Milano 2009.

———, «Disincanto e re-incanto», in CH. TAYLOR – C. DOTOLO, *Una religione «disincantata». Il cristianesimo oltre la modernità*, Padova 2012, 19-52.

———, *Incanto e disincanto. Secolarità e laicità in Occidente*, Bologna 2014.

TAXACHER, G., «Dio, questo fattore di opposizione. L'utilità di una critica della ragione apocalittica», *Conc(I)* 3 (2014) 77-89.

*Teologia e filosofia. Modelli, figure, questioni*, Fs. A. Bertuletti, Milano 2008.

TERRIN, A.N., *Nuove religioni. Alla ricerca della terra promessa*, Brescia 1987.

———, *New Age. La religiosità del postmoderno*, Bologna 1992.

———, «Mistiche del post-moderno: tra il rifugio nel Sé e la riscoperta dell' "Olon"», in G. BONACCORSO, ed., *Mistica e ritualità: mondi inconciliabili?*, Padova 1999, 84-142.

———, *Mistiche dell'Occidente. New Age, Orientalismo, Mondo pentecostale*, Brescia 2001.

———, *L'Oriente e noi. Orientalismo e postmoderno*, Brescia 2007.

———, «Forme gnostiche contemporanee: New Age e altri movimenti religiosi», *CredOg* 3 (2007) 81-103.

———, «L'Europa: un caso anomalo di secolarizzazione», *CredOg* 2 (2010) 36-44.

TESTAFERRI, F., «Premessa. Il Nome di Dio tra evidenza e mistero», *ConvAs* 1 (2010) 7-10.

———, «Elementi per una teologia del "Nome di Dio" a partire da Es 3,14», *ConvAs* 1 (2010) 115-129.

TESTAFERRI, F., *«Il tuo volto Signore io cerco». Rivelazione, fede, mistero: una teologia fondamentale*, Assisi 2013.

THEOBALD, CH., «I tentativi di riconciliare la modernità e la religione nelle teologie cattoliche e protestanti», *Conc(I)* 6 (1992) 50-61.

———, «Dio è relazione. A proposito di alcuni approcci recenti del mistero della Trinità», *Conc(I)* 1 (2001) 62-78.

———, «*Dei Verbum*: dopo quarant'anni la rivelazione cristiana», *RegAt* 22 (2004) 783-790.

———, «Alla fine della modernità», *RegAt* 18 (2006) 617-618.

———, «Il cristianesimo come stile. Fare teologia nella postmodernità», *Teol* 32 (2007) 280-303.

———, «La Scrittura, anima della teologia. A proposito del rilievo letterario e storico del libro ispirato e delle sue implicazioni metodologiche», *Teol* 32 (2007) 392-398.

———, *Il cristianesimo come stile. Un modo di fare teologia nella postmodernità*, I-II, Bologna 2009.

———, «I racconti di Dio», *RegAt* 2 (2010) 50-61.

———, «Cari ragazzi, studiate teologia», *Av* (21 giugno 2014) 23, in http://www.avvenire.it/Cultura/Pagine/cari-ragazzi-studiate-teologia.aspx.

———, *La lezione di teologia. Sfide dell'insegnamento nella postmodernità*, Bologna 2014.

THIEL, J., «Il pluralismo nella verità teologica», *Conc(I)* 6 (1994) 88-106.

TILLICH, P., *L'irrilevanza e la rilevanza del messaggio cristiano per l'umanità di oggi*, Brescia 1999.

TILLIETTE, X., *Omaggi. Filosofi italiani del nostro tempo*, Brescia 1997.

TOMATIS, F., *Ontologia del male. L'ermeneutica di Pareyson*, Roma 1995.

TOMKA, W. M., «La frammentazione del mondo dell'esperienza nella modernità», *Conc(I)* 3 (1997) 18-36.

———, «Individualismo, cambiamento di valori, società della gratificazione istantanea. Tendenze convergenti nella sociologia», *Conc(I)* 4 (1999) 45-59.

TONIOLO, A., «Unità della famiglia umana, compassione e solidarietà», *CredOg* 1 (2004) 83-96.

TOOLAN, D., «Reincarnazione e gnosi moderna», *Conc(I)* 5 (1993) 54-72.

TORA, M., «La credibilità della rivelazione: Tommaso d'Aquino e l'attuale teologia fondamentale», *HTh* 2 (2006) 257-283.

TORCIVIA, C., «Laicità e Chiesa. Problemi e prospettive teologiche», in L. CASULA, ed., *Laicità e democrazia. Una questione per la teologia*, Milano 2011, 147-180.

TORRELL, J.-P., «Nuove correnti di teologia fondamentale nel periodo post-conciliare», in R. LATOURELLE – G. O'COLLINS, ed., *Problemi e prospettive di teologia fondamentale*, Brescia 1982², 23-40.

TORRES QUEIRUGA, A., «Dalla "ponerologia" alla teodicea: il male nella cultura secolare», *Conc(I)* 1 (2009) 119-132.

——, «Monoteismo e violenza *versus* monoteismo e fraternità universale», *Conc(I)* 4 (2009) 82-96.

——, «Ateismo e immagine cristiana di Dio», *Conc(I)* 4 (2010) 54-67.

——, *Quale futuro per la fede? Le sfide del nuovo orizzonte culturale*, Torino 2013.

TOSCANI, F., «Il divino e l'idolatria», *FilTeo* 3 (2003), 571-575.

——, «Filosofia e teologia come servizio alla verità», *FilTeo* 1(2013) 93-115.

TOTARO, F., «Logica della fede, logica dei doppi pensieri», *Herm* (1995) 67-86.

TOURAINE, A., *Critica della modernità*, Milano 1992.

TRACY, D., «Quale nome dare al presente», *Conc(I)* 1(1990) 76-99.

——, «Il ritorno di Dio nella teologia contemporanea», *Conc(I)* 6 (1994) 60-73.

——, «Frammenti e forme. Universalità e particolarità oggi», *Conc(I)* 3 (1997) 172-183.

——, «La Teologia fondamentale e le scienze sociali», in R. FISICHELLA, ed., *La Teologia Fondamentale. Convergenze per il terzo millennio*, Casale Monferrato 1997, 216-221.

——, «Salvare dal male. La salvezza e il male, oggi», *Conc(I)* 1 (1998) 155-169.

——, «La ri-nominazione post-moderna di Dio come incomprensibile e nascosto», *StPat* 48 (2001) 7-17.

——, «Forma e frammento: il recupero del Dio nascosto e incomprensibile», in R. GIBELLINI, ed., *Prospettive teologiche per il XXI secolo*, Brescia 2003, 251-273.

TROCH, L., «Il mistero in vasi di coccio. Il balbettio delle immagini di Dio contenute nelle nuove esperienze della religione», *Conc(I)* 1 (2007) 94-105.

TÜCK, J.-H., *Christologie und Theodizee bei Johann Baptist Metz: Ambivalenz der Neuzeit im Licht der Gottesfrage*, Paderborn 1999.

VALADIER, P., «Possibilità del messaggio cristiano nel mondo di domani», *Conc(I)* 6 (1992) 142-159.

VANNI, U., «Apocalittica», *NDTB*, 98-106.

VANNINI, M., *Il volto del Dio nascosto*, Milano 1999.

VANZAN, P., «I. Mancini: un profeta sotto la toga di un accademico», *CivCat* 2 (1993) 351-364.

VATTIMO, G., *Essere, storia e linguaggio in Heidegger*, Torino 1963.

———, «L'ontologia ermeneutica nella filosofia contemporanea», Introduzione a H. G. GADAMER, *Verità e metodo*, Milano 1983, I-XLVIII.

———, *La fine della modernità. Nichilismo ed ermeneutica nella cultura contemporanea*, Milano 1985.

———, *Credere di credere. È possibile essere cristiani nonostante la Chiesa?*, Milano 1996.

———, «Cristianesimo contro metafisica», *MM* 2 (2000) 132-139.

———, ed., *Filosofia al presente. Conversazioni di G. Vattimo con aa. vv.*, Milano 1990.

VATTIMO, G. – ROVATTI, P.A., ed., *Il pensiero debole*, Milano 1983; 2011².

VATTIMO, G. – SEQUERI, P. – RUGGERI, G., *Interrogazioni sul cristianesimo. Cosa possiamo ancora attenderci dal Vangelo?*, Roma-Fossano 2000.

VATTIMO, G. – DOTOLO, C., *Dio: la possibilità buona. Un colloquio sulla soglia tra filosofia e teologia*, Soveria Mannelli 2009.

VECOLI, F., «Internet e religione. Una introduzione», *Hum* 65 (5-6/2010) 749-760.

VERHAAR, J., «Aspetti del postmoderno», *CivCat* I (1995) 135-142.

VERNETTE, J., *Nuove spiritualità e nuove saggezze: le vie odierne dell'avventura spirituale*, Padova 2001.

———, *Il XXI secolo o sarà mistico o non sarà*, Roma 2005.

VERRA, V., *La dialettica nel pensiero contemporaneo*, Bologna 1976.

VERWEYEN, H., *La teologia nel segno della ragione debole*, Brescia 2001.

VIDAL, M., «Trasformazioni recenti e prospettive di futuro nell'etica teologica», in R. GIBELLINI, ed., *Prospettive teologiche per il XXI secolo*, Brescia 2003, 183-212.

VIGNA, C., «Ontologia e metafisica», *Herm* (1995) 9-37.

VITALI, D., «Dire Dio oggi», *ThL* 2 (2013) 77-98.

VORGRIMMLER, *La dottrina teologica su Dio*, Brescia 1989.

WACKER, B., *Teologia narrativa*, Brescia 1981.

WAHL, J., *Existence humaine et transcendance*, Neuchâtel 1944.

WALDENFELS, H., *Il fenomeno del cristianesimo. Una religione mondiale nel mondo delle religioni*, Brescia 1995.

WEIL, S., *La condition ouvrière*, Paris 1951.

WEINRICH, H., «Teologia narrativa», *Conc(I)* 5 (1973) 66-79.

WELTE, B., *La luce del nulla*, Brescia 1983.

―――, *L'ateismo di Nietzsche e il cristianesimo*, Brescia 1994.

WENZEL, K., ed., *Le religioni e la ragione. Il dibattito sul discorso del Papa a Ratisbona*, Brescia 2008.

WERBICK, J., *Un Dio coinvolgente. Dottrina teologica su Dio*, Brescia 2010.

WIESEL, E., *La notte*, Firenze 1980.

WILFRED, F, «Le religioni di fronte alla globalizzazione», *Conc(I)* 5 (2001) 45-54.

―――, «Il cristianesimo tra declino e rinascita», *Conc(I)* 3 (2005) 41-46.

―――, «Ira profetica e compassione sapienziale. Alle prese con il male oggi», *Conc(I)* 1 (2009) 47- 63.

XHAUFFLAIRE, M., *Introduzione alla 'teologia politica' di Johann Baptist Metz*, Brescia 1974.

ZAMAGNI, S., «La questione della laicità nella società dopomoderna», in S. ZAMAGNI – A. GUARNIERI, ed., *Laicità e relativismo nella società post-secolare*, Bologna 2009, 9-28.

ZANI, M., «Paganesimo neognostico», in F. DALLA VECCHIA – G. CANOBBIO – R. MAIOLINI, ed., *La rinascita del paganesimo*, Brescia 2011, 143-188.

ZARONE, G., «Redenzione ed eticità. Per la critica del concetto di teologia politica», *FilTeo* 2 (1988) 3-31.

―――, «Sulla verità. Logica e mistica», *FilTeo* 1 (1990) 58-71.

―――, «Crisi e critica della teodicea», *FilTeo* 2 (1993) 217-221.

ZECHMEISTER, M., «Crisi del cristianesimo, crisi dell'Europa?», *Conc(I)* 3 (2005) 80-85.

―――, «Teologia e biografia: da teologa politica in El Salvador», *Conc(I)* 1 (2009) 64-70.

ZENGER, E., «"Sarò come colui che sarò". La provocazione del discorso biblico su Dio», *ASRe* 10 (2009) 25-43.

ZOCCATELLI, P.L., «Il *New Age* fra secolarizzazione, postmodernità e ritorno del sacro», in E. FIZZOTTI, ed., *La dolce seduzione dell'acquario. New Age tra psicologia del benessere e ideologia religiosa*, Roma 1996, 17-40.

ZUANAZZI, G., *Pensare l'assente. Alle origini della teologia negativa*, Roma 2005.

ZUCAL, S., *Preghiera e filosofia dialogica*, Brescia 2014.

# INDICE DEGLI AUTORI

Abbruzzese: 50
Adorno: 109, 113, 189, 230, 233-235, 245, 293, 309, 327
Agostino d'Ippona: 124, 140
Aguirre: 193
Aguti: 67, 73, 78, 81, 93, 100, 111, 113, 114, 119
AISFET: 93
Albarello: 262
Aletti: 33, 41
Alfieri: 112, 138
Alici: 22, 124
Angelini: 27, 87, 252
Anthony: 51
Antonelli: 31, 358
Aramini: 48
Arens: 56, 184, 190, 198, 205, 230
Ascione: 125, 144, 150, 160
ATI: 27
Autiero: 284
Babolin: 85, 86
Balthasar von: 251, 270, 326
Barbaglio: 317
Barth: 17, 66-72, 79, 89, 96, 127, 134, 135, 143, 145, 146, 205, 211, 301
Bartolomei: 350
Bauman: 32, 33, 176, 292
Beck: 32, 37, 38, 43, 49, 50, 53, 181, 184, 284, 316

Beckett: 309
Bellini: 325
Benedetto XVI: 40, 258, 292
Benjamin: 186, 230-234
Berger: 32, 34, 51
Bernard: 261
Bianchi: 340
Bidussa: 311
Biemmi: 342
Bingemer: 315, 317
Böckenförde: 184, 185
Boeve: 325
Boff: 248
Bonhöeffer: 17, 61, 66-68, 76-79, 82, 101, 111, 126, 127, 137, 143, 166, 256, 276, 301
Borgman: 249, 315
Boschini: 342
Bosin: 267
Bottoni: 28
Bouillard: 144
Bozzetti: 116
Brena: 56
Buber: 250, 251
Bultmann: 17, 66, 67, 72, 73-76, 79, 80, 102, 127, 143, 251
Cacciari: 120, 143-146, 305
Camera: 116
Caracciolo: 85, 87, 88, 90
Carletto: 54, 57

Casanova: 38, 39, 51-54, 60
Castelli E.: 66, 76, 84-86, 103
Castelli F.: 261
Cattorini: 260
Cecchi: 66, 81
CEI: 41, 167, 219
Ceppa: 56, 190
Chauvet: 261
Chenu: 260
Ciancio: 61, 154, 300, 349
Ciglia: 141, 167
Cimosa: 335
Coccolini: 54, 187, 190, 213, 347
Coda: 342
Colombo: 105
Congar: 66, 201, 316
Cosentino: 339, 342, 344, 347, 349, 358
Cox: 45
Crinella: 87, 106
CTI: 12, 181, 182, 315, 326, 344
Cunico: 56, 190
Dartigues: 358
De Lubac: 325
De Vitiis: 187, 199, 210, 216
Delumeau: 27, 30
Devoti: 46
Di Nicola: 141
Dianin: 178
Dibitondo: 200
Dionigi l'Areopagita: 121, 130, 132, 325
Donati: 36, 38, 179
Dostoevskij: 82, 89, 108, 109, 121, 136, 137, 284
Dotolo: 11-13, 21-23, 27, 30, 32, 34, 36, 41, 49, 50, 52, 54, 61, 62, 97, 104, 127, 154, 160, 162, 192, 241, 274, 285, 310, 334, 337, 340, 342, 346, 349-351, 353, 357
Dumas: 12

Duquoc: 27, 232, 314, 324, 341, 359, 360
Eisenstadt: 36, 37, 184
Epis: 358
Fabris: 70, 97
Ferretti: 27, 84, 89, 101, 121, 139, 158, 339
Filoramo: 41, 43, 45, 46, 61
Fiorenza: 23, 238, 324
Fiorio: 56
Fisichella: 11, 27, 326, 340, 358
Fizzotti: 45
Formenti: 48
Forte: 27, 33, 55, 68, 104, 108, 142, 146, 154, 162, 164, 333
Francesco: 23, 267, 274, 318, 355
Franzini: 36
Freyne: 334
Fuss: 44
Füssel: 198, 199
Gadamer: 66, 102, 115-117, 228
Galimberti: 43, 134
Gallagher: 162
Gallizioli: 45
Gambassi: 267
Garelli: 28, 29, 30
Gauchet: 28, 35, 58, 60, 179
Geffré: 27, 28, 29, 35
Geyer: 137
Ghisalberti: 325
Ghisleri: 144, 349
Gibellini: 31, 62, 70, 198
Gibert: 315
Giddens: 37
Gilbert: 350
Giordan: 39, 42, 46
Giovanni Paolo II: 178, 346
Giuliani: 292
Giustiniani: 323
Giustozzi: 85
Givone: 349
Gogarten: 61, 71, 213

Grampa: 85
Grassi: 36, 53, 58, 65, 66, 69, 70, 79, 83, 96, 97, 122, 160, 307, 340
Greco: 300, 333, 349, 357
Greshake: 323
Grilli: 348
Grossi: 93
Grosso: 264
Grünewald: 157
Guardini: 61, 260
Gusmini: 131, 325
Gutierrez: 76, 201
Habermas: 37, 55-60, 184, 190, 230, 236-240
Haker: 268
Halbfas: 248
Häring: 21, 323, 300, 324
Heelas: 44, 46
Heidegger: 12, 66, 89, 102, 113-117, 146
Hervieu-Léger: 28, 30
Horkheimer: 189, 236
Houtepen: 191, 339
Illecito: 93
Introvigne: 33, 46
Jeanrond: 334
Jens: 260
John: 230
Jossua: 28, 35, 260
Jüngel: 148, 248, 251, 252, 261, 301
Junker-Kenny: 57, 40
Kajon: 305
Kant: 66, 68, 81, 97, 100, 112, 129, 139, 140, 147, 148, 150, 152, 153, 206, 207, 305
Kasper: 27, 54, 267, 316, 334, 335
Kaufmann: 27, 30, 31
Kellner: 200
Kessler: 35, 97
Kierkegaard: 86, 89, 120, 121, 312, 349

Kohn: 295
Kreiner: 323
Kreutzer: 203
Küng: 201, 251, 260, 301
Kurtz: 43
Lafont: 23, 357
Latourelle: 261
Laurenzi: 349
Lefebvre: 55
Lehmann: 179, 230
Lenoir: 41, 48
Lévinas: 66, 111, 114, 140-142, 163, 166, 167, 189
Lilla: 325
Lingua: 54
Lorizio: 27, 46, 130, 260, 348, 349
Löwith: 66, 114, 115, 116
Luckmann: 32, 34, 35
Lyon: 41
Lyotard: 12
Maclure: 340
Magris: 250
Manaranche: 316
Mancini I.: 13-15, 17, 18, 22, 23, 61, 62, 65-84, 86, 90-93, 95-169, 325, 341-345, 347-350, 359
Mancini R.: 351
Manemann: 184, 187, 188
Marangon: 310
Marchisio: 30, 32, 43
Mardones: 56, 230
Maritain: 123, 148
Marramao: 35
Martelli: 28, 38, 39, 53, 60, 341
Matassi: 113
Matteo: 27, 326
Melchiorre: 120, 145, 348
Mendieda: 57, 58
Metz: 13-15, 19-21, 23, 57, 60-62, 129, 173, 174, 176-198, 200-230, 233-241, 243-261, 264-282, 284-299, 301, 302, 303, 305-

332, 334-337, 341, 343, 344, 351, 352, 354, 356, 359
Miegge: 67
Mieth: 244, 249
Milano: 65, 96, 98, 110, 125, 143, 146, 299, 303, 306, 348
Minardo: 301
Miniati: 227, 266, 297
Molinaro: 12, 92, 348
Moltmann: 61, 70, 82, 137, 188, 195, 200, 205, 208, 251, 255, 292, 293, 301, 310, 321, 331, 344
Moreira: 230
Moretto: 87, 305, 324
Mucci: 30, 45, 178, 312
Muratore: 349
Natoli: 12
Navone: 261
Neufeld: 359
Neuhaus: 53
Nicoletti: 199, 286, 290, 349
Nietzsche: 12, 81, 118, 166, 174, 181, 221, 233, 260, 296, 308, 309, 314
Nijk: 51, 55
Nolan: 344
O'Donnell: 271
Olivetti: 323
Pace: 42, 45, 49, 61
Padri Apostolici: 123
Pagano: 344
Palmisano: 46
Palumbo: 340
Panikkar: 54, 66
Pannenberg: 66, 82, 108, 143, 147, 148, 149, 195, 246
Pareyson: 85, 88, 89, 90, 115
Pasquale: 11, 31
Pastrello: 295
PCC: 44
PCDI: 44
Penati: 103

Penzo: 349
Perone: 36, 55, 61, 79, 231-233, 243
Peters: 227, 277, 317, 345
Petersen: 292
Petricola: 149
Petrucciani: 57
Peukert: 199, 230
Piana: 162, 163, 165, 168
Piepmeier: 233
Pieretti: 111, 157
Porcarelli: 46
Possenti: 58, 60
Prini: 86, 88
Pröpper: 227
Provencher: 52
Radcliffe: 339
Rahner: 14, 61, 66, 97, 98, 195, 201, 203, 246, 251, 256, 257, 259, 292, 301, 326
Ratti: 261
Ratzinger: 27, 40, 57, 173, 178, 184, 240, 260, 313, 323
Repole: 293
Ricoeur: 66, 248, 261, 300
Rinaldi: 200
Ripanti: 69, 81, 97, 103, 115, 120
Rizzi: 62, 260
Robbins: 51
Rocchetta: 243, 258, 261
Rolando: 102
Rosseau: 260
Rossi: 84, 86
Rostagno: 345
Rottländer: 230
Ruggieri: 11, 12, 61, 80, 156, 157, 343
Russo: 306, 358
Salatiello: 90
Salmann: 47, 255, 261, 263, 332, 333, 335, 336
Salmeri: 254
Salvarani: 260, 261

Sant'Anselmo: 140
Sartori: 91, 162, 199, 260, 268
Sartorio: 27, 28, 263
Saveriano: 67, 79
Scaiola: 303
Scalzo: 117
Schillebeeckx: 61, 201, 248
Schmidt: 240
Schmithals: 310
Schreiter: 358
Schwart: 51
Schwöbel: 36, 324, 332
Scilironi: 52, 84, 85, 92, 139
Seckler: 35, 97
Secondin: 46
Segalla: 335
Semplici: 85
Sequeri: 27, 43, 47, 49, 92, 127, 143, 351
Siciliani Barraza: 264
Sina: 68
Sinodo dei Vescovi: 11, 12, 289
Sobrino: 28, 40
Sölle: 129, 200
Spadaro: 14, 45, 257, 260
Staglianò: 12, 22, 345, 355, 356
Stefani: 292
Stein: 115, 123, 125, 131
Steinkamp: 227
Sudbrack: 45, 48
Tavolaro: 131, 325
Taxacher: 310
Taylor: 30, 35, 36, 46, 179, 340
Terrin: 29, 42, 43, 44, 45, 46
Testaferri: 333, 334
Theobald: 21, 249, 261, 262, 356
Thiel: 181
Tillich: 13, 68, 72
Tilliette: 68
Tomatis: 88
Tomka: 33
Toniolo: 285
Toolan: 48
Tora: 358
Torcivia: 340
Torrell: 201
Torres Queiruga: 300, 315, 316, 324, 342
Toscani: 347
Totaro: 108, 119
Touraine: 34, 37
Tracy: 21, 22, 269, 293, 298, 299, 310, 350
Tück: 318
Valadier: 54
Vanni: 310
Vanzan: 14
Vattimo: 27, 54, 61, 115, 118, 120
Vecoli: 42
Vernette: 44, 46
Viano: 84
Vidal: 168
Vigna: 69
Vitali: 275
Wacker: 244, 253
Wahl: 139
Weil: 16, 140, 141
Weinrich: 243, 244, 248
Wenzel: 57, 240
Werbick: 138, 143, 150, 304, 334, 353
Wiesel: 137, 284
Wilfred: 28, 40, 43, 184
Xhaufflaire: 198
Zamagni: 340
Zechmeister: 178, 255
Zenger: 299, 304
Zoccatelli: 44
Zuanazzi: 332
Zucal: 141, 142

# INDICE

PRESENTAZIONE.................................................................................... 7
RINGRAZIAMENTI ................................................................................ 9
INTRODUZIONE..................................................................................... 11
1. Per una contestualizzazione ............................................................. 11
2. Approccio metodologico................................................................... 15
3. Articolazione tematica ...................................................................... 16
4. Prospettive aperte.............................................................................. 21

## PARTE I
### LA RILEVANZA DEL CRISTIANESIMO NEL CONTESTO CONTEMPORANEO

CAPITOLO I: *La questione del futuro del cristianesimo* ..................... 27
1. Il congedo dalle chiese...................................................................... 30
2. Modernità multiple ........................................................................... 34

CAPITOLO II: *Il ritorno del religioso* ................................................... 41
1. Morfologia e metamorfosi del sacro ................................................. 42
2. Rapporto religione-modernità: la *querelle* sulla secolarizzazione ... 50
3. La religione nello spazio pubblico: la città post-secolare ................ 55

## PARTE II
### IL CRISTIANESIMO *PARADOSSALE* DI I. MANCINI

CAPITOLO III: *I. Mancini nel panorama filosofico-teologico
                del Novecento* ................................................................ 65
1. L'itinerario speculativo: il confronto con la teologia protestante ..... 65
   1.1 L'«impossibilità» del *kerygma* ................................................... 69
   1.2 La *Kehre* ermeneutica ................................................................ 73
   1.3 Il *politico* nel teologico ............................................................. 76

    1.4 L'approdo *mistico* .................................................................... 80
2. Il contesto culturale italiano................................................................ 83
    2.1 I «Colloqui Castelli» .................................................................. 84
    2.2 La *filosofia religiosa* di A. Caracciolo ..................................... 87
    2.3 L. Pareyson e l'ermeneutica dell'esperienza religiosa ................ 88

CAPITOLO IV: *Religione come rivelazione? Il* novum *ermeneutico* ........... 95
1. Sulla *vera religio* ................................................................................ 95
    1.1 La donazione del senso ............................................................ 101
    1.2 Dall'*aporia* all'*utopia* ............................................................ 104
2. La *teo-logica* dei doppi pensieri ....................................................... 108
    2.1 Istanza metafisica e ragione moderna ..................................... 110
    2.2 Le figure della differenza: da G. Lukács a M. Heidegger ....... 113
    2.3 Per una epistemologia del *paradosso* ..................................... 119
3. Pensare Dio per *frammenti* .............................................................. 125
    3.1 L'*aggiornamento* della trascendenza ...................................... 128
    3.2 La dossologia come *stile* di pensiero? ................................... 138
    3.3 La ragione *indigente* ............................................................... 150

CAPITOLO V: *Per un cristianesimo* differente ............................................ 155
1. *Figure* di cristianesimo .................................................................... 155
2. La mistica del *volto* .......................................................................... 163
3. Per un *ethos* del futuro ..................................................................... 165

## PARTE III
### LA TEOLOGIA FONDAMENTALE COME *POLITICA* DELLA *MEMORIA PASSIONIS* IN J.B. METZ

CAPITOLO VI: *Il cristianesimo «con il volto rivolto al mondo»* ................ 173
1. Il nostro tempo: «religione sì - Dio no»? ......................................... 174
    1.1 Il tempo della *crisi di Dio* ...................................................... 174
    1.2 L'epoca dell'*amnesia culturale*............................................... 177
    1.3 Il tempo del *pluralismo costitutivo*......................................... 180
2. La religione in una società post-tradizionale .................................... 183
    2.1 Religione e politica nel tempo della globalizzazione ............. 184
    2.2 Il progetto della Modernità e le sue ragioni ........................... 188
3. La teologia per un mondo (post)secolare.......................................... 198
    3.1 Le istanze della teologia politica ............................................ 198
    3.2 La rilevanza della fede ............................................................ 206
    3.3 Abitare la secolarità................................................................. 217

CAPITOLO VII: *Memoria* Jesu Christi *come memoria* con-passionis........... 227
1. Le forme della memoria................................................................. 227
   1.1 La memoria e i miti della Modernità..................................... 228
   1.2 La *memoria Jesu*................................................................... 240
2. Teologia ed esistenza.................................................................... 243
   2.1 Prolegomeni ad un cristianesimo narrativo-pratico............... 245
   2.2 La teologia come *biografia mistica*...................................... 253
   2.3 Teologia e poesia: affinità elettive......................................... 258
3. La responsabilità mistico-politica del Vangelo........................... 265
   3.1 Per un cristianesimo critico-profetico.................................... 266
   3.2 La «mistica degli occhi aperti».............................................. 280

CAPITOLO VIII: Conversio ad passionem:
              *un cristianesimo sensibile al dolore*............................... 291

1. Un inedito paradigma teologico................................................... 291
   1.1 Auschwitz come *segno-del-tempo* ........................................ 294
   1.2 Una teologia che interpella: la teodicea ................................ 297
2. La cristologia *oltre* l'assenza di Dio ........................................... 313
   2.1 La contestazione della *religio* .............................................. 315
   2.2 Il paradosso ermeneutico del *sabato santo*.......................... 317
3. Il *dis-velamento* teologico della teodicea................................... 323
   3.1 L'aporia linguistica del «Dio disperso»................................. 324
   3.2 Implorare Dio per Dio: il linguaggio orante.......................... 328

CONCLUSIONE..................................................................................... 339

SIGLE E ABBREVIAZIONI..................................................................... 361

BIBLIOGRAFIA..................................................................................... 365

INDICE DEGLI AUTORI ........................................................................ 418

INDICE................................................................................................. 421

# TESI GREGORIANA

Dal 1995, la collana «Tesi Gregoriana» mette a disposizione del pubblico alcune delle migliori tesi elaborate alla Pontificia Università Gregoriana. La composizione per la stampa è realizzata dagli stessi autori, secondo le norme tipografiche definite e controllate dall'Università.

**Volumi pubblicati** [Serie: Teologia]

[Vol. 1-160: cfr. *www.unigre.it/TG/Teologia/index.php*]

161. EDERLE, Rubén Alberto, *Discípulos y Apóstoles de Jesús. La relación entre los discípulos y los Doce según Marcos*, 2008, pp. 368.
162. CARIA, Roberto, *Lo stato nelle teorie politiche di I. Kant e J. Maritain. Una legittimazione tra razionalità e fede*, 2008, pp. 306.
163. MACALA, André, *A escatologia no livro do Apocalipse. Da sua realização no presente litúrgico à conslusão da história*, 2008, pp. 394.
164. TANTIONO, Paulus Toni, *Speaking the Truth in Christ. An Exegetico-Theological Study of Galatians 4,12-20 and Ephesians 4,12-16*, 2008, pp. 302.
165. ZICCARDI, Costantino Antonio, *The Relationship of Jesus and the Kingdom of God According to Luke-Acts*, 2008, pp. 584.
166. BRADY, Patrick J., *The Process of Sanctification in the Christian Life. An Exegetical-Theological Study of 1Thess 4,1-8 and Rom 6,15-23*, 2008, pp. 322.
167. ROCHETTE, Joël, *La rémission des péchés dans l'Apocalypse. Ébauche d'une sotériologie originale*, 2008, pp. 628.
168. SHENOSKY, Joseph T., *The Development of Late Twentieth Century Catholic Ecumenical Theology in the United States of America: A Comparison of the Contributions of Gustave Weigel, S.J., Carl J. Peter, John F. Hotchkin, and Avery Dulles, S.J.*, 2008, pp. 404.
169. IWUAMADI, Lawrence Oscar I., *«He Called unto Him the Twelve and Began to Send Them Forth». The Continuation of Jesus' Mission According to the Gospel of Mark*, 2008, pp. 308.
170. ASCENSO, Adelino, *Transcultural Theodicy in the Fiction of Shūsaku Endō*, 2009, pp. 354.
171. HODŽIĆ, Mislav, *La genesi della fede. La formazione della coscienza credente tra essere riconosciuto ed essere riconoscente*, 2009, pp. 276.
172. SHORTALL, Michael, *Human Rights and Moral Reasoning. A Comparative Iinvestigation by Way of Three Theorists and Their Respective Traditions of Enquiry: John Finnis, Ronald Dworkin and Jürgen Habermas*, 2009, pp. 438.

173. SÁNCHEZ CASTELBLANCO, Wilton Gerardo, *La voz como modo de revelación. Investigación exegético-teológica del término φωνή en el cuarto evangelio*, 2009, pp. 356.
174. RODRIGUES DE SOUSA, Mário José, *«Para que também vós acrediteis». Estudo exegético-teológico de Jo 19,31-37*, 2009, pp. 404.
175. RYAN, Dermot, *Method to Mission: The Ecclesial Vocation of the Theologian. As Exemplified in the Works of Francis A. Sullivan SJ in the Context of Method at the Gregorian University*, 2009, pp. 448.
176. SALMAN, Wasim, *La* Wirkungsgeschichte *de Hans-Georg Gadamer dans la théologie de Claude Geffré, David Tracy et Wolfhart Pannenberg*, 2010, pp. 244.
177. BRUTÉ DE RÉMUR, Guillaume, *La théologie trinitaire de Louis Bouyer*, 2010, pp. 382.
178. NSONGISA KIMESA, Chantal, *«L'agir puissant du Christ parmi les chrétiens».Une étude exégético-théologique de 2Co 13,1-4 et Rm 14,1-9*, 2010, pp. 290.
179. CORNIÉ Thomas, *La primauté de l'évêque de Rome dans la théologie catholique francophone du vingtième siècle. Les études de Pierre Batiffol, Charles Journet et Jean-Marie Roger Tillard*, 2010, pp. 352.
180. GIORDANO, Maria Teresa, *La parola della croce: l'itinerario paradossale della sapienza divina in 1Cor 1,18–3,4. Composizione retorica del testo. Implicazioni esegetico-teologiche e sua funzione in 1Cor 1–4*, 2010, pp. 302.
181. CAVICCHIA, Alessandro, *Le sorti e le vesti. La «Scrittura» alle radici del messianismo giovanneo tra re-interpretazione e adempimento: Sal 22(21) a Qumran e in Giovanni*, 2010, pp. 540.
182. COMPIANI, Maurizio, *Fuga, silenzio e paura. La conclusione del Vangelo di Marco. Studio di Mc 16,1-20*, 2011, pp. 296.
183. VILLAGRA CANTERO, César Nery, *«Poder» Y «Anti-Poder». Contraposición dialéctica entre* ἐξουσία *salvífica y* ἐξουσία *del sistema terrenal en el Apocalipsis*, 2011, pp. 494.
184. PATSCH, Ferenc, *Metafisica e religioni: strutturazioni proficue. Una teologia delle religioni sulla base dell'ermeneutica di Karl Rahner*, 2011, pp. 634.
185. SICHKARYK, Ivan, *Corpo* (σῶμα) *come punto focale nell'insegnamento paolino. Ricerca esegetica e teologico-biblica*, 2011, pp. 512.
186. PUCA, Bartolomeo, *Una periautologia paradossale. Analisi retorico-letteraria di Gal 1,13–2,21*, 2011, pp. 214.
187. PUNDA, Edvard, *La fede in Teresa d'Avila*, 2011, pp. 328.
188. SURLIS, Tomás, *The Presence of the Risen Christ in the Community of Disciples: An Examination of the Ecclesiological Significance of Matthew 18:20*, 2011, pp. 432.
189. QUISPE LÓPEZ, Ciro, *La nueva alianza durante las enseñanzas de Jesús en el Templo de Jerusalén. Análisis retórico bíblico y semítico de la secuencia de Mc 11,27–12,44*, 2012, pp. 394.

190. GARCÍA MORALES, Juan Jesús, *La inspiración bíblica a la luz del principio católico de la tradición. Convergencias entre la* Dei Verbum *y la Teología de P. Benoit, O.P.*, 2012, pp. 490.

191. MANZINGA AKONGA, Roger, *Le dernier cri de Jésus sur la croix (Mc 15,34). Fonction pragmatique de la citation du Ps 22,2a dans le contexte communicatif de Mc 15,33-41*, 2012, pp. 432.

192. FICCO, Fabrizio, *«Mio figlio sei tu» (Sal 2,7). La relazione Padre-figlio e il Salterio*, 2012, pp. 454.

193. JOJKO, Bernadeta, *Worshiping the Father in Spirit and Truth. An Exegetico-Theological Study of Jn 4:20-26 in the light of the Relationships among the Father, the Son and the Holy Spirit*, pp. 440.

194. SERRANO PENTINAT, Josep-Lluís, *Palabra, sacramento y carisma. La eclesiología de E. Corecco*, pp. 314.

195. SOLICHIN RUBIANTO, Vitus, *La figura del seme e il suo compimento. Analisi retorica del discorso parabolico in Mc 4,1-34*, 2012, pp. 220.

196. CAMPAGNANI FERREIRA, Eduardo, *«Impossibile erat sine Deo discere Deum». O problema teológico da afirmação de Deus, segundo o Cardeal Henri de Lubac (1896-1991)*, 2012, pp. 662.

197. COUTINHO LOPES DE BRITO PALMA, Alexandre, *L'esperienza della Trinità e la Trinità nell'esperienza. Modelli di una loro configurazione*, 2013, pp. 348.

198. EKE, Wilfred Onyema, *The Millennial Kingdom of Christ (Rev 20,1-10). A Critical History of Exegesis with an Interpretative Proposal*, 2013, pp. 322.

199. CORREA D'ALMEIDA, Bernardo, *Unidade segundo o quarto Evangelho. Testemunho do discípulo amado no contexto judaico e greco-romano do I CE*, 2013, pp. 378.

200. NIU, Zhixiong, *«The King Lifted up His Voice and Wept». David's Mourning in the Second Book of Samuel*, 2013, pp. 316.

201. SWAN, William Declan, *The Experience of God in the Writings of Saint Patrick: Reworking a Faith Received*, 2013, pp. 430.

202. FERMÍN VIVAS, Alfredo Raúl, *Jesús se rodea de su familia. Análisis retórico bíblico y semítico de Mc 3,7-35*, 2013, pp. 270.

203. ARTYUSHIN, Sergey, *Raccontare la salvezza attraverso lo sguardo. Portata teologica e implicazioni pragmatiche del «vedere Gesù» nel Vangelo di Luca*, 2013, pp. 624.

204. SAKOWSKI, Derek, *The Ecclesiological Reality of Reception Considered as a Solution to the Debate over the Ontological Priority of the Universal Church*, 2013, pp. 486.

205. ORDUÑA, César Javier, *Los principios interpretativos en Romano Guardini. El camino de la intuición*, 2014, pp. 540.

206. CESARALE, Enrichetta, *«Figli della luce e figli del giorno» (1Ts 5,5). Indagine biblico-teologica del «giorno» in Paolo*, 2014, pp. 620.

207. DEÁK, Viktória Hedvig, *«Consilia sapientis amici». Saint Thomas Aquinas on the Foundation of the Evangelical Counsels in Theological Anthropology*, 2014, pp. 447.

208. ABALODO Sebastien B., *Structure et théologie dans le Trito-Isaïe. Une contribution à l'unité du Livre*, 2014, pp. 364.

209. RIVAS PÉREZ, Eugenio, *La escatología como comunión. Una propuesta desde la perspectiva metafísica de Maurice Blondel*, 2014, pp. 410.

210. DOS SANTOS FREITAS MAIA, Américo Paulo, *A in-habitação de Deus na alma em graça nos escritos teológicos de João de São Tomás, o.p. (1589-1644)*, 2014, pp. 366.

211. ACEITUNO DONOSO, Marcos, *Las «promesas de Dios» en San Pablo. Estudio exegético-teológico de Gál 3,19-22 y 2Cor 1,15-22*, 2014, pp. 298.

212. FUZINATO, Silvana, *Tra fede e incredulità. Studio esegetico-teologico di Gv 5 in chiave comunicativa*, 2014, pp. 362.

213. WASHINGTON, Christopher Thomas, *The Participation of Non-Catholic Christian Observers, Guests and Fraternal Delegates at the Second Vatican Council and the Synods of Bishops: A Theological Analysis*, 2015, pp. 352.

214. VAŇUŠ, Marek, *La presenza di Dio tra gli uomini. La tradizione della «shekinah» in Neofiti e in Matteo*, 2015, pp. 430.

215. CAURLA, Mauro, *Il cieco illuminato e i vedenti accecati di fronte alla luce di Cristo. La simbologia visiva in Gv 9*, 2015, pp. 398.

216. KOUAMÉ, Yao Adingra Justin, *Commencement d'un parcours. Une étude exégétique et théologique de Jn 3,1-21*, 2015, pp. 310.

217. PETRICOLA, Mariangela, *La rilevanza del cristianesimo come* paradosso e con-passione. *Itinerari teologico-fondamentali in I. Mancini e J.B. Metz*, 2015, pp. 430.

Finito di stampare nel mese di novembre 2015
presso Mediagraf Spa - Noventa Padovana (PD)